国学骑士

辜鸿铭

陈福郎 著

北京大学出版社
PEKING UNIVERSITY PRESS

图书在版编目(CIP)数据

国学骑士辜鸿铭/陈福郎著.—北京：北京大学出版社,2010.1
ISBN 978-7-301-16251-4

Ⅰ.国… Ⅱ.陈… Ⅲ.辜鸿铭(1856～1928)－传记小说 Ⅳ.K825.4

中国版本图书馆 CIP 数据核字(2009)第 206883 号

书　　　　名：	国学骑士辜鸿铭
著作责任者：	陈福郎　著
责 任 编 辑：	王炜烨
标 准 书 号：	ISBN 978-7-301-16251-4/K · 0663
出 版 发 行：	北京大学出版社
地　　　　址：	北京市海淀区成府路 205 号　100871
网　　　　址：	http://www.pup.cn
电　　　　话：	邮购部 62752015　发行部 62750672　编辑部 62750673
	出版部 62754962
印　刷　者：	北京山润国际印务有限公司
经　销　者：	新华书店
	650 毫米×980 毫米　16 开本　31.5 印张　393 千字
	2010 年 1 月第 1 版　2010 年 1 月第 1 次印刷
定　　　　价：	65.00 元

未经许可,不得以任何方式复制或抄袭本书之部分或全部内容。
版权所有,侵权必究
举报电话：(010)62752024　　电子信箱：fd@pup.pku.edu.cn

目录

001 / 楔子

011 / 1 "牛仔裤"与"长袍马褂"

025 / 2 中南海的金发女郎

037 / 3 独身女记者

051 / 4 孔庙门前是非多

065 / 5 四合院里的老夫少妻

079 / 6 星洲邂逅"樱桃小口"

091 / 7 椰风蕉雨酿风流

105 / 8 爱丁堡的相思泪

121 / 9 趟过女人河

135 / 10 绿帽子

149 / 11 帮助不帮闲

163 / 12 "股份公司"的名流股东

177 / 13 祖坟长出"龙藤"

193 / 14 嬉皮士与"瑶池乐园"

209 / 15 父子易娶

223 / 16 小足之美,美在其臭

237 / 17 婚前试验

249 / 18 女人是男子身上的一根肋骨

263 / 19 甜言蜜语大会串

275 / 20 试婚的代价

289 / 21 梦中情

301 / 22 穿西服的孔孟信徒

313 / 23 嬉笑怒骂皆成文章

327 / 24 性冷淡者

341 / 25 女儿国里尽朝晖

355 / 26 老夫少妻出了毛病

369 / 27 世人皆醉我独醒

383 / 28 "三寸金莲"出门来

397 / 29 南洋大亨被"宰"

411 / 30 偷吃"禁果"

425 / 31 美国人就是喜欢人家骂

439 / 32 西洋女人是蛇

453 / 33 德国人的座上宾

469 / 34 爱在险峰

483 / 35 无处不相逢

497 / 尾声

楔子

在朦朦胧胧的雾霭中,辜鸿铭懵懵懂懂地信步来到蛇山。

辜鸿铭登上蛇山之首的黄鹤楼故址,眺望着咆哮翻卷的长江,方才胸中骤然郁结起来的不快,倏地涤荡一净。他眼前幻现出十六年前黄鹤楼被烈焰舔舐时的状况,耳际爆裂着哔哔剥剥的燃烧声和高楼坍塌的巨响,想象着那情景一定十分有趣。

江风嗖嗖地灌进辜鸿铭的颈脖。他把剪背在皮袍后面的双手,插进袖筒里。他威严傲睨的视线,从溟蒙

国学骑士辜鸿铭
>> >

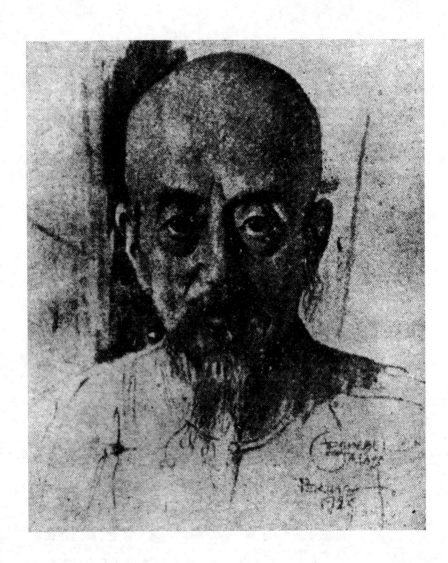

辜鸿铭像。

的对岸汉口市区移到脚下。"黄鹤一去不复返,白云千载空悠悠。"他摇头晃脑地吟诵着唐代诗人崔颢描写黄鹤楼的名句,眼眸里的两泓深潭,荡起了惯有的玩世不恭的涟漪。一对法国男女拾级而上。男的显然上了年纪,一嘴修饰得十分讲究的髭须,向着女郎殷勤地上下张合着。他潇洒地挽着女郎的胳膊,向她介绍这座几度遭遇大火焚毁的中国名楼的来历。辜鸿铭听着老绅士那谬误百出的高谈阔论,不禁暗自发笑。他考证过,一千六百多年前,这里有一家"辜氏酒店",有一老道在酒店画了一只黄鹤,黄鹤从壁上翩然而下,应节起舞,从此酒店生意兴隆,赚了大钱。店主辜氏为纪念老道,在此修了一座黄鹤楼。辜鸿铭几次翕动嘴唇,终于没有吭声。他好似观赏一件工艺品,放肆地追踪着金发女郎:波光绰约的碧眼,玲珑挺拔的鼻梁,白腻的颈项,婀娜的曲线,以及那不安分的步态。

老绅士倏然发现了这束鲁莽的无礼目光,怒冲冲地向对方瞪了一眼。辜鸿铭视若不见,当女郎朝他不经意地一瞥时,他朝她耸耸肩,眨了个俏皮逗趣的眼色。

"这位先生真逗!"女郎快活地大笑。

老绅士的游兴霎时消失,恼怒地挽紧女郎的胳膊,嘀咕道:"走,讨厌的中国佬!"

辜鸿铭冲着他俩的背影,扬了扬隆起的眉棱,优哉游哉地尾随而下。

那对域外男女在路旁一个挂着"吴再添芝麻馃"旗幡的小食摊前停下。摊主灵巧的双手掐出大小匀称的馃儿,活蹦乱跳地在喷香的芝麻上滚动。女的饶有兴致地观赏着。老绅士拗不过女郎的娇憨,只得同她一道在小板凳上落座。他俩好奇而别扭地使用筷子,好不开心。辜鸿铭也要了二两芝麻馃,在他俩对面坐下,看着飘动的招牌幡子,喃喃有词地念着:"吴、再、添,吴、再、添……无,再添。妙,妙!"摊主手里不停地滚动着馃儿,扯大嗓门吆喝着:"芝麻馃,芝麻馃,又热又香的馃子哩!"显然为有这些体面的人光临他的小摊而声大气粗。辜鸿铭对于老绅士的傲慢不逊只当没看见,他放肆的目光,舔舐着女郎持着筷子的纤纤玉手。女郎握着筷子,笨拙地在馃子上叉来叉去,最后干脆将筷子插进馃子,将它举到嘴边。谁知刚要张口,这不听话的馃团哧溜滑进了她貂皮大衣的敞领口,她发出一声惊叫。老绅士英勇地伸手从她半袒的高隆胸脯上掏出芝麻馃,像扔掉一颗炸弹般,愤愤然道:"讨厌的中国筷子,太不科学啦!"

辜鸿铭取过一双干净的筷子,夹起一只芝麻馃,朝惊魂未定的女郎矜持地微笑着,将它送到女郎的唇边。

女郎没有拒绝这份友好的殷勤,反而有点娇喘咻咻。

老绅士勃然大怒,用生硬的中国话斥责着:"你,你要干什么!"

辜鸿铭掏出叠得方方正正的手帕颇有风度地抹着嘴,站了起来。

"先生,您发火发得很漂亮。"辜鸿铭一口流利的法语,使空气霎时凝固了,"不过,您对中国筷子的贬斥实在不公道。使用筷子可以锻炼手指灵活,这有利于开发大脑。因此,中国人以聪明著称于世。先生如果希望像个骑士,就改用筷子吧!"

老绅士一时被噎得无言以对。

辜鸿铭落落大方地对女郎做了个飞吻的动作,改用英语说:"再见,漂亮的小姐,见到您很荣幸!希望能再见到您。"他把这两个洋人捉弄了一番,好不志满意得。在趾高气扬的欧洲人眼里,华人同可怜的丧家犬般没有什么差别,而辜鸿铭却屡屡出奇制胜。他是出来散心的,没想到有这份意外的消遣。因为一份请柬而产生的烦恼全都烟消云散。如果不是天气阴霾寒冷,他此时一定会很开心。

戚戚惨惨的冷雨,和着刚劲的北风,纷纷扬扬地飘舞着。武汉三镇,江汉原野,笼罩在一派迷蒙之中。

人力车夫拉着辜鸿铭飞快地向总督府奔去。下午,他在总督府后院的客厅里,和总督大人一道最后敲定了《劝学篇》这篇文章。这篇文章竖起了"中体西用"的大旗。总督大人颇为自得地让面前这位倚为股肱的高级幕僚朗诵着《劝学篇》,大声预言"中体西用"四个字足可供几代人受用。他辞别了总督,穿过后院的月洞门,迎面碰上了一位同僚,交给他一份英国领事馆刚派人前来投递的请柬。

"李华庆!"辜鸿铭心里惊叫起来。下榻在英国领事馆里的这位新加坡立法院华籍议员,请他今夜前去参加新年宴会。明天就是阳历新年,一个不寻常的日子——新世纪的开端。他和李华庆是从小耳鬓厮磨的朋友。天南海北,一转眼分别近十年了。

"辜先生,这位李先生是南洋孔教会会长,是流亡海外的康有为的挚友,你看……"

"你是说要避嫌?"他粗鲁地打断同僚的话,"我不想飞黄腾达,用不着担心瓜田李下,这般委屈自己。"

同僚深知辜鸿铭的执拗,含笑不语。他自然明白同僚的提醒是出于好意,也很快认定不宜应邀赴宴,但他还是出言不逊。他急步流星地出了总督府,在武昌街头徜徉,最后来到江边。他的脑袋被各种念头搅得混沌不清。老实说,老朋友李华庆的面容,已经淡忘,倒是李太太梦琴的身姿容貌,至今依然在他眼前晃动,仿佛触手可摸。一场可怕的相思梦!他渴望见到她。当年在新加坡为了一睹梦琴的芳容,他曾经做了多少算计!他登上黄鹤楼故址,思绪沉溺在滔滔东去的江水中,这才最后打消了前去赴宴的念头。他并不怕与康党人物接触,怕的是感情的沉渣泛起。人至中年,还有必要去重温荒唐的旧梦吗?见到那对法国男女后,小小的恶作剧,使他抹掉了那份请柬带来的烦恼。金发碧眼又勾起了他新的回忆。在英国与他离异的露娜,也有这般漂亮的金发,也有这样清澈的碧眼。他想起刚才那对法国男女的尴尬神态,坐在人力车上还忍俊不禁。人力车绕过蛇山,到了他的宅邸。

淅沥的冷雨,变成了飘飘絮絮的飞雪。辜鸿铭的卧室兼书房,生着一盆炭火。他枯坐在炭火旁,用一双铜筷,不时地翻动着炭块,神思缥缈。娇小俏丽的日本太太吉田贞子,亲自端来了一碗燕窝。她像一只驯顺的羊羔,在他身旁坐下,默默地品味着他的吃相。她虽出身于日本名门望族,却也习惯了她男人的一切。他时常是长久的一声不吭,用傲然冷峻的目光,陌生地打量着家里的一切,好像是警署里派来的坐探;有时又会忘情地和太太调笑嬉闹,充满了童稚的胡搅蛮缠。每当客人来访时,他便打开刻薄的话匣,愤世嫉俗,妙语连珠,一旦冒出机智幽默的话语,就独自洋洋自得地开怀大笑。他发议论时一般不容别人插话,若是同他唱反调,他却能容忍而且特别来劲,因为他犀利过人的词锋,有了用武之地。对手往往在他的猝然大笑中,才突然发现已被他不知不觉地引向了自己的反面。他喜欢欣赏论辩对手的窘态。太太已经同他生了一个儿子,儿子荣耀地得到总督赐名"自强"。太太永远摸不清她的先生脑子里想些什么。他吃完燕窝,又下意识地拨弄着炭火。

"今夜就在这里睡吧!"辜鸿铭像皇上召幸妃子一般,淡淡地对她召唤着。

太太脸上泛起娇羞的红潮,说:"我去给孩子掖好被子再来。"

鸭绒被温暖轻柔。辜鸿铭在施展床第功夫时,脑子里还在萦绕着那份请柬,像是要把那份烦躁挤出去。但凡与太太同床共枕,他总是尽情地搓揉着她的神经,看到她如痴如醉、飘飘欲仙的娇喘状,他便升腾起一种巨大的征服感。他发出断续的鼾声,嘴里不时咕噜着什么。

朝霞把江面映得浮光掠金。晨雾缭绕着雄阁飞檐的黄鹤楼。一阵熟悉的香味引得他垂涎欲滴。哦,是芝麻馃的香味。金发碧眼……怪哉,她怎么又上了黄鹤楼?她不再穿那件华贵的貂皮大衣,却身着薄如蝉翼的睡袍,正独自弹奏钢琴,在雾霭缥缈之中若隐若现。他大步流星地拾级而上。天哪,是露娜!是他从不愿碰触的一根神经。她怎么来到了这里?他怦然心跳,腮帮痛苦地抽搐着。她朝他扬了扬手,随之发出一串性感的荡笑,飘上了蛇山。山上丛林尽染,色彩斑斓。他心旌摇曳,热血猛烈地撞击心坎。她倏地从他身后的杜鹃花丛中冒了出来,让他吓了一跳。他分明看清了她的腹部微微隆起,猜忌噬咬着他。她灵巧的身体,飘忽不定,他几度伸手都扑了空。他终于凶狠地逮住了她,用手指戳着她的肚子问:"这是怎么回事?"她咯咯地笑着:"这是秘密。秘密就在一本《诸世纪》的书上。"

"《诸世纪》?"辜鸿铭觉得手上滑腻腻的,原来是一条蛇。他蓦地跳起来,随之脚下裂开了一条缝隙,蛇山轰地烈焰腾腾……

辜鸿铭在痛苦的呻吟中醒来,脑袋一片僵麻。

江汉钟楼传来六响悠扬的钟声,20世纪的第一抹晨曦舔着窗纸。

他惆怅地追忆着刚才的梦境。黄鹤楼。传说中的"辜氏酒店"店主,说不定是我辜某的祖先哩。露娜……黄鹤楼……《诸世纪》?秘密?他依稀记起真有这么一本书。那是前几年一位法国朋友送给他的,他根本没翻看过。一种神秘兮兮的好奇心,促使他翻身下床。房间里奇冷无比,院子里已积起了一层厚雪。他随便抓起一件衣服披着,嘴里滋滋地吸着冷气,秉烛翻弄书架。太太被吵醒,用被子半掩着脸,打量着他这古怪的行径。

《诸世纪》终于被辜鸿铭找了出来。它是法国大预言家诺查丹斯于16世纪中叶所著的。三百五十年来,据说诺查丹斯的许多预言都令人敬畏地言中应验。桌上的小茶壶被他不小心碰倒,茶壶落地的碎裂声吓了他一大跳。他下意识地四处张皇探望。

2025年,天上会出现大十字。阴阳人骤增将使天为之哀叹。天堂的近旁人血横流。许多人会遇上迟来的死期,而久盼的救星来得太晚。2050年7月,恐怖大王从天而降,蒙古大王会重新醒来。在这前后,战神以幸福的名义将一切主宰……

透骨的寒气从辜鸿铭的脚底滋滋地往上冒,他被这恐怖的预言震慑得瞠目结舌。他重新钻进被窝,苦思冥想着。适才的梦境并非荒诞，果真是一个难以破译的秘密。莫非露娜已经不在人间，她的在天之灵前来引导他接触这一秘密？

世纪末的天象示警……下世纪中叶的恐怖大王……久盼的救星……蒙古大王会重新醒来……辜鸿铭脑海豁然透亮，认定自己过人的悟性，已解开了这一预言的哑谜。

辜鸿铭兴奋地"啧啧"着嘴，好似品尝佳肴珍馐。

太太怯怯地问："你怎么啦？"

辜鸿铭一下掀翻被子，脑袋在太太胸前拱动，发出怪声："破了，破了，被我破译出来了！"

1 | "牛仔裤"与"长袍马褂"

初秋的北京,晨光清爽宜人。法国梧桐落叶三三两两地散落在路面上。辜自强坐在黄包车上闭目养神,身子随车有节奏地晃动着,凉意款款地浸入肌肤,煞是惬意。

"黑蹦筋、三白的西瓜!管打破来!生来管换的西瓜来!"串巷的贩夫,推着已过时令的西瓜,从巷口倏地窜上马路。车夫略收脚步,课本从辜自强腋窝滚到脚背上。"怎么搞的!"他面呈愠怒。课本封面赫然印有袁世凯的"箴规世道人心"的告令。孔夫子的头衔已一长串了,听说袁世凯还要给他"加官晋爵"。

　　天空蓝湛湛的,不见一丝云彩,御河两岸,浓荫蔽日。辜自强做了个深呼吸,把大地的氤氲导入丹田,眉眼蒙上了一层醉态,家里带来的晦气似乎离体而去了。家,叫人窒息的家。一想起那座小小的四合院,就叫人没劲。倘若住在学生公寓就好了。可老先生非得将人拴在家里不可。这难道就是好让他自己有个忠实的听众,恭听他那喋喋絮絮的奇谈怪论?烦死人了,一个没人味的理性动物。动物?想到父亲的姨太太,他有点窘。

　　车夫把车停在景山东路的北京大学校门口。

　　辜自强下了车,旭日映照着他的后背,把他送进校园。身影很长,随他往前急蹿。他突然意识到自己不够魁梧,颀长的身材配上长衫,显得有些纤细了。遗传,遗传基因是很可怕的。假如老先生不硬性规定穿长衫呢?整个早晨,他已多次想到父亲,这是怎么啦?校园里生机勃发,放眼望去,多是年轻光洁的脸庞,多是活泼矫健的身姿,叫人舒展开朗。长衫西服,土洋杂陈,尽管五花八门,却别有一番气象。

　　校门内的告示栏前,围着许多人。攒动的黑脑壳衬出一头金发,分外显眼。到处是关于"世道人心"的告令,校园里难得觅见女子的倩影。辜自强不由自主地朝金发挤去。

　　金发女郎踮着脚尖,想透过人墙看清告示栏上新贴出的海报。这份红框海报确实吸引人。路过驻足的长衫们,面对布告栏,眼角却乜斜在那头金发上。

　　海报是用英文写的,是"英语会话俱乐部"邀请辜鸿铭教授,用英语作题为"用孔教眼光看欧战"的演说。

老先生又要发什么谬论！辜自强嘴角抹上一丝鄙夷。他不由得用眼角瞟了一下金发女郎。她挺拔玲珑的鼻梁上方，微翘的长睫毛簇拥着褐色的眼珠。她的穿着怪模怪样，下着一条包屁股的牛仔裤，上穿一件中国镶花边的偏襟短衫，全身的线条勾勒毕呈。见辜自强注意她，她侧转脸打量他。他急急避开她的视线。她向他打了招呼，他慌里慌张地应了一声"哈罗"。她挤出人群转身要走，高跟鞋一个趔趄，跌到地上。周围爆出笑声，像看马戏一样以她为圆心围了圈。她羞怯难堪，不知如何是好。辜自强向前扶起了她。她道了声谢，捡起被甩到一旁的小巧皮包，急急走了。她的步点带有弹性，随着上下起伏，浑身都在颤动，仿佛是喷发着多余的活力。

辜自强回味着她独特的眼睛：似黑似褐，说不清是什么色泽。这位洋小姐是谁呢？上课的钟声敲响了。本学期他选修了父亲辜鸿铭教授的"英国诗歌"课程，今天是第一堂课。

辜鸿铭坐在教员休息室里。他掏出金怀表瞥了一眼，又昂然正襟危坐。这个怀表还是俄国沙皇访问武昌时送给他的，旧虽旧，但挺贵重的。他戴着一副大墨晶眼镜，脑后拖着一条黄中夹黑、弯弯曲曲的辫子。他不时剔着足有半寸长的指甲，凑近嘴巴猛吹一口。他傲睨威严，其他在旁寒暄着的人对他也视若不见。一位这学期新聘来的英国教授，见这土头土脑的家伙坐在这里，甚觉奇怪，用生硬的中国话问校役："这个老头子是谁？"

校役尴尬地回说："这是辜教授。"

英国教授好奇地盯住那条像蛇样的辫子，没说什么，只是耸耸肩。

　　辜鸿铭依旧坐在沙发上,缓缓地瞥了一下英国教授,用地道的英语问他尊姓大名,教授哪一学科。英国教授见这土疙瘩猛地冒出这么流利的洋泡泡,着实吃惊不小,愣了一霎才答话。辜鸿铭又改用拉丁语同他说话。英国教授不知所云,应对不得。辜鸿铭眼睛蓦地闪出狡黠的光,从墨晶眼镜上边溜到对方鼻尖上,揶揄道:"你教西洋文学,如何对拉丁文如此隔膜?"说着,目不斜视、旁若无人地走出去,撇下在当厅发窘的英国教授。

　　教室里鸦雀无声。

　　"看,出土文物!""哗"的一声,教室里笑炸了。笑声震得玻璃窗不住地颤抖。有的拍桌立起,放声狂笑;有的先是抿嘴窃笑,进而畅笑,笑得前仰后合;有的伏在桌上,抹着眼角笑溢的泪水。

　　辜自强把脸埋在双臂肘上。老先生总是出乖露丑,真叫人无地自容!

　　辜鸿铭旁若无人地稳稳当当站在讲台上。他头戴青缎子加珊瑚顶的瓜皮小帽,身穿一件缃色小袖府绸袍,难为他还加了一件红缎马褂。不过早晨确有点凉意。他像蝙蝠样的脸庞不动声色,只是自管自地剔理半寸长的指甲,像在欣赏一件传家珍宝。

　　笑声还在稀稀落落地溅撒着。

　　辜鸿铭开腔了:"诸位不用笑我这条小小尾巴。"他一晃脑袋,把辫子甩到胸前,"我要剪下它是极容易的事。不过,据辜某人看来,诸位精神上那条辫子,想去掉可很不容易。谁敢说自己精神上没有残留一条辫子?"谁扑哧一声笑了,引起了一阵哗然。果然颇有韵味,但随之又全场静哑。

好似凌空落下一粒小石，笑闹戛然而止。

沉默有顷。

"诸位也许笑我痴心于清室。但我之忠于清室，并非仅忠于王室，而是忠于中国之政教，忠于中国的文明。我留着辫子，这是一个标记，我是要告诉世人，我是老大中华末了的一个代表。你们的辫子是剪掉了，但融化在你们血液里的华夏文明，是想抹也抹不掉的。我常用两句诗来自画像：'荷尽已无擎雨盖，菊残犹有傲霜枝。'把荷叶比做顶帽，把菊枝来喻辫子，诸位以为如何？"哗然，已被他不同凡响的幽默谈吐所征服，学生们不得不对老先生刮目相看了。辜自强没有听过父亲的课，他很后悔，不该进行这种试验，早就知道同老先生在一起免不了要受窘的。老先生的洋相，已在京城颇有名气了。前不久，京华澡堂的一段际遇，披露于报端后，有好一阵成了人们茶余饭后的谈资。

京华澡堂里，雅座、客座、池汤、盆汤一应俱全，设备是城内一等一流的。那天，辜鸿铭上了楼，撩开绣花门帘，但见油漆地板、大穿衣镜、沙发茶几，甚至还有西洋吊灯。点头哈腰的白衣侍者，见来了个遗老模样的干瘪老头，笑容敛起一大半。

"我要个雅座！"辜鸿铭派头十足。

侍者眨了眨眼，微微哈了哈腰，把他引入雅座。这间雅座里摆着三张单人软床，床头摆有大沙发和茶几。室内已有两个人，看模样像是大学生，正在一面脱衣服，一面用英语对话。他俩用嫌恶的目光迎住这位古怪的老头。辜鸿铭自顾自地脱衣服。那两位青年对视一霎,诡谲地眨着眼色,恢复了英语会话。他们把话锋引到新来者的身上。

"瞧这个乡巴佬,大概要把那条辫子保留到见上帝的时候。"

"他知道什么上帝,见他的皇帝老儿去吧!"

"真恶心,看他的胸膛像村妇的搓衣板,排骨一根根龇牙咧嘴的。"

他俩的英语说得疙疙瘩瘩,好不费力,但自鸣得意之情溢于言表。

辜鸿铭摩挲着自己的胸脯,用纯正的英语自语道:"好个搓衣板!"

两位大学生唬得魂飞天外。人不可貌相,这老头一口英语够他们学上十年八载的,是个人物哇!

旁若无人的辜鸿铭,突然把目光射到他们身上,揶揄道:"看你们黄皮肤、黑眼珠,明明是中国人,对自己同胞为什么不讲中国话,却讲什么屁英语!"

两个大学生面面相觑,不知如何下台。

辜鸿铭睖睁眼睛,厉声喝道:"你们到底是洋人还是华人?快说!"

两个大学生慌忙操起衣服,夺门而逃……

辜自强拢回走神的思绪。辜鸿铭开始上课了:"今天我们讲授布莱克的诗歌《伦敦》。"他神情呆板,面色沉重地朗诵,像读讣闻一样:

> 我走过每一条独占的街道，
>
> 徘徊在独占的泰晤士河边，
>
> 我看见每个过往的行人，
>
> 有一张衰弱、痛苦的脸。
>
> ……………

"这首诗给我们提供了什么形象？可以说，诗中每个形象都是阴暗的，正合乎伦敦的凄惨夜景和泰晤士河畔夜行人的沉重心情。英国是个工业化的国家，但是机器、技能的先进，并没有给人带来幸福和满足，反而使人精神上成为机器的奴仆。这就是工业文明的结果……说到这首诗的形态，别以为外国诗歌，就是与中国诗歌截然不同的现代诗。其实，外国诗歌的形式，骨子里都暗合了中国诗歌的印记。不过，他们只学到了我们的一点皮毛。我们是不是可以将外国诗歌分为'外国大雅'、'外国小雅'、'外国国风'，或者叫'洋离骚'？"辜鸿铭越说越快，为自己的幽默、精湛，得意地摇晃着脑后那根发辫。

学生们忍俊不禁，哄堂大笑。

辜自强脸上好似爬满了蚂蚁。

辜鸿铭一本正经地说："谁说说看，这首诗可归入哪一类？"他不待回答，也不想让人打断他的话，马上自我解答说："我以为这首诗可称为'外国国风'。"

简直是胡扯淡。辜自强如坐针毡。到点下课后，辜鸿铭依旧目不旁视，夹着书本，迈着八字步踱了出去。

辜自强路过告示栏时，两眼不由自主地搜寻着。"金发"没有出现,他有点失望。下课路过的学生,都照例在告示栏前探头探脑一下,看看有什么新的动态。"用孔教眼光看欧战",题目够吸引人,何况还是英语演讲。辜自强突然决定中午不回家,他想听听下午老先生的演讲——他有中午留在学校用膳和午休的自主权。

中午的阳光还是炙人的。辜自强像个孤雁野鹤,在树荫下悠转着。老先生尽管到处出洋相,但他自我感觉良好,大有世人皆醉我独醒的味道。可是作为他的儿子就不一样了。老先生那身装扮,使他很自卑。摊上这么一个父亲真叫人抬不起头。他是二十二岁的青年,他需要和时代的氛围相融洽啊!只要老先生在场,他就直觉矮人三分,自由思想的翅膀好像折了半边。要不是为了……他才不准备听老先生滥吹牛皮。他躺在梧桐树下,眯着眼望着叶缝间漏下来的点点片片的天空。"金发"那双近乎棕色的眸子,虽不见秋波荡漾,却摄人心魄。

辜鸿铭的演讲在一间能容近百人的梯形教室里举行。

辜自强进场时,没想到室内已坐得满当当,两旁和背后的过道还站了不少人。1915 年的时候,北大才一千多学生,竟有百十来人听这场演讲,算得上颇具盛况了。辜自强在人海中一眼就瞅见金发女郎,她果然也来了,坐在后排。虽然有许多人是站着的,但她左右两边的位子却空着。尽管是虚位以待,他也同样不敢去就座。演讲人还没来,她似乎觉得寂寞无聊,不时随意左顾右盼。她看见了辜自强,认出是上午打过招呼的人,她请他去坐,他连连摆手后退着,不小心踩了一个人的脚,被臭骂了一句。他正向人赔不是,却见她已离开座位,来到他跟前,用英语问道:"您是本校的学生吗?"

"是的,我叫辜自强。请问小姐,您……"

"我叫凯莉,我对中国的文化很感兴趣。您叫自强辜?"

"是的。我的名字是已故清朝大臣张之洞给取的。这位大臣倡导自强新政,就给我取了这个名字。'自强',就是靠自己奋发图强。我们中国很落后,可是要振兴中国,单靠自强精神一定是不够的,还要沐浴点欧风美雨才行。"他小声地叽里咕噜一通。

"中国是文化古国,很有魅力。"她对他所说的,不太理解;对于什么张之洞给他起了名,也没有兴趣。

辜自强有点扫兴。这时辜鸿铭进来了,掌声四起。她饶有兴味地注视着辜鸿铭与众不同的装束。金发女郎太显眼了,待在她身旁,老先生不会发现不了他。辜自强想悄悄地离开她,但又有点恋恋不舍。

别看辜鸿铭干瘪瘦巴,声音却极洪亮。他的最大幸福就是有人虔诚地听他发议论。他狷介不群,孤高倔强,不与人交往,而在偶尔露峥嵘时,他谈锋尤为锐利。在世风日下、人心不古的当今,他知道人们都视他为不合时宜的人物,他很珍惜这个可以尽情宣泄的机会。当"学生英语会话俱乐部"的理事长向他发出演讲邀请时,他表面傲慢冷漠,内心却是喜花纷缤。

辜鸿铭在黑板上用英文写了一行大字:"用孔教眼光看欧战"。

"……19世纪以来,欧洲发生了两种极有力的学说,一个是生物进化论,一个就是个人本位主义,认为'生存竞争,优胜劣汰',为世界进化的根本。对不起,这种怪论恰好投合了当代人的心理。就私人方面论,崇拜势力、崇拜黄金,成了天经地义;就国家方面论,军阀主义帝国主义成了最时髦的政治方针。这回欧洲大战，其起源实由于此。现在都会生活和从前堡聚的村落生活截然两途，除了物质的利害关系外，绝无情感可言。欲望日日加高，百物日日加贵，生活日日加难，竞争日日加烈。对不起，虽然享用的物质增加了速率，总不能和欲望的腾升同一比例，怎么好呢？对不起，只有竞争主义、弱肉强食。这次欧洲大战，便是一个报应。在这种竞争的人生观底下，那么千千万万人前脚接后脚地来这世界走一趟，住几十年，干什么呢？独一无二的目的就是抢面包吃。对不起，这样，人生还有一丝意味，人类还有一毫价值吗？如今一百年物质的进步，比从前三千年所得还加几倍，我们人类不仅没有得到幸福，反倒受了许多灾难。对不起，欧洲许多先觉之士，着实怀抱无限忧虑，总觉得他们那些物质文明，是制造社会腐败的种子，倒不如这世外桃源的中国。我在德国说起孔子的'四海之内皆兄弟'，'不患寡而患不均'又讲些墨子的'兼爱'、'寝兵'。对不起，他们都跳起来说：'你们家里有这许多宝贝，该分点给我们！'"

听众中发生小小的骚动。凯莉跳起来击掌叫好。辜自强什么也没听进去，只是有意无意地数着老先生说了多少个"对不起"。一个个"对不起"像鼓槌在耳边擂着，使他宛若置身于一个荒无人迹的轰鸣震天的瀑布前。白晃晃瀑布时不时地幻化成金色的瀑布。凯莉的金发有几次触到了他的鼻尖，他身体僵直，不敢动弹。

随着语气的加剧，辜鸿铭两手不时做大幅的动作，间歇着用袖管揩拭额上的汗水。

凯莉用肩膀撞了撞辜自强说："这位教授很风趣。"

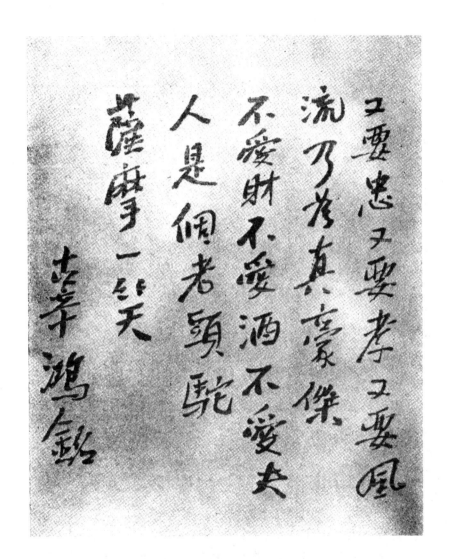

辜鸿铭手迹。

凯莉嘴里的热气呵到他脸上，甜丝丝，香喷喷，他感到很受用，只是"唔唔"答不上话来。

"……近来我们中国人，欧风美雨，吸之不遗余力。人心不古，刻意求新，把中国什么东西都说得一钱不值，好像我们几千年来就像土蛮部落，一无所有。对不起，我们须知，现在我们所谓的新思想，在欧洲许多已成陈旧，就算他果然很新，也不能说'新'的便是'真'的呀！对不起，凡是西洋政俗的长处，不过都是暗合中国圣人之教，或者是学到了我们圣教的一点皮毛。对不起，欧洲思想界许多先觉之士，早就想到把中国、印度文明输入，图个东西调和。我以为不必学他人之竞争主义，应就固有之文明发扬光大。中国的《四书》、《五经》保存了中国数千年的文化，中国文明的正义精神定能拯救世界。走尚情谊礼让不计较的路，这便是从来的中国人之风。孔子是走顺着调理本能路的先觉。孔子那求'仁'的学问将为大家所讲究。西方人希望我们不要失掉这份祖宗的家当。对不起，我今天要对诸位说，西方现在虽十分发达，然而已趋于末路，积重难返，不能挽救。诸君当知中国的前途绝不悲观，中国固有之基础，最合世界新潮。对不起，大海对岸那边有几万万人，愁着物质文明破产，哀哀欲绝地喊救命，等着我们来超拔他们哩。"

辜鸿铭话音一落，有人吹着尖利的口哨，使稀稀疏疏的掌声更加空空落落。凯莉大声问道："教授先生，孔子的学说数千年来在中国能行得通，如今20世纪还能行得通吗？"

许多听众侧过脑袋，寻觅发出流利英语的甜润女声。辜自强急急背转身。

"我告诉这位尊敬的小姐,孔子教人之法,比如数学的加减乘除,数千年前其方法为'三三得九',对不起,至今 20 世纪,其方法仍是'三三得九',不能改'得九'为'得八'。我可以告诉大家,半部《论语》就可以救天下。孔子当有支配全世界的时候,他指示了人类唯一的幸福之道。世界未来的文化,就是中国文化的复兴。"

有人喊了声"孔夫子万岁",随着这怪声调的恶作剧呼喊,众人发出"喔,喔——"的起哄,随之响起杂沓的起立声、挪步声。大家向外涌去。

辜鸿铭面不改色,冷视着那一堆堆攒动着的人头。

当大家起哄的那一霎,辜自强就脚底抹油般地溜了出去。

老先生总是到处出洋相,做儿子的算是赔上了,晦气!在家里老先生对他人横加约束,稍不顺眼,就变颜作色。他绝不斥骂,只是不停地朝地上啐口水,一点卫生也不讲。他反对穿中山装,要人穿长衫,说是长衫长袍轻松、洒脱、飘逸,显得步态大方,悠闲从容。他认为裤子是不能让人看到的,那有损尊严,像贩夫走卒。他反对握手,认为握手不雅观,手碰手,过于亲昵。

凯莉是最后走出教室的。她不理解大学生们为什么起哄,教授的英语说得那样纯正流利,他反对竞争主义的"仁义"哲学,也相当动人。可惜的是他那身装扮,显得滑稽古怪。

在一棵梧桐树下,辜自强有意无意地和她相遇。凯莉戴上茶色墨镜,别有一番牛仔风度。她扬手同他招呼:"自强辜,你能带我找个玩玩的地方吗?"

"什刹海,那里是这个季节的好去处。"

2 | 中南海的金发女郎

辜自强和凯莉各乘一辆黄包车,到了地安门外大街西侧的什刹海。杨柳夹岸,荷花盈池。他俩一前一后,穿堤缓行。大堤两侧杨柳树下,是两溜搭棚的摊点,清一色地出售荷花。水灵灵的荷花,晶莹欲滴,沁人心脾。他俩往西折入市场。这里摊贩云集,喧嚣盈耳,像个庙会场所。他带她来到路南草虫艺贩汇聚之处。她摘下墨镜,欢快舒畅地"噢"了一声,脸放光彩,细腻白皙的面孔泛起一层红晕。她在一个艺贩的篮筐面前蹲下。筐边插着一束束碧绿的芦苇叶子,叶间着意嵌着野花,而苇心则系着各式美丽蜻蜓,有的黑黄斑斓,有的乌如墨染,有的青头蓝肚,有的碧身粉腰。

"太美了,太美了!"凯莉由衷地赞叹道。她跳跃着步点,贪婪的目光扫描着一个个摊档。在一个秋虫摊子面前,她饶有兴致地俯下身来。这里出售蛐蛐、油葫芦,还出售各式各样的蜻蜓网。

"自强辜,这能捕蜻蜓吗?"

"当然可以。"辜自强一直不即不离地跟着她。

凯莉猛一抬头,发现他的目光正盯在自己的胸脯上。像逮住了不高明的小偷,她露出宽容而迷人的笑。他体态潇洒俊逸,脸部略嫌长了些,那高耸微呈鹰钩的鼻子,显得特别突出。眉毛的尾部拖得很长,明亮的眼睛不时带点忧郁。

"自强辜,你好像有什么心事?"

"我想起了儿时的童趣,网蜻蜓,太带劲了。"他的眼睛闪动着波光,英语讲得十分流畅。

"自强辜,你的英语讲得如此纯熟,一定有什么家庭背景吧!"

"不,我不过是一个英国传教士仆人的儿子。你们美国青年不是不讲究门第的吗?"

"如果我是个例外呢?"她抿着嘴,扬起眉毛,促狭着眼睛,像猫捉弄逮住的老鼠。她见他脸色略呈异样,连忙舒展笑颜:"走,我们去网蜻蜓,重温儿时的童趣吧!"

夕阳西斜。镶金边的云彩中探着一轮橙红的圆球,在一点点地往下坠。他们一人挥舞着一个蜻蜓网,跑向堤右的海塘。此处芦苇丛生,各色蜻蜓上下翻飞。他们忘情地扑向目标。

"快来看,网住一个了!"她惊喜地叫喊,眉飞色舞。

辜自强凑近凯莉。他们脚下塘边潮湿松软的泥土,慢慢往下陷,咬住了她的高跟鞋。

"快拉我一把!"

辜自强用力一扯,俩人一起向后仰跌在塘边。女性温馨馥郁的气息,钻进他的鼻孔,沁入他的胸廓,他感到呼吸粗重。她涌起一缕冲动,合上了双眼。她所熟悉的那些动作并没有出现。像冲向沙滩的浪花又退了回去,把沙滩抹得平平的,她脸庞的热血又向体内四面八方漫去。他正在用一条苇叶,细心地捆扎蜻蜓的尾巴。如果是 W……不要再想他!W,别看你像一只猛狮,总有一天你会被更高明的拳击手,打得趴在地上起不来……

"喂,你摔伤了吗?"辜自强在叫她。

该死的 W,怎么又钻进来啦!凯莉小心地修补着心中的篱笆,她恨透了那个伤透她心的拳击手 W。在巴尔的摩市,在马里兰州,以至在美国,W 都有着显赫的名声。他可以说是百战百胜,浑身隆起的块块肌肉,洋溢着神魔之力。凯莉是霍普金斯大学校长古德诺博士的女儿——一个风华正茂的女大学生。W 是她心中的偶像。她喜欢粗犷美、野性美,这是上帝造化的原始美。W 是力的化身,征服的象征,一个真正的男子汉。每当看到他的巨幅拳击广告画,她就情绪亢奋,更不用说看现场拳击赛了。一天,她又去看 W 参加的拳击赛。W 的一招一式,都扣着她的心弦。她同所有的观众,都希望 W 取胜。她的眼睛、脖子和不停挥舞的手臂全都疲了,嗓子也喊哑了。不知何故,她突然冷静下来,身心从紧张的竞赛中超脱虚空,像凌云小鸟悠闲地俯望人间。她看着观众忘我的情绪,陡然生出一股妒忌,W怎么成了公众的情人啦?他应当属于我一个人!比赛一结束,当观众一起站起来欢呼时,她一把夺过身旁一位中年女士手中的鲜花,不顾一切地挤向拳击台。许多小姐、女士都手持鲜花涌向W。W唯独将她搂在臂弯,嗅着她敬献的鲜花。他俩在欢呼声中走出体育场。她事后根本弄不清是怎么同W上了汽车,又一同上了一家酒吧。W半拥半搂,将她带进一间豪华客房。她在兴奋中有点恐慌,难道就这样迅速地结束处女时代?W有条不紊地一件一件脱掉衣物,把她放在自己的膝上,像对付洋娃娃似的。她的胸腔像进军的鼓点,怦怦直跳,窒息感包裹了她。亚当啊,夏娃!她嘟哝了一声,脑袋沉甸甸地晕眩过去……随之而来的是热恋的季节。他的粗野和豪放,他的力量和竞技,他的鲜花和荣誉,会成男子汉的魅力。她不知道自己在他心中的地位,她也不想知道。爱就是一切,作为女性,有了崇拜的偶像,并能得到他,还不应该知足吗?父亲知道后,虽有一些微词,但这对于一贯自行其是的她毫无影响力。热恋的季节对她才刚刚开始,可是对于W已经到了换季的时候了。在赛场挥舞着拳头呐喊着胜利的他,竟然没有接过她的鲜花,他拥着一位黑人女郎走向汽车。这是怎么啦?她惊愕地张着嘴巴,泪水夺眶而出,在混乱的意识中,不断地复现两个字:可恨!手中的一束鲜花,掉在地上,被蜂拥的人流踩成烂泥。但是,爱是自由的,W有他爱的自由。

落日消逝在蓊郁的西山背后,晚霞余晖在她皎洁的脸腮抹上一层斑斓油彩,使她愈发显得健美。凯莉说要找个地方填一填肚子,辜自强就带她来到大堤的北段。堤东的海塘,广莳荷花,艳艳盛开,清香扑鼻;西边海塘,芦苇丛生,唧唧虫鸣,优美悦耳。东西两溜茶棚,沿堤罗列,伸向水中。他们泡了一壶茶,要了两碟点心。一面品茶,一面吃点心,好不惬意。北岸杂耍棚里,传来鼓钹吹弹,隐隐约约。一个衣着褴褛的儿童,用竹篮盛着一篮碎冰,吆喝着一路叫卖。凯莉问辜自强这是怎么回事。他告诉她,南堤广场有一座冰窖,年年冬季,就海取冰,凿为方块,入窖储藏。全城夏季用冰,都是靠这座冰窖供给。冰窖前总是麇集着许多贫苦儿童,拾捡贩冰者遗落下来的冰块。他正说着,已有几个小孩向大人要了零钱,奔向卖冰儿童,买了碎冰块,喜滋滋地塞进嘴里,不住地大叫:"好冰,好冰呀!"

"难道没有制冰的工厂?难怪没见到卖冰棒、冰激凌。"

"就是啰,中国就是这么个落后劲儿!"

"这没什么。没有冰棒、冰激凌有什么要紧?物质的享用是次要的,精神上的折磨才要命。下午辜教授的演讲多动人,我太向往你们中国的文明,中国伟大!自强辜,你怎么不说话?"

怪哉,金发女郎倒成了老先生的共鸣弟子!老先生的哲学正是这样的,他不是常向自己唠叨,义理是无条件地高于一切功利末技的。礼仪之邦的中国,在精神上如此富有,不值得去妒羡欧美物质上的奢华。粗俗不堪的富豪人家,根本不值得诗书世家子弟去仿效。

"中国有一句俗语说,马上不知马下苦,饱汉不知饿汉饥。美妙动听的'仁义道德',当不了饭吃。一个人如果饿上两餐,就绝不会说'物质享用是次要'的话。你那奇妙的想法,我实在不敢恭维。"辜自强一改适才小心奉陪的语调,话语里夹带着火药味。

导游的角色该收场了,再不回家,老先生有好脸色看!

"你怎么啦?"凯莉是被奉承惯了的,吃不了这种无礼,"尊敬的先生,我们是萍水相逢,我没有要求你来恭维我。"

"我不是这个意思。"他对自己的失礼有些懊恼,"我们是在谈论问题。"真要命,女人都是感性动物,金发女郎也一样。

"付账吧?"她用小手帕按了按粉嫩的双唇。

两碟点心用了一半,一壶茶也已泡了两道。

辜自强摸了摸口袋,心慌意乱。不能比这再糟,身上没有带钱。他两耳通红,窘迫地说:"小姐,太不好意思了。"

"噢,我的上帝!"她从袖珍皮包里掏出一张票子扔下,轻盈地走了。

凯莉的父亲古德诺博士懒洋洋地埋在沙发里。女儿迟迟未归,让他牵肠挂肚。他是个中国问题专家,受袁世凯之聘,任总统府政治顾问。不能说他是来骗饭吃的,来华之前他是美国著名高等学府霍普金斯大学的校长。不知道他钻进了什么牛角尖,得出这么一个研究结论:共和制不适合中国国情。最近他正在构想一篇大作:《共和与君主论》。他曾把大意告诉袁世凯,袁世凯腆着肚子,抹着牛角胡须,说:"先生来自民主国家,旁观者清啊!孙中山唯恐天下不乱,蛊惑无知青年,好像民主共和是什么灵丹妙药,可以包医百病。中国有句古话'天下有道,庶人不议',道理再清楚不过了。先生的大作,将是一部'醒世恒言'。"

凯莉一阵风卷进来,栽进大沙发,眉飞色舞地说:"爸爸,今天我到北大去,听了一篇绝妙的演讲。"

古德诺许久没见到女儿这么高兴。她来华之前,精神已到了崩溃的边缘。他终于说服女儿随自己来华,他期望宁静的中国,能疗治她骚动的灵魂。

那天,凯莉目送拳击手W拥着黑人女郎进了汽车,屈辱和妒恨燃烧着她的眼睛,泪水灼烫了她的面颊。她叫了一辆的士,跟踪W的汽车。她坐在汽车里,透过玻璃窗眼睁睁看着他俩走进那家酒吧——她和W初次相聚的酒吧。耀眼的霓虹灯广告,好像在向她眨眼说:凯莉,拜拜!冲进去,给她几个耳光,然后向他啐一口,再把桌子掀翻!凯莉的脸色很可怕,下颏在哆嗦着。"司机,向前开!"她歇斯底里地喊叫。司机善解人意,不再发问,开着车往郊外驶去。黄昏的原野,安详、静谧,大地呈现着一派迷离的色调。一个女大学生,一个大学校长的女儿,就这样被人像扔抹布一样扔掉呀!她摇下车窗的玻璃,一任迎面的朔风吹拂着脸颊。慢慢地,她冷静下来,让汽车往家里开。汽车朝市内驶去,街道的喧嚣声,叫人血液沸腾,它唤起人们的竞争意识,活在世上就要与人一争高下。可失败感却噬咬着她的心。

母亲已经去世了,父亲还没回家。凯莉关上卧室的房门,任情感一泻千里,放声号啕。佣人不知出了什么事,在门外叫唤。她恶狠狠地嚷道:"谁也别来管我!"

父亲挽着一位美丽高贵的妇人回家,听到女儿房中的哭泣声,好不惊愕。近来她是那样快活,总是眉飞色舞,叽叽喳喳。正因为她被爱情之火燃得正旺,父亲才第一次把情妇带进家来。想不到女儿正在寻死觅活,父亲好不懊恼,他敲了敲房门:"凯莉,怎么啦?"

凯莉听到父亲同一个陌生女人的窃语,抹干眼泪,走了出来,把怒气泼洒在父亲身上。妇人变了脸,提脚就要走,被古德诺拽住。

"凯莉!"父亲声音冷冰冰的。

"爸爸,我有话在先,我可不要什么后妈,不要把你的情妇安置在我的眼皮之下。"

父亲气得掴了她一记耳光。妇人见状急急逃遁。

一个清脆的耳光。凯莉混沌的脑袋一下清醒了许多。父亲躲开她的目光,闷头猛力抽雪茄,一口接着一口。他还是第一次打女儿,何况又是她失去母亲之后,他有点后悔。

凯莉念了好多年大学,还没有积够毕业的学分。她对学习是凭兴趣闹着玩儿的,念念停停,停停念念。这所大学校园之美,在全美大学中屈指可数。现在她走在校园里,这一切在她眼中全失去了光泽。绿茸茸的草坪,四周是一丛丛吐翠青竹,摇曳多姿;竹丛掩映中,每隔数步,就安放着一条石椅。

凯莉肩上挂着书包,像巡礼般漫步在翠竹夹峙的小径上。好容易找到一条空石椅,她疲惫地仰靠着。

短暂的罗曼史已经结束,凯莉要返回书本,继续她未完的学业。一对情侣走来,男子一屁股坐在她的身旁,而女的却站着,眼睛红红的,大概是刚闹了别扭。男子叫她坐下,她咬着嘴唇,扭开身子,男的只好把她硬按在自己身边。转眼间,那女的已伏在男的臂膀上,抽抽泣泣,像林下叮咚作响的清泉。凯莉本想让开走掉,却突然来了气,想看看他们还有什么表演。

"你为什么要这样?"男的嘟哝着,吻着女的秀发。

"还说呢,谁叫你写那样的信给我。"女的越发大声地抽泣。

他俩越抱越紧,女的横着身体,把头枕在情侣的怀里,一头秀发披散到凯莉的腿上。如果是过去,凯莉不过一走了事,而今她怒不打一处来:"滚开,我没有花钱雇你们来表演!"

这对情侣略一震颤,反而抱得更紧了。凯莉气得泪水汪汪。上帝啊,为什么要这样对待我!

凯莉不敢把自己闷在家里,只要单身独处,她就拢不住自己的思绪,总是想入非非。她不想过早地结束少女自由自在的生活。她没有想到再去找拳击手W,尽管她还时常回味他野性的蹂躏。她开始放纵自己,有意去寻求刺激,几乎成了个受虐狂。每当她哼着轻浮的小调迈进家门,迎接她的是父亲一双忧郁的眼睛。

"凯莉,你好像是在有意毁灭自己。"

"痛苦已经把我当点心吃掉了,你知道吗?"

"不要这样自暴自弃。"

"我自暴自弃?你不懂。我这是人性的自由释放。"

凯莉卧房里贴满了性感图画。她撕着一幅幅图画,用手拼命地团着揉着。父亲推开房门进来,踩到那些横竖在地板上被撕毁的性感图画,他打定了主意。父亲爱抚着她的肩头,说:"我就要到中国去。我想,换一换环境对你有好处。到那里后,你会发现你生活在一个全新的文化氛围里,自然古朴,注重人情,这些可以疗治现代工业社会人欲横流所带来的暗疾。"

凯莉几乎不假思索地答应了,像抓到了一根救命稻草。

古德诺住在中南海的总统府内。室内的一切都是西式布置,请的厨子也是做西餐的师傅。父女俩津津有味地吃着晚餐。凯莉突然说:"爸爸,以后我们每天吃一顿中餐吧!"

父亲慈爱地打量着她的中式女上衣:"爱上这里了吗?"

"谈不上,只是觉得有趣。今天演讲的教授,对欧洲很了解。根据他的比较研究,他说欧美的竞争主义要把人类推向毁灭,只有中国的'仁义'哲学,才能拯救世界。爸爸,你说这有道理吗?"

"我对中国文化了解很肤浅,我研究的是政治。我的使命是帮助袁世凯在中国建立秩序。袁世凯是个铁腕人物,只有加强他的绝对权力,中国才不会分崩离析。"

"难道中国要恢复皇帝的体制?"

"我们不谈这个,这是他们中国人的事。你在学校里给中国女学生上课,有什么有趣的事?"

"我只是上点英语口语课。中国的女孩子,都那么忸怩、沉静,一个个把胸脯束得平平,脚缠得小小的,一步一颠。她们不苟言笑,好像随时随地都在掩饰什么。我觉得她们生活得很累。我今天碰到一个北大学生,他的英语很好,我们玩了一个傍晚。"

父亲警觉起来。难道她又开始交男朋友?这不是好兆头,她不能再逢场作戏了。是不是到了该回国的时候?她应当出嫁。对于她的婚姻,他采取完全不予过问的态度,其中不能说没有私心。他害怕孤独,害怕女儿从他身边离开。

凯莉在北京女子高等学校担任临时的英语口语教师,每周八小时的课。生活固然宁静,但是她觉得不够味。她躺在床上,想到辜自强,不免有点内疚。真有趣,他对女性太彬彬有礼了,莫非这就是"仁义之邦"的民风?谁知道,或许他戴着厚厚的人格面具。她换上睡衣。瞌睡的翅膀,在她眼前盘旋,她喃喃自慰:上帝,给我一个好梦。只一会儿,她就进入沉沉的梦乡。一个身穿短衣、黑裙的俏丽女子翩然而至,操着一口不伦不类的英语。是的,这小姐是《亚细亚报》记者。她一到中国,这个记者就来采访她。女记者热情而开朗,同学校的女学生大不一样。她身上找不到女学生那种羞赧、纯真的影子,美目咄咄逼人,会长久地逼视着人的眼睛。那种刨根问底的话,总是叫人不舒服。记者嘛,职业性格。

"听说你对中国文化很感兴趣?"

"你怎么知道?"

"我是政治记者,对社会新闻也不放过。"

"社会新闻?把我当做社会新闻人物?很抱歉,无可奉告。"

"听说那位大学生自杀了,警方正在调查。"

什么,你说什么……凯莉猛地惊醒。她抬腕看了一下手表,才睡了一个小时,竟然做了这么一个怪梦。她梦中的女记者叫姚佩珍,是北京城里神通广大的女士。

3 | 独身女记者

　　姚佩珍是京华地面上小有名气的女性,作为《亚细亚报》的政治记者,她出入上流社会,与高官显贵们打得火热,就是进总统府也是横冲直撞,无人敢拦。她同袁世凯的五姨太混得很熟,见过大总统,常以"总统门生"自诩。她还能来几句不伦不类的英语,同洋人打个交道,做点简单采访,也还差强人意。她年轻美貌,聪明伶俐,但也有缺憾,家庭、婚姻太令她沮丧。早年由父亲包办,嫁给了一个形象猥琐的清末举人,现在是教育部的一个小官员。

姚佩珍现在独居于锡拉胡同一座外观不很起眼的院落里。院内却是别有洞天,有一个彪形大汉做门卫,还有马车夫、老妈子和厨子,配套齐全。北房的客厅,豪华四溢,有不锈钢嵌玻璃的自动门,有西洋式的雕塑和绘画,还有俄国式的壁炉和挂毯。装着四盏璎珞式的大吊灯。四周是高级的大沙发,两张紫檀木云石面的圆桌上放有象牙麻将。这个客厅是京城高级官员们常来聚会的"俱乐部"。带有套间的卧室也不一般,有一张弹簧逍遥床,有冷暖气管,有宽敞的带白瓷浴盆和装设莲蓬头的浴室。

舒适的生活并没有造成姚佩珍懒散的起居习惯,她严格遵守着黎明即起的生活规律。盥洗完毕,她照例来到大穿衣镜前,用脚踩了一下按钮,喷洒香水的莲蓬头,自动旋转着,均匀地喷出高级法国香水。她用精致的角梳梳理着微曲短发,从穿衣镜里自赏芳容,颇为陶醉。她向镜中的自己微嗔一笑,让双腮浮现两凹甜甜的酒窝。有的女子是有貌无容,五官虽秀丽,可就是毫不生动,越看越失色。她的眉鼻并不十分出色,但搭配得恰到好处,颇为生动的是那对溢光流彩的秀目,眸闪目飞之际,更有醉人甜意,耐人寻味。她穿上当时流行的下摆呈椭圆形的短衣和镶边黑缎裙,左右端详着,觉得自己像一株亭亭玉立、摇曳生姿的玉兰。

卧房的电铃响了,姚佩珍开房门。门卫向她报告:"小姐,王先生要见您。"

"是他!"她的满怀兴致被破坏,没好声气地说,"叫他在客厅待着。"

来者王荣华是个獐头鼠目的小个子,既羡慕又仇视地打量着妻子华丽的客厅。按说他艳福不浅,以一个小科长的卑微地位,一个其貌不扬的男人,竟然拥有如此美女为妻。可惜的是,这一切对他不过是镜花水月。想当初,她不过是个商贾之女,而他却是出生于书香门第的年轻举子。要不是革命了,皇帝垮台了,男女平权之说盛起,他王荣华绝不会如此倒霉,她姚佩珍也休想抛夫独立,出尽风头。她当然受惠于时代,才能放了小脚,成为半天足女人;才能抛头露面,际会人海;才敢提出离婚,离不成就弃家出走。

进客厅时,姚佩珍轻轻地很有分寸地咳了一声。他带着谄媚的笑,讨好巴结着迎上前:"佩珍,跟我回家去吧!"

"少废话,没有事就请回!"看他可怜兮兮的样子,她有点心软。他本身并没错,错的是瞎眼的包办婚姻。当初父亲把她许给他时,不能说没有攀龙附凤之意。她提出离婚,他死活不肯。当她闯出了天下后,他更是缠住不放。

"你一个人在这里快活,知不知道我多么想你?"

姚佩珍轻蔑地从鼻腔中"嗤"了一声,抱起沙发上的波斯猫玩耍着,冷冷地说:"算了吧,别装模作样,你会甘于寂寞吗?"她看惯了高官显贵、社会名流那自命不凡的得意神态,对眼前这猥琐鄙俗的面孔实在恶心。他缠住她不放,当初如果说是贪恋美色的话,现在无非是想利用她的特殊身份捞取好处,爬上社会的高位。是不是应当同他心平气和地进行一次谈判?这样不死不活地拖着,对她的确划不来。她有许多保护伞,他自然奈何她不得,但风流的年华不会常驻,作为女人的确要有归宿。尽管她是京中女权运动的马前卒,但她毕竟不是忘乎所以、不思后路的人。

"佩珍,知道我今天为什么来请你吗?今天是你生日!"

生日?不错,今天是她二十三岁生日。难为他还记得。姚佩珍脸上的冷霜褪了一层。沉吟片刻,她放下小猫,像打发叫花子似的挥挥手:"你走吧,我回去吃晚饭就是了。"

王荣华受宠若惊,恭恭维维地退了出去:"你答应啦?这就走,这就走。"

用罢早点,姚佩珍出了门。今天她要去采访总统府秘书长梁士诒。最近听说袁大总统要举行祭孔大典,社会上众说纷纭,她想打听出一点此事的政治背景。

新华门外,壅塞着各式车马,所有进总统府的官员都要在此下车,更换总统府内的专用人力车。

"喂,站住,干什么的?"

姚佩珍愠怒地侧过脸去。什么时候门卫换了一张新面孔。

"我是'总统门生'姚佩珍,不认识吗?"

门卫被她的气派镇住,僵着脸,大气不敢出。

梁士诒不愧是袁世凯的财神爷,油脂从圆脸上的肉疙瘩中冒了出来,好似永远洗不干净脸。下眼皮凸出两包眼袋子,把一双精明的眼睛遮掩了。姚佩珍不顾他忙得团团转,硬是凑到他面前。

"噢,记者小姐,请稍候,请稍候。"梁士诒同她常打交道,从不怠慢她。

会客厅里只剩下他俩了。梁士诒挨近她坐下,不等她发问就说:"昨天辜鸿铭在北大作了一场精彩的演说,你们报纸发表了没有?"

"糟透了,我没有得到消息。"姚佩珍的膝盖有意无意地碰了他一下,"有什么内幕消息吗?"

"你的嗅觉还不够灵。最近你要注意社会名流对民族传统文化的言论。"梁士诒深深地吸了一口从她身上弥漫出来的香味,趁势捏了她一把。

姚佩珍佯怒地啐了他一眼,梁士诒爆发出一串畅笑,得意地捻着自己脸上的肉疙瘩。

"姚小姐,我要去远东饭店会一个客,你愿意陪同吗?"

"什么了不起的人物,亲劳秘书长大人的大驾?"

"是我邀请来的客人,新加坡华侨首领李华庆。"

"是个南洋阔佬吗?您财神爷总是同阔佬打交道。"

"我是邀请他回国参加祭孔大典的。李华庆是南洋孔教会会长。"

"梁秘书长,大总统将举行祭孔大典,其中有什么背景?"

"记者小姐,这无可奉告。不过要看你有什么表示啰!"

"老不正经。"她拍了他一下,"我也想去会一会这位海外来客。"

在新华门门口,姚佩珍打发掉自己的车夫,坐上梁士诒的高级马车。

远东饭店是京城里最豪华的饭店,内部设施堂皇考究。饭店经理把梁士诒和姚佩珍领到朝南的一套头等客房。

姚佩珍见过多少世面,在李华庆面前居然有点失态。李华庆开门的那一刹那,她竟耳热腮红,挂在肩上的小皮包滑落到地上,连忙蹲下去捡,却把头顶到梁士诒的屁股上,让梁士诒吓了一跳。

姚佩珍把小皮包挂上肩,慌不择词地掩饰着:"这地板真滑。"

梁士诒和李华庆看来不是初次谋面，从他们几句叙旧的话来看，孙中山任临时大总统时，李华庆就是总统府顾问，如今依然挂着这个虚衔。孙中山不是说过，华侨是革命成功之母嘛！李华庆西装革履，挺括的白衬领下，结了个黑色领结。他脸膛红润方正，额高鼻挺，双眉如雄鹰展翅，大眼微陷。身材匀称适中，气宇轩昂，很难看出他是五十开外的人。他的嗓音浑厚，在她耳膜里悦耳地共鸣着。怪事，她竟然不好意思正视他。天下男人魅力都集于他一身，怎不叫女人动心！他潇洒的谈吐，像诗的流淌；他迷人的嘴角，洋溢着男子汉的刚毅；他深邃的目光，盛满睿智仁爱。梁胖子说什么来着？好像是希望他号召南洋华侨为祖国捐款，对了，他说这是大总统的期望。梁胖子不愧是袁大头的大管家，手伸到华侨的口袋里去。袁世凯到底要干什么，又是向日本秘密借款，又是打南洋华侨的主意。她像个女秘书，专注地倾听着梁士诒讲话。

"姚小姐，只顾说话，我还忘了为你们介绍一下。这位李华庆先生是悬壶济世的名医，也是民国先驱，总统府客座顾问。这位是《亚细亚报》记者姚佩珍小姐。"

"失敬，失敬。"李华庆起身伸出手来。

她娇小纤细的手，握在他温热有力的掌心里，她觉得浑身热辣辣的。"姚小姐，你太美了。"他礼节性的恭维话，几乎叫她陶醉，她善于勾人摄魄的眼睛，竟羞赧地垂下密密的睫毛。

梁士诒似乎看出了点什么？说："姚小姐，想不到你还有忸怩女儿态呀！"

李华庆愣了愣。

姚佩珍抬手捶了梁胖子一拳："秘书长大人就是爱开玩笑。"

梁士诒开怀畅笑，李华庆也跟着打哈哈。

"李先生身在异域，爱国之心如此深切，为广大华侨作出了表率，您能不能对这次回国发表点言论？"姚佩珍为解除窘态，掏出自来水笔，开始采访。

"华庆此番回国参加祭孔大典，主要是出于对祖国传统文化的热爱。华夏文化，历史悠久，对人类有独特的贡献。"

"李先生挚爱祖国，是不是要'落叶归根'，回国报效？"

"不，华庆不赞成'落叶归根'，这对所在国是不公平的。敝人主张不要当匆匆的过客，要'落地生根'，既热爱祖国，也热爱赖以生存的所在国家。敝人在新加坡号召华侨，热爱祖国就是将祖国的文化传统发扬光大，为祖国的富强尽心出力；同时又要效忠宗主国英国，敝人前不久就发动土生华人，解囊捐赠，购飞机给英国参加这次欧洲大战。华庆认为，这两种爱是并行不悖的。"

"最近国内许多学者名流断言，这次欧洲大战是竞争主义的结果，欧洲文明已经破产，中国传统文化最适应世界新潮，李先生对此有何高见？"

"敝人没有进行过比较研究，对未来不敢妄加推测。不过，孔子的学说，博大精深，这毫无疑义。华庆身居英国海峡殖民地，又获英女王奖学金赴英留学，深受西洋政教、科学的恩泽，但没有因此而对孔子的学说失去敬意。"

"这就是说，中国的传统文化并没有因为世界大势的变化而过时。"

李华庆的本意好像不是这样。他自己一时也弄不清，于是对她的结论也不妄加否认，就婉转地说："记者小姐，我们是不是可以换一个话题？"

"对对，这样的谈话太学究味了。一句话，李先生爱国尊孔，号召南洋华侨慷慨捐资，报效祖国。怎么样，小姐，这句话做新闻标题可以吧？"梁士诒把他们的话截断，引到自己的主题上。

李华庆张了张嘴，终于没说出来。为了革命，实现共和，南洋华侨节衣缩食，做出了多大的贡献！可是民国建立三年多来，没有看见多少复兴的症候，倒是群雄并起，占地为王，依然民不聊生，华侨的心都冷了。如今，又要他们慷慨解囊，也得事出有因啊！他突然悟到什么，这次应邀回国，莫非……

梁士诒和姚佩珍坐马车走了。

"你今天好像有什么心事？"梁士诒边说边把身体紧挨着她。

姚佩珍飞了一个媚眼："哟，秘书长大人还吃醋呐！"

他涎着笑脸说："马车拉到你的逍遥宫去，怎么样？"

"这得有个条件。"

"什么条件，你说？"他来了劲，嘴里的热气呵到她的香腮上。

姚佩珍挪了挪屁股，同他拉开点距离。

"条件很简单，你要嗅一嗅我的脚丫子。"她说完忍不住"哧哧"地笑。

"好个女权主义者！难怪大总统要恢复孔子的尊严地位，一点也没错。"

姚佩珍在半途叫住了马车，轻盈地一跳，说："今天是我生日，我家那位先生非要我回去不可。"

梁士诒打了个呵欠,用手掌摩挲着胖嘟嘟的脸腮。

姚佩珍直到晚餐饭后才回到以前的那个"家"去。她怎么能接受他为她办的生日晚餐?这个男人无非是要拖死她!不过,今天晚上还是得去一趟,同他心平气和地摊牌,好合好散。

自从清帝逊位、民国开张之后,姚佩珍就偷偷溜出了这个家。她只身闯天下,最先潜入"天足会",放开了"三寸金莲",又在一所教会学校里,学了点英语,并跻身于社交圈子,开始了她职业女性的生活。

漂亮的马车,伴着一路清脆的铃铎声,把她送到王家邸宅。自从那夜出走之后,她再也没有来过这条胡同。眼前熟悉的一切,唤起她种种苦涩的回忆,她窒闷、惶恐。婆婆那双胖鼓鼓的肉手,像霹雳闪电,一不如意就在她腮上拧一个"红枣",那狰狞发狠的目光叫人胆寒。獐头鼠目的男人,把她当成泄欲器,作为官场失意的出气筒,作为复仇的"假想敌",恣意蹂躏。她的眼圈红了,泪珠在眼眶里打转。燕尔新婚,他一把掀掉她的头罩,龇着一口黄牙淫笑着:"好个美人儿。"就扑了上来。她见到举人出身的男人,竟是如此粗俗丑陋,平素读诗作文时的种种憧憬,顿时化为乌有,她绝望了。第一天夜里,男人施行强暴,她厌恶地反抗着……噩梦已经过去,她已从地底下升到了社会的宝塔尖,她绝不允许这个男人把她从塔尖上摇撼下来。

"哟,今天是天裂了缝,掉下个天仙来。"婆婆拉住她,亲热得叫她浑身发麻,"怎么到这时才来,荣华一直等你,说要给你好好过个生日。"

"我吃过饭了。"姚佩珍躲开婆婆伸过来的胖手,淡淡应酬道。

王荣华除了一嘴龇裂的黄牙,还有一对鼓突的金鱼眼。斜短的八字眉平添了一抹阴鸷。他笑比哭还丑。姚佩珍强按住涌上来的嫌恶,不愿正眼看他,竟自在一张椅子上坐下。

"珍珍,我等你半天,要给你过生日,这点面子都不肯给?"王荣华肉麻地叫唤着,上前一把拦腰抱住她。她用指甲掐痛他的项颈,猛力挣脱出来。他"哎哟"一声,趁势亲了她一口。

姚佩珍用手指弹弹衣饰,正色道:"荣华,我今天是来同你讲正经话的。"

"又是离婚,是不是?"王荣华翻着眼白,"哼,你在外面乐逍遥,让我一个人面对空壁,你好狠心啊?"他咆哮着,像一只被逼疯的困兽。她打量着客厅桌上横七竖八的大烟枪和狼藉的纸牌、香粉纸,不无讥讽地说:"我想,你在家里是不会寂寞的,你怎么会甘于寂寞呢?我是个坏女人,让你戴了绿帽子,你不肯离婚,固然是叫我不得自由,可你也不光彩呀!"

王荣华发狠地扑上去,掐住她的脖子:"是你自己来送死,可怨不得我。离婚?想得臭美,休想什么都称你的心!"

姚佩珍被憋得喘不上气,手脚乱踢乱蹬,脖子上名贵的珍珠项链被挣断了,珠子撒了一地。与虎谋皮,咎由自取,难道就这样完了?

王荣华突然松了手,一下跪倒在地,抱着她的双脚,不住地狂吻她的黑裙:"饶恕我,饶恕我,我舍不得你啊!"

姚佩珍如漏网之鱼,急急逃窜,在院子里和婆婆撞了个满怀。她冲出大门,蹬上马车,叫车夫驾车快跑。马车飞奔了好一阵,她狂跳的心才慢慢平缓下来,混沌的头脑清醒了一些。男人真有蛮力,差点被他掐死。他不会让她死的,也不会指望她回家,他只是想叫她不舒服,还想利用她的关系往上爬。想得美,我能助纣为虐?这号人一旦掌握了更多的权势,就更不会放过我。世态炎凉,人心险恶,我什么不懂!算了,快活一天算一天,别想什么归宿不归宿。

姚佩珍回到锡拉胡同的住所,立即叮嘱门卫,那个"男人"再来,一定要将他轰走。一腔怒气无处发泄,夜里又该失眠了。今晚没有人来打牌,院子里只有门卫同老妈子在瞎唠叨。她在穿衣镜前伫立良久,换了一件又一件衣服,不停地比试和端详,最后,拎了一件西洋式大红缎子连衣裙,比试一番后,疲惫地栽倒在逍遥床上。想掐死我,真下了狠心啊!

锡拉胡同不是等闲之处,已经拉了电线,用上电灯。红、黄、蓝三色电灯泡,交替闪烁,把卧室映得迷迷离离。一声寒窣,叫她心惊肉跳,连忙拉亮大宫灯,下床四处窥视。广只大翅蟑螂正在大衣橱脚探头探脑。她蹲卜前,想踩死它,刚抬起脚,它早已溜走。踩死他,她心里发狠地呼叫。她虽然是个交际花,在人海中遨游自如,但叫她构设阴谋置人于死地,却感到无计可施,何况心肠也硬不起来。她把连衣裙蒙在脸上。要出去找人,不然我要发疯了。她喊出声。西装革履在她眼前闪现了一下。对了,就是他,到远东饭店去。不过,他虽是华侨客,却是什么南洋孔教会会长,正人君子,会跳舞吗?愿跳舞吗?

李华庆刚刚送走一批客人,松着领结,正准备洗个澡,侍者拿着姚佩珍的名片进来报告。记者小姐?上午见到的那张生动俊俏的脸浮现了出来。国内民情世风是有变化啊,女性也进入公众活动领域。壁上,他和太太刘梦琴的合影,正同他的目光相接。太太是典型的中国传统型淑女,长得也像古代仕女一般。记者小姐是另一类型的女子,明显地染上了洋味,看来国内女界正在悄悄地进行着革命。中西合璧好是好,就怕慢慢地失去固有的民族味,这样一来,中国不是湮没在世界潮流中了吗?固有的传统不应当抛掉才是。

"姚小姐,请进!"李华庆把她迎进会客间。

姚佩珍一眼就注意到壁上新挂起来的李华庆夫妇的合影。见鬼!好像心底的隐秘被人窥破,好不难堪。

"李先生伉俪真是情笃意深,出门住饭店,还悬挂合影。"

"太太身体欠佳,住在京郊一门亲戚家里,服用一位名老中医的药。敝人在星洲虽然也算是个闻名遐迩的医生,撇开门户之见,得承认西医有它的局限,祖国医学还是富有矿藏的,有些疾病西医只能无可奈何。"

"这么说,李先生要在北京住一段日子?"

"大概短不了。小姐,你……"

"我路过这里,进来看看。舞厅里很热闹,李先生愿意请我去跳舞吗?"

"小姐盛情,岂有推拒之理?"

舞厅里多是住在饭店里的洋人、华侨客,也有一些京城里喝了洋墨水回来的文化人。

明灭闪烁的灯光,靡靡轻柔的音乐,男女相伴的身影,这一切真叫人陶醉。姚佩珍甩掉了烦恼,身心的重负获得释放。这个男人的动静语默,一举手一投足,都是那样充满魅力。说不清这种魅力该怎么分解,只是有一种归属感,强烈地攫住她的心,使她想滚在他的怀里,痛痛快快地哭一场。他有那么一个漂亮的太太,林黛玉大概也就是那么个模样罢!她得了什么病?连他这么个声震南洋的医学博士也束手无策?

夜深了。舞厅的音乐戛然而止。姚佩珍同李华庆告别,眼里掩饰不住依依别情。

"李先生,什么时候能抽暇光临敝舍?"她热切地逼视着他的眼睛。

他洒脱地挽着她,把她送上马车,说:"非常荣幸,一定光临。"

"非常荣幸"这四个字一遍遍地在她脑际回荡。

这一夜注定要失眠。逍遥床这样柔软,却让人筋骨生痛。失眠真不是个味道。"非常荣幸"……不要再想他了,不知害臊。脖子还有点痛,王荣华出手不善,看来是狗急跳墙了。怎么办?应当来个快刀斩乱麻。梁胖子地位烜赫,只要他肯发话,王荣华没有不松口的。他要官、要钱,都满足他,算是便宜了他,他总该肯离婚吧!他贪得无厌吗?好像是这种货色……她迷迷糊糊地睡去。眼前是那样的真切,她又回到了"家"里。婆婆的眼里喷出凶光,光束中突然甩出一条神带,紧紧地将她拦腰缚住。她拼命地喊,连自己也听不到声音,哎呀,哑了。男人狞笑着站在她面前,把她剥得一丝不挂,发狠地发泄兽欲,把所有仇恨、怨怒和诅咒都压进她的体内。她怎么挣也挣不脱。一个在上流社会出尽风头的女性,竟然被这么个恶棍无赖百般羞辱,她觉得自己被撕成一块块肉片。惊恐和疼痛使她醒了。她不敢动弹,发麻的脑袋慢慢恢复了知觉:是一场噩梦。睡衣已经被浸湿,手脚冰凉。她看了看表。怎么才睡了半个小时?梦中的一切仍使她余悸未消。是啰,王荣华是个亡命徒,又死要面子,他不会善罢甘休。就是大总统出面也没用,他会拼个鱼死网破,除非把这风险太大了,肯定社会上飞短流长,自己往后的日子也不得开心。要做到黑心肠也不容易啊!李华庆。对呀,跟上他漂洋出海去。能同他在一起,我今生死亦无憾。上苍啊!感谢你赐福给我,这莫非就是上苍的旨意?纵使当偏房也心甘。反正他仕女般的太太,病得连医学博士都无能为力,定是沉疴在身,不过是苟延残喘罢了。

  人生的道路豁然开朗。姚佩珍极精神地从床上蹦起来。

  台灯柔和的光线,映在信笺上,映着笔尖沙沙行走。"高山仰止"、"齐眉举案"之类的情丝,织满了一张张信笺。当她在信末署上自己的芳名时,她的激情突然降了温。他不是说一定光临吗?等他来了再试探试探。如果他只是随口敷衍,那么这封信就显得过于鲁莽,还是先搁一搁罢。

4 ｜ 孔庙门前是非多

万籁俱寂。房间里黑魆魆地,只有纺织娘在墙角欢快地鸣叫,叫得辜自强更添烦躁。他睁着毫无倦意的双眼,辗转反侧着。鸡已叫过两遍,是该起床准备的时候了。他一夜都没合眼,杀身成仁的豪气,掺和着隐隐的胆怯和恋世之情,在他脑海里漫游奔突。

自从袁世凯胁迫孙中山让出大总统宝座后,革命党领袖宋教仁就四处呼吁民主,指望加强议会的地位,遏制袁世凯的独裁,保卫刚诞生的民主共和,使之不致夭折。宋教仁血溅上海滩,他被暗杀了。他的几个同志秘密组织了一个"铁血团",以牙还牙,策划暗杀袁世凯。一个偶然的场合,辜自强结识了"铁血团"的林君。他也呼唤自由,反对专制,于是一拍即合。几次交往之后,他成了他们的同情分子。

辜自强当然无需卷入这场血的纠葛。可是,林君把计划告诉了他,他不好辜负林君的信任,当时竟激奋地表示要到现场去做接应。为朋友两肋插刀嘛！逞一时之勇,说出了男子汉的大话,这是不好变卦的。不能说没有危险,在混乱之际,被裹挟进去的可能性很大。但也未必尽然。内心挣扎了一夜,终于横下心来:我不能做个不敢承受一点风险的懦夫。

辜自强点亮床头柜上的蜡烛。墙上挂着母亲的遗像。两年前母亲就去世了。她是个美貌的日本妇女,一生平淡无奇,默默无闻,最终抑郁而死。她是家庭中的一个象征物,母爱也很有限。老先生虽然饱灌洋墨水,却毫不讳言地鼓吹多妻制。可是他自己又不娶姨太太,他是以逛窑子的形式实践多妻制的。或许这是他的聪明之处。有了如夫人,家中还能得安宁？老先生长期生活在高官幕府中,充当他人的思想库,终日漫游在荒诞的理性世界中,他需要宁静。几十年中,不知他到底炮制出几条安邦大计、治国方略？辜自强不想深究父亲的一切、母亲的一切。这个家是这样的阴郁,能有什么好事？母亲,现在碧云霞也算是我的"母亲"吗？天呐,后母,真叫人恶心。两个月前,父亲续了弦,娶了后母碧云霞。这个家是真的无法待下去了,倒不如今天出了事,同这个世界"拜拜"。那样沉重的"死"字,一时变得轻飘、虚化、神化。"壮士一去兮不复还。"他想哭,又想大笑。他抓过柜上的一瓶白兰地,狠狠咕噜着。

辜自强小心翼翼拉开房门,来到院里。古槐树在晨风中沙沙低鸣。父亲一向睡在书房里。碧云霞承继了他母亲的位置,住在北房朝西的房间。裱在窗格上的纸花隐隐叮见,天快亮了。他把耳朵贴在窗上,听到她轻微的鼾声。不慎碰响了窗棂,里面传出翻身的声响,他的心一蹦老高。这算什么! 他忐忑着溜回自己的房间。他抱头坐在桌前,揪着自己的头发。冷静了一会儿,他蘸饱墨汁,写下当天的日期:1915年9月28日。他又拉开左边的抽屉,里面放置着他的各种值得纪念的文字。他欣赏着保留下来的儿时的几份小楷作业。当时他们家住在武昌湖广总督府内,他同张大帅的孙辈们一同接受启蒙。"子在川上曰,逝者如斯夫。"他有点苍凉。他穿上一件对襟制服,这比长衫行动自如。这还是初识碧云霞时,自己在外面请裁缝师傅做的,穿回家时被老先生臭骂一顿,就再也不敢穿它了。他最后环视了一下房间,十五岁时自从武昌来京后,一直住在这里,起居枕卧之间相伴了七载春秋,就这样走了吗? 他预感自己今天凶多吉少。应当同老先生见一面再走,还有她。他决定在家里吃早饭。

厨娘和使妈准备好了早餐。碧云霞埋头啃着油饼,拨拉着稀粥。她身材纤细,娇小玲珑,今年才十九岁,长得还算标致,但也没有特别动人之处。不过,她是流浪歌女出身,声音很甜润。饭桌上向来沉闷得很,老先生好像连吃饭都在冥思苦想,想到妙处,会突然冒出一两句插科打诨,然后不住地点头颔首。辜自强衣着的一改常态,引起了他的注意,但没有发作,只是不满地皱了皱眉,间或往地上啐了几口。

老先生今天情绪甚佳,告诉家人他要去参加大总统祭孔大典。他突然对儿子发问:"你知道周瑜和诸葛亮的父亲是谁吗?"

辜自强觉得没有一点印象。他自认是博闻强记的,好像《三国演义》里没有提到嘛!谁会去留心这些。

"《三国演义》里不是写得清清楚楚,周瑜的父亲叫周既,诸葛亮的父亲叫诸葛何。想起来了吗?"

"没有,记不得了。"

"我一说你就记得。周瑜临死时不是哀叹说:'既生瑜,何生亮!'"

辜自强愣了一霎,明白过来,嘟哝道:"原来是这样。"

老先生一语破的,得意地左右摆摇着身躯,拉长语调,一字一顿地:"既——生瑜,何——生亮!"

儿子摸透老子的心思:他刚才不是说要去参加祭孔大典吗?八成是联想起他平时杜撰的"既然东方出了个孔夫子,西方又何必冒出个达尔文"的论调。他时常这样,一任意识流,信手拈来,出个怪题,难倒对方,以此为乐。

辜自强此时突然觉得父亲的怪癖不无可爱之处。放下筷子时,他甚至希望能再听一次碧云霞的吟唱。

辜自强匆匆赶往林君家。

林君对他的到来很是意外:"够朋友!够朋友!不过你用不着跟我去陪绑,如果我出了意外,你能把我的事迹阐扬一番,唤起天下人,就算你尽了朋友之谊。"

"你不必小看我,我也是热血青年。"

"话说到这份上,我们就同舟共济了。我的同志都按预定的计划做好了准备,现在就看我这两支枪听话不听话。"林君拍了拍别在腰间的家伙,"你可以到现场为我们做些掩护吧!"

袁世凯的祭孔队伍从新华门始发,沿途用黄土垫道,并戒严净衔,禁止行人通行。两旁是骑兵护卫,前有步兵统领江朝宗和警察总监吴炳湘骑马带着骑兵并肩开道。袁世凯坐着小汽车紧随在后。其时北京仅总统府和一些外国使馆有几部汽车。袁世凯头戴平天冠,身穿四团花的十二章大礼服,下着印有干水纹的紫缎裙。在缓缓行驶的汽车之后,是一群穿戴离奇古怪的奉祀官。殿后的是总统府指挥使徐邦杰带的大队保镖。

孔庙门前聚集着持有特许证的前来恭候的达官贵人、各界名流和新闻记者。袁世凯威仪十足的祭孔队列已临近孔庙,庙门外人群熙攘。人们个个引颈探望,嘈杂一片。

执勤的警察,组成两道人墙,挡住了观望的人群。开道的骑兵,突然加鞭驰骋,一匹匹骏马飞奔而来。袁世凯乘坐的小汽车也加大马力,紧紧跟上。汽车一停,保镖们把它围了个密不透风。眨眼之间,只见一团人群形成的旋涡,旋进了庙内。

孔庙里,袁世凯由司仪官朱启钤、周自齐和侍从武官荫昌前导行礼,俎豆馨香,三跪九叩。袁世凯那两撇牛角胡显得极威严,但这三跪九叩让大腹便便的他微微发喘。他虔诚地诵读祭文:"……中国数千年来立国根本在于道德,凡国家政治、家庭伦理、社会风俗无一非先圣学说发皇流衍。是以国有治乱,运有隆替,惟此孔子之道亘古常新,与天无极……本大总统痛时局之危险,怵纪纲之废弛,每念今日大患,尚不在国势,而在人心。苟人心有向善之机,即国本有底安之理……"

辜自强在庙门外的人丛中,目光紧张地搜寻着林君。如此戒备森严,"铁血团"不易行动,就是贸然发难,事成后也难以逃脱。他腰间突然被人碰了一下,他侧转身见是林君。林君低声告诉他:今日难以下手,决定放弃行动。

秋日的空际,像蓝宝石般剔透。庙内香雾缭绕,一缕缕地飘出庙外,凝成一片浓烈的烟云,使人感到空气浊闷。辜自强卸下心头的重负,浑身一阵轻快。他有点怀疑,"铁血主义"能有多大用处?袁大头固然该杀,但除掉了袁大头还有他的徒子徒孙啊!也许是自己太怯懦。不用"铁"和"血",何以改造现状?

凯莉一身牛仔装扮,挎着一部照相机,也在庙外人丛中转悠。她几乎成了圆心,各种目光都朝她移动。姚佩珍发现了她,马上凑上去。外国洋人也来祭孔,这可是今天极好的新闻花絮。

辜自强也发现了凯莉,他心头怦怦直跳。自从那天他在北大校园与她邂逅,傍晚在什刹海分手后,就再没见到她。他只知道她是美国人,叫凯莉,根本不指望能再见到她,但也没有放弃形形色色的想入非非。一有闲暇,那头瀑布般的金发,就撩得他心头发痒。他穿过人缝,向她接近。她往他的方向看过来,又别过脸去。她没有看见他,不然不会认不出他的。但也难说,那天他穿的是长衫。他想叫她,几度话到舌尖又咽了回去,这是干什么,太无聊了。他望着她向庙门口靠近,又想迂回过去,企图与她"无意"相撞。女记者在他之先,已同金发女郎接谈上了。他懊悔地注意着她们的言谈举止。

"凯莉,我能对您作个简短的采访吗?"

"请便,愿意为您效劳。"她摊了摊双手。

"凯莉,您对大总统祭祀古代圣贤孔子,有什么想法?"

"我感到中国上流社会和大众阶层,他们各自有不同的哲学和宗教。平日,我没看见有谁到这里参拜孔子,他们好像对观音菩萨更为崇敬。您认为我说得对吗?"

姚佩珍有点愕然,她熟视无睹,倒没有注意到此间的差别。"凯莉小姐,您发现了一个有趣的问题。您今天前来参加这一祭祀活动,是不是可以说,您是热爱中华民族传统文化的?"

"您说得很对,我非常热爱中国文化。前些日子,我在北大听了一位长辫子教授的演说。中国是'仁义之邦','仁义'这是多么美好的字眼。"

"那么,您是不赞成欧美的竞争哲学,对吗?"

"是的,是的。竞争不好,'仁义'很好。"

"谢谢您。"

姚佩珍突然发现了李华庆,赶忙撇下凯莉追踪了过去。

那天,姚佩珍不能自已,给李华庆写了封表示仰慕的信,写好之后便搁在抽屉里。每当她从外面归来,就禁不住怦怦心跳,盼望能从门卫口里听到李华庆先生来过的报告。没有。这个彪形大汉总是那样毕恭毕敬,脸上的皮肉总是纹丝不动。莫名其妙地堕入情网。她展开那封情书,几次封了口又拆开,拿不定主意是否送出去。男人凶狠地掐她的脖子,要置她于死地的情状令她心有余悸,一想起来就焦躁不宁。那个西装革履的华侨大亨,他身上的气质,没办法说清,就是那么迷人。不能让机会从鼻子尖下溜走啊,姚佩珍!她不敢再迟疑,害怕犹豫夺走了她的决心。她匆匆地封好信,交给车夫,一遍遍叮咛,要他小心,务必送到。去吧,彷徨和犹豫!她打开梁士诒送给她的唱机,上足发条,放上一张小夜曲唱片,躺在逍遥床上,用脚打着点子,心也随着乐曲的节奏摇摇荡荡。

"小姐。"门外车夫的声音不大,对她来说却如雷贯耳。

她趿着鞋,奔到院子,急问:"信送到啦?"

"送到了,送到了李先生手上。"

"他有回信吗?"

"没有。"

"他有没有当场拆开看?"

"没有,他接过信,给了小费,就叫我回来。"

"怎么去这么久?去,去,去!"她没来由地对车夫发作,怏怏然回到房中。他为什么这样漫不经心?为什么如此轻看我?不,不是的!信封下方只署了"内详"两字,他怎能知道是谁寄的?此时此刻,也许他正拆着信,喜出望外地用嘴唇吻着香笺……她蜜意款款地想象着。不一会,又立即把它推翻:他,他可能会因此而轻蔑我……

一整个下午,她牵肠挂肚地揣测、想象着,巴巴地挨到天黑。女佣遵嘱为她准备好了热水。浴室里的大镜子,映着她懒慵的面孔。衣裙褪去,她白净的胴体盛在镜中,弥漫着水蒸气,显得朦朦胧胧的。打量着自己胴体的高山低谷。她用双肘紧紧地夹住乳峰,一种顾影自怜的哀怨,胀痛了她的胸腔。自古红颜薄命,认了罢。她跨进白瓷浴盆,泡在温度适中的水中,静静地躺着……我未免太急了,面对如此突兀的事情,他总得权衡一番。何况人家是有妻小的人,有地位的人。叫人着迷的男人,总是那么傲慢!我恨死了!多少人拜倒在我的石榴裙下,我都不动心。难道这都是我的错觉?我不够漂亮?缺乏风姿?缺少聪明?……她无休止地自我折腾着。

当她穿了一件西式连衣裙走出卧房时,女佣递来一封信。

"信?"她所有的部位都牵动起来。她把信口撕得零零碎碎,慌乱中竟把信笺也撕去了一角。她寻寻觅觅着她所期待的狂热。可是,所有的字眼都是理性。李华庆回信说,他已有妻室,何况已年过半百,云云……她不甘心地拼按着破裂了的信笺,仿佛要竭力从中找出隐藏在字缝里的字。

姚佩珍在孔庙前的人丛中发现了李华庆。他的举止是那样的潇洒自若,谈笑风生。她曾写了第二封信给他,他用大信封套一下,原封不动地退了回来。她又爱又恼。他当然不能说对她不恭,现实是明摆着的。虽然理智告诉她,应斩断这种罗曼蒂克,但情火并未熄灭。见到他,她突然感到自己是那样的渺小和可怜兮兮。传统人格和现代人格在她血液里交融着。李华庆也瞥见了她,急忙挪动脚步,同交谈者点头告辞。她来了气,左冲右撞,拨开人群,把他堵住了。

"姚小姐。"他很尴尬,眼角涌上一丝不是笑的笑。

姚佩珍的双颊漾起迷人的笑窝,不无挑衅地说:"对不起,李先生!我能对你进行采访吗?"

"姚小姐,当然可以。"

她打开袖珍提包,掏出采访簿,问:"有人说孔子的思想已过时,不适合现代社会,你以为如何?"

"对此,华庆没有研究。不过,敝人一贯的看法是,孔子代表了中国传统文化,华庆认为应在海外华人中阐扬。海外华人既要落地生根,又不能完全被同化,要保持自己的民族特性,不能忘记自己的母国。"

"李先生高见。您认为女权运动与传统文化有没有冲突?"

"这个——"他停顿了一下,似乎感到她大有深意,"这个,冲突是明显的。"

"那么先生是反对女权运动的啰?"

"不,不能一概而论。我是讲究民主与科学的。"

"这同宣扬孔子思想不是自相矛盾吗?"她穷追不舍,得意地撩着鬓角的飘发。

"不能说是矛盾,是互相补充,东西文化必须互相补充。"

"那就是'中体西用'吗?"

李华庆来不及回答,人群中出现了骚动。大总统的保镖正在开道。袁世凯要出孔庙了。

人丛的间距倏地缩小,人们引颈伸脖,专注着大总统坐车驶出孔庙。姚佩珍被人流推搡着,紧紧挨靠着李华庆宽厚的脊背。他感觉到她微微发颤的丰乳和狂跳的心脏,凉气嗖嗖地爬上他的颈梁,他害怕了。这场艳遇不知是祸是福!眼前一派迷离,身体宛如飘浮在海上的一片残叶,渺小到要消失的地步。随之,热流回到他的体内,醉意袭上脑门,色彩斑斓的幻想向他压过来,他侧转身,她的鼻尖正好触到他的下颏。他不敢正视她火辣辣的眼睛,只是听任她紧紧依偎着他。

大总统的座车驶过去，祭孔队列在行进。人丛宽松了许多。姚佩珍缩回身体，像小孩祈求糖果般低声喃喃："你不是答应过要来我家拜访吗？"他支吾着，不知说些什么。咦，他怎么也来了？千真万确，她那獐头鼠目的男人，正朝这边张望。她恢复了记者架势，扬起采访本，神态自若地同李华庆告别。

在人丛中姚佩珍突然发现了辜鸿铭，她立即拢住了心猿意马。这个老古董是今天绝好的素材，可不能轻易放过。

辜自强在人丛里转悠，始终没有让凯莉走出自己的视线，她总是那样兴致勃勃，摄取一个又一个镜头。猎奇，哼，猎奇。她怎么都不回头张望一下呢？他转了一会儿，径直向她迎面而去。

"哈罗，自强辜！"她到底发现了他，喊声引来许多目光。他容光焕发。她还记得他的尊姓大名，这就够了，还想期待什么呢？她同他招呼了一声，又看见了女记者正在采访老先生，也凑了过去。她裸露的手臂，在空中闪现了一下，叫人回味无穷。辜自强沮丧地注目着她的身影。真个是自作多情。说什么自作多情，难道我爱上她了吗？笑话，爱上一个洋鬼子！说不定是个"半番"，要不是那一头金发，谁能看出她是舶来品？

凯莉为辜鸿铭照了相，同姚佩珍挥挥手又走了。

辜鸿铭的红缎马夹，在日光反射下，格外生辉。大红大绿，配上皱巴老脸，真乃鹤立鸡群。

姚佩珍问："辜先生，当此盛会，您有什么感想？"

辜鸿铭背着手，眯缝着眼，半晌才开口："女人抛头露脸，有悖圣贤古训，这就是今天祭孔的全部意义。"

姚佩珍冷不丁吃了个憋气丸，被噎得无言以对，怔怔地看着他拂袖而去。没见过，不近人情的鬼老头。好心好意采访他，耍什么名士脾气！她忍住了在眼眶里打转的泪水。

辜自强把这一幕全看在眼里。他走上前去宽慰说："记者小姐，请不要介意，那位老先生是有名的怪杰，怪里怪气的。"

姚佩珍感激地看着他，是她自讨没趣。应当想到，尊崇孔孟和女记者身份，二者是格格不入的，今天本不该来。不过，不来也不行啊，作为一个政治记者，总统的重大行动还能不见报？她厌恶周围的人群，大都是些锈迹斑驳的古董。大总统为什么要祭孔呢？想必其中大有奥妙。政客手腕，无非是"利用"两字。眼前这位新潮衣装的青年，倒也善解人意。她冲他嫣然一笑，说："没关系，记者嘛，总得接触各色人等。"

辜自强乘机打听起凯莉，问道："小姐，刚才同您说话的那位洋人小姐，也是你们报社的吗？"

"不，她可是大有来历的，是总统府政治顾问古德诺博士的千金，在女高师当教师。"

"哦，我还以为是你们报社的摄影记者。"

突然，警笛大作，孔庙前的斯文辈们，慌成一团，纷纷奔突乱撞。马车、人力车，互相挤轧；马嘶声、斥骂声，乱成一片。

"大总统坐车吃了炸弹。"

"哎呀，炸到了吗？"

"谁知道！"

辜自强神情大变。林君到底还是下手了,不知道他能否逃脱得掉?快离开这是非之地。他在狼狈奔突的人群中,左冲右撞,拐进了一条小胡同。

"跑什么?"一声吆喝扯住了他。

是老先生。

"跑什么!不做亏心事,不怕鬼叫门。"老先生镇定自若地尾随而来。

5 | 四合院里的老夫少妻

辜家坐落在北城地安门外大街北端的一条胡同内,一座色调灰暗低矮的小小四合院。青砖院墙,经过多年风雨剥蚀,许多地方都破损得龇牙咧嘴。门扇的黑漆已残留不多,一对铁扣环已是锈迹斑斑。门楼开在院落的东南角上,几株稀疏的狗尾巴草在墙头摇摆着。进了门,迎面竖立着一座木影壁。庭院里有一株老态龙钟的槐树,还有几株紫丁香、夹竹桃和石榴树。丁香花开得很热闹,不少蜂蝶在嘤嘤嗡嗡着。三间北房,住着男女主人。厨娘和车夫住在西厢房,儿子住在东厢房。南房为客厅和膳厅。

曙光透过花格上的窗纸,把房内的一切清晰地显现出来。附近钟楼的钟声敲响了,辜鸿铭准时醒来。四面墙壁,数年来没有再裱糊,发黄的墙纸上到处是污块。书桌上下,木板地上,堆放着一叠叠线装书,甚至床铺也是特制的,床内侧安装有一层书架,他躺着就可以伸手随时取阅。他从来都独自睡在自己的书房兼卧室里,也不让别人替他整理。别看零乱得很,可他闭着眼都能随时抓到他的所需之物。书桌上方挂着一对条幅,写着:"忠信以为甲胄,礼义以为干橹。"桌上排着一列经典著作,无非是《四书味根录》、《四书典林》、《五经汇解》之类,上面已蒙了不少灰尘。

辜鸿铭惺忪着眼睛,迷离地望着帐顶。他虽然显得孤僻,却也不喜欢寂寞。想当年,在湖广总督府里,坐而论道二十余载,大帅张之洞属下的百官群僚,谁个不对他毕恭毕敬?大帅进京入主军机,他亦随同来到北京,在外务部任左丞,也还差强人意。孙中山反满革命成功,清帝逊位后,他到北大当教授,这日子就一天比一天难挨。寂寞倒还是其次,人心败坏,世风日下,才叫人憋气。皇帝是什么,皇帝就是偶像,一个众望所归的偶像嘛!没有一个至高无上的绝对权威,不天下大乱才怪哩!北大的人总爱侈谈什么自由、平等、自尊、自利,好像中国几千年来就没一件好东西,我就偏偏要充当老大中华末了的代表,叫他们不舒服,让他们去白眼。总有一天他们要对我刮目相看。不是吗?连趋新若鹜的鼻祖、炮制《天演论》、鼓吹"物竞天择"的福建同乡严复,最后不也发出慨叹:"中国目前危难,全由人心之非,而异日一线命根,仍是数千年先王教化之泽。耐久无弊,尚是孔子之书。"不过,袁世凯这个贱种,也装模作样去祭孔,却是一桩怪事。他也真会做戏!

此时,辜自强也醒了。过去,他醒后从不恋床,盥洗完毕就是念外语。近来,他醒来后总是双手枕着头,心事重重地做苦思冥想状。辜家老规矩真叫他作难,他每天早晨都要向父母请安。他的母亲叫淑姑,是辜鸿铭的第一任太太,不久辜鸿铭纳日本大阪姑娘吉田贞子为妾,所以有"婚在东洋"之说。她们过世后,才十九岁的碧云霞承继了他母亲的位置,他还得太向碧云霞请安,真是件要命的事。

碧云霞进门后,老先生依旧是独居书房。那是喜事办完的第三天,当钟楼传来晨钟时,四合院里还静悄悄的。碧云霞房里传来石破天惊的破裂声,好像是花瓶被砸碎。随之是碧云霞有腔有调的恸哭,声音开始还是藏藏掖掖的,不久哭调变得有板有眼,越来声越大。辜自强用棉毯蒙住头,心头一阵酸楚。碧云霞受委屈了,过门两天来她还没哭过,是应当让泪水淋漓痛快一番。"吱呀"的开门声,是老先生出了自己房间,拖着布鞋。吧嗒吧嗒地响。新房的门被推开,哭声破门而出。

"你哭什么?"

"哭什么?哭我的命苦。"

"什么地方亏待了你?"

"我算什么?算太太,少爷就得来给我请安。"

"原来如此。这是我们辜家的老规矩。你放心,这个面子要还给你。"

辜自强掀开蒙在头上的棉毯,一脚把它踢到床下。要我给她请安？这是什么意思？莫非……反正,这以后他不仅要给老先生请安,还要给"后母"请安。唉!如果仅仅是别扭也就罢了。

辜自强舒展着四肢,对着院里的丁香树吸了几口袭人芳气。他推开老先生的房门,对着躺在床上抽烟的父亲,叫了声"爸爸,今天好"。老先生"哼"了一声,他就机械地退了出来,掩上房门。他又敲了敲北房西间。这间房子还留下喜庆的痕迹:崭新的绿色窗纸和高丽纸卷帘,门外垂下一道竹帘。他照例听到了娇憨的一声"进来",他推进房门,此时她总是正在梳妆台前梳理头发。室内四壁裱糊着白纸,显得分外明亮。他站在门口,说了声"早晨好",就要转身而去。起先他总是忐忑不安,现在不加称呼也就渐渐适应了。突然,她叫了一声"留步"。她穿着一件水红绣蝶短袄,下着黑色拖地长裙,头上的髻子已经挽好,手里拿着一枚金钗正要往头上簪。"我还没吭声,你就要走啦?"昔日,他说了一声"早晨好"之后,她会干巴巴地回答一声"不多礼"。今天,她还没启齿他就拔腿要走,是匆忙了点。还没待他自责,她已大发作了。她气急败坏地把梳妆盒推到地上,那双略带忧郁和羞涩的丹凤眼,射出凛凛杀气,柳叶眉在眉棱绷直。没想到她看去秀气柔弱,撒泼也毫不含糊。他咬着下唇,拂袖而去。

辜鸿铭还在吞云吐雾,听到娇妻的吵闹声,一骨碌翻身下床。老夫少妻,别弄出什么岔子来。

"什么事?"辜鸿铭披着一件衣衫,急开房门,见儿子气鼓鼓地朝东厢房走去。

"什么事?"他提高嗓门,喝住儿子。

儿子在老槐树下站住,说:"什么事也没有。"

啊！钱，一想到钱，他就有一种脏兮兮的感觉。这是万恶之源。老先生从小就这样教诲他，他对此已刻骨铭心。肚子填饱后，他的心绪也安定了许多。滚满了露珠的荷塘，分外清新。"小荷才露尖尖角，早有蜻蜓立上头。"一只水鸟，凌空而降，猛地扎入水面，叼住了什么，又箭也似的飞走。他心里空落落地，不知该怎么对付这场事变。爱和恨，其间的距离只有那么一步。女人啊女人，真叫人摸不透！那个四合院本来就叫人窒息，如今又添了这个女人，还叫人怎么活！他搜寻着那只水鸟，却早已不见踪影，只有各色蜻蜓在翻跹飞舞。何不趁此机会，搬出去做寄宿生？他用力把手里摆弄的一片荷叶扔向远处，嘴里不由叫出声来：远走高飞！卖豆浆油条的大娘疑惑地瞧着他。

临近家时，面对那扇黑漆斑驳的大门，辜自强的勇气锐减了大半。怎么开口呢？老先生不肯给钱怎么办？独立自主，没钱还真办不到。院子里寂无人声，晒衣杆上，碧云霞的红衣绿裤好似在对着他嘲笑。真是阴错阳差，出了这场闹剧，莫非是命中注定的？

老先生的书房里传出咳嗽声。辜自强壮着胆子，推开父亲的房门。辜鸿铭坐在桌前的花梨木转椅上，正欣赏着英国出版的他翻译的《论语》英译本。欧洲人对他传播中国传统文化的功绩，给了很高的赞誉。英译本的序言里这样地称赞他："辜先生不小的功绩是翻译了儒家《四书》的三部，他不仅给予忠实的翻译，且是一种创造性的翻译，超越了中西方观念和思维方式的鸿沟，一种古代经典的光透过一种深刻哲学了解的突然注入。他事实上扮演东方观念和西方观念的电镀匠。他的'孔子言论'，饰以歌德、席勒、罗斯金及朱贝尔的有启发性的妙语……"

"辜鸿铭是一块硬肉,非软弱的胃所能消受,对于西方人,他的作品尤其像是充满硬毛的豪猪,但他有深度和卓识。"他读到这段时,脸上的硬肉牵动出难得的笑纹。他左右摆摇着把这一段英文反复诵念着,掩饰不住自负和自得。

"爸爸!"

辜鸿铭连眼皮都不抬一下,依然沉浸在自己的境界中。

"我想住到学校去。"

辜鸿铭从老花镜下,乜斜出陌生的目光,慢悠悠地说:"我家没这个规矩。"

辜自强神色黯然。他知道老先生向来话一出口,就一锤定音,毫无商量的余地。自由的羽翼,刚试着扑腾几下,就被拴住。为什么要拴在一起闷死呢?他在心里呼叫。

前门外的八大胡同,是金粉香艳之地,灯红酒亦红。曲栏深院,文人墨客,趋之若鹜。辜鸿铭发闷时,总是到韩家潭胡同和百顺胡同两处消遣。同僚们讥嘲他是个"登徒子",他听了只是轻蔑地一笑:"大丈夫当如是也。"今天早晨出了桩蹊跷事,他少不了又去韩家潭胡同。他历来鼓吹中国男人娶姨太太不算罪过,但他自己不娶姨太太。娶姨太太会使家庭鸡犬不宁,而他需要宁静,他是个学贯中西的大哲人。他默许西方婚外恋的习俗,尽管他痛斥欧美的一切。中国的脂粉深院,不过是公众的情人罢了,这也是中国人不讲竞争讲仁义的明证,哈哈。他与人论争,总是无往而不胜。新娶的太太碧云霞,已过门两个多月,至今还拒绝与他同眠共枕,他并不生气,也不在意。他把前门外八大胡同作为补充。太太总是太太,名分已定,她还能犟多久?对于早晨发生的事,他反而在心底窃喜。她既默认辜自强有非礼之举,又痛不欲生地哀鸣,岂不是对名分的坚贞?夫为妻纲,这就是传统妇德的光辉。她已给了他足够的满足,他可以耐心等待她。似蹙非蹙的柳叶眉,深锁着几多闺怨,叫人爱也不是,恨也不得。似嗔非嗔的丹凤眼,转悠着孤苦无告的愁思,更燃起他大男子的自尊。最绝的是她那对"三寸金莲"。金步轻摇,佩环叮咚;娉娉婷婷,绰约如仙,真是妙不可言。每当她躺在床上,并不拒绝他坐在床沿。他摆弄着那双透着灵气的"金莲",一松一紧地捏弄,呈现出一脸醉态。他感觉得到她心底的颤动,他自信她总要接受老夫少妻的现实。

辜鸿铭从八大胡同回家时,已是深夜。他干咳了一声,推了推太太的房间,里面拴得严严实实,他放心地回到自己书房。

碧云霞还没睡着。今天早晨,老爷给儿子那一记脆耳光,叫她好不解气。她弄不清楚当时的恸哭是为的什么。薄薄的水红缎面被子,裹着她娇小的身躯,她像小猫似的蜷在床上。今天一整天,只在吃晚饭时见过辜自强。老爷不在家吃晚饭,她和他都只盯着自己的饭碗。

碧云霞没有正眼看他,只在端起饭碗扒饭时,偷偷从碗沿上方窥视他。他的喉结随着吞咽起伏着,嘴上的短须毛茸茸的,挺拔高耸的鼻梁……无不充满青春男子的诱惑。这个家要是只有他和她……都是这个魔鬼,一生都被他毁了。她又想到他老子。老爷下巴几根焦黄的胡子,衬在他扁平干瘦的脸上,却堵在她的心窝里。书香门第,也这么缺德,父子沆瀣一气,还假仁假义。

更深人静,辜自强住的东厢房里传来走动的声音——他也还没睡。

一股魔力使碧云霞悄悄地溜下床,摸索着穿上绣花鞋,小心翼翼地开了房门。门轴白天刚上了油,没有发出响声。她蹑手蹑脚地来到院子。秋风拨弄得槐树叶飒飒作响。辜自强房间的纸窗透出灯光,映着他坐在桌前的剪影。她用蘸了口水的手指,轻轻捅破窗纸,一只眼睛贴近破洞。

辜自强正百无聊赖地随意翻书,无意中瞥见窗上一个黑白转动的东西正盯着他。突如其来的恐惧,使他神色大变,不由自主"啊"地惨叫一声。她也被惊吓得魂不附体,慌慌张张地溜回房间,靠在门上半天才缓过气来。

辜鸿铭睡觉警觉得很,东厢房发出的恐怖叫声把他惊醒。这小子做噩梦了。他翻了个身。不对,似乎还有窸窸窣窣的奔走脚步。她?他?他越想越狐疑。他点亮油灯,来到碧云霞房门口,问道:"刚才是谁喊叫?"他敲着门,不想竟把门推开了。万箭穿心,他一时乱了分寸。方才夜里回家时,她的门是拴死的,这绝不会有错。他怒打心头起:小贱人,我要你死!

门竟然忘记闩上,这如何了得?她眼前发黑,像掉进无底洞,手脚冰凉。

"你这个娼妇!"他向床上扑去,准准地揪住了她的发髻。

"老爷,你发疯啦!"她已缓过气来,一不做,二不休,怕也没用了。

碧云霞用双手抓住辜鸿铭揪头发的手。他那鸡爪似枯槁的手没有几两力气,她胆壮了许多。他嘴里的热气喷到她的脸上:"说,刚才干了什么丑事？"

"什么事也没有，我看你发神经了。"

"好哇，你还振振有词，卖唱的女人果然不是好货。"

"你放开手，让我把话说完，要杀要剐随你便。"她坦然的态度，使他松开了手。她起床披上衣服，坐到桌旁。

两人怒目而视。

"我听到叫喊，以为是贼从房上跌下来，就开门看了看。"碧云霞拢着被扯散的长发，尽量使自己的声音平静。

果真如此？辜鸿铭半信半疑地盯着她的眼睛，想看出里面的破绽。盯了半晌，突然命令道："躺到床上去。"

碧云霞大感不解，怯生生地挨到床沿。辜鸿铭一把将她推倒，就去扯她的裤子："我要检查。"

"检查什么？"她本能地抓住他的手。

"你别管，少开口！"他用力拉扯。

她使劲地抓住裤头，挣扎反抗着。

他压低嗓门："好个娼妇，你是不是同他勾上？早上还觅死觅活的！"他不止一次地往这方面想，不然她为什么结婚两个多月，还不肯同丈夫睡觉？此外还能有什么解释呢？

"不要诬赖人！"她双手蒙着脸，泪水刷地挤出指缝。

辜鸿铭检查结果，她还是个处女。他拉过被子给她盖上，嘴角盛着欣慰。此时，他没有任何欲望，内心仿佛是一泓静水。她纯洁无瑕，就好似他果园里的一粒珍果，随时均可采摘。他觉得慢慢品尝比匆忙享用更有意味。她的抽泣声，暖暖地熨帖着他的神经。他从抽屉里找出一把铜锁,说:"每天早上我会给你开门。"他从外面把门锁上。

"咔嚓"一声,压碎了碧云霞的心。一场暴风雨来得快也去得快,她一任泪水流淌着。也难怪他啊,他虽是个怪老头,可心肠不算坏。能这样待她,可说是不幸中之大幸了。恨只恨辜自强,天杀的骗子,骗得人好苦!眼前浮现出辜自强惨叫的恐怖状,她浑身起了鸡皮疙瘩。辜自强也不知怎样了。她很不自在,长吁短叹了一夜,直到曙光微露,才迷迷糊糊睡去。

噩梦醒来是早晨。一束阳光从窗棂射了进来。可对她来说,夜里是噩梦,白天何尝不也是噩梦?

辜自强吃完早饭就去北大了。老先生今天没有课,他一面剔牙缝,一面逗弄笼中的八哥。鸟笼十分精巧,挂在槐树树干上,悠悠地晃荡着。使妈在厨下收拾碗筷。碧云霞在打扫院子,侍弄盆栽。虽然老先生反对她干这些粗活,她还是愿意亲自动手。总得有点事打发日子。

辜鸿铭回到书房去,那里是他思想自由驰骋的天地。报纸已经送来,他翻开《亚细亚报》,一张新闻照片吸引了他。李华庆,不错,是他。他端详着印得模模糊糊的新闻照片。他一般是不拜客的,回访也是有所选择。这一霎,他却毫不犹豫地决定去拜访李华庆。他同李华庆的关系有很深的渊源。天南海北,已有二十多年没见面。自从离开武昌,连音讯也中断了。

在远东饭店没见到李华庆。

晚上,辜鸿铭又去。他是这里的常客,饭店上下人等都知道他这个"超级舞星"。剃发留辫、蓝袍红褂,一个十足的现世活宝,但他跳起舞来却地道得令洋人自愧弗如。什么快三、慢四,跳得有模有样。洋女士好奇,个个以能同他伴舞而荣幸。他经过舞厅门口时,管弦乐队正奏得好带劲,伦巴的节奏,叫人脚底发痒。暗紫色的光线下,对对舞伴旋转着,像一锅七色的旋涡。他瞥见女记者姚佩珍在其内。她时常陪同达官贵人光顾这里。他鄙夷她,从来不邀她下舞池。他不能容忍中国女子抛头露面,好像她把国格丢尽,只有他替中国挽回点面子。

两位老友久别重逢,不免欷歔感叹一番。

"华庆兄,想不到你依然这般风采。不像我,只剩下一把老骨头啰。"辜鸿铭目光如炬。

"鸿铭兄,你的气色也不错,看来修身养性的功夫也不浅。老兄怎么还是前清打扮,是不是皇恩浩荡不敢忘怀?"李华庆拽住他的肩,上下打量着。

"皇恩个屁!愚弟尚存一点忠心,忠的是中国固有传统。你看看现在世道,欧风美雨,吸之不遗余力,国已不国,奈何不得啊!"

客房的外间地板上,铺着柔软的波斯地毯,天花板上悬挂着玻璃璎珞吊灯,靠墙摆着一长两短的牛皮弹簧沙发。紫檀木茶几上,摆放着纸烟卷和茶盘。主人亲自给客人斟上茶后,唤来侍者,要来两碟西式点心。辜鸿铭瞥见安放在书桌上的李华庆夫妇照片,目光突然变得呆滞。

"鸿铭兄,请用些点心!"

辜鸿铭收回目光,问:"梦琴呢?她没有同你一道来吗?"

"一道来的,她被京郊的一家亲戚接去玩了。"

"哦,梦琴是个典型的中国淑女,秀外慧中,堪称星洲一绝呀。"

"老兄过奖了。嫂夫人她可好?"

"到极乐世界去了。我刚续了弦。"

"何等样人?"

"今年才十九岁,唱京东大鼓的。没有爹妈,原在天桥一带,跟一个瞎眼叔叔卖唱。瞎子死了,她急于寻主,就这样娶了来。"

"那么,是老夫少妻啰!"

两人叙旧之后。话题滑到国事上,辜鸿铭顿时神情激昂。

"愚弟个人失意事小,长此下去,国将不国了。中国官场的情状,可用二十四个字全包罗掉,这就是:'陈陈相因,无所事事,聊以度日,狗屁不通,好吹牛皮,不务实事。'中国的瘟病百病,皆出自狗屁不通。中国要亡,不亡于没有实业,也不亡于外交软弱,而实亡于中国官场好吹牛皮。不铲除官场恶习,中国就没救。"

"我在海外,早听说老兄嬉笑怒骂的本事。二十多年不见,老兄的幽默本领果然增添了不少尖刻。国内的事我还是知道一二。我是主张中西合璧的。但不知何故,许多东西到了中国就变了味。"

"谁说不是! 今日中国之所谓的理财,美其名曰理财,其实不过是争财。官官相护,狼狈为奸。当官无能便经商,经商无门便做官,大半官而劣则商,商而劣则官。如此政治怎能不腐败,经济如何不凋敝? 要说效法西法,这是饮鸩止渴。人人趋新,事事效法西人,不求其所以然,而行其所以然,这与西人所雇的成衣模特又有什么差异?"

"老兄脱离官场,潜心学术,毕竟旁观者清。依你之见,要救中国,取何法为上？"

"愚弟曾说过,'半部《论语》就可以振兴中国',这绝非故作惊人之语,言过其实。今日的中国人,已失去其本来的面目。人心不古,刻意趋新,不安本分的劣根性发作。要恢复汉唐古风,就得将圣贤学说发扬光大,才能修明君子之道,见利而思义,才能做到社会和谐,不致人心堕落。目前袁世凯这个贼种,竟也去祭祀孔圣人,算他悟到了救国的根本。"

"老兄何以这样蔑称大总统？"

"说来话长,不说他了。这种狗屁不通、反复无常的小人,占据至高无上的位子,中国能有什么希望！"

"听说袁氏心狠手辣,吾兄在外言语还是小心为好。"

"怕什么？对我这个大名士他奈何不得！"辜鸿铭的目光又转向桌上李华庆夫妇的合影。梦琴！他心里轻轻地呼唤。幽远的回忆,甜甜地、酸酸地在他胸廓漫开……

6 | 星洲邂逅"樱桃小口"

星洲,这个俗称"狮岛"的华人聚集地,是辜鸿铭时常魂牵梦萦的地方。他很会做梦,无论是晚间或午休,只要一入睡,便置身于梦境之中。奇怪的是,梦境十有八九在星洲。约翰斯码头,莱佛士铜像,棕榈,椰林……那里的一砖一瓦,一人一事,都是那样的真切。然而,他生活了二十多年的武昌,却极少去梦游,真怪!

辜鸿铭从欧洲带回了博士头衔,也带回心灵的创伤。他是享用英国殖民者的金钱去深造的华人子弟,回来后自然要为英国人做事。他出生于海峡殖民地的槟椰屿，那里没有多少他的亲故。从欧洲回来后，他便在新加坡市政厅担任一名职员。职员按部就班的刻板生活，束缚了他自由自在的天性，他愈发感到生活的单调枯燥。

倚在办公室窗台上眺望，可以看到市政厅前草坪上竖立的莱佛士铜像和远处繁忙的约翰斯码头。排排高大的棕榈、椰树，为大海镶嵌上动感的花边。咸腥海风，夹带着槟榔的香味，扑面而来。辜鸿铭记起这天是夏历七月十五，是华侨狂欢的"盂兰会"。他看了看怀表，离下班还有半个小时。他的心情很不好，被一阵阵焦躁灼烧着，想快点出去凑凑热闹散散心。上班不久，他曾偷溜出去，到一家邮局领汇款。一位行事认真的朋友，寄了五元叻币，请他代买一本书。为领五块钱去一趟邮局，真有点不值得，但他还是去了。邮局办理汇兑的是一位华侨青年，接过他的汇单，哗啦哗啦数了十张五元的叻币，扔到柜台上。他以为是给旁人的，左右旁顾，没人理会。他方才明白邮局职员弄错了，把五元钱的汇单看成了五十元。他把钱拢了拢，抓在手上递过去，说："先生，你弄错了，我只有五块钱。"对方瞪了他一眼，表情急速地变换着——惊愕，张皇，继而凶恶。他一把抓过钱，紧张地瞟了一眼左右同事，急促地抽出一张五元叻币扔到柜台上，说："谁弄错啦？看清楚一点！""你！你……"他气得话不成句逗。人心堕落啊，好心还他钱，反倒恶眼相向！炎黄子孙，本是最讲仁义道德的，怎么变成这般模样！看来，在这专讲竞争的世界里，若不弘扬孔子学说，新一代华人免不了背祖忘宗，成为没有人性的走兽。从欧洲回来后，他很快就学会了汉语，而且对儒家文化到了神往的地步。此事使他越发感到，只有祖国的传统文化，才能超度这个罪恶的世界。

下班的铃声响了。辜鸿铭戴上巴拿马礼帽,拎起紫檀色手杖,匆匆走出市政厅。

夕阳西下,清风徐来。海堤上绿荫夹道,鞭丝帽影,如履碧波。海上,烟波万顷,荡漾生金。莱佛士铜像周围,芳草如茵,奇花堆锦。市政厅圆圆的橙色塔楼,沐浴在晚霞中,辉煌炫目。皇后坊一带,广厦连云,高楼林立,是各大公司、大银行麇集之处。招聘广告,鳞次栉比,相映争辉。白人男女,勾腰搭背;来往人群,行色匆匆。眼前展示着一派现代文明的图景。一对英国人,男的穿着燕尾服,女的身着敞胸裸肩的晚礼服,互相依偎着,向辜鸿铭迎面而来,询问维多利亚大剧院的所在。他冷淡地用嘴努了努,示意了方向。女子就要给人留下神秘感,"犹抱琵琶半遮面",才能激发男子的想象力。裸露那么多,让人一览无余,岂不倒胃口?

直落亚逸街是华人中产阶级聚居的地方。辜鸿铭来到这条街,"盂兰会"的盛况使他精神为之一振。但见街道两旁,供桌密密相接,不见首尾。供桌上,前列五牲,后摆肴馔、果品。长袖善舞的财东们,少者数桌,多者数十桌。所摆肴馔,花色名目繁多,均为名厨精细烹饪。这些布施供品,原意为超度客死域外的亡人,供者实则寓有炫富竞胜之私心。街道中,各种华侨子弟戏团,穿梭往来,奏乐度曲。平素深藏不露的仕女少妇,也三两做伴,忸怩踏街。孩童们更是雀跃奔跑。鼓乐不绝,弦歌盈耳。浓重的香火味混浊着鞭炮的火药味,弥漫着中国特有的节日氛围。

辜鸿铭饶有兴味地观赏着,挤撞着,迤逦来至天福宫。天福宫是新加坡最大的华侨庙宇。山门内的庭院里,四台戏正在同时对演,观者摩肩接踵,喧闹沸腾。住在这条街道和到此游兴的,多为福建籍华侨,所以台上演出的,均是闽南传统剧种:高甲戏、南音、歌仔戏和芗剧。辜鸿铭祖籍在福建,可他是个出生于南洋的峇峇(峇峇指土生华人),汉语才学会不久,祖籍的闽南话完全一窍不通。尽管如此,他还是对乡音倍感亲切。他来回盘桓,比较着四个剧种,觉得怪声怪调,很有韵味,扮相也十分有趣。他不时随着观众开怀大笑。胸中的烦闷,破空而去。

观看演出的人众,有的嗑瓜子,有的剥花生,有的嚼槟榔,脚步不停地移动,用心似乎并不在观看,而是来熏陶热闹。在芸芸众生中,一对主仆相伴的女子,引起辜鸿铭的注意。她俩与他相隔十数步,正站立在石阶上观看演出。女主人窈窕秀丽,发髻盘在头顶,露出白腻如脂的后颈。她穿着一件紧身紫色旗袍。从侧面看去,鼻子精巧得像玉雕一般,樱桃小口鲜嫩欲滴,下巴的弧线柔和动人。他联想到敦煌石窟里的飞天仕女,飞天,翩若惊鸿,飘飘欲仙。云蒸霞蔚,脚下虚空,头晕目眩。他注目着玉雕般的精巧鼻子,屏息不动。她俩被人推搡了一下,侍女连忙扶持着主人。看见了。"樱桃小口"侧过身来,露出细密白洁的牙齿,朝他嫣然一笑。那娇羞的眼波,躲躲闪闪地对撞过来,集万般情端,撩得他怦然心跳。像云雾中一声霹雳,闪出万道霞光,现出一位绝色天仙;又刮来一阵狂风,将天空弥合。流动的人群,遮断了他的视线。他摘下巴拿马礼帽,伸长脖颈,眼里甩出带钩的长丝,胸膛突突地狂跳。有人踩到他的脚面,他气鼓鼓地用手杖捅向对方。别人见了这满脸怒容的绅士,只得忍气吞声地避开。"樱桃小口"在人海里向西面戏台漂去。"窈窕淑女,君子好逑。"一阵冲动,扼住了他的喉咙。他想喊，想叫，想哭，想笑。这不是造物主的神功，是祖国传统文化灵气之结晶。他找到了。就是她。他像着了魔，远远地追随着。

西面戏台在演唱南音，有的横抱琵琶，有的轻按洞箫，嘈嘈切切，娓娓动人。"樱桃小口"正同侍女窃语，随之吃吃地笑。是在议论他吗？看，她侧过身来。她说不定也在寻找他。刚才那嫣然一笑，多么富有深意。一见钟情，暗送秋波，果然不是文人的杜撰。他绕到她的侧面，又清楚地看见了那精巧如雕的鼻子。"噼叭"，爆竹一声巨响，震得他的心猛地下沉。一缕轻烟从她脚下袅袅升起，她们主仆二人吓得尖声叫喊，互相抱住。冲上去，揪住恶作剧的坏小子，给他一顿好揍。来势凶猛的怒气，直贯脑门，随后在周身转了一遭，渐渐消散了。他想起下午发生在邮局的那一幕。好人不能做啊！你怜香惜玉，说不定这是陷阱。嫣然一笑，多么高深莫测。他似乎看见自己去慰藉受惊的"樱桃小口"，侍女却大叫有人耍流氓，而放爆竹的坏小子却揪住他不肯甘休，只听一声"打"，周围的人全拥上来拳打脚踢。他打了个寒战，全身竟然隐隐作痛。他认定放爆竹的小子是她的同伙，无聊取乐。"樱桃小口"与侍女恢复了常态，又指指点点地注目着戏台。小小骚动早已平息。那白腻如脂的颈脖，蓬松缭绕的发根，传达出一副娇憨欲滴的可人儿意态。他的心又醉了。

那不是李华庆吗？他们这对共同赴欧深造的朋友，回到新加坡后还从未见面。他不想见到李华庆，也许以往不和的责任全在自己。李华庆向她走去。他是她什么人？他亲热地携着她向庙外走去。辜鸿铭好不懊丧，妒忌燃烧着他的眼睛。她是李华庆的太太！那嫣然一笑呢？他预感到有一部罗曼史正诱惑着他的勇敢，他仿佛正处在一个危谷的断裂口。他信步徜徉着，来到寺庙背面的一片椰树林，突然好生惊诧。树下，吸鸦片的瘾君子们席地而坐，人数居然不下两千。他们横七竖八，三五成堆，大都携带酒肴果品，一面过瘾一面畅饮，好似"杂花生树"，好个壮阔场面。乌烟瘴气，令他畏而却步。华侨的种种迷信陋习，实在不可称道，而吸食鸦片，更是堕落不振的明证。一种怒其不争的情绪笼罩着他，他用白手巾挥散扑面而来的烟雾，匆匆离开此处。

好几天来，辜鸿铭都茶饭无心。跃跃欲试的眷念和负疚内省的自制力不断搏斗挣扎。他不断地寻找征服自己的武器，以冲出无形的包围圈。朋友之妻不可欺，这是中国人的为人信条。难道去她家拜访拜访，也算是越轨？当然不能说这有什么不妥。可是你回新加坡这么久了，为什么都不和李华庆打个照面，何至于今日才想起去见他，人家会怎么想？看一看他的太太也不能说居心不良。你不是见过她了，为什么还要到府上去见她呢？解闷，对了，解解闷。他终于找到了去李华庆府上登门拜访的理由，虽不堂而皇之，对一个没有家室的单身汉，也不能说是什么肮脏念头。心中的症结一解，眉宇顿时舒展开。他原地转了个圈，嗫着双唇吹起一首小夜曲。

辜鸿铭打听到李华庆回新加坡后，在皇后坊开了一家西药房，悬壶济世，除自己主持医务外，还聘了几位西医协助诊务，营业很是热闹。他坐上出租马车，路经李记西药房时，叫车夫去探问一下，李博士是否在门诊。车夫回说李博士正在药房里。他让车夫驶往直落亚逸街。

李华庆家三代单传,都住在这座二进院落里。他祖父和辜鸿铭的祖父是一同从闽南漂洋过海来南洋的,先时都在槟榔屿落脚,后来李家才迁移到新加坡来。他和李华庆都是第三代土生华人,祖国对他们只是一个概念而已。但是,他俩一同获得英国女王奖学金赴欧留学后,殊途同归,都对祖国的传统文化产生了共鸣。李华庆回星洲后,已竞选上市议会的华人议员,是华人社区的风云人物,正在为提高华人的社会地位而奔走呼号。辜鸿铭却潜心于儒家学说,对孔子的"仁义"哲学,几乎到了顶礼膜拜的程度。他俩是星洲青年一代华人中的两颗新星,他们不像历来的华人靠财富显要,而是以受教育的最高程度崭露头角。可是,在英国爱丁堡大学时的一段不愉快,却使他们分道扬镳,不相往来。

这不是"樱桃小口"的侍女吗?果然不错,"樱桃小口"千真万确是李太太。原先辜鸿铭还有疑虑,说不定她是李华庆的亲戚,或者……

"先生,您找谁?"侍女在院子里把他留住。

"我是李华庆先生的朋友。"

"先生在药房里。我怎么从没见过你?"她眼里流露出不信任。

辜鸿铭不请自进,在沙发上坐下,上下打量着优雅阔绰的厅堂。

"先生,你晚上再来好吗?不然就到药房去找。"侍女带有逐客的口吻。

"你干你的事去,我坐在这里等。你还不知道吧,我是和你家先生一道去英国留学的,大名辜鸿铭。"他跷起二郎腿,手杖横在脚上,一抖一颤,两眼盯着卧房门口。房门挂着蓝底白花葛布门帘,传出寒寒窜宰的裙裾拖地声。血液涌上他的面颊,舌头、口唇都僵麻了,脑袋变得一片空白。

"春花,是谁呀?"游丝一般的声音,从门帘内传出,甜腻而轻柔。

好个弱柳扶风,中国的语言文字就是形象逼真。他为她的声音倾倒。

被称为春花的侍女说:"先生的朋友,辜鸿铭先生。"

"辜先生,原谅奴家不能奉陪。春花,给客人上茶!"

果然是讲究妇道的古典女子,仰慕之中更添几分敬意。辜鸿铭口唇间的僵麻感消退了,话语也流利了许多:"嫂夫人不必多礼。小弟和华庆兄情同手足,华庆兄难道从未提及?"

"也许说过的,我的记性不好。"那声音软款款地,经不起蒲扇一扇。

辜鸿铭盯视着门帘。门帘纹丝不动。那日天福宫里的嫣然一笑,莫非一年一度才盛开一次?不对,那笑是一种倾慕,一种心许,一种召唤。妇道有时也会坏事,她太可怜了。那日她回来之后,也许暗中怀春,在心里把我辜某人描摹万千次,而自怨自艾,背人垂泪,却想不到我辜某人此时就与她一帘之隔在对话。门帘向里飘荡了一下,又回复原状,是院子里刮来的风。快下雨了。新加坡常在午后或傍晚有一场雨。

侍女春花给这个不速之客沏上一壶茶。

"你家太太都不见客的吗?"

"你自己问太太好了。"

辜鸿铭碰了个软钉子,好不气恼,装做不经意,把茶盘整个碰到地上，碎裂了一摊瓷片和茶末。

"春花，快打扫打扫，给辜先生再沏新茶。"

莫非她可以从缝隙里看到厅堂的一切？辜鸿铭兴味盎然地用双眼搜寻着。一种神秘兮兮的甜蜜激励着他。他顿时勇气倍增，试探着问道："嫂夫人，七月十五那天，我们在天福宫见过面。你好像很少出门吧？"

帘内没有回音。恼了吗？女人看来都不好侍候。难怪说，"唯女子与小人难养矣"！不过，她怎么好回答呢？回答了你，岂不是不打自招，让人知道她正在房内偷窥吗？这场哑谜还真带劲。他喝了一口略带苦涩的浓茶。

雨点敲打着屋顶，随之浓云密布，箭雨如注。雨帘隔断了世界，厅堂里愈发神秘兮兮。侍女春花在做针线活，对他的一举一动都保持着警惕。帘内再也没有传出声息，他昂奋的情绪渐渐低落。坐着太乏味，走了又不成。没见到李华庆而走掉，被他知道了像什么话！

雨停了。李华庆也回来了。

"华庆兄。"

"哟，鸿铭兄，什么时候回新加坡的？"

"回来不久。"他的语调低了半度，毕竟是假话。他回星洲已近一年了。

寒暄一阵后，他们的交谈变得自如了。横亘梗在两人间昔日的不快，没有沉渣泛起。

"露娜同你一道来吗？"

"还说什么露娜，早就各自东西，天知道她在何方！"

"哦……"

"不说她了。华庆兄你是金屋藏娇啊!嫂夫人都不见客的吗?"

李华庆抱歉地笑了笑,说:"她姓刘,叫梦琴。她在闺阁之中,就受到严格的家教。她一向不见外客,请别见怪。"

"哪里的话,'三从'、'四德'是中国妇女的美德,也是祖国文化的精华。"

"鸿铭兄对祖国文化也感兴趣?"

"岂止是兴趣,我是顶礼膜拜。"

"太意外了,过去你可是……"

"过去已经结束。嫂夫人深藏不露,生活会不会过于平淡枯燥了?老兄闲暇时,最好陪她外出游玩游玩。"

"以后有了小孩,就够她料理的了。她也有她的事,她计划要写本书,打算把中国'四大美人':杨玉环、西施、王昭君、貂蝉,用英文写成一个小册子,将祖国女性的传统美德,昭示异族他邦。"

"嫂夫人还精通英文?真没想到。她定是美、才、德集于一身的绝代佳人。"

"见笑了。泰山大人是《海峡时报》的总编刘老先生。老先生原是举人出身,因涉嫌'太平天国事变'逃离出海。他通晓中英文,因家学渊源,内子耳濡目染,也就小有文才。"

"华庆兄福星高照,可喜可贺。愚弟想写些传播儒学的文章,以警醒华侨毋忘祖国文化,意欲拜访令岳大人。"

"一定替你引见。"

李华庆留他吃了晚饭。酒酣耳热,朋友情盛。辜鸿铭心中的"樱桃小口"渐渐淡去,只剩下"刘梦琴"三个冷冰冰的字。

马车载着辜鸿铭在勿洛海滨的海堤上奔驰。夜色溶溶,行人稀少。他感到很孤单。举目无亲,世态炎凉。这个世界太冷漠了。

辜鸿铭住在公寓里一个一房一厅的小套间。他没有点灯,摸索着上了床。躺在床上,透过窗户,可以看见屋外那株椰子树的树冠。椰树叶在风中飒飒摇曳,像女士的裙裾在地上蠕动:那是露娜的裙摆。一个性感风骚的法国女郎,穿着连衣裙,丰满的胸脯向他的脸颊挤压过来。柔软,温馨,酥麻。他张开口,用温湿的双唇吮吸着……哎呀,满口腥臊味。怎么置身于一个农家猪圈里?一堆堆猪屎,一汪汪猪尿。是啰,又回到了槟榔屿的白朗橡胶园。园主白朗先生抚掌大笑:"叫你娶亲,你却躲进猪圈。"我不要娶什么亲。他从猪圈里破栏而出,飞也似的朝胶园深处跑去。大海横亘在他面前,后面追兵渐渐逼近。双腿像灌满了铅,好难提起。好了,一道霞光,观音菩萨坐着莲花座子,渡海而来。原来不是观音菩萨,是穿紫色旗袍的古代仕女,似曾相识。怎么忘啦?她不就是李太太刘梦琴吗?她一挥手巾,他竟飘至她的莲花座上。挨得太近,被她轻轻一碰,他吓得魂飞魄散,早已掉进海里,一条鲨鱼正张嘴等待……脑袋胀痛。他慢慢苏醒,一动也不敢动。梦魇压在他的胸膛上,一点一点地离体腾空而去。怪梦使他十分沮丧。他把双手枕在脑下,眼睁睁地再也睡不着。

《海峡时报》的总编辑刘老先生,是星洲有名的华文文章大家。他收到辜鸿铭化名"钟夔"寄来的几篇文章,顿感耳目一新。这些文章,见解独特,将西方哲学与儒家哲学进行比较研究,阐明了儒学能使世界改恶从善、息争解纷。他写信约作者来见一面。

"你就是钟夏先生?"刘老先生面对派头十足、绅士打扮的辜鸿铭,颇感意外。他万没料到作者竟是个二十多岁的翩翩青年。

"刘老先生,久仰了!拙作蒙老先生垂青错爱,深为惶恐。学生姓辜,名鸿铭,刚从欧洲留学归来不久。"他没说出李华庆的大名。刘老先生还未退尽的诧异更添惊愕。他说出了辜鸿铭的父名。这下轮到辜鸿铭惊奇了:"刘老先生认识先父?"

"岂止是认识,还是知交哩。"老先生仰靠在藤椅上,浑浊的瞳仁迷惘地望着墙壁,"辜先生是英国人着意栽培的华人青年精英,怎么对祖国传统文化还这么热心?据我所知,你原来是个连国语都不会说的昝昝,鄙于自己的血统,浑身都西化了。"

辜鸿铭意识到老先生话中带有几分讥讽,立即反唇相讥:"刘老先生的东床快婿李华庆,不也是同我一样的昝昝?他不也在奔走呼号,唤醒华人的民族意识?祖国传统文化是数千年积淀之结果,并非某位老先生的专利而不让他人染指。"

"辜先生误会了。你能迷途知返,老夫喜自不尽。老拙曾与令尊为你和小女梦琴指腹为婚。令尊归天后,你不满于包办婚姻,临赴英之前,委托白朗先生向我毁约。本来,你应是老夫的……"

原来如此!悔之莫及的懊恼自天而降,失之交臂,覆水难收。"伤心桥下春波绿,曾是惊鸿照影来。"樱桃小口,紫色旗袍,游丝一般的声音。她原来是被他休掉的未婚妻!错,错,错!莫,莫,莫!他像突然被人掏空胸腔,七刀八刃在牵扯着,惨烈烈地生痛。

"辜先生,你不舒服?"刘老先生见年轻人有些异常,忙起身察看。

7 | 椰风蕉雨酿风流

辜鸿铭头重脚轻地走出了《海峡时报》大楼。命运真会捉弄人，他现在所倾慕的，当日竟弃之如敝屣。他意绪迷乱，坐上了一辆人力车。

"先生，上哪儿去？"

"你随便拉吧！"

车夫善解人意，没有再啰嗦，拉着他往勿洛海滨跑去。

新加坡四时皆夏，勿洛海滨常年充斥着游泳的人们。一簇簇色彩艳丽的太阳伞下，坐卧着快乐的白人男女。他们窃语、调笑、畅饮、依偎，神态各异，尽情享受着大自然的爱抚。辜鸿铭独自坐在沙滩上，迷茫的目光散落在搏击海浪的健儿身上。一个个肩阔膀粗的男子汉，幻化成无数的李华庆。李华庆的雍容气度和魁梧身材令他妒忌。李华庆不挑不拣，任其自然，反而艳福不浅。他很早就知道自己有小媳妇，怎么竟就是她呢？紫色旗袍，乌发缭乱的白瓷般的颈脖。他重重地向后栽在沙滩上，思绪像蓝天上变幻着的云团。神秘的门帘。她在里面都做些什么呢？用英文为中国"四大美人"立传，好个高雅的陶冶。诡谲莫测的嫣然一笑。莫非她知道我就是她当年指腹为婚的男子？刘老先生不会不同她说起的，李华庆也不会不同她谈到我的罗曼史。那嫣然一笑果然大有深意。不对，不对。过去她从未和我谋面，怎么知道我就是辜鸿铭？何况那日与她隔帘对话，她显然对"辜鸿铭"这个名字完全是陌生的。刘老先生是谨慎的人，当日决不会向女儿透露其未来男人的姓名。她一定以为李华庆就是最初指腹为婚的男人。不对，不对。李华庆长我两岁，双方父母又如何互相指腹为婚？她决不会糊涂至此。

　　天黑了下来。海滩上渐渐寂寥。海浪有节奏的轰鸣声一阵大似一阵。辜鸿铭感到饥肠辘辘，突然记起今晚还有一张维多利亚大剧院的戏票，演的是芭蕾舞剧《泰晤士河的精灵》。

　　辜鸿铭坐着公共马车返回闹市区，在一家酒吧里让酒精麻木了脑袋，然后才到剧院去。紫色旗袍总是不能从心间驱走。嫣然一笑让他揣摩了一百个答案。他觉得疲倦。舞曲欢快地在四壁回荡。一群半裸的精灵，在"水里"嬉戏。白皙修长的大腿，在他眼看晃成了一片肉林，一阵心悸使他闭上双眼。露娜的腿也是这般美啊。一条条白皙的大腿,化成一根根白骨,在骷髅堆里跳荡着。他忙把紫色旗袍请回自己的思屏,心里默念着:刘梦琴。酸味浸润着他的神经,他的心在大声呼叫,失而复得的企望在他心底膨胀着。他是在槟榔屿的橡胶园里度过童年的。橡胶园园主白朗先生,是个十分和善的绅士。他的童年时光,多是消磨在白朗的办公室里。他父亲在槟榔屿土生土长,在当地已有相当根基。橡胶园里大多是出洋不久的华侨工人,白朗物色他父亲担任经理是再适合不过了。他在三岁时丧母,此后,父亲没有再续弦。而白朗先生与夫人没有生育,无形中把他当成义子,十分疼爱他。

小鸿铭在白朗先生的办公室里,并不安分,所有的办公用品都可以成为他的武器,进行作战演习。手舞足蹈,叽叽喳喳,真叫人心烦。可是小鸿铭一天不在,白朗先生又感到空漠寂寥。有一天,白朗正闷着一窝心事,小鸿铭又闹了。他舞着木尺,嘴里不停地叫喊。白朗烦怒了:"你叫什么!"

小孩不解地望着他,说:"我叫辜鸿铭。"

白朗看他那一本正经的样子,放声畅笑:"我不是问你叫什么。"

"你刚才不是说:'你叫什么?'"

白朗捧腹大笑,笑得泪水汪汪,好不容易才缓过气来,说:"我不是这个意思。"

"哼,不是这个意思,好狡猾。"

"狡猾,什么叫狡猾?"

"你大人还不懂?还要问小孩?装模作样。"

后来,白朗夫人来送点心,白朗先生向她学说着,小鸿铭在一旁油头油脑地说:"你们说什么,怎么我的耳朵都听不见!"白朗夫人爱嗔地用指头点着他的小脑瓜:"你呀,你这个鬼精灵!"

办公室里,每天都有这一类的"抬杠",这给白朗增添了生活的佐料。白朗闲暇时也带小鸿铭外出散步。一大一小,在胶林小道上,留下许多美好的童趣。一次,白朗口渴了,对鸿铭说:"你渴不渴?"

"渴呀。"

"想不想吃西瓜?"

"太好了。"

"走,我们去偷个西瓜来吃。"

"什么,偷?你该死了,敢去偷东西?"小孩横眉竖眼。

白朗意识到这个玩笑开得不适当,小孩的心太纯洁,容不得半点瑕疵,连忙说:"我是开玩笑,这个庄园是我的,偷和拿是一样的。"

"什么,什么,偷和拿是一样的?"小孩脸红脖子粗。

白朗被逼急了,小心地解释:"我说错了,我们去摘个西瓜。"

"不,你是去偷,别骗我了,我不吃,我不吃。"

辜鸿铭长到五岁的时候,父亲在一场恶性传染病中溘然而逝。父亲在病危时,对白朗先生说:"阿鸿就托付给您了。还有一件心事。我曾收留了一个从中国逃难来的朝廷钦犯,并设法让他在新加坡站住脚跟。因是莫逆之交,我们当时商定,各自的头胎孩子,如果是异姓,就结为夫妻。我们中国人向来有这种指腹为婚的习俗。我现在要告诉您的是,阿鸿早已聘定了未婚妻,请您将来为他主持这件事。"说着递给白朗先生一张纸条,上面写着亲家的姓名和地址。畏缩在一旁的小鸿铭还不明白父亲的话,这是后来白朗先生告诉他的。

他已知死是可怕的事,但还不懂得父亲死了就再也见不到了。白朗先生把他领到自己家里住下,告诉他父亲出了远门,要好多年才能回来。

父亲"出远门"了。他在庄园里结识了一个小伙伴,一个年龄与他相仿的马来小姑娘阿香。阿香住在一座亚答屋里,周围有一小片椰林,同白朗先生的小洋房仅隔一箭之地。每当她在楼下叫一声"阿鸿",他就高兴得一蹦老高:我去玩啰!几次劝阻无效之后,女佣也不再啰嗦了。小孩需要同小孩玩。鸟语,花香,蓝天,白云。野地赋予他们无限的大自然情趣。阿香的亚答屋,虽是椰叶覆盖的陋室,但每个角落都是他们的乐园。最令他难忘的,是屋后菜园和那一口井。每当阿香的母亲给他俩冲凉水的时候,他总是快乐得大喊大叫:"下大雨啰!下大雨啰!"他喜欢与阿香光脚丫在菜畦里玩耍,时常为抢夺捉来的蟋蟀你追我跑。叫声,哭声,笑声。有一天,阿香的妈妈进城去了,他俩又在屋里"大闹天宫"。突然,阿香眉飞色舞地说:"阿鸿,我们来玩睡觉的游戏。""睡觉有什么意思?""你趴到我身上来。昨天晚上,我醒来看见爸妈……""怎么样?"小鸿铭十分惊奇。"你来不来?来嘛!"阿香撒着娇。

七岁以后,辜鸿铭就离开槟榔屿到新加坡上学去。新加坡的莱佛士书院是一所中小学一贯制的英语学校,除了招收英国人的子女外,也接收一些在海峡殖民地出生的英籍华人少儿。阿鸿住在他家的世交李华庆家里,两人像亲兄弟一样度过了九年时光。在直落亚逸街,唯独他俩接受正规的英语教育,他们穿的是西装,讲的是英语,视宗主国英国为自己的祖国,与其他华侨子弟如同陌路。不过,他们也被教导不能忘记母国,唯一的标志是脑后的辫子。

每当假期他回到槟榔屿白朗的身边,阿香照例来找他玩。尽管在华侨子弟中他自视高等,一副不屑为伍的傲慢,儿时的这份亲情他却没有割舍。马来小姑娘渐渐出落成一朵俏丽的黑牡丹,她在洋楼下叫唤"阿鸿"的声调,不知不觉中掺和着一丝柔情,意蕴越来越丰富。

辜鸿铭十六岁这一年,英国当局为在海峡殖民地培植华人领袖,设立了英国女王奖学金,每年资助三位华人子弟赴英留学。结果,他和李华庆同登榜首,被派往爱丁堡大学深造。

每当辜鸿铭从新加坡回来,白朗家中的女佣从不忘记到阿香的亚答屋告知一声:"阿香,阿鸿又回来了。"阿香已长成大姑娘,浑身洋溢着野性的健美。火辣辣的大眼睛里春水滢滢,闪烁着一层淡淡的羞涩。她噔噔地跑来唤了一声"阿鸿",又隐在了椰树后面。

"阿香,我要远走高飞了。"少年绅士同她并肩走在胶林的小道上,把从文字材料上了解的爱丁堡大学,活灵活现地描绘给她听。

"喂,你不高兴吗?"他正需要有人分享他的快乐,可她却闷头不语。

"我高兴。你这么神气,我能不高兴?"阿香搓揉着衣角,强作欢颜地苦笑着。

青梅竹马,两小无猜的这段友情,从此只能成为人生的记忆,阿香能不伤感吗?随着日月的推移,她那颗少女的心,不断地编织着美好人生的花环。尽管她明白,前面有着不可逾越的鸿沟,她依然热烈地憧憬着。他的每一微小变化,都牵动着她的神经。他要远走高飞了,而她不久也要嫁人,从一个亚答屋移到另一个亚答屋,在椰风蕉雨中,日出而作,日落而息,重复着祖辈的古老故事。过去,定期翘首等待能见到他的那份盼望的快乐,再也不属于她了。她的心被痛苦噬咬着。她咬着下唇,不让泪水淌流出来。

"阿香,我听说你快要出嫁啦?"

辜鸿铭的脸蒙着一层快乐的光彩,问这话的时候,好像说的是一个陌生人的事,一点也不关痛痒。阿香再也忍不住,泪水刷地滚下面颊,流到唇边,她又把它吞咽了下去。男孩子就是粗心!她瞥了一眼他神采飞扬的侧面,心里咸涩难言:你就不懂得体会一下别人的心?

"你怎么不说话?"他侧着脑袋看了她一眼。她正把发梢堵在嘴里咬着。血色黄昏。她微黑的脸庞被晚霞映成酱红色,上面的细茸毛隐约可见,像熟透了的水蜜桃。

"阿香,我走了就不回来了。我要在大不列颠干出一番事业。那里有现代文明,可以大展雄图。"

"你会给我写信吗?"她抬起湿津津的眼睛,充满企望地问。

"那还用说,我还会给你寄礼物,寄美丽的圣诞卡。"

他们来到一处平坦的地面,地上铺满了绿茸茸的小草。蝉虫在灌木深处长鸣。

"阿鸿,我为你跳个舞好吗?"她脱去外衫,只剩下仅裹着胸部的内衣和短裙,跳起了马来草裙舞。她全身的关节和肌肉都在抖动,裸露的肚脐和柔韧的腰肢急剧地蠕动,变换出千姿百态,令人目不暇接。裙摆随着连续的快速旋转,像喇叭一样张开,姣美的大腿上下急速地旋转摆动着。他傻乎乎地愣在一旁。第一次才发现人体的造型有如此之美！圣哉，造物主！他双手机械地和着她哼唱的节奏，打着拍子，有点意乱情迷。伤感和激情在她内心澎湃，她直想一把将他揽进自己怀里，对他倾诉……她疯狂地旋转着，旋转着，自觉快要自持不住，口中哼的曲调渐渐变成呜咽。

"阿香。"他颤颤地叫了一声。

她戛然而止，抓起外衫，掉头飞也似的朝回路独自奔跑，泪水纵情地奔涌，奔涌。望着她狂奔的身影，他突然好像明白了什么。

晚餐很丰盛。白朗先生和阿鸿相对而坐，他举着酒杯说："阿鸿，我向你庆贺，庆贺你的荣耀。"他的神色有点黯然。雏燕高飞，是不会再回首的。"阿鸿，你父亲去世之前，委托我为你的监护人。有一件关系你终生幸福的大事，现在我必须告诉你。"

阿鸿有点愕然。白朗先生第一次像对成人一样地对他说话。是的，他已长大，要远走高飞了，他是大人了。他不由地正襟危坐。

白朗先生猛喝了一口啤酒，说："子女长大以后，就要和父母分开，同妻子去共同生活，你懂吗？"

同妻子去共同生活？他惶惑。他突然感到自己在缩小。他离长大还早哩，今年才十六岁。这不可能！他从未像此刻这样感到对白朗的依恋。好像有一座大山，向他压过来，他惊悸地向后退缩，胸口窒闷，手脚酸软。

"白朗先生，我不明白您的意思。我还没长大。"

"你很快就要成为爱丁堡大学的学生了，大学生这是多么荣耀的称号。我要告诉你的是，你已经订有婚约。"

"这太有意思了。我们最好喝点白兰地，您允许吗？"

"阿鸿,我不是开玩笑,这是千真万确的事。当你还在娘胎的时候,你父亲就给你定下了未来的妻子。你父亲临终之前,委托我一定要监护婚约的履行,否则他在天上的灵魂会不得安宁,因为他不能背叛朋友。"

烛台的火光,把餐厅照得通明。女佣捧着牛排进来。她的脚步声,把宁静揉碎,显得很刺耳。

阿鸿解下餐巾,狠狠地拍在餐桌上,震得盘碟蹦蹦乱跳。"对不起,白朗先生。"他悻悻地说。见鬼,我居然真的有未婚妻?他不能真正理解妻子是什么。但他知道爱情是令人神往,极其浪漫的。他还没长大,就要被剥夺了爱情。他不干!他的脸色由煞白转为涨红:"白朗先生,这太荒唐了,请原谅,我无法接受父亲的这份馈赠。"

白朗先生保持着微笑,说:"孩子,别激动。她也许是一个你很喜欢的女孩子呢?"

他粗暴地打断先生的话,说:"我不要什么女孩子。"

辜鸿铭好像被人出卖,愤怒灼烧着他的胸膛。他看过不少文学书,知道每个青年男女生命中最可宝贵的,莫过于神圣的爱情。他不想轻易地玷污这崇高的堂殿。太可笑了,为了幽灵的安宁,居然要牺牲一个活人的幸福。

"白朗先生,父亲在天之灵,一定会原谅我的,我知道他不会强求我干不想干的事。"说到亡灵,辜鸿铭的眼圈红了。

"孩子,这不仅仅是对你父亲亡灵负责,与此相关的还有另一方,你懂吗?还有你的未婚妻,以及她的父母亲。"

辜鸿铭这才意识到事情的严重性,不是要耍脾气就可以改变的。

是啊,白朗先生说不定也无能为力。好不叫人悲哀啊,浪漫再也不属于他了!他伏在桌上大声恸哭。白朗先生走到他身边,抚摩着他柔软的头发,说:"让我来想想办法。我明天就去新加坡,争取解除婚约。"

"真的?"辜鸿铭破涕为笑,紧紧地抓住白朗先生的手,像落水者抓住救命的绳索。

"你父亲的朋友,是有社会地位的华人,如果他坚决不同意解除婚约,那事情就很难挽回。何况,你就要赴英深造,很难指望他会放弃这门亲事。只好试试吧。"白朗先生神情严峻。

"我不要什么奖学金,我宁愿不去留学。"他绝望地喊叫。

白朗先生去新加坡已整整四天了。

橡胶园内的这座小洋房,被一场危机的气氛浓浓地包裹着。阿香也不来找他。她那天夜里发疯似的哭着跑走,令他好生纳闷。好端端的,又没有什么话冲撞她,女孩子真叫人不可理喻。他是有未婚妻的人,真可笑!好在至今才知道这事,倘若早先就告诉了他,岂不是早早就戴上沉重的思想镣铐了吗?那就休想拥有自由自在的童趣啰!倘若阿香就是父亲为他指腹为婚的未来妻子,那多叫人难堪。"妻"字,令他厌恶,使他害怕,叫他烦恼。这是属于大人的字眼,对他这初露头角的少年来说,不啻是拦腰捆缚的绳索,一路拖拽着他朝黑洞而去,一切美好的憧憬都将被践踏殆尽。他百无聊赖地躺在藤椅上,翻阅着刚出版不久的英译本《少年维特之烦恼》。翻到这页,翻到那页,一会儿看看封面,一会儿又把书合起。只有两个字印入他的脑际,那就是"烦恼"。

晚饭后,辜鸿铭去找阿香了。同阿香在一起,他感到愉悦。忙碌了一天的阿香,她晚上还干什么呢?那天她生气了,莫名其妙地生气。难道她不高兴他去英国?她总不会想成为他的妻吧!一想到"妻"字,一种亵渎就弥漫在他胸间。她像他的姐姐一样。他自小失去母爱。异性的友情像山涧的溪水,在他心底淙淙流淌,集真纯、悦感、欢愉于一体。

阿香的亚答屋映着灯盏昏黄的亮光。阿香好像待命出征的战士,一听到他的叫唤,就悠然飘出亚答屋。她不像生气的样子,双眸发亮,充满着期待的光泽。

"阿鸿,我今晚要去姨娘家,你陪我去好吗?"

"你怎么都不来找我。你知道吗?这几天我快闷死了,急死了。"

"哟,就要去见女王的人,发什么闷呀!"

"你不知道,有一件天外飞来的事,叫人哭笑不得。"

"什么事?"她关切地问。

"等会儿告诉你。"

他俩在椰林下慢吞吞地走了一阵,进入一片香蕉园。香蕉的果香味,清甜清甜的,沁人心脾。他觉得心里好受一些。夜色很美,脚底下草丛间不断响着小虫的唧唧声。

"阿香,你怎么不问我?"

"我问你什么呀!"

"我前几天才知道,我还没出生,父亲就给我定了亲。"

"是吗?"她的声音颤颤的。

"我才不要,气死我了。"

"你当然不要。到了英国,你可以去找皇家的公主呀!"

"你别逗趣了。人干吗一定要什么妻子,真讨厌!"

"人总是要结婚的。你要和什么样的人结婚?"

"我不要结婚,更不知道要和什么样的人。"

"阿鸿,你真是个傻瓜。你们上等人都有那么种傻劲。"她像无意般碰了碰他的手,"好累,今天割了一天的胶,累死我了。我们坐一会儿好吗?"

阿香扯了几片肥硕香蕉叶,铺在地上,自己先坐下去。他们并肩坐着,双手抱膝,默不作声。辜鸿铭闻到青春女性的特有气息,一阵轻微的骚动,痒痒地在他脸颊爬行。远处,突然传来几声狞厉的嗥叫,她猛地抓住他的手,两人的肩膀紧紧地倚靠在一块儿。他有点害怕,喃喃说:"别作声。"一阵恐怖过后,他发现自己正倚在她的胸前。她的均匀喘息,芬芳诱人。几绺秀发,撩在他的腮上,把他烦闷的心熨得平展展的。强烈的心跳,像鼓点般敲击着他的脊背。她猛地将他拦腰一抱,两人顺势躺倒。她用火烫的双唇把他的嘴堵住。刹那间,紧张、僵硬、恐惧紧紧地攥住他。一阵飓风过去,她恢复了平静,侧身坐了起来,双手捧着他的脑袋,柔情蜜意地俯望着他惊愕的面孔。她的眼瞳像两口幽深的井,汩汩地冒着滚烫灼人的沸泉:"阿鸿,我就要出嫁了,我先给你!"

"给我?"辜鸿铭空白的思维还来不及启动,阿香就已经伏卧到他身上。她解开上衣,一双乳峰像雪山崩坍,向他脸上压下来。啊,圣洁的少女的双乳!他好似飘飘然飞向星空,眼前展现出美妙迷离的伊甸园。不能啊,不能!一种犯罪感控制着他。他蓦地惊跳起来,像踩到了烙铁。他背着她伫立着,听到她索索的扣衣声,听到她嘤嘤的鸣泣。他想哭,却无泪;想慰藉她,却张不开口……

白朗先生回来了。他带来了好消息:女方父亲同意解除婚约。

"我给那位姑娘介绍了一位男子,双方父母都很满意。"

"那位先生是谁?"他好奇地问。身上的桎梏解脱了,禁不住心花怒放。

"这你就别问了。"白朗先生叼着烟斗,伏哉地靠在沙发上。

几日后,辜鸿铭乘上"维多利亚号"客轮前往英国。

新式的蒸汽轮船刚刚投入使用,它劈波斩浪,驶出马六甲海峡,驶入浩渺无际的印度洋。

李华庆、辜鸿铭两个亲同手足的朋友,倚在甲板的栏杆上,对着地图指点着。孕育他们成长的马六甲海峡已经抛在身后,前面充满了人生的希望。少年得志,他们踌躇满怀。海鸥在轮船两弦卷起的浪花上翻飞追逐着。

"阿鸿,家里给我定了亲。"李华庆喜滋滋的。

"什么?"辜鸿铭神经过敏,脸变心跳,马上暗自取笑自己,"说说看,姑娘漂亮吗?"

"我没看见,都是父母一手包办的。"

"那你就认啦?"

"父母认可的总不会有错,他们是那样爱我。"

辜鸿铭想到自己刚刚挣脱了桎梏,而好友却心甘情愿地套上笼头,感到有点滑稽可笑。

8 | 爱丁堡的相思泪

苏格兰的爱丁堡大学是英国久负盛名的高等学府。李华庆攻读医学,而辜鸿铭则学习英国哲学和文学。两人在离校园不远处的学生公寓里,共租了一间房。到英国两年来,他们相处得还算和谐,李华庆的宽容大度,正好可以盛纳辜鸿铭的挑剔和机敏。

又是一个周末。两人商议去哪里放松放松紧绷了一个星期的神经。辜鸿铭建议去听歌剧,李华庆却坚持应邀参加大清国留学生的周末沙龙活动。中午,来自福州船政局的"老马",前来公寓邀请他俩去他寄居的威尔士先生家里。他说，每到周末，福州船政局在爱丁堡留学的几个同学，多在他的住处碰面，希望他们这两位炎黄子孙，前去同大家聚一聚。

"阿鸿，听老马说，他们福州船政局的留学生中，有个叫严复的，他虽学的是轮机驾驶，可是对英国的政治、法律很兴趣。你也是学文的，不是可以同他结识一下，找个'吹牛'的对手？"

"我们又不会说中国话，同他们掺和在一起，想想那情景，多别扭，多败兴。周末，本来是为了轻松，何必去自找没趣？我们无非同他们一样有这么条支那人的辫子，此外同他们有什么相干！"

"都是炎黄子孙嘛。"

炎黄子孙，哼！辜鸿铭对自己的中国血统很不以为然。疮痍满目的中国，固守传统、不思振作、虚骄自大的中国，不是已经成为英国炮舰下的一堆烂瓦砾吗？他这英国籍的华人，干吗要同那叫人蒙羞的母国扯在一块儿？阿庆也真是，自作多情，人家大清国向来把海外华侨视作异类弃民，更何况他们是出生在海外的沓沓！

他们是上个星期在校门口的一家餐馆里遇到老马的。其时，有四五个身穿长袍马褂，头戴瓜皮小帽的中国人，正在餐馆里用午餐。辜鸿铭和李华庆走进去时，他们惊喜地发现了他俩脑后的辫子。他们这些福州船政局的学员，是中国官方首次派往欧洲的留学生，没想到还有在此地留学的其他中国人，而且竟胆敢背祖忘宗穿起西服！他们中一个长得高头大马的，首先站起来用中国话同他俩招呼："请问，先生们来自何省？"

英国爱丁堡大学。

他俩相视大笑,用英语告诉他们,他俩来自南洋英属海峡殖民地,听不懂中国话。他们互告了学习的专业和住处后就离开了。

回到公寓,李华庆有点心神不定。

辜鸿铭:"怎么啦?"

李华庆:"我们作为炎黄子孙,却不懂母国的语言,他们背后一定在讥讽、嘲笑我们背弃祖宗。"

辜鸿铭:"不懂才好。我们才不屑同他们为伍。"

李华庆:"我们的黄皮肤、黑眼睛是去不掉的。"

辜鸿铭:"你学的是医学,注重的是生理方面;我学的是哲学,讲究的是意识方面。黄皮肤、黑眼睛并不能影响我们内在上成为强者。世界是弱肉强食的舞台。老实说,留着这条猪尾巴似的辫子,就算我们很对得起母国了,难道你还想脱下精神勃发的西装,去穿那老气横秋的长袍马褂?"

李华庆:"我觉得,我们不能对中国文化一窍不通。"

辜鸿铭:"最好一无所知,才能成为货真价实的、浸透西方文化的英籍臣民。不认同就难以同化。"

李华庆见辜鸿铭不想去参加中国留学生周末沙龙活动,又不便独自前往,于是想了个折中的办法,说:"阿鸿,我们来拈阄,拈到你的名字就去听歌剧,否则就去老马他们那里。"

拈阄结果,李华庆大为高兴。辜鸿铭悻悻地说:"既然如此,我也只好奉陪了。"

老马其实不姓马,因长得高头大马,同学们就亲昵地叫他老马。老马的房东威尔士先生曾到过中国,参加了第二次鸦片战争。他是个虔诚的教徒,出于赎罪心理,对中国留学生备极关怀。他的家,无形中成了福州船政局留英学生的联络处。在爱丁堡大学学习的中国留学生,每到周末就到他家高谈阔论,留学生戏称为"周末沙龙"。

福州船政局的留学生都是二十五岁至三十岁的青年,他们在福州船政学堂毕业后,又在舰上服务了数年。他们是1877年到英国来的,是继一百二十名学童赴美留学后,清政府第二次派遣留学生的活动,共有十二人。

威尔士先生的住宅紧靠着街面。李华庆和辜鸿铭到来时,老马他们数人已在起居室里闲聊。李华庆正要伸出手来同他们握手,他们已一起站起来拱手抱拳,表示欢迎。一丝不易察觉的蔑笑,盛在辜鸿铭的嘴角,他没有随李华庆拱手回报。

"诸位,李先生和辜先生的来历,敝人已陈述过。他们祖上和我们同是福建人,不过,他们生长在海外,不会国语。今天诸位都得使用英语,否则,小心我刮他的鼻子。"老马乐呵呵地说。

大家对他俩说了些"久仰"、"少年得志"的客套话后,就都落座了。

老马指着一位清瘦干练的人对他俩说:"我这位师弟又陵君,大名严复,刚从伦敦来。又陵君文武双全,深得驻英公使郭嵩焘大人的青睐。他对英国的政教治化颇有研究,还去过法庭旁听,不像我等武夫,只研究帝国的炮舰,又陵兄对国内的'自强新政'颇有一番见地……"

严复打断了老马的话:"别出小弟的洋相了。"

李华庆谦恭地笑道:"我们很想知道中国国内的情形,请您别客气。"

严复见李华庆话语真诚,于是打开话匣子,一吐为快:"说到'自强新政',我国鼓吹练兵自强,讲究洋务也有十几年了,总之成效不大。敝人有一点发现,欲赶上世界潮流,自强振兴,非得抛弃古昔之糟糠,改造中国的民品。别看我中华有五千年的文明,可是徇高论而远事情,实则无用,非今日救弱救贫之切用,如同一个衰朽的老人,或许尚存伏枥老骥的雄心壮志,无奈心有余而力不足,四千余年仅成此一治一乱之局而半步未进。须知今日天下事,物竞天择,适者生存。西人讲究的是个人独立,天赋人权,我们恪守的是人身依附,三纲五常。两者之间,天壤之别……"

严复的话振聋发聩,令中国留学生惶惑、悚然。大家七嘴八舌地议论着。

"又陵兄,你是吃错了药还是怎的,冒出如此怪论?"

"这岂不是离经叛道?洋鬼子的炮舰、科学固然厉害,学术文化怎能同我华夏媲美?"

"又陵兄喝了几瓶洋墨水,连孔夫子也不放在眼里,莫非要当严夫子!"

"话不能这么说,燕雀怎知鸿鹄之志哉!"

说着说着,他们口中的夹生英语不知不觉换成了汉语。辜鸿铭早已不耐烦。突然,传来了悠扬的钢琴声。他碰了碰邻座的老马,说:"房东先生钢琴弹得太棒了。"

老马说:"不是威尔士先生,是他家的家庭教师,法国女郎露娜小姐。"

琴声一会儿如微风轻拂,山泉潺潺;一会儿疾风骤起,如汹涌瀑布。辜鸿铭正听得入耳,却忽地戛然而止。紧接着,伴着琴声,传来赞美诗的女高音独唱。歌声圆润悠远,韵味十足,把人引入肃穆神圣的境界。

大家正在议论着中国人的民品,严复同众人争得面红耳赤。老马不时提醒大家用英语。李华庆好像听得有滋有味,不知他是不是出于礼貌而故作姿态?辜鸿铭心不在焉,他沉浸在甜美的歌声中。那小姐是个什么模样呢?眼睛是蓝的,还是褐色或是灰色?小姐不一定就是年轻的姑娘。歌喉动人不一定就貌美。不过,钢琴弹得那么娴熟,手指一定很美。法国女郎比起英国小姐来,一定更富有性感,这可以肯定。如今,十八岁的他,和两年前与阿香告别时傻愣愣的样子不可同日而语。他已开始关注异性,还喜欢对她们做种种揣度。想象的翅膀,不时暗自向异性发起俯冲。他借口要去解手,循着钢琴声,偷偷地上了楼。

房门敞开着,一个八九岁的男孩,正坐在钢琴前。男孩身旁站着一个穿着素白连衣裙的小姐,她正在示范比划着。辜鸿铭一眼就被她的手吸引,果然是漂亮的手指。同她的身材一样修长,同她的脸腮一样光洁,同她的眼睛一样灵动,同她的金发一样飘逸。这是一双勾魂摄魄的手,它们在琴键上跳跃着,像两只欢舞的精灵。他的胸膛猛烈地狂跳。

她发现了辜鸿铭,惊讶地停住了手。她像东方女郎一样娇小,一对深凹的蓝眼睛富有表情,转瞬之间不断地变换着节奏,好似滚动着一串串音符。一双会歌唱的眼睛。

"先生是中国留学生吗?"她毫无羞涩地迎住他的目光。

"小姐,你看我像吗?"

"您的英语说得太地道了。您有点像中世纪的绅士。"

"到目前为止,我还只会说英语。小姐,您太美了!"

"您很会说恭维话。您的打扮叫我弄不清,您的西装和辫子?"

"我是英籍华人。认识小姐,我非常荣幸。"

"谢谢。对不起,我要上课。"她转过身,把着小孩的手按琴键。

她的手指真美。辜鸿铭下楼时,还在想着她笋尖般的手指。

回到学生公寓,辜鸿铭还掩不住满脸的笑意,快活地长叹一声,双手枕着头,倚靠在被褥上。床头书桌,有一块从槟榔屿带来的洁白珊瑚,玲珑剔透。珊瑚的枝丫,不时幻化成露娜小姐的手指。

李华庆已发出舒缓的鼾声。这鼾声今天在辜鸿铭听来,却像拉风箱一般,后来他几乎有点受不了。他失眠了。脑子里千百次地重复露娜弹钢琴的身姿,闪现着她跳跃着音符、桀骜不驯的眼神。枕边的怀表的滴答声,一声声敲击着他的神经,他愤怒地把它扔进抽屉。后来,他拼命数数目字,总算迷糊了一阵。恍惚中,老马拼命地追赶他,一脸凶神恶煞的样子……我怎么得罪他啦?好汉不吃眼前亏,快跑。完了,一阵失重掉进了陷阱。四周黑咕隆咚的,是一口枯井。屁股渐渐冰凉,糟啦,怎么冒出水来了?一只大螃蟹,瞪着绿绿的眼睛,还长着毛茸茸的翅膀,正在井壁从上往下爬。怪物,可怕的怪物,它的两只大钳子会夹死我的。水,水冒到齐膝盖深了。怪物在水里游弋。它好像也害怕我,不敢靠近。真是不可思议,怪螃蟹变成了家庭教师小姐。哪里是什么螃蟹爪丫,分明是露娜小姐的纤纤细指。嘿,小姐……

"阿鸿,你笑什么?"李华庆叫醒了梦呓中的辜鸿铭。

辜鸿铭醒了,"喔喔"两声表示回答。他努力追溯着刚才的梦境。有点不对头,这个梦,是好兆还是凶兆?

接连几天,辜鸿铭一直郁郁寡欢。一天中午,他忽然大喊一声:

"我太难受了。"

李华庆早发现他有点异常,忙问:"你到底怎么啦?"

"相思病。"

"什么,什么,害相思?"

"告诉你也好。老马房东的家庭女教师,我那天一见到她就……"

"就怎么啦?"

"明知故问,什么怎么啦,就想她——整日整夜地想。"

"我怎么都没见到她。"

"那天我听到钢琴声,就偷偷上楼去了。她漂亮,性感,充满了魅力。"

"这么说是一见钟情啰,不过,我可要给你泼冷水,忘了她,彻底地忘了她。"

"为什么?"

李华庆沉默了一霎,说:"当然,也许……你是一张白纸,可以任意涂抹。"

"我知道了,你是定了亲的人,浪漫已同你告别。你认为我可以去爱她吗?"

"试一试也没有坏处。"

"试试可不行,如果不能让她也爱我,我就活不下去了。"

"这么严重吗?"

"你不能理解我,我这几天太痛苦了。阿庆,替我送一封信给她好吗?"

"愿意效劳。"

为了写好有生以来的第一封情书,辜鸿铭整整用掉了一叠信笺。写了撕,撕了写,桌下积了一堆白花花的纸团。所有能想得到的有关爱慕、赞美的词汇都堆砌上。最后用糨糊黏好封口时,还默祷了一声:"愿丘比特的神箭能射中她!"

李华庆是吃完晚饭乘马车去送信的。李华庆走后,辜鸿铭躺在床上,思屏上追踪着李华庆行走的路线……时针转过了二十多分钟。他该到了威尔士先生家了。他听到了钢琴声。老马把他带到楼上。她接过信,不经意地放在钢琴上。他搭讪着同她告辞。他出门上了马车……辜鸿铭关上房门,到楼下去等候李华庆。

望眼欲穿,李华庆终于回来了。

"怎么样?"

"不辱使命,准确送达。"

"她的态度怎样?"

"她收下了信。你想想,这又不是送请柬,我能看她当场拆信吗?"

"你看她……"

"别着急,耐心等待,现在你需要的是耐心。"

正当他俩在瞎猜瞎扯时，老马意外地来拜访。他一推门就叫道："露娜小姐叫我送信来。"

辜鸿铭一个箭步扑上去："没想到，闪电式的回信！"他从老马手中抢过信，一把撕开信封，眼珠都快吐了出来。信中上无抬头，下无署名，只有一行娟秀的字："欢迎您来玩。"

李华庆也凑了过来，擂了他一拳："好个露娜小姐。阿鸿，曙光初露，有希望啊！"

辜鸿铭像腾云驾雾般晕乎乎、傻乎乎。他对老马谢了又谢。他从老马口中得知露娜每日下午均无上课。他认真修饰了一番，看好一家舞厅，买了一束花，便前去请露娜跳舞。

露娜正在起居室里熨烫衣裙。他迈着神气的步子，精神抖擞地向她鞠了一躬。她嘻嘻地笑着，露出细密的牙齿："送花给我吗，中世纪绅士？"

"尊敬的小姐，我还能送给谁呢？"他把花呈献给她。

"这使我很意外。"

"小姐，您太迷人了。得到了您的回信，我激动得一夜都没睡，像喝了过量的美酒，直到现在我还醉醺醺的。"

她的笑容顿敛："你就是辜鸿铭先生？"

"您的音节拼得对极了。您说话就像唱歌一样。"

"先生，你的情书写得很美。"她话中有话地说，故意把"很美"两字说得很重。

"愿做您忠实的奴仆。"他惊奇自己说起阿谀话来竟是这样的顺畅。

她拧紧的眉心又舒展开:"先生,你的情书一定送错了人。"

"什么?"他惊愕、惶恐。

"对不起,可敬的先生,我已把你的情书扔进了垃圾桶。"说罢,她又顾自埋头熨烫着衣裙,那一束鲜花冷落地松散在一旁。

辜鸿铭好似一下跌进冰窖,热血几乎要凝固了。这就是她的"欢迎您来玩"吗?耍猴。她在耍弄人!他又恨又爱地盯着她,一时找不出妥帖的话来回击,唯有咬牙切齿地攥紧拳头。

傍晚,李华庆下课回来,见辜鸿铭面壁躺着,很是意外。

"怎么样,去跳舞了吗?"

"跳个鬼。"

"看样子不顺利啰。如果这般顺利,也太不浪漫了。爱情应该是酸甜苦辣。"

心如死灰的辜鸿铭,眼前顿时豁亮。对了,她在考验我。刚才的种种诅咒都不算,上帝,饶恕我吧!

周末又到了。这次是辜鸿铭强拉李华庆一起去参加中国留学生"周末沙龙"活动。大家在谈论什么,辜鸿铭一句也没听进去。钢琴声搅得他忐忑不安,他内心在拼命地挣扎:到底上不上楼去!她揶揄的神情又清晰地浮现出来,好像在对他说:"你这人真讨厌!"青春的骚动终于占了上风:我一定要得到她。他向李华庆使了个眼色,溜了出去。

辜鸿铭刚走,老马就向李华庆耳语说:"那天你来送信时,露娜小姐看见了你,当我把你带来的信交给她时,她一定以为是你在向她求爱,所以立即写了'欢迎您来玩'一行字,叫我送去。我想,她肯定把你当成了辜鸿铭。否则,露娜小姐纵然是反复无常的人,不见得见了辜鸿铭就翻脸。"

李华庆不动声色地掩饰着几分吃惊,淡淡地说:"你是说产生了误会?不会吧!妙龄小姐,总爱任性的。"

辜鸿铭蹑手蹑脚地来到琴房,站在门口,不敢再迈近一步。露娜小姐好像没发觉他的出现,专心致志地在教小男孩哼乐谱。女神的一举一动,都牵动着他,一种强烈的亲近欲,涌了上来,他真希望自己变成那个小男孩。他甚至羡慕那架黑色的大钢琴。他咬着下嘴唇。疼痛使他冷静了些:我就不相信,我一个获得女王奖学金的大学生,配不上她一个家庭教师!也许看不起我的黄皮肤,可我是英籍华人。我的一口纯正英语,比她的夹带法语词汇的英语,不知好多少。不,我想哪里去了,爱是非理智的。我爱她什么呢?仅仅是美丽?说不清的!爱就是爱,但愿爱能够感应。

"小姐,晚安!"辜鸿铭尽量使自己的语调充满甜蜜。他细高的个子,配上黑色燕尾服,锃亮的皮鞋,显得很潇洒挺拔。他宽阔而略凸的额头下,深嵌着一双很有神气的大眼睛。两架颧骨中间突兀着一个大而挺的高鼻梁。脸颊略显消瘦,却也是高峰低壑,棱角分明,饶有风骨。在人流中他难以被淹没。个性是人性的光辉,他自我感觉良好。他在为自己鼓劲,准备冲刺。

露娜小姐好像突然发现了天外客,大惊小怪地叫道:"哟,中世纪的绅士,您什么时候驾到啊?您长得很秀气,今天像是只黑雏燕。"说着,自己掩不住地放肆笑着。

辜鸿铭咀嚼着她的言外之意。是的,她认为我不够魁梧。他不敢看她的脸,只是盯着她的手指。"小姐,不要小看黑燕子。要是您遭到暴力袭击,我可以毫不费力把对手的脖子拧断。"他捋了捋胳膊,捏紧拳头,"您不信?我是有硬气功的。"他想起在新加坡时,看见一些练功的华侨会党,的确武艺超凡。

露娜不以为然地撇着嘴,神情冷淡了下来,说:"先生,我还不需要别人保护。请不要影响我上课。"

"这就走,明天我能请您去听歌剧吗?"

"这是个好主意,可是我的'白马王子'已约了我。"

她已有"白马王子"啦?我不信!辜鸿铭一脚高一脚低地踏着楼梯,心也在一步一沉:唉,多情反被无情恼!

"阿鸿,别再折磨自己,别再想她了。"在回公寓的路上,李华庆给好友泼着冷水,他相信老马的推测。

"好吧,听你的。"他口是心非地说。

可是,辜鸿铭仍然无法自拔。他在爱的泥淖中越陷越深。他无法摆脱对她的种种幻想。他随时随地都在想她,盘算着去见她,设计着种种相见时的细节。但他咬紧牙关,挺过了一周,没再去自找没趣。他终于按捺不住想见一见她的奢望,他给自己网开一面:难道交个朋友也不赏脸吗?水滴石穿,精诚所至,金石为开。一连三天,他只是默默地倚在门上听她上课、弹琴。她和他互相间连个招呼都没有,视若不见。仅此,他已感到很满足。小男孩奇怪地问露娜小姐:"这位先生是来旁听的吗?"她斥责道:"专心练琴。"三天后,他除了每天依旧倚门听琴外,还送上一首情诗,用精致的信封套好,放在门槛上。翌日他来时,见情诗已被收走,心中暗暗欣喜。他又一连送了十首情诗。

　　这天,上完课,小孩蹦了出去,露娜终于开口了:"先生,你的情诗写得很动人。"

　　像天国传来仙乐。辜鸿铭迈出有点麻木的双腿,不由自主地跪在她的脚下,疯狂地吻着她的手背,灼烫的泪水,从他脸颊流到她的手背,喃喃说道:"您愿意成为我的朋友吗?愿意吗?"他不敢有更高的奢望,不敢设想有更大的宠幸。半个月来,他已被爱神折磨得疲惫不堪。

　　"你起来吧,中世纪绅士,我不拒绝你的友谊。"

　　辜鸿铭感动至极,紧紧地抓住她的手,又怕弄痛了她,一个指尖,一个指尖地吮吸着。她似乎被他的诚意所传染,另一只手有点颤抖,拎起他脑后的辫子,说:"这是支那人的标志吗?很滑稽。"

　　辜鸿铭突然意识到什么,放开了她的手,仰着脸说:"小姐,请接受我的爱情吧,我是多么的爱你,我可以为你冒死去做一切。"他蓦地蹦起,操起案桌上的一把剪刀,"咔嚓"一声,把脑后的辫子剪下来,双手呈给露娜:"我可以背弃祖宗,但不能没有您。小姐……"

9 | 趟过女人河

　　李华庆连连打呵欠,总算熬到了下课。昨晚,当了一夜的流浪汉,精神已不济,又加上没带课本,一个上午的解剖课,没多少"骨骼、神经、血管"挤进他的脑袋。他拐到文学院去,不见阿鸿的踪影。阿鸿上午应该是上英国文学史课,难道他还在公寓里做爱不成!李华庆窃笑着。

　　近日来,辜鸿铭压抑不住喜悦,随时向好友报告着征服露娜的战绩。李华庆见他时而丢魂落魄;时而像喝了过量的酒,手舞足蹈的。难道这就是恋爱?情场上真是阴晴变幻莫测,阿鸿一阵子大叫:"我太痛苦了,我宁愿去死。"一阵子又笑逐颜开地蹦回来,说:"我们拥抱了,真的!"恋人就像疯子。李华庆没有尝过禁果,尚未涉足过爱河,他不知自己今后是否也会像阿鸿一样。不过,他已不必承受这种爱的磨砺,父母给他定了亲,他可以坦然地吮吸爱的甘露。他无数次地描摹构想着他的未婚妻。父母只是告诉他,姑娘养在深闺,秀外慧中。太抽象了。不过,父母总不会坑害爱子。昨天夜里,他正在做作业,房门外响起了露娜小姐爽朗、甜腻的笑声。阿鸿果然成功地把她带来。她勾着他的胳膊,笑吟吟地向开门的李华庆问好。寒暄了几句,李华庆就夹着书本借故走开了。

  李华庆信步来到校园,在图书馆的阅览室里找到一个座位。阅览室里悄无声息,只有煤气灯发出嗞嗞声。人们的行止都蹑手蹑脚,好像怕惊动了什么。他对面的座位,后来换了一对男女同学。他俩先是互问一两个问题,后来就叽叽咕咕地聊上了,再后来就头碰头地嘟哝个没完。他心烦地瞪着他俩。他俩意识到他的不满,开始安静了些。但没过多久,他俩又耳鬓厮磨地嘀咕。他左右张望,没有发现空座,只好耐着性子把作业做完。阅览室响起了下晚班的铃声。他匆匆地走回公寓。露娜小姐的睫毛像两把扇子,扑闪扑闪的,难怪阿鸿会堕入情网。法国女郎,就是性感。房间里阒无声息,莫非阿鸿出去送她了。他刚从裤兜里掏出钥匙,房内传出一阵戏谑的笑声,把他吓了一跳。他们还在里面。他屏住声息,把耳朵贴在房门上,又迅速地左右张望了一下走廊。走廊上空无一人。他听到自己的心脏在怦怦直跳……辜,轻一点……露娜,我太爱你了……

李华庆踮着脚尖,离开了自己的房门。他踟蹰着,拿不定主意要不要去敲门。他微感不快,阿鸿只顾自己卿卿我我,也不想想深更半夜别人怎么办。

不知不觉李华庆已走下楼。

公寓的门卫问他:"先生还出去吗?"

李华庆犹豫了一霎,"唔"了一声,就出门而去。他不忍心棒打鸳鸯。好个阿鸿,想不到还是个风流情种。他在街上徜徉,突然想到不远处有一家通宵咖啡厅,也只好到那里去混一夜了。

李华庆在文学院教室里没见到辜鸿铭,回到公寓时,好奇地敲了敲房门。辜鸿铭满面春风地来开门。

李华庆:"我以为你们还在如胶似漆呢。"

辜鸿铭涨红了脸,说:"对不起啰。昨夜你的旅馆费,我付双倍给你。"

"你知道吗?我在咖啡厅过了一夜。怎么样,够朋友了吧!"

"没说的,义肝侠胆,我阿鸿忘不了。"

"阿鸿,她真的爱你吗?小心法国女郎耍了你。"

"这你放心,我和她已是不分你我了。"他很得意地原地转了一圈,手指发出响亮的摩擦声。

"不分你我。"李华庆能想象出这四个字的含义,用异样的目光打量着他:这是个涉过爱河的人。突然,一种距离感在李华庆身上生成:他是河那边的人。

"阿鸿,你不觉得太快了吗?小心火同火药亲吻。"

他们还没结婚就……也许不是那回事。李华庆替辜鸿铭担心。

一旦从爱的顶峰跌下来,阿鸿会受不住的。辜鸿铭没在意,"火同火药亲吻"的话,他还在体味着露娜给他的温存。

夜里,辜鸿铭又兴致勃勃地出门去了。临走时,李华庆打趣地问他:"阿鸿,要不要我上图书馆?"

辜鸿铭不好意思地嘀嘀一笑:"不敢,不敢。"

门外响起掏钥匙的声音。怎么,情人们又来光临?李华庆心里咯噔一下,悻悻然。要知如此还不如早点上图书馆,今晚的学习计划又完不成了。怪哉,不是成双成对的倩影!门砰的一声被关上。阿鸿懒洋洋地回来,猛地往床上扑跌过去。

"怎么啦,闹别扭啦?"

"她不在,上伦敦去了。"

"这就怪了,到伦敦去干什么?也不同你说一声?"

"老马说,她走得很急,不知道出了什么事。"

"她昨天没有向你透露一点?"

"没有,什么也没有!"他的口吻不无幽怨。

昨天夜里,辜鸿铭已偷尝了爱的禁果。刚才在途中,他是那样急迫地想见到她。他盘算着今宵在哪里度过。先到公园,再进酒吧,然后到她的房里去。不,威尔士先生,还有那个老马。那不好。她也不会同意的。到时再说,女人在这方面充满了机智。昨夜,最初他简直像个慌乱的迷途的羔羊,而她却是一盆熊熊烈火,是盘陀迷宫中的向导。

他友好地向房东威尔士先生问候,老马也在家,告诉他说:"露娜小姐不在。"

他把目光移向威尔士先生。威尔士先生说:"她今天告了假,到伦敦去。"

这怎么可能!她怎么能不告别一下就悄然而去呢?

"她没说什么事吗?"

"没有。"

"什么时候回来呢?"

"她没说。"

他的脸煞地灰白,内心如焚。什么事这么紧急?!爱丁堡乘轮船到伦敦,往返途中至少得五天,处理事情算它两天。得一个星期才能回来。一个星期,真恼人!

辜鸿铭变得爱长吁短叹,老把他的郁闷传染给李华庆。

"阿庆,你说她会有什么事呢?"

他们已做了无数次的猜测。

"我虽不是骑士,也是个男子汉。她有什么事应当告诉我才对,我可以陪她去。"

一个星期终于熬过去了。他惴惴不安地到威尔士先生家去。她没有回来,也没有信。

"阿庆,会不会轮船出事了?"

"不要瞎猜,放心好了。"

他到阅览室去看报。报上没有关于轮船出事的报道。

"到底出了什么事,信也不来。我现在只想知道她的情况。现在她就是缺胳膊少腿我也不会嫌弃。阿庆,你说她会不会被歹徒伤害了?"

"阿鸿,你想哪里去了!不要胡思乱想。"李华庆深为他的钟情感动,竭尽所能地宽慰他。

半个月过去了。辜鸿铭茶饭无心,度日如年。后来,他已没有勇气再去威尔士家了。虽然理智告诉他,她一回来总会来找他的,他还是按捺不住地前去找她。他无精打采地走着,内心祈愿她今天突然回到爱丁堡。

老马的神色有点捉摸不透。钢琴声!他的心猛地狂跳。

"她回来了,前天就回来了。"老马的神情有点异样。

这怎么可能,她前天就回来!他的方寸大乱。她一定出事了!他奔上楼去。

"露娜!"

露娜好端端的,既没缺胳膊也没少腿。她的眼睛没有一点火花,更没有向他扑来。难道是她的孪生姐妹?不,千真万确是她。

"你怎么啦?"辜鸿铭狂吻着她的手。

露娜把手抽走,带着陌路人的距离,说:"不要这样,我正在上课。"

辜鸿铭失望,愤怒。女人的心果真是春天的脸,说变就变!"我晚上再来找你。"他无可奈何地带着一腔委屈和愤懑走了。他豪饮,大笑,痛哭。他好像面对的是一个陌生的女郎,重新开始追求。这天,他回到宿舍,一扫往日的满脸阴霾,神采飞扬地说:"阿庆,我要搬出去住。"

李华庆有点意外:"为什么?"

"我租了一个小套房,露娜答应同我一起生活。"

"你们就要结婚啦?"

"不,先住在一起。"他显得忸怩不自在。他不遗余力地追求,终于使露娜重展笑颜,回到他的怀抱至今也弄不清,她为何要冷淡他?

"露娜,我们结婚吧!"他捧着她的脸,读着她眼里的情愫。她眼里有渴求。他已不是童男子,他读得懂。

"结婚?靠你那点奖学金养活我?"

"我们可以省俭一点。"

"我不怕清贫,可我不能这样早就失去自由。我还不想结婚。"

他大惑不解:"你……"

"我们可以住在一起。至于结婚,以后再说。"

他刚悬起的心落下了。未婚同居,够浪漫的!

辜鸿铭乘上装运行李的马车走了。李华庆目送着远去的马车,觉得若有所失。

李华庆不时地去探望辜鸿铭,成为他俩的常客。辜鸿铭也说:"你不常来,我会不安的。"可是,每每前往,李华庆自觉横亘在他们中间,似乎成了多余的人。往日那种无拘无束的推心置腹已被蒙上一层无形隔膜。阿鸿有他自己的小天地,不要硬掺和在一起,迟早要自找没趣的。他的多虑并非没有道理,昨天的际遇,过后他细细玩味,如果当时不是装着木讷,会出现什么结果呢?也许她不是在诱惑人,可他经不住那双诱人眼睛的逼视。

李华庆买了三张星期天跑马场的入场券,请阿鸿和露娜一起去观看。在爱丁堡赛马是人们非常狂热的娱乐项目。

只有露娜在家。按照礼节,轻吻了她的手指,一时叫他意绪迷乱。这是叫阿鸿着迷的手,纤纤细细,像水灵灵的小葱,柔嫩而细腻,猩红的指甲似乎要将一切焚化。

"你同辜那样好,真叫人不可思议。辜洒脱不羁,而你却一本正经,嘻嘻。化学上有酸碱中和,我相信我更能同你相处。"

这是什么意思?他悚然地接过她递来的饮料,忘了吮吸它。他问阿鸿去哪里了,她却答非所问:"记得吗?是你为辜送来情书,我还以为是你的求爱信!"她仄着脑袋打量人,像看猴戏一般。他想,自己此时的模样一定很窘迫。如此说来,她当初确实注意的是自己而不是阿鸿。自尊,甜蜜地浸润着他。她目不转睛地继续逼视着他,好像在问:"你为什么不做声?"他紧张得喘不过气来,忘了掏出跑马场的门票匆匆落荒而逃。

在校园里,李华庆碰上了辜鸿铭。他竟然不敢告诉对方说去过他家,也不想掏出赛马票。他决意同他们保持一定的距离,不然,总有一天会有好戏发生。他和阿鸿亲同手足,他不愿出现对不起朋友的事。

跑马场里人声鼎沸。骑手在竞技,观众在游戏赌博。李华庆进场时,第一轮竞赛已经完毕,第二轮的骑手们正跃跃欲试。他刚在看台上坐定,就发现露娜正坐在下二层的台阶上。挨在她身边的不是阿鸿,而是一个高大英俊的德国小伙子。小伙子恰好转过头来,向后无意地张望。他眉棱突起,眼眶深陷,地道的日耳曼人。她的朋友真多。未免挨得太紧。

骑手们像搭上弓的箭,伫立在起跑线上。他听得露娜正和她的朋友在打赌,男子赌红衣一号骑手胜,她则把宝押在蓝衣三号骑手身上。一声号令,骑手们纵马飞奔。呐喊声天崩地裂。人们像疯了般;挥舞双手和帽子,扯开嗓门乱叫乱吼。竞争和赌博同时进行。天地之大如今只剩下一个小小的跑马场。他也暗自地祝祷蓝衣骑手胜利。蓝衣骑手风驰电掣般冲过了终点线,他捏紧的拳头松开了。他也不明白自己为何希望蓝衣骑手胜。他暗自骂了一句:莫名其妙!这时,他瞥见露娜正忘情地搂着男朋友的脖子,雨点般地狂吻落在他的脸上。"米切尔,我胜了,我胜了!"他叫米切尔。米切尔似乎并没有为自己赌输而沮丧,他把露娜举了起来,好像他自己就是夺魁的胜者。一阵急风暴雨过去,她疲乏地依偎在他肩上。李华庆为自己发现了隐私而兴奋。她太多情,太浪漫,太放肆。阿鸿肯定还蒙在鼓里,还不知道自己的痴情受了亵渎。李华庆暗暗为自己的好友抱屈不平着。

翌日,他发现那个叫米切尔的德国小伙子——原来是爱丁堡大学工学院的留学生,正和露娜在一条林荫小径上漫步。李华庆远远看见了他俩,急忙绕道走开。过后,他又有点懊丧:应当迎面而去,叫她难堪才是。阿鸿太可怜了。他在文学院的教室门口等候辜鸿铭。

"阿庆,你上哪去了?一个多星期都没见到你。"

"专心用功,哪也没去。走,我有事要告诉你。"

他们默默走了一阵。辜鸿铭有点奇怪:"你今天是怎么了,有什么心事,交上情人啦?"

李华庆有点踌躇,阿鸿对那……切一无所知,不是也没有什么不好吗?他到嘴边的话改成:"阿鸿,你们过得愉快吗?"

"那还用说。不过,她很任性,太容易激动,有时我想,她是不是有点神经质。不过……"

"不过她很美,秀色可餐,是吗?"他有意打破自我压迫的心理负荷。

"阿庆,你认为她很美吗?"

"我们过去已论证过多次,难道你有新的看法?"

"不,我喜欢她。"

李华庆吐吐吞吞、曲里拐弯地说:"阿鸿,不知道该不该问你,星期天你怎么没有同她去看赛马?"

辜鸿铭警觉地收住脚步,问:"她去了? 同谁去的?"

"好像是个德国人,是我们学校的学生。我的意思是,你们……"

"别说了。"辜鸿铭粗暴地打断他的话,"她有她行动的自由。"

李华庆闹了个倒憋气。阿鸿心里不好受,但他今后会有所警惕。他原谅了朋友的不恭。

辜鸿铭说了声"我先走",就离开了他。

辜鸿铭怒气冲冲地走着,碰撞了一位太太也忘了道歉。赛马,赛马。他脑海里不断闪过奔腾的骏马,蹬开四蹄,飘起鬃毛,伸成一条流线,贴着地皮,像马六甲海峡的波浪,滚滚而来。冲在最前面的雪白的骏马,幻化成一位日耳曼剑客,鄙夷地对他说:"有种的,我们来决斗!"他悚然。妒火炽烈地燃烧。他当然没有日耳曼人那样伟岸。当初就不该这样不安分,以东方人的弱小,何能敌过高头马大的德国人。他第一次把自己划在东方人的圈内。不,他不再承认他是东方人。他拥有英国籍,他是在英国文化氛围中长大的,他正接受英国的高等教育。他不承认自己存在什么弱势……都是那个女人,她践踏了我的爱,是她把神圣的爱情当做游戏……街上,一对对男女互相搂着,或出入商店,或漫步檐下,男的那样温存,女的那样缠绵。露娜真的会背叛我吗?他突然想起,当他追求露娜成功后,老马曾对他说:"你真有韧性,真是铁杵磨成针啊!露娜小姐本来是对李华庆感兴趣。"他原先也往这方面猜想过。否则,怎么解释突然飞至的"欢迎您来玩"的字条,而转眼间就对他的殷勤冷落冰霜?人心叵测,阿庆一定是嫉妒我了,才编出她和德国小伙子的神话。不一定仅仅是嫉妒,谁能说他没有移花接木的念头?

露娜拎着长裙摆像小燕一样飞到门口,同他拥抱亲吻。所有的烦恼都飞到九霄云外。阿庆这小子,无缘无故叫人不痛快了一阵。他侧着头,避开双方的高鼻梁,把火烫的舌头伸进她的嘴,舔住她的舌头。他双手搂住她的背,仿佛要把她整个烙进他的体内。许久,他才松开她。

"你今天怎么啦?"她甩了甩头发。

"我爱你,露娜!"他拥着她来到床沿。

她推开他,说:"洗洗手,准备用午餐。"

露娜的手如同两只精灵跳动着,跳动着,铺桌巾、排刀叉、放酒杯,像变魔术似的,眨眼间一切准备停当。他一面系着餐巾,一面给自己倒了一杯啤酒,说:"露娜,星期天你去哪里啦?"

"不是说好,我们互不干涉各人的行动吗?你看我有回答你的义务吗?"

"随便问问嘛。"

"我去看赛马了。"

"你真的去看赛马?"他放下酒杯,酒星溅在白桌巾上。

"看赛马犯罪了吗?"

"你同谁一起去?"

"你没有权力这样审问我!"

"你是不是同一个德国人一起去?"

露娜突然放声畅笑,笑得喘不过气来他阴沉着脸,问:"你笑什么?"

"我笑你在说天方夜谭。什么赛马,什么德国人,我星期天到法庭去听审判一起情杀案。辜,你真逗!"

迷雾消散了,他咕噜咕噜一气喝干一杯啤酒,走过去单膝跪下,把头深埋在她的怀里,喃喃说道:"露娜,你打我,是我无端地发醋劲。"

露娜摩挲着他的头发,蓝眼睛里浮上了一层云翳。辜鸿铭仰起脸,一手伸进她的内衣。她在他的额上印了一个响亮的吻,说:"辜,我希望你别忘了我们的约定。你要相信我。你不能干涉我的社交自由。假定我就是同什么人一起去看赛马,也不能说明我背叛了你的爱。"他的手在她的胸脯上抚摩。她涌起一阵爱意,把他的手紧紧按在丰满的乳房上……

辜鸿铭酣然睡去。露娜却烦恼未消。她知道只要自己坚持社交自由,迟早还会出现不愉快。但是,要把自己的天地局限在一个男子身上,这对她也几同受刑。尽管他受的是西方教育,他如何标榜自己是英国人,他身上流淌的总是东方人的血液。她看到伦敦上空的浓雾,他像是雾中的一缕轻烟。烟与雾毕竟要游离开的。他醒来了。她说:"时间过了,下午上课来不及了!"

辜鸿铭翻身搂住她,说:"你怎么不叫醒我?"

"让你多睡一会,补偿你中午的精神损失。"

"你还在责怪我吗?"

"不,我爱你。是谁在你面前说三道四?"

"我们不再说这事,好吗?"

"不嘛,我要知道。"她撒娇作态。

"李华庆说的。他去看赛马,说有个人很像你,不过没看清。"他还不能把老朋友全卖了,尽管他对朋友已不太信任。

李华庆同辜鸿铭在校园分手后,心情也很抑郁。他看不得别人的痛苦,何况是亲同手足的朋友。连日来,他都在揣摩着辜鸿铭和露娜的事。一遍又一遍地问自己:他们的关系会不会出现裂痕?吵是少不了的,吵后是以谁妥协而取得关系的弥合?设身处地为阿鸿着想,这号女人只会给人带来烦恼。情爱是不好大家分享的,爱情是个刺果果。阿鸿要想圈住她,难哪!他犹豫一阵后,还是决定到他们的住处探看虚实。一踏进他们的起居室,他就觉得有点不对劲。露娜对他视若不见,坐在沙发上专心地看一本编织毛线的书。阿鸿少了往日的随便,多了一份客气,也多了一份冷漠。阿鸿寒暄了两句后就不再吭声,从茶几上拣了一份报纸,心不在焉地浏览着。错了,是自己铸成了大错。李华庆脑袋炸痛,直想破口大喊大骂几声……阿鸿的自尊心是不愿承认向他提供的事实,他需要掩耳盗铃。如今,他一定以为我在挑拨离间。不,阿鸿心里是明白的,只是这事不能由他人口中说破。只有等到他自己被折磨得痛苦不堪,前来诉苦时,再施予他廉价的同情,与他同仇敌忾,他才会引为知己。人啊,人!好人难当。看来"好心没好报"的话,并非人们胡乱杜撰出来的。但是,坐看他倒霉,又于心何忍?李华庆伤透了心,自我责骂着:无事生非!

露娜亲热地和辜鸿铭挨在一块,指着一幅毛衣的图案,娇憨地问:"这图案你喜欢吗?按这个图案给你织件毛背心怎样?"

李华庆如坐针毡,匆忙告辞走了。辜鸿铭也没有挽留。此后,他俩虽然同在爱丁堡大学,却已难得相见,相互都不愿碰面。

....

年过半百的朋友二人,都经历了无数的人生变迁,此时相聚在北京远东饭店,少不了欷歔感叹,对人世沧桑各有品味。他们从星洲的直落亚逸街,说到爱丁堡大学,说到辜鸿铭后来在德国莱比锡大学获博士学位,最后又扯到德国的法兰克福出现了"辜氏研究会",扯到当前时局……

"鸿铭兄,听说袁大总统的大公子袁克定,刚从德国回来。临行时德国皇帝威廉二世同他有过密谈。德皇认为共和制不合中国国情。"

"有这事吗?弟亦有同感,中国有中国的国情,共和制在中国行不通。"

"我还听说,杨度居然吹捧袁克定是当代的李世民。是不是政局将有变化?"

10 | 绿帽子

李华庆提及的杨度,确非等闲之辈。杨度是湖南湘潭人,字皙子,曾留学日本,是袁世凯的重要谋臣。辜鸿铭同他虽不甚熟悉,却也有数面之交。光绪二十九年,杨度由湖广总督张之洞保举,赴京参加经济特科考试,辜鸿铭其时充任总督府的高级幕僚,是举足轻重的角色。

四十出头的杨度,风流倜傥,自命不凡。他此时正失宠,在青岛寄情山水,消遣无聊。

青岛崂山,山势险峻,崛起于大海之畔。山中多奇岩怪石,树木苍郁,尤以道观众多而闻名。崂山上清宫为宋太祖勅建。道长白髯飘飘,神削骨立。他同杨度相对侃侃而谈。杨度已是第二次上崂山,同上清宫道长坐而论道,谈论人生真谛及世外仙踪。与世无争,超然物外,无为而治,虚无为本,知足常乐。道家的学问对于迷恋红尘、苦逐功利的人来说,是无法理喻的。碧海仙山,云蒸霞蔚,洗净了他心中的郁闷。"夫道者,无形无为,内以修身,外以治人。"老子的话,叫人捉摸不定,令人穷通世事啊!宦海,人海,沸沸扬扬,你争我夺。末了,除了留下一具躯壳,还能带走什么呢?

他杨度对老袁算是贴心贴肺了,谁能料到,转瞬之间,就从峰巅跌进谷底?他好羡慕道长方寸泰然,无求无欲,却心如明镜。

宫中古树奇花繁多。正殿祀玉皇,左右配殿祀三清七真。他站在殿前,俯瞰山下滚滚云浪、啸啸松涛,长长地呼出一口气,对宦海的恋栈好像是很遥远的事了。心浮气躁,除了减损阳寿之外,又有何补呢?他决意抛却尘欲,安静淡泊,养生修炼。

杨度中等身材,天庭饱满,眉目清癯。他穿着一件府绸长衫,步伐悠闲。高傲而冷漠的目光左顾右盼,好一派潇洒自得!跟班的老王头,腰里别着旱烟管,拎着主人的礼帽和手杖,紧随于后。主仆二人,走出上清宫。山门前有两株千年银杏树。杨度手抚树干,不无人生感慨。

"快,快,快滚下山去!"一队全副武装的士兵,穿过宫前的朝真、迎仙两桥,拥上宫来,粗鲁地向杨度主仆二人吆喝着。

老王头瞪圆眼睛,说:"不得无礼,这是杨度先生,杨参政。"

至道無難惟嫌揀擇但莫愛憎洞
然明白毫釐有差天地懸隔欲得
現前莫存順逆違順相爭是為心
病不識玄旨徒勞念靜圓同太虛
無欠無餘良由取舍所以不如

子昇仁兄法正 楊度

杨度手迹。

"什么羊先生、马先生,少啰嗦,别欠揍。我们大帅陪姨太太来进香。现在开始净山,所有游人都得滚蛋。"

老王头举起手杖,戳到士兵小头目的额上:"叫你们大帅来见我们先生。"

士兵头目没有被唬住:"我们张大帅就是这儿的皇上。来人,这是可疑分子,给我抓起来。"

杨度拦住老王头,冷冷地扫视着士兵头目。

士兵头目虽鲁莽,看这势头,知道此人来头不小,语气缓和了些:"我们是奉命行事,请多包涵。"

杨度刚洗礼了"超脱"思想,转瞬之间就有些动摇了。人上人和人下人就是不一样啊!身陷尘寰,那里超脱得了呢?山东督军张宗昌是什么东西?人称"三不知将军",不知麾下士兵有多少,不知良田有几顷,不知姨太太有多少。他可以一面躺着抽大烟,一面搂着白俄姨太太,同时一面接见外国领事。这样的家伙却权操一省军政。现在是靠老袁镇住,倘若有朝一日老袁不在,这些大小军阀还不各自为王?中国可就要群雄蜂起,内乱不止了。共和,民主,时髦固然时髦,唉……何必瞎操这份心,还是超然物外为好。杨度同众多游人一道被驱赶下山,尝到了人下人的滋味,不免又勾起了对前些时候那何等体面生涯的眷恋。

杨度早年走向官场,是出自袁世凯的鼎力推荐,清帝逊位之前,他已位至学部副大臣。南北议和成功后,袁世凯从革命党手中夺取了总统宝座。杨度因在南北奔走有功,得到袁世凯的宠遇。老袁让他搬进总统府,住进中南海丰泽园的纯一斋,以便随时顾问、咨询。

他一向认为自己有宰相之才,看来登上相国宝座也为时不远了。国务院设在丰泽园的遐瞩楼,与纯一斋遥遥相对,这不是寓有他即将入阁拜相之意吗?好个民国"宰相"杨度,中国的伊藤博文!他不承认自己官瘾很重,但是,在中国没有官职就难以一展抱负。要救中国,就不能埋没杨度。"宰相"之位,舍杨度其谁?老袁不是对他说过吗?"皙子呀,你确是宰相之才,如生在君王时代,定可以做中国的俾斯麦、中国的伊藤博文,可惜现在是共和时代,只有让你屈居人下了。"他感激老袁的知遇之恩,信誓旦旦地说:"我愿为总统效力尽瘁。"

杨度最得意的时光莫过于那次老袁陪同他的老师王闿运畅游总统府了。北海、团城、中南海都划入总统府的范围内。他曾向老袁举荐他的老师王闿运老先生。老师是其时的大名士。袁接纳了他的举荐,还写了亲笔信,请杨度代表自己去请王闿运出山。他陪老师去见老袁时,老袁亲自陪同王闿运游三海。杨度心里明白,这是老袁向他示恩。不言自明,谁都知道他是总统身边的大红人,鸿运高照,巴结逢迎之辈趋之若鹜。

有逢迎巴结的,自然也就少不了争宠倾轧的。总统府秘书长梁士诒就是他的老对手。国务总理赵秉钧不明不白地死去后,老袁让熊希龄来组阁。熊希龄要组织的是"名流内阁",他对杨度说:"总统要我组阁,皙子你可要帮忙啊!"杨度不免有点失望,既然要组织"名流内阁",为什么叫熊希龄组阁,而轮不到他杨度呢?他也不客气,张口要干交通总长,这是有权有势的职位。老熊很干脆,说:"皙子,你就准备走马上任吧!"谁知梁士诒在老袁耳边排挤他,老袁只圈定他任教育总长。他才不干这种冷官闲曹,气愤地对老熊说:"我帮忙,不帮闲。"后来，熊希龄内阁还没出台就流产了。老袁废除了国务院，改设政治堂，把国务总理改为国务卿，决定请出前清遗老徐世昌任国务卿。

　　杨度对老袁的知遇之恩虽是感激涕零，却也时时有伴君如伴虎之感，住在纯一斋里，总是心神不宁。果然，老袁的侍从官来告诉他：徐世昌就要来京，要住进纯一斋，请他搬出去。纯一斋看来真个是住"民国宰相"的地方，只不过自己徒有相才而无相命罢了。他明白自己得罪了老袁。有一次，他对老袁说起宋教仁被刺一案："宋教仁的死，外边传说很多，这对总统的威望是有害的。"老袁口里说："他死之前，到处宣传责任内阁制，无非是要把我架空。他恰好在这时被刺死去，免不了谣言纷起。"一边说着，一边用冷森森的眼睛打量着杨度。杨度一阵惊吓，读出老袁眼中的杀气："好你个杨度，你不该看出我在指使谋杀！"老袁见他不安，忙安抚道："皙子不愧是我的魏征、张子房！"老袁是不需要魏征的，杨度明白自己要失宠了。老师王闿运戏谑他说："皙子，中国历来的官诀你还未穷通，你该'多磕头，少开口'才是。"他能不开口吗？他有的是才干，少的是媚骨。总有一天，老袁会明白他的忠心。他为自己悲哀，倘若老袁不再赏识他，他唯有空怀"民国宰相"之鸿鹄志了。

　　杨度从崂山归来，在下榻处意外地接到袁世凯大公子袁克定的来信。袁克定邀他回京，说有要事相商。杨度为之精神大振，什么"超脱"，什么"虚无"，全都抛到九霄云外，人还是要奋发有为！张宗昌这条老狗，有朝一日，哼！

　　杨度星夜赶回北京，回到西单石驸马大街的府邸。这所住宅还是当年老袁送给他的。水磨青砖门楼外,对立着两棵老槐树。红漆大门上,嵌有兽头铜环。袁克定派了总统府的小汽车,把杨度从火车站接到石附马大街。杨度站在老槐树下,目送着鸣着喇叭远去的汽车,一种归属感隐隐而生。

四合院里花木扶疏。看门的、车夫和使妈,对主人的突然到来感到十分意外,手忙脚乱地收拾整理。跟班的老王头帮着拾掇客厅,他知道世态炎凉,门可罗雀的时光已经结束,他的主子又要抖起来了,客厅又将高朋满座、贵客辐辏。

果然,杨度刚刚盥洗完毕,女记者姚佩珍就来登门采访。好像有耳报神,这女人的消息也太灵通了。杨度因她同梁士诒的关系非同一般,一向对她反感,但她同时也是老袁宠爱的五姨太的女友,又得罪不起,因此很害怕见她,能躲则躲,能推就推。他还没有摸到袁大公子的底细,不愿报界匆忙为他露面。他推说旅途劳顿,让老王头把她挡住了。

姚佩珍失望地走了。上了马车后,她还侧过头来,对站在红漆大门的老王头冷眼一瞥,像在说:告诉你的主子,要想当政客,还是收拾起他的傲慢,得罪报界可不是闹着玩的。

马车载着她朝报馆而去。身边放着一个精致的袖珍型小提包,她从中拿出鹅蛋形的小镜子,端详着自己的脸,又涂了点口红,随之命车夫改变方向,到远东饭店去。

李华庆虽然拒绝了她的爱情,她尽管气恼但并不恨他。他是有妇之夫,他是声望显赫的南洋华人大亨,他是正人君子似的人物。这种人对突如其来的爱神,肯定措手不及,只好本能地"关门拒户"。他在京城好像无所事事,寂寞难耐,参加完祭孔大典后,梁士诒不肯让他马上就走。她从梁胖子口中探出,李华庆在京城会待上一段时日,时局的发展,需要他留在这里。

至于时局将有什么发展,梁胖子却打哈哈。她几次去找李华庆,都不见他的夫人出现。她明白李华庆挂出夫妇俩的合影,不过是以此作为挡鬼的钟馗,为自己壮胆。他其实是心虚的,害怕自己战胜不了诱惑。她不相信以自己的年轻、美貌、聪明以及职业妇女的风骚,不能征服这个大中年男子。他身上所传达出来的气质,好像就是专门俘虏她的。她把他的出现,认定是她命中注定的缘分。他的彬彬有礼,他的惊慌惶惑,愈加激发出她的柔情蜜意。她是被獐头鼠眼的男人性虐待过的女人。李华庆轩昂坦荡的气宇和仪态万方的风度,像一个避风的港湾。被风浪横拉竖扯几濒倾覆的小舟,需要一个安全的避风港。夜深人静时,她想着他的一举手一投足,会激动得浑身发抖,紧紧地拥着抱枕。

昨天夜里,姚佩珍又到远东饭店去。李华庆正在舞厅里跳舞。他的舞步充满韵味,到了炉火纯青的地步。一曲终了,她站到了他的面前。他脸红了,叱咤风云的南洋大佬,居然也会腼腆,她乐不可支:他一定爱她,错不了!他们下到舞池。他的目光不敢在她身上停留。她黑葡萄样的眼瞳大胆地犁遍他的脸膛,真想搂着他的脖子,吻遍他的脸。她把头靠在他厚实宽阔的胸脯上,头顶支着他的下巴。他的心脏跳得好快,喃喃说道:"姚小姐,对不起,我还有事,我要先走。"灯光迷离,乐声疯狂。她一点也不松手,反而把整个身体都贴到他的身上。伦巴的节奏余音袅袅。乐队小憩时,他狼狈地逃走了。她心中溢满了幸福:他在自我欺骗,自我压抑着,他喜欢我。一定要得到他。

姚佩珍在远东饭店门口遇到了凯莉小姐。

"密斯姚!"凯莉穿着一套大红的牛仔衣装,像一盆火似的向她扬手奔来。

"凯莉小姐,你怎么上这儿来了?"

"太闷了。您进总统府时,一定去找我玩。中国的女士整天关在家里,真不可思议。"凯莉小姐像弹簧一样又弹走了。

姚佩珍受她那浑身动感的传染,拎起腋卜的小皮包,在空中舞了两圈,迈着轻快的步子,走进远东饭店。

李华庆的客房里,传出高谈阔论声。姚佩珍贴在门缝上听了听,里面说话的人不少,好像在说橡胶和股票的事。

姚佩珍正觉进退维谷时,突然灵机一动,抿嘴笑了。她噔噔噔地下了楼,来到一楼的酒吧,找个位子坐下。她从小皮包里掏出一张名片,叫来侍者,请他去传唤李华庆。侍者很快回报,李先生马上就来。她眼睛发亮,为自己终于对他产生魅力,感到无限的快慰。他可以不顾满座高朋,而不愿怠慢她,这不是清楚地说明,他的无动于衷,他的道貌岸然,不过是假象,是掩饰他内心的不安!她两腮的酒窝恰似桃花林边的清潭,倒映着一片绯红。趁热打铁,紧紧抓住他。她又掏出小镜子,拢着刘海发梢和衣领。她想,现在把事情凉一凉似乎更有好处。她略一思忖,从小皮包里掏出采访本,刷刷地写了一行字:"报馆找我。晚上见!佩"她把纸条给了刚才那位侍者,并给了些小费,叫他待李华庆下来时给他。

姚佩珍躲到一个屏风的后面。不一会儿,果见李华庆西装革履、风度翩翩地来到酒吧,两眼左右搜寻着。他的焦急暖暖地熨烫着她的心坎。他看了她留下的纸条,缓缓地坐下,要了一杯咖啡,好像在痴痴地想着什么。她咬着下巴,得意地欣赏着自己的小动作。然后,悄悄地溜出酒吧"晚上见"够他费神半响,"晚上见"在哪儿见呀?嘻嘻。她知道自己胜券在握。此时,她对自己魅力的印证远胜于成功的喜悦。他固然是个叫女人神魂颠倒的男人,但是对她来说,要猎取他也不是太伤脑筋的事。

姚佩珍在饭店大门口远远瞥见王荣华正从马车上下来。好不叫人倒胃口。她急急地钻进自己的马车。

马车到了锡拉胡同的家门口,她刚下地,见王荣华的马车也尾随着到达。来者不善!她脸上的红潮退去,眉毛竖了起来。獐头鼠目的男人,身上紧巴巴地绷着一套蓝制服,比起撑着宽大的长衫像样了些。

王荣华在大门口,当街朝她跪下:"佩珍,原谅我吧!那天我不是有意要掐死你,我怎么舍得呢?你还不知道我的心吗?我舍不得你啊!"他滴溜溜的小眼,狡诈地转动着,竟然有点潮红。她又气又恼,好不狼狈:这没廉耻的恶棍是来当街羞辱我。她的脚被他抓住。她的脸煞白,哆嗦着说:"有话到里面去说。"

待王荣华一进院子,她就厉声对门卫说:"给我捆起来。"

守在门口的彪形大汉,像缚小鸡一样,把王荣华捆了个结结实实,又抓起一块抹布,把他的嘴堵住。

"王荣华,听着。我一定要离婚,你不要再想入非非。今天你来得正好,我们谈谈条件。"她叫门卫把他嘴里的抹布拉出来,"再乱喊叫,今天就把你杀了喂狗。谁不知道我姚佩珍是'总统门生',我是给你面子,不然早就……"

王荣华大口地喘息,泪水汪汪:"佩珍,你杀了我吧!杀死我,我也不会同意离婚的。反正我不干涉你的行动自由,这样总行了吧!"

毕竟是女人,她看不得人的泪水。王荣华虽可恶可憎,但可怜兮兮地,叫人于心不忍。反正要到南洋去了,离不离婚无所谓。她叫门卫放了他。他脱了身,急急冲出院门,回头恶狠狠地说:"姚佩珍,等着瞧。再对我非礼,我就要搞臭你,信不信由你,反正我把命豁出去了。"说完慌忙钻进马车,急驰而去。

对这种癞皮狗还真伤脑筋。姚佩珍不屑于同这种宵小之辈打疲劳战,她觉得活得很累。

天刚擦黑,李华庆果然前来会见。姚佩珍几番进进出出,坐立不安,好几次几乎要前往远东饭店看看。她得报后急忙迎出大门,险些摔了一跤。李华庆手里捧着一束鲜花,矜持地笑着。

一辆漂亮的马车疾驰而来,从李华庆的马车旁擦过。姚佩珍隐约发现里面坐的是杨度。政治记者的敏感告诉她,杨度定是去拜见袁大公子。袁克定常住在锡拉胡同,这里有他的一个"香巢"。

杨度果然是应邀前往造访袁克定。

大厅中央铺着波斯地毯,琴师、锣鼓师坐在西侧,梅兰芳当厅站着,全副行头,正在唱《西厢记》中的一段。袁克定拥着一位姨太太,靠在长沙发上,听得入神。袁克定的模样几乎是从他老子身上印下来的,只不过略微缩小了而已。但他没有老子那样阴鸷,脸上的肌肉光洁而松弛。他也有点跛,是学骑马时摔坏的。听到杨度到来,他推开偎在身边的女人,叫她到屏风后面去。她在他怀里扭了两下,撅着嘴离去。梅兰芳还在继续唱着。

袁克定招呼杨度坐到他身旁:"皙子,你知道这戏子是谁吗?"他见杨度摇摇头,接着说:"这是京中刚唱红的梅兰芳。皙子,听说你在青岛做起遁世的隐士,叫我不胜惋惜,国家正是多难之秋,以皙子之大才,怎么能自我埋没呢?"他刚从德国归来,穿着仿德国军服样式的制服,一举一动都显出着意模仿的德国派头。他的德国做派还传染给了他老子,老袁那两撇耷拉胡须也修饰成八字牛角胡,森然挺直。那是德皇威廉二世式的胡子。

杨度对这位袁大爷印象还不错,听他说出这般肺腑之言,衷心无不感动,说:"蒙大爷错爱,敢不效力?"

袁克定对自己这一手很满意:杨度正失意潦倒,在这时拉他一把,他会感恩戴德的。别看他一付傲慢劲,却掩饰不住功名心切。傲气在宦海中可不值钱,不知道他有没有这份自知之明?要促成老子的那件大事,此人不可不用啊!

袁克定叫人把梅兰芳打发走,请杨度到一间密室谈话。

密室里的两扇落地窗,挂着厚厚的紫色绒布窗帘。墙上挂着放大了的袁克定和德国皇帝威廉二世的合影。两只单人沙发间,放着一个茶色玻璃小茶几。此外别无他物,室内显得空荡冷寂。

袁克定请杨度坐下,自己站在挂照片的墙下,端视着照片上自己的尊容。威廉二世多么威武。自古以来,子承父业是天经地义的。用现代科学来解释,遗传基因不可抗拒,高贵血统是可以遗传的。用传统的眼光看,至高无上者就是真龙天子,龙子龙孙,代代相传,天经地义,不可变更。威廉二世说得好,共和制不符合中国国情。中国几千年的国情就是大一统。没有一个至高无上的绝对权威,势必天下大乱。

杨度好像被密室神秘的气氛压抑得不自在,不停地扳着自己的指关节。

袁克定嘴角浮现着一丝猎人的得意微笑。他感激老子用心良苦,早早地就为他安排班底。虽然老子没有透出什么口风,但从种种迹象中儿子已看出端倪:自己不久就会成为太子。

袁克定刚从德国归来,就听说杨度失宠、拂袖而去的事,很为老子抱憾。杨度尽管有书卷气,却是认死理的人,君主立宪的思想并未因实行了共和制而自动缴械。要想搞万世一系,杨度可是个鸣锣开道的好角色。他面见老子时,袁世凯正在居仁堂后楼,由当值的姨太太陪着吃饭。他恭敬地叫了声"爸爸",就无言地立在一旁。姨太太用手帕替老袁擦拭沾在胡子上的汤汁。他趁老子正端详他同德皇的合影时,急忙汇报了威廉二世在便殿设宴请他会晤的事。当他说到德皇认为"中国非帝制不能图强"时,他捕捉着老子脸上肌肉的一挪一动。老子的眉毛向上挑了挑,不动声色地问:"德皇是这样认为的吗?"

"没错,他认为这是中国的国情决定的。"他害怕老子不相信,如果认为这是他为了世袭而杜撰出来的,那才冤枉呢!外国元首都认为中国为避免一盘散沙必须实行帝制,中国人自己还有什么话说呢?社会的秩序和稳定,依赖的就是权威的力量,绝对权威的精神凝聚力。老头子不应该再犹豫了。但他不好张口明确劝进,这会让老头子反感的,以为自己是为了当太子,才不惜怂恿老子走政治钢丝。他小心翼翼地说:"爸爸,杨皙子是君主宪法专家,不好让他在外逍遥太久。他是个希望建功立业的干才。"

"挫折他一下不见得不好。你去拉他一把,他会对你俯首帖耳的。你懂我的意思吗?"心有灵犀一点通,他佩服老子的手腕。一打一拉,杨度便成了他的人。老头子深谋远虑,现在就为他网罗党羽,如此说来,他的太子梦正在变成现实啰?

袁克定在密室里向杨度透露了德皇对中国政局的看法,又说了总统惦记他的话。杨度大为感动。总统总算明白我杨度对他的一片忠心。

"皙子,总统说了,往后我们一起多商量一些国家大事。"袁克定亲切地拍拍杨度的肩膀,"依我浅见,中国恢复帝制是势在必行。民主未必好事,集权也未必是坏事。各国有各国的国情。孙中山硬把美国的民主制套到中国来,现在天下成了什么样子?"

杨度听话听音,顿时心领神会:这位大爷要他为帝制吹喇叭、抬轿子。老嚷要当皇帝,他丝毫也不意外。有了皇帝,才能有宰相。天生我材必有用,人人说我杨度有相才。总统呀,皇帝呀,名称本不重要,重要的是国家需要有一个不可争议的仲裁人,万物才能有序。革命党折腾了这么些年,天下大乱,中国是到了大治的时候了。

袁克定压低嗓门,神秘兮兮地说:"总统希望你对德皇的言论发表点看法。"

11 | 帮助不帮闲

庭院里摆放了二十多盆名贵茶花,杨度在花卉丛中来回踱步。他内心此时也恰是繁花满枝。

连日来,杨度都处于一种亢奋状态,脸上常常掩不住笑容。他假托外出天津,让看门的谢绝一切来客。他在构想一篇扭转中国乾坤的文章,篇名已经拟定:"君宪救国论"。

杨度在一棵丁香树下凝神构思。跟班的老王头巴哒着旱烟管,望着沉思发愣的主子,心里发着牢骚。他家主人本是极洒脱的人,如何受得这种掩门闭户、苦心冥想的煎熬？他不由地有些恼恨袁大总统。都是他，翻手为云，覆手雨。他家主人住进丰泽园纯一斋，不就是准备拜相入阁吗？他还做了不少当相府总管的好梦，谁知主人转瞬间就跌了价。在青岛时不是说是袁大公子请他回来的吗？怎么回京后反倒闭门谢客，把自己给关了起来？

这老王头可有点来历。杨度的伯父杨瑞生本是一名总兵官，老王头是杨总兵手下的守备。杨瑞生念他忠诚，在归隐桑梓之前，曾把他保荐给聂士成的新军，请予以重用。可他眷恋旧主，便叫总兵身边一个姓王的马弁，冒他的名投奔聂士成。后来这个马弁，扶摇直上，做了袁世凯属下的一员干将，而他却随杨瑞生回到湘潭，在杨府效劳。现在他又给杨家的少主人供驱马前。

看门的闲得无聊，正要来同老王头扯谈，被老王头用烟杆比使制止住。老王头哪里知道他的主人杨度此时内心正春风得意，杨度正想象着袁世凯穿上龙袍的模样。老袁还是着元帅服威风，肥头短颈，大腹便便，穿龙袍太不带劲。恢复帝制之后，逊位清帝怎么处置呢？按理应该迁出紫禁城。太和殿的气派才能同皇帝相匹配。丹墀之上，他作为百官之首，威临天下，也不枉此生了。他好像看到，文左武右，徐徐上殿。他作为首相，位列东班首位，而梁士诒向他白眼，他只当没看见。首相和皇帝的关系怎么处置才妥当呢？目前只能援引德国方式，日后还是过渡到英国式为好。老袁不可能同意英国式，但在老袁之后，袁克定……他脸上一阵燥热。想到哪里去了，鼓吹帝制可不是为了我自己。天生我材必有用，我自然当仁不让。中国要恢复帝制，这是中国的国情所决定的。文章的开头很关键，文贵句首，要开门见山。国情,对,中国的国情,别无选择。他匆匆回到书房,挥挥洒洒地在题目之下疾书:如不废共和,立君主,则强国无望,富国无望,立宪无望。

杨度放下笔,交臂于胸前,玩味着这几句话,眉宇舒展,不住地颔首。中国若失去至高无上的绝对权威,很快就会分崩离析,内战频仍,天下大乱。民国以来,纪纲废弃,世风浇薄,社会解体,还不就是缺少君主权威!只要对国家有利,避免封建割据的局面出现,就是被世人误解一时,也是值得的。谁人背后无人说!救国救民的抱负,在他胸间升腾,滞凝的文思,滔滔奔涌,笔尖的行走几乎跟不上。写完一大段,他突然又搁笔了。他的自负有点动摇:会不会被人指责为阿谀奉承、劝进献媚?宽大的楠木写字台上,靠墙摆放着一列十几部著作,是他所崇拜并引为自豪的书籍。其中有几本是他的老师王闿运老先生的。王闿运老先生是闻名遐迩的一代名流,曾几何时,老袁接受了他的举荐,敦请王老先生进京,委任为国史馆馆长。可是,政府财政拖欠经费,致使国史馆爆发了索薪风潮,气得老先生对他说:"你一离开总统府,他们马上就给我颜色瞧。"老先生终于挂冠离去,他杨度丢尽了面子。有什么办法呢?学士文人一旦政治上失去依附,就什么事也干不成。要说国情,这也算儒家文化造成的一大国情。读书人的最终目标是治国平天下,只有仕途才能一层抱负。仕途上官官相护的通病是尽人皆知的。纵然被人认作溜须拍马,也只好背上这个恶名了。君主、皇帝,中国还是需要的,这不是为老袁当皇帝开脱。君主、皇帝这是中国几千年来国家的象征,忠君的本质是忠于国家。中国所以积弱,就是许多人只知家不要国,闹裙带风的是好丈夫,为儿孙做马牛的是好老子,讲江湖义气的是好朋友,只知为家族尽义务,不知为国家效忠心。君不见,现在忠于国事的忠臣绝少,而贪官污吏遍及。问题不在于要不要皇帝,而在于立宪,君主立宪,依法治国。想到此,杨度胸际豁然开朗。是啊,他的心是圣洁的,有什么可心虚的呢?"民主"固然很诱人,但实行起来那么容易吗?新酒太烈,旧皮囊经受不起。孙中山倡导共和制,不过是一种理想主义,而杨度我则是现实的设计师。哗众取宠是容易的,脚踏实地则必须承担毁誉难测的风险。他的笔汪洋恣肆,一气呵成了一篇洋洋两万余言的《君宪救国论》。

杨度一整天都没有出书房。老王头悄悄推门进来,送来一碟点心,又蹑手蹑脚地退出去。

杨度向后甩了甩头发,一手翻手稿,一手抓点心,得意地浏览着用心血凝成的文章。看着看着,他无意识地把点心往嘴里塞,才发现抓的是空筷子。他心不在焉地放下筷子,仍然沉浸在思绪之中。倡言君主立宪,纵是理由有千万条,但毕竟不是世界潮流呀!十年前,同孙中山的一席谈,清晰地在他耳边鸣响着。

1905年,朝廷举办的经济特科考试,惹怒了慈禧太后。作为这次考试第一名获得者的他,只好东渡日本避难。孙中山到他东京富士见町的寓所里来拜访,意在争取他参加兴中会。他敬佩孙中山的革命精神,但不同意孙中山的革命,说:"实行共和,等于动大手术。不管怎么说,这是一副猛剂,对百病缠身的中国不适宜。只有君主立宪,损失最小,收效最大。"孙中山说:"时代在推移,世界潮流在前进,君主立宪已落后于时代。"杨度则坚持己见:"我认为君主、民主并无优劣可言,关键在'宪'而不在'主'以列强而论,英国的君主优于法国的民主。美国的民主又优于德国的君主。孰优孰劣,很难论定。"谁也不能说服谁。最后,杨度不无诚恳地说:"我和先生定个誓约,我主张君主立宪,我能成功,愿先生帮助我;先生号召革命、实现共和,若先生成功,我杨度愿辅助先生。"

现在到底谁成功了呢?孙中山能说成功了吗?从表面看,国体改为共和是历史的进步,但现实是,中国愈益黑暗,军阀割据之势已见端倪,中国的前途实堪忧虑啊!潮流未必就代表了方向,代表了真理。是英雄,是小丑,历史自有公论。他归拢了稿纸,仰靠在藤椅上,长长地吁了一口气。

文章送到袁世凯的手里。袁世凯抽着雪茄,饶有兴致地翻看。

居仁堂的袁世凯办公室,天花板上吊着一块丈余宽的挂毯,一个勤务兵站在墙角,拉动一根牵动挂毯的绳索,挂毯就成了人力风扇,凉风刚好适宜袁世凯的需要。杨度的文章像搔痒的耙子,扒到了痒处,叫人好不痛快。袁世凯扔掉雪茄,抓起一根人参塞进嘴里嚼着。握红铅笔的手,忽而摩挲着牛角胡子,忽儿挥笔批上"至理名言"等评点。

总统一死,诸将争取继位,终必兵戎相见,角逐于中原,此联彼合,各不相下,海内鼎沸,不可终日。有野心之外国,乃乘此时纵横于各派之间,挑拨拥戴以助其乱,于是愈益扰攘不可收拾。

皙子把德皇威廉二世的观点阐述得多么透彻。"真是混蛋加三级！"他心里喜滋滋地骂了一句发怒时爱用的口头禅。皇帝的金椅是千年永固的，一旦登上龙庭，无论是爱嚼舌根的文臣，或是恃功剽悍的武夫，也都只得俯首称臣，不敢怀有二心。一代开国君主同"公仆"总统可大不一样，中国的《二十四史》之后就是袁家王朝的"二十五史"！孙中山输入民主共和，还有他的信徒们，迟早要收拾他们，叫他们到黄泉同宋教仁开议会去吧！宋教仁异想天开，想用"议会"、"责任内阁"什么玩意来束缚我、架空我，简直是昏了头。爱妻是能让人分享的吗？权力是能让人分享的吗？终皙子不失迂腐，有那么股书呆子气。不过，都是顺耳话也不行，忠言逆耳嘛，哈哈。他把文章交给机要秘书夏寿田，说："午诒，皙子这篇文章你看过没有？"

夏寿田接过文章，见上面已写不少眉批，知道老袁内心欢喜，对老袁说："总统看中的文章，决不会有错的。可否印制一万份，向全国颁发？"

袁世凯没有表示可否，叫他请来美国政治顾问古德诺博士。

古德诺博士对杨度的文章赞赏备至，还对老袁说，他也准备写一篇文章，阐述中国不适宜实行民主共和的观点。

袁世凯的底气足了，叫干儿子段芝贵把杨度文章秘密印发给各省文武官长。

杨度在家里翘首以待老袁对文章的反应。

夏寿田悄悄来到他家。

"午诒，总统看了我的文章吗？"杨度担心拍马屁拍到马脚上。

"皙子，恭喜呀！总统已把文章秘密印发下去了。"

"为什么要秘密印发？"杨度好像自己做了见不得人的事，顿生疑窦。

"总统要当皇帝又羞羞答答,他不得不顾忌孙中山的革命党呀。时机不成熟,他是不会贸然掀盖子的。我想,他是要造成一个天下人都拥戴的局面,才会公开表态的。德国和日本都秘密劝他做皇帝。你这篇文章譬如'登高一呼',但要想'应者无数'还得来点实的。"

"来点实的?"杨度自语,若有所思。

老王头闯进客厅,报告说大总统派人送来牌匾。杨度三步并作两步,离开客厅。他隐隐听到了军乐队的吹打乐声,接着又传来鞭炮的喧闹。

石驸马大街好不热闹,街道两旁的好奇凑热闹者,或引颈观看,或随送匾队前移。一支军乐队高奏乐曲,在洋鼓的嘭嘭声中作为前导,总统府管家袁乃宽捧着总统的策令紧随在后,一辆敞篷马车载着匾额,匾上结有红绸彩球,环绕着四个大字:"旷代逸才"。一大批随员簇拥着马车缓缓而行,大放其鞭炮。

"旷代逸才",杨度眼睛发亮,他下意识地扯了扯笔挺的西装,摸了摸领结,他穿西装显得更潇洒。"旷代逸才"这四个字,不就是当年董卓称赞蔡邕的话吗?蔡邕不就是给董卓写劝进表的人吗?老袁虽然信誓旦旦说不会复辟,内心是真有当皇帝之心。他连续三遍默念着"旷代逸才"这四个字,马上又警觉到自己有点像范进中举,不住地自语"我中了,我中了"。他拢住飘飘然的神思,心想:这次押宝也许押对了。成则有誉,败则遭毁,豁出去了!

杨度把一行人众迎进院子。

袁乃宽捧着总统策令走进客厅,像宣读圣旨一般,大声诵读总统褒奖杨度的策令。

杨度行了三鞠躬,接过策令,双手有点颤抖。宦海遨游,谁主沉浮?帝制的船我是上定了。

袁乃宽指挥着将牌匾高悬于客厅之上。杨度装出不经意的样子,不时地瞥上一眼。他看清了,匾额上款是"题赠皙子参政",下款是"袁世凯",下盖红印泥图章两方:朱文为"慰廷",白文为"项城袁氏"。

袁乃宽一走,杨度就坐马车进总统府去谢恩了。袁世凯慧眼识才,他杨度是不会忘怀知遇之恩的。前清末年,袁世凯与张之洞同入军机,就曾联名向老佛爷保奏:"原举人、留日学生杨度,精通宪政,才堪大用。"因此,他被赏为四品京堂,当上考察政治馆的提调,介入了政治的核心层。

袁世凯非常慈祥地接见了杨度,问长问短,直让杨度感激涕零,失宠后的怨怒、消沉,好像已是极遥远的事。

"皙子呀,你们推戴我做皇帝,真叫我为难。国家多难,政务繁重,我感到力不从心,直想能摆脱,归隐洹上,舒舒服服地安度晚年。可是又没有适当的人选接替我,我想推卸也推不掉。像你们这些忧国心切的人,都主张要实行君宪制,才能防患于未然,拯救中国。连美国的古德诺博士也提出'民主不适于中国',人家美国是共和国家,连他们也认为中国必须改行帝制,真叫我无可推卸。古德诺博士是美国政治学家,著名大学的校长,他的看法是纯学术研究的结论,同你的文章的观点又不谋而合,很叫我吃惊。不过,任何对国家有利的政纲,都会有人反对,这就需要舆论的引导。"

袁世凯说得很悠闲,像拉家常一般,还不时抽一口雪茄。

"皙子,你也称得上是国内的名流,政治学的权威。你可以找些名流,组织一个学术团体,研究一下国体问题。对于共和与君主的国体,做一番学术研讨,我们也可以从中了解一下民意,你以为如何?"

"民意?"老袁很看重民意,人说他独裁,我看也不见得。杨度端坐在沙发上,迎着总统亲切期待的目光,脑子急速地转着。名流、学术、团体,妙啊!也该让我来唱唱主角,"旷代逸才"得露一手!

袁世凯一直送他下了居仁堂的台阶,叫杨度好不得意。

杨度出了宝光门,在纯一斋门口伫立了一霎,新桃换旧符,他还是要回到纯一斋的。老朽过时的前清遗老徐世昌,虽占了他的旧巢,但是,长江后浪推前浪,江山代有人才出,纵有坎坷周折,历史还是要推拥他入主此处的。过了颐年堂来到丰泽园渡口。这里有汽艇,也有画舫,供出入总统府的高级官员使用。他上了一只画舫。艄公点起长长的竹篙,画舫荡入绿水清波,犁乱了楼台的倒影。杨度是参政院的参政,参政院里多是各界名流,他要组织名流学术团体,自然先从议会里有往来的人中筛选……孙毓筠怎么样?他是约法会议议长,当年曾毁家办学闹革命,名噪一时,做过安徽省都督,他可以算一个。胡瑛也不错,是个传奇人物,做过山东省都督,还是第一任外交总长,算名流是不成问题的。可是,他俩都不是学界人物,组织学术团体没有高知名度的学界人物就推不出台。要说名气大的当属严复,如果他能进来那是再妙不过了。他是思想界的先驱,清末以后的新生代,对他到了顶礼膜拜的程度。赶潮趋新,这是人的劣根性。严复近来好像时有贬斥自己当年幼稚的言论,对"物竞天择,适者生存"

这鼓励竞争的信条，好像绝口不提。如果他能站到这边来，那是最有说服力的。鼓吹西学的圣哲都向传统皈依，其号召力是不可估量的。但是，这老头听说有些古怪。圣贤嘛，多有超凡脱俗的古怪病。北京大学的刘师培倒是好争取，他是个变色龙，有奶便是娘。他是个老同盟会员、音韵训诂学颇有造诣，公认的权威，算个学术界名流是不成问题的。辜鸿铭应该也是学界名流，是攻击西方最烈的复古派，不过这人嬉笑怒骂没个正经样，还是不去沾惹的好……画舫在中南海的碧波中徐徐缓行，渐渐向渡口靠近。紫禁城金碧辉煌，他禁不住怦然心动。下了画舫，早有胶皮马车等候在渡口，把他送到新华门门口。

老王头见主人出新华门，连忙掀开自备马车的门帘，问道："老爷，总统有重要差委吗？"

杨度笑而不答，上了车后才慢悠悠地说："老王头，家里要热闹了。"

老王头装了一锅烟，被主人的情绪感染，说："这一阵憋够了气，早就盼着热闹。老爷，市井里都传说袁大总统要升上去当皇帝，有这码事吗？"

"如果让你当，你要当总统还是要当皇帝？"

"那还用说，皇帝是真龙天子，君叫臣死，臣不得不死，多来劲。"

杨度脸色略变。君主容易专制，一定要有宪法制约，不然君主可以随便草菅人命，岂不悖逆了自己的初衷？他回到家刚坐定，看门的就进来通报说，李燮和前来拜访。杨度喜上眉梢，上天给他送宝来了。这李燮和是他的湖南同乡，目前正闲居无事可干。这位老兄也是地地道道的名流，是上海起义的元勋，曾被孙中山委任为光复军北伐总司令。李燮和反袁是众人皆知的,如果能把他拉进来拥护帝制,那么这个学术团体就很能代表民意了。"筹安会",他的灵感倏然而至,脑海跳出这三个字:这个名流学术团体就叫"筹安会",筹一国之安。没有皇帝,中国就不得安宁。李燮和体魄魁梧,声音洪亮,十足的武夫气派。

"皙子呀,听说你在老袁面前得意得很。兄弟在家乡闲得发慌,想在军界谋个差事,你可得拉兄弟一把。"

"你要见总统,总得有点见面礼。"

"其他没有,家乡土产倒是容易。"

杨度像耍猴一样,逗他道:"总统要的东西,就怕你舍不得给。"

"给,要什么给什么,反正他已坐稳了天下,不臣服也得臣服。"

杨度这才告诉他准备组织一个名流学术团体的事。李燮和很干脆,说:"老夫算不得学界名流,既然皙子有心拉兄弟一把,岂有不识抬举之理?管他总统也好,皇帝也好,老袁反正是一手遮天的。"

杨度不免又有点黯然。如果拥戴了一个专制皇帝,这固然避免了竞选总统带来的天下纷争,但专制同民主对比而言,总是一种历史的倒退。天下事不能两全啊!中国的现状只能这么选择。

刚送走李燮和,《亚细亚报》记者姚佩珍接踵而至。她知道杨度和梁士诒不和,同杨度打交道需格外用心。她一进客厅,就大呼小叫:"哟,好个显贵的牌匾,'旷代逸才',杨参政要名垂青史啦!"

"你不至于是专程来奉承我的吧!"

姚佩珍想:不怕你冷嘲热讽,一定要从你嘴里掏出新闻。她不请自坐,说:"听说总统委托你组织名流'内阁'?"

"你的消息也太灵了。什么'内阁',我要组织的是学术团体。"

"今日的'团体',就是明天的'内阁'嘛。"

杨度还是爱吃奉承的,口气缓和多了:"不能这么说,这会引起误解。"

"'旷代逸才'嘛,未来的首相,舍你其谁?能说说您打算聘请些什么名流?"

"现在还无可奉告。"

"哟,这还需要保密吗?我们《亚细亚报》可是总统的喉舌哟。"

"但我不是总统的新闻发布官。对不起,小姐,你找梁士诒秘书长去。"

姚佩珍碰了一鼻子灰,好不懊丧,心里骂道:杨度,别得意太早!得罪了报界,有你的好果子吃!我可不是你随意挥斥的奴婢。

姚佩珍果真去找梁士诒。这条重大新闻能否成为她的报纸的独家新闻,还是次要的,受了气必须得到慰藉。她毕竟是女人。梁胖子对女士总是那样谦恭,那样善解人意。这个气得在梁胖子身上出,他们钩心斗角,我来受罪,太冤了。

车到半途,姚佩珍叫住马车。她要到一家化妆品商店买点东西。刚踏进店门,被人狠狠地撞了一下,她正要发作,见那人喷着满嘴烟气,铁青的脸上凶神恶煞。她强咽下愤懑。挑选化妆品的兴致被破坏无遗。她象征性地浏览一圈就走了出来。她上了马车,第六感官使她感受到有一束不善的目光正瞄着自己。是他,又是那个撞她的人,站在商店门口,眼角向他吐露着蔑视。活见鬼,遇上那路冤神。她的眉棱骨突突地跳了两下:是不是王荣华雇来盯梢的?这个獐头鼠目一副奴颜媚骨,心肠却好狠毒。要在过去,她才不怕什么盯梢。现在可不同了,她同李华庆过从甚密,她不能让王荣华知道这层关系,这个无赖是什么事都做得出来的。真晦气!

见到梁士诒时,姚佩珍把杨度对她的冷淡暂且搁在一边。他俩同坐在一条长沙发上。

"梁秘书长,有人要向我下毒手,你可得救救我。"她的膝盖碰了碰他的腿,一副可怜巴巴的娇态。

"有这等事?京华地面,竟有人对妇女解放的斗士下毒手?不用怕,我给你做主!"梁士诒拿起她的一只手,轻轻地拍了一下,又小心地放下。

"有您梁秘书长这话,我就放心了。真的,我不是在危言耸听,前些天,王荣华把我骗回家去,差点掐死我。今天又雇了一个流氓对我非礼。"

"你怎么会被他骗回家去?是不是熬不住啦?"他淫邪地笑着。

"人家寝食不安,您还有心开玩笑。"她嘟噜着嘴,肩头在他胳膊上磨蹭着。他乐呵呵地受用着,伸手捏了一下她的大腿。

"梁秘书长,你要替我除了他!"

"除了他?"

"偌大一个中国都在您手心里,这点芝麻大的事,在您来说,还不是易如反掌?"

他笑得像弥勒佛:"从长计议吧,乖乖!"

她突然溜下沙发,在他面前跪下:"梁秘书长是我的再生父母,您就认下我这干女儿吧!"

梁士诒左右张望,担心秘书人员进来,连声说:"快起来,快起来!干女儿,干女儿就干女儿吧!"他的笑容敛起一半。

她坐回原处,向梁士诒说起杨度给她难堪的事。他好像真的为干女儿受人欺凌而愤恨,说道:"杨晳子一介书生,成不了大气候,先让他得意几天。"

12 | "股份公司"的名流股东

"筹安会"的成立会议在杨府的客厅里召开。

午后,第一个到来的是刘师培。平日蓬头垢面的刘师培,今日略加梳理,倒还像个人样。他带了夫人何震女士同来。何震是出尽风头的女人,与不修边幅的丈夫恰成反照,她穿着考究且颇有姿色。当年刘师培在东京办同盟会的机关报《民报》时,这对活宝常是留学生们的谈资笑料。一个像厉鬼,一个赛朵花。有人妒忌,有人戏谑。这对活宝的风流事的确也闹了不少。

严复像。

"杨先生,听说总统赐了一块牌匾给你,还没一饱眼福呢!"何震女士打量着客厅:铺着崭新的地毯,橱柜椅桌也是时髦崭新的,陈列着不少珍奇古玩。"果然是'旷代逸才',这样的客厅才般配。不像我们白庙胡同那座公寓,再怎么收拾,也经不起我们家夫子的破坏。"

"申叔是大学问家,不拘小节嘛,这才是名士风度。"杨度笑道。

刘师培呵呵一笑,随便坐下,问:"皙子,今天都有些什么人来参加?"

"就我们几个发起人,你我之外,还有严复、孙毓筠、李燮和、胡瑛。"

说话间,孙毓筠、李燮和、胡瑛三人陆续到来,各人拿了一份《筹安会宣言》和《筹安会章程》浏览着,议论着,等候严复。杨度沉稳地同各人周旋,内心却急如火燎。严复不来,这个学术团体就有点不伦不类了。他已先后三次拜访了严复,严复没有拒绝参加筹安会,而对于请他当发起人却含糊其辞。他走到门口去张望。大门边上已挂起了"筹安会"的招牌,过往行人无不对这块新招牌打量一番。他打定主意:不等严老夫子了,俟会后写封信告知一声,他没有明确拒绝,算不得强加于人。

杨度返回客厅,对大家谎报说:"几道先生因气喘病发作,不便出门,他对《宣言》和《章程》都没有异议。我们开始吧。"

直到太阳偏西,"筹安会"的成立会议才算结束了。中国现代一幕政治闹剧正式拉开帷幕。杨度宣读了"筹安会"组成名单:

  理事长:杨度

  副理事长:孙毓筠

理事：严复　刘师培　李燮和　胡瑛

杨度告诉众人，总统已拨款二十多万给"筹安会"作活动经费。会议议决：本会宗旨，在于研究君主、民主国体何者适于中国，专以学理之是非与事实之利害为讨论范围。并电请各省军民两长、各公法团体派代表到北京来，共同讨论国体问题。

杨度把众人送出大门，特意对列席会议的刘师培夫人说："何女士，当年你是闻名遐迩的女革命家，这次我们也指望你给大家带来好运气。"

何震幽默地说："大家入的都是干股，用不着担心赔本，赚是白赚。"

一针见血。"股份公司"的股东们都有些尴尬。

杨度返身来到书房，立即给严复写信。《宣言》、《章程》和名单，明日就要见报，今晚不通知严复一声会出乱子的。他不假思索，铺纸挥毫。

几道先生鉴：

昨日所谈，实承极峰（指袁世凯）之旨，辞恐不便。发起人启事，明日将登报，已代署尊名，不及征求同意，希谅之。即领大安。晳子

杨度同严复并不很熟，只是同为参政院参政，有过点头之交。

严复住在西城刑部街。他已近古稀之年，戴一副金丝眼镜，蓄着一撮山羊胡子，胡子白得很纯。他深居简出，除了当个挂名的总统府

外交法律顾问,还是约法会议议员、参政院参政,平日只是翻翻故纸堆,为袁世凯的《居仁日览》提供点圣贤语录,敲敲边鼓,也可以算是尽了顾问之责了。

杨度第一次去拜访严复时,一路上惴惴不安。老先生名重一时,他作为晚辈的,万一谈吐中措词不当,就可能谈崩。"筹安会"抓不住这个压轴人物,那还有什么戏好唱!因此,他一点也不敢掉以轻心。

客厅里没有多少色彩和生气,一切都如同古式家具一样灰暗沉闷。佣人送上茶来,许久还不见严复露面。

好半晌,老先生穿着一件长衫,终于从书房里慢悠悠地踱进客厅。

"几道先生,近来可好?"杨度忙上前握手问好。严复的手虽然瘦骨嶙峋,却是暖烘烘的,脸上的气色也很不错。他目光清冷深邃,好像在另一个世界遨游。老先生的名士派头,沉沉地窒息着杨度,平日口若悬河的他,一时不知该从何谈起。

"稀客,稀客!杨先生宵旰勤劳,如何有闲暇光临寒舍?"

"学生无非挂一个参政的空衔,无官一身轻,落个清闲。不过,近来倒是交了好运,麻将场上鸿运高照,前日搓了个通宵,居然赢了一万多块。"

"……"严复欲言又止。

"俗话说,'意有所图,必当如愿',果然时运一转,一通百通。前些日子我筹建一个合股公司,想发点财。朋友们看我背时,都不愿入股。麻将场上一得意,大家又都纷纷争相入股,说是赌钱赢钱,做生意肯定也有大赚头,大家准可发一注小财。你看,人是背时不得的。"

"……"严复正襟危坐,不停地搓捏着手指关节。

"朋友们都想托我的福气,我也就格外谨慎,砸了锅,让朋友失望……"

杨度弄不明白自己为什么说这些混账话。老先生一副拒人于千里之外的姿态,叫人不知从何引出话头。初次拜访就介入机密,未免过于唐突。他打定主意,海阔天空,胡扯一通,最后留下一句"改日再来看望老先生"的话就走了。

翌日下午,杨度再次来到严府,气氛果然比昨日融洽了些。除了茶水之外,老先生还叫佣人端出一碟瓜子。有瓜子嗑,可以坐久些了,看来他深居简出也寂寞得难受,有人找他说说话,他并不反感。

"几道先生的译著,我大多拜读过。想当年,一部《天演论》,像石破天惊,警醒了世人的痴顽,使天下人明白中国唯有救亡图存。'物竞天择,适者生存',一提起这八个字就叫人想起几道先生。当今列强竞争,中国欲立于世界之林,依老先生高见,该取何策?"

"老夫翻译《天演论》,意在唤醒国人,免遭'天择'的结局。可是今日国事之坏,惨不忍睹。革命除了使清廷逊位,国家依然毫无起色。"老头子不免有些感慨,白胡子随着他头的摇摆在抖动着。

"几道先生洞察秋毫。国事的确毫无起色。辛亥之前,国人都以为一旦实行共和,中国就会出现转机。今日实现了共和,结果又怎样呢?割据势力,你争我夺,一切全乱了套。"

"老夫一向不赶时髦。辛亥革命前后,人们都把'共和'挂在嘴上,好像一共和,天上就会掉下个'贞观盛世'。事情坏就坏在盲目附和。"老头子依然眯缝着眼,搓捏着手指关节。

"老先生以为'共和'不合中国国情吗？"

"辛亥时，清室曾颁宪法信条，发誓严格遵守。清室考虑到王统垂绝幸续，心存戒惧，必不敢违背，内外百官犹有所慑，国是之坏，也不至如此。后来革命了，一哄而起，狮子一死，狼就翻天了。如今，人心紊乱，臣不知所忠，子不知所孝，成个什么局面！"

"老先生所言极是。近日总统府政治顾问古德诺博士，发表了一篇长文，篇名叫《共和与君主论》，认为以中国的国情论，应以君主制较为适合。德皇威廉二世也说共和制不宜行之于中国。真是英雄所见略同。我中国有数千年固有之传统，国不可一日无君。您看我们中国改行君主立宪制如何？"

"国事非同儿戏，岂容一变再变？"

杨度一看口气不对，忙见好就收，说："我国幅员广大，如欲统一全国，学生也认为必须中央集权。几道先生慧眼如炬，改日再来叨教。"

杨度耐着性子，隔了数日又来见严复。

"几道先生对国人盲目趋新的论断，令学生茅塞顿开。中国的事，坏就坏在不讲实际。依老先生高见，中国还是实行君主制为好，我没说错吧！外国人都说，袁总统文足以定倾，武足以戡乱，实为中国首屈一指的大人物。"

"你是说袁项城要当皇帝吗？"

"老先生为总统每日阅读的《居仁日览》供稿，想来对总统一定有所了解。若众望所归，万民推戴，老先生认为他适宜吗？"

"恐怕不适宜。项城太无科学头脑,缺乏世界眼光,号令不出都门一步。做个内阁总理还差强人意,要做皇帝似乎还差一筹。吾国之宜有君,三尺童子也知。可是,袁项城做皇帝,未免有窃国之嫌。"

杨度好不发窘,"窃国",他还从未想过。老先生闭目塞听,难免想入非非,把事情夸大到极点。他正下不了台,严复又开腔了:"可是——"他停顿一下,说,"居今之世,平情而论,元首之人选,也没有谁能胜过项城了。"

杨度内心叫好,忙抓住时机说:"我和几位当今名流,预备成立一个学术团体,专在学术上研究国体问题,同仁都竭力推崇老先生,请您参加作为发起人之一。"

严复捻着胡子,沉吟一霎,说:"称王称帝,不妨好自为之,何必多此一举?"

这死老头好刻薄,他不该把什么都看得这样透!杨度脸上热辣辣的,没好声气说:"一切政治改革,都必须根据学理进行。如果离开学理而空谈政治,则名不正而言不顺,必将引起争论。如果政治学者不以其所学贡献国家,则是对国家不负责,对自己自甘暴弃。老先生才德俱隆,对国家大事,岂可袖手旁观?"

杨度说完后,准备对方大发名士脾气,而自己则冷冷地拂袖而去。没料到严复倒很平静,只是淡淡地说:"你们如要组织学术团体,老夫可以加入附骥,但不必列名为发起人,杨先生,你看呢?"

杨度大感意外,灵机一动,说:"老先生就不要推辞了,其实这是总统要我与先生商榷,总统意欲借重老先生的名望筹一国之安。"说完,连忙告退。

杨度细细回想三次拜访严复的经过,觉得并无强加之意。严复赞成君主制是千真万确的事实,给他挂个理事,尊老敬贤,也是理所当然。他把信套好,在信封上端端正正地写上:面呈严几道先生亲启。然后派老王头亲自送去。

第二天,报上登出了"筹安会"的《宣言》、《章程》和发起人名单,报纸的评论称他们六人为"筹安会六君子"。

严复的福建同乡、北京大学教授林纾,拿到当日的报纸,急得面红耳赤。又陵真是聪明一世,糊涂一时呵!共和制不足以救贫救弱,我等饱经沧桑之辈,均心照不宣。可是袁世凯是个什么东西,他徘徊,惮于发议,将爱国之谓何?国民义务之谓何?我等身为中国人,中国之存亡,即为身家之生死,岂忍苟安默视,坐待其亡!用特纠集同志组成此会,以筹一国之治安,将于国势之前途及共和之利害,各摅所见,以尽一切磋之义,并以贡献于国民。国中远识之士,鉴其愚诚,惠然肯来,共相商榷,中国幸甚。

林纾带着报纸去见严复。他们都是福州人,平素两人在一起讲讲家乡方言,似乎也是一种精神享受。

林纾见了严复,劈面就说:"又陵,报纸看了吗?你为什么要参加'筹安会'?"

严复若无其事地说:"不相干,让他们去胡闹吧!"

林纾笃笃地戳着手杖:"你要否认列名啊!无论将来袁家成败如何,都是你的盛名之累呀!"

严复扳着手指关节,说:"不否认也罢。"

林纾对他这种不以为然的态度很恼火,说:"像杨晢子、孙少侯那班人,年纪都还轻,不过四十左右,他们想往上爬是自然的。你我年近古稀的老翁,有必要去攀附权贵吗?"

严复劝老乡不要把事情看得过重,老袁要当皇帝是谁也阻止不了的,何况当今之世,挽狂澜于既倒者,舍袁项城其谁?现在一线生机,也只有复辟之一途。林纾亦认同复辟帝制才能挽救中国,见严复任其自然的态度,也就不好再说什么。

送走林纾后,严复内心的焦躁才袒露出来。他把那张讨厌的报纸点火烧着,看着它慢慢化为灰烬,好像一切后果都将随着灰烬飘走。他担心老袁帝制活动一旦失败,自己可就成了殉葬品,身败名裂。老袁能不能成功,他实在没把握,孙中山的革命党人不会轻易罢休的啊!

隔壁四合院突然爆起呼天抢地的号哭声,一定是老翰林"归天"了。严复不免神色黯然。报纸的灰烬被风扬起,他厌恶地用手弹去飘到衣袖上的灰末。一阵发喘,咳得脸红脖子粗,家人急忙进来伺候。

夜沉沉。书房里阒无声息。严复在思索的海洋中漫游,他要定期为袁世凯的《居仁日览》提供警句格言。他对这项事情很认真,君侧谏言,可以影响历史的方向。想到妙处,他提笔写下思想的火花:

耐久无弊,尚是孔子之书,四书五经,固是最富矿藏,唯须改用新式武器,发掘淘炼。

当今欧洲大战,万民惨遭荼毒,这是西方文明破产的明证啊!中国文化历经五千年而不衰,倘若不是有生命力,如何能延续至今?西方人讲自由、讲民主,结果只剩下利己杀人、寡廉鲜耻罢了。现今中国目前之危险,全由人心之非所致。反观中国传统文化,慕逍遥,乐顺从,相安相养,四平八稳,为人生至道。只要加以发掘淘炼,当能万象更新。

书桌紧靠床头的一端,放着一本精装《天演论》;这本译作曾给他带来多少人生慰藉和荣耀。当年此书一出,顿时洛阳纸贵,天下谁人口中不挂着"物竞天择,适者生存"这八个字?新一代青年,推崇他为思想界的先驱和领袖,几乎把他当做精神偶像来崇拜。想到当年炙手可热的情形,在不无留恋中,也为自己当年的粗率而感到困窘。缺乏根底的人,才会盲目趋新;没有多少人生阅历,怎能洞悉孔孟之道的精微奥妙!他顺手把一本书翻阅了几页。想当初,他对传统文化的抨击可谓声色俱厉……中西文化截然相反。中国人好古而忽今,西方人厚今而薄古。中华民族总以为古已有之,今人只要不破坏古代的一切,墨守成规就能永保太平治世。自有科学以来,中国文化的各个方面虽貌似繁荣,但远离社会现实,非今日救弱救贫之切用,宋明以来的理学,徇高论而远事情,牢笼天地,实则无用。中国社会步入近代以来,人们身穿近代服装而呈现着中古社会的呆板面孔。传统文化如同一个衰朽的老人,或许尚存伏枥老骥的雄心,无奈心有余而力不足,死亡的前景日趋迫近。这其中最要害的是,中国人失去了天赋本性。西方人认为,人天生是自由的,并按天赋的本性追求功利,一切取决于自身的力量。人的自由、平等、自尊自利才是理想人格。中国的情形恰好相反,"自由"二字,为历代圣贤深所畏惧。以孝治天下而尊首亲,天子以下,等级层层,于家孝父,在国忠君,层层向上尽忠尽孝方是有德。这样,人的棱角磨钝了,个性泯灭了,因而泰然处之,崇尚自欺欺人的所谓君子"忠恕"之道。知天命,顺天命。儒家文化使中国四千年,仅仅颂舜尧、赞三代,历史演变跳不出一治一乱之局,而半步未进。而西方民族以自由为体,以民主为用,人类历史的进化不仅为"天择",而且可以"人择",认为世道必进,后胜于今……自己当年这些类比似乎简单化了,殊不知中国目前危难,全由人心之非,而异日一线命根,仍是数千年先王教化之泽。西方的民主、自由,不过造就了人心的自私,世风的颓败。中国倘若民主、自由一泛滥,不更是天下纷争,国无宁日?中国民品之劣,民智之卑,即有改革,除于甲者,将见之乙,泯于丙者,将发于丁。现在一线生机,存于复辟,别无他路。福建老乡辜鸿铭说得对啊!"至醇至圣之孔夫子,当有支配全世界之时,彼示人以幸福之唯一可能之道。"这话确是至理名言。当年鄙夷他顽固不化,一个精通西学吃洋面包长大的人,居然这样执拗地拥抱孔孟僵尸,未免过于滑稽。想不到辜鸿铭倒是有先见之明,自己在英国喝了两年洋墨水,就把欧风美雨当成宝贝疙瘩,把民族文化弃之如敝屣。其实西方的科技虽发达,也不过是从中国古代文化中发掘出来的,《周易》中就包含有许多近代科学的东西,牛顿机械力学的三大原理就在此中。

儿子进来问安。严复收回漫游的思绪。好在儿子孝顺,如果是个逆子,人家还不笑掉大牙:谁叫你诋毁传统文化,鼓吹西方的个人本位!他目光重新落在刚写就的警句格言:"耐久无弊,尚是孔子之书,四书五经,固是最富矿藏,唯须改用新式武器,发掘淘炼。"他问儿子此话如何?儿子已是四十出头的人,恭恭敬敬地垂手而立,说:"依爸,您老的见地,愈发炉火纯青了。"

儿子告诉他,隔壁的老翰林去世了。严复有点凄然。

隔壁院落不时爆起阵阵痛切心肺的号啕。他脑海里突然划过一道闪电:莫非中国传统文化是属于老年人的?

这一夜,严复睡得很不踏实,不住地喘咳。该起床的时候,儿子进来请安,手里还拿着一张报纸。他像被火烙了一下,精神一振,连忙坐起身。报纸,一见到报纸,他变得特别敏感。

"出了什么事吗?"

"有人弹劾'筹安会'。"儿子呈上日本人办的《顺天时报》。

头版头条新闻:"贺振雄上书肃政厅提出要求,杨度等扰乱国政应明正典刑。"

严复正要弄清贺振雄是何许人,佣人神色慌张地来说:"老爷,大事不好,门口站了两个拿枪的警察。"

严复父子面面相觑。儿子连忙去打听情况。

"筹安会六君子",严复从这个称谓想到当年的"戊戌六君子"。"维新派"的谭嗣同与"帝制派"的杨度,竟然都是以四品京堂奉诏先后入京勤王的湖南同乡。谭嗣同血溅京华同袁世凯不无关系,杨度拥袁又会有什么结果呢?随着满清的覆灭,"戊戌六君子"已成为历史的民族英雄,"筹安会六君子"为筹一国之安,塑造万民膜拜的皇上,理应也是民族的英雄。严复现在看出自己的晚节已维系在袁世凯的身上,一旦老袁功亏一篑,他一世盛名也就付之东流了。他对袁世凯很不放心：项城不是开国君王的材料啊！

儿子返回房间告知情况，才知是一场虚惊。门口的警察不是来抓人的。听说有人反对"筹安会"，总统严令北京警察局保护杨度等六人的安全。想不到年近古稀，还卷进政治角逐的旋涡，他不露形色，把失悔深深掩在心底。

13 | 祖坟长出"龙藤"

初秋时节,中午的阳光虽说不上炙热,却也白晃晃的刺人。袁世凯卧室的几扇落地大窗户,严严地蒙着金丝紫绒布窗帷,阳光和空气都未能进入居仁堂楼上朝东的这个大房间。

袁世凯穿着一条洋纱小裤褂和白色背心,五短身材堆满了肥膘,粗短的颈脖上沁出细细的汗珠。他的鼾声戛然而止,脑子渐渐清醒:这里是中南海居仁堂,不是彰德洹上村。

"小五儿,我刚才有没有叫出声?"他问。

睡在他身边的是他最宠爱的五姨太。小五儿穿着巴黎的时髦乳罩和一条粉红色的三角裤,袒露着洁白细腻的肌肤和姣好柔和的线条。卧室里很闷,弥漫着巴黎香水的馥郁。小五儿撅着小嘴,脑袋在他胸前拱动摩挲说:"我听到你叫三姨太,难道我伺候不周吗?"

　　袁世凯回味着刚才的梦境。他刚才梦见自己同三姨太在彰德洹上村住宅的人工湖里荡舟赏月。长久以来都没有出现过恬淡的梦境,争狠斗勇、宦海波澜常常充斥着睡梦。他得到了一次难得的休憩。数年前,西太后和光绪帝相继归天,他接到要他"回籍养疴"的朝命,于是归隐彰德,过了一段"隐居"生活。他刚才就梦见自己在荷池中荡桨划波,三姨太在一旁弹着七弦琴。而后,他停下桨,任小舟随波荡漾。他俩一边赏月一边下围棋,一语不合,三姨太把棋盘和棋子都掀进水中。那段"隐居"的生活,自然是迫于无奈,却也充满情趣。一旦帝制告成,彰德的住宅应当大为修缮,辟为一个行宫。他把五姨太搂住亲了两口,说要起床。

　　五姨太按响床头的电铃,两个十六七岁的扬州籍漂亮丫头,捧着盆盂面巾、香汤胰子,蹑手蹑脚地推开房门,站到床前。五姨太接过干湿温热都恰到好处的面巾,给袁世凯从头至脚揩拭一遍。袁世凯从来不洗澡,卧室里设备新式的卫生间,只是给轮值的姨太太专用。待五姨太给他换上背心和裤衩后,两个丫头立刻送上牙刷、牙粉和盆盂。袁世凯就坐在床前刷牙。一个丫头给他抹掉嘴边的牙粉泡沫,一个丫头从衣架上取下一件矮立领、四个暗兜的黑羽纱制服交给五姨太。

　　两个丫头捧着盥洗用具离开房间后,五姨太一面给他穿衣,一面问:"大人,什么时候我们要改称大人为皇上呀?"姨太太们均称唤他"大人"。

袁世凯心里喜滋滋地,脸上却显得僵硬;"我什么时候说过要当皇帝?"

五姨太非常乖巧,说:"大人自然是不愿当皇帝的,可是国人都在拥戴大人,德国和日本也都支持大人,我们不敢指望当皇后,贵妃总还有份吧!"

袁世凯点燃一支雪茄,问:"你都听谁说这些事?"

五姨太穿上衣裙,坐在梳妆台前梳理油黑柔软的长发,说:"我的好友姚佩珍,一个女记者,是她告诉我的。满天下的人都知道大人要当皇帝,可大人还瞒着家里人。"他微微不快,说:"不要把外人请到家里来。"她转过身来,一头秀发披覆着半边脸,仄着脑袋,黑眸子闪动着顽皮,笑吟吟地说:"长日憋在家里,人都快闷死了,交个女友有什么了不起。"

袁世凯没有再说什么,起身下楼到办公室去。他出了房门又回身叮咛她:"以后再不要见什么女记者,现在是非常时期。"

居仁堂楼下西面是袁世凯会客、开会和用膳之处,东面是他办公之所在。前院还有一处会客的地方,叫"大圆镜中",作为会见生客和贵宾之用。袁世凯提着手杖,戴着巴拿马草帽,脚着黑色皮鞋,威风凛凛地走下楼去。当差的站在楼梯口,拉长声高喊:"总统下来啦!"这一声有如仪式,专为通知办公室里的幕僚们。

办公室墙角站着一个小听差,不停地拉着绳索扇动天花板上那块挂毯,室内荡漾着和煦的微风。袁世凯嘴里叼着雪茄,开始批阅秘书夏寿田事先准备好要他办理的公文。处理完公事,差不多到了他该下班的时候。他拿过当日的《顺天时报》,坐在沙发上翻阅。《顺天时报》是日本人在北京办的华文报纸,发行量较大,袁世凯只看这份报。这份报纸每日登有外国政府和人士对中国政局的评论,以及各国的重大事件。满纸都是呼吁帝制的论调,他抚摩着牛角胡子,问夏寿田:"杨皙子的'筹安会',最近都干些什么?"夏寿田告诉他,"筹安会"为了解民意,已向各省派出联络员,在各省巡按使公署内主持国体投票。票面印着"君主立宪"四字,投票人只需写上"赞成"或"反对"字样就行了。投票结束后,各省将派"公民团"来京请愿改变国体。夏寿田递给袁世凯一份湖北省用电报发来的推戴书。湖北是他的干儿子段芝贵的辖地。但见电报纸上印着:"谨以国民公意,恭戴今大总统袁世凯为中华帝国皇帝,并以国家最上完全主权奉之于皇帝,承天建极,传之万世。"袁世凯满面春风。国内国外,一片帝制的呼声,快到瓜熟蒂落的时候了。

总统府管家袁乃宽进来报告,说是看守袁家祖坟的坟丁有要事从河南项城进京面见总统。

袁世凯传令在"大圆镜中"见。

坟丁满面风霜,一副河南乡民装扮,见了袁世凯慌忙跪下叩头。他告诉袁世凯说,袁世凯父亲袁保中的坟侧,生长出一条紫色长藤,蜿蜒盘绕,状似龙形。

袁世凯和蔼地问:"那长藤真的像条龙?"

袁世凯像。

坟丁说:"回大人话,真是像条龙,项城四方百姓,每日里来袁家坟地朝拜上香的不知有多少,都说袁家出了真龙天子。"

袁乃宽站在一旁对坟丁说:"回项城后,要好好保护,不能让人糟蹋毁坏了。"

袁世凯叫袁乃宽厚赏坟丁,打发他回河南。

袁乃宽说:"总统,这可是瑞祥之兆。"

袁世凯不动声色,说:"风水迷信,不足信也。叫二小姐和三小姐,散步去。"

袁世凯每天下午办完公后,都要到中南海各处去散步。在他出来散步之前一个小时,中南海内就开始"净园",总统府内的职员、杂役人等全都"回避"。偌大的中南海满园静寂,悄无人声。二小姐仲祯和三小姐叔祯,是袁世凯疼爱的两个女儿,住在居仁堂楼上西侧的房内。他一共有一妻九妾,十七个儿子和十五个女儿。太太和二姨太以及大公子、四公子两家都住在福禄居。大姨太、三姨太和二公子、三公子两家,还有一些年幼的子女,住在卍字廊后边的四个院子里,五、六、八、九等四个姨太太及她们的孩子们都住在居仁堂后边的一座楼上,有天桥与居仁堂楼上相通。这四个姨太太每人一星期轮流到袁世凯卧室值宿。

袁世凯挂着手杖,包铁的杖头,敲击着地面,发出"梆梆梆"的声音。两个小姐在他前后高兴地蹦跶。他很少过问儿女的功课,今天却饶有兴致地询问她们在"女馆"的学习情况。总统府内设有"男馆"和"女馆"两所家庭学校。男馆设在北海五龙亭北土山上的一片房子里,设有汉文、英文、算术、历史、地理、体操等课程,请专门的老师来讲授，从四公子到十公子共兄弟七人在此学习，师生都在馆内吃住，有专门一套人马为他们服务。女馆设在中南海卍字廊后假山的一个院落，所请的老师都是天津女子师范学校的毕业生。上女馆的计有二小姐以下九个姐妹、大公子袁克定的两个女儿，以及五、六、八、九姨太太。"女生"不住在馆内，但女先生却在馆内食宿。女馆的"学生"们，每天上学都带丫头或老妈子，有的还带着奶妈。时常上课的时候，有的姨太太会突然站起来向先生请个假，到教室外的走廊上吩咐自己的丫头干点什么。袁世凯听女儿说，今天上午上课的时候，五姨太就离开教室，大声问自己的丫头："总统吃的饺子预备好了没有？"教室内一片哗然。袁世凯笑得眼里津出了泪水。他并不指望姨太太们学多少知识，只是让她们同知识女性接触，得到一点熏陶。袁世凯得知她们最近就要考试，对两个女儿说："考第一的有奖。如果你俩谁考了第一，想要什么？"二小姐仲祯说要一块瑞士的金表。他问还没拿定主意的三小姐："叔祯，你呢？""我，我要一架新式铜床。""铜床？好！真有气魄。看谁能考第一。"他的手杖更有力地敲击地面。

这天是星期天，照例是袁世凯全家一道吃晚饭的日子。他们走得很远了，三小姐提醒道："爸爸，今晚全家要一起吃饭。"

袁世凯眺望着北海的白塔，说："你们要好好念书，好好学习规矩礼法，将来要当公主啦！"

三小姐搂住父亲的胳膊："真的？爸爸你真的要当皇帝啦？"

袁世凯笑而不答。

居仁堂楼下西侧的大饭厅里，一列接排着八张楠木大方桌。每逢星期天,袁世凯祖孙三代五十多人相聚在一起,除大厨房准备的食菜谱外,太太和各房姨太太都做了自己的拿手好菜,送到这里一道用膳。大公子袁克定带着太太、姨太太和儿女最早到来。袁世凯最宠爱的五姨太是总调度,她处事得体、果决。

五姨太见了袁克定,马上迎上去说:"大爷来啦?"随之她压低嗓门,"大爷,你爸爸要当皇帝这是真的吗?"

袁克定对五姨太不敢怠慢,说:"五姨太,你得敲敲边鼓,懂吗?"

五姨太心有灵犀一点通,说:"你爸爸还顾虑什么呢?他在我面前从未松口说要当皇帝。"

袁克定对老子的举棋不定十分焦急,说:"现在孙中山、黄兴革命党人已一败涂地,逃到国外去;黎元洪、谭延闿、蔡锷、李燮和这帮人也被掌握住了,时机已成熟。告诉你吧,爸爸打算封你和大姨太、二姨太、三姨太为贵妃,六、八、九姨太为贵嫔。贵妃和贵嫔可是两个等级。"

五姨太心中虽欢喜,嘴上却说:"我倒没什么,妃也好,嫔也好,总之是伺候你爸爸。"

饭厅里十分热闹,年幼的孩子们嬉闹成一片。今天大厨房还请了前门外正阳楼的厨师来做了烤全羊。袁世凯带着二小姐和三小姐散步回来,子女们一个个上来请安。

袁世凯坐在上首,面前放着一盆清蒸全鸭,一盘肉丝炒韭黄,一盘二姨太做的熏鱼。他最爱吃鸭皮,动作十分娴熟,用象牙筷子把鸭皮一掀,一转两转就把鸭皮掀下一大块。他用的主食是馒头和玉米糁儿稀饭。

适才袁克定同五姨太说的册封妃嫔的事,被六姨太听到,已在各姨太间传开了。六姨太心有气愤,在饭桌上发难了:"大人,听说大人就要当万岁了,我有话在先,我是要当贵妃娘娘的。"

八、九两个姨太乘机也说:"大人,总不能就亏待我们俩呀,我们也不当贵嫔。"

袁克定恼怒地对她们说:"吵什么!爸爸自有主意,轮不上你们瞎闹。"

五姨太忙劝解道:"你们都当贵妃好了,就我一个当贵嫔。"

六姨太"哼"了一声,说:"别说的比唱的还好听。"

坐在太太于氏身旁的大姨太打趣道:"太太,什么时候叫皇后娘娘呀?"

袁世凯听着姨太太们的斗嘴,心里乐滋滋地。众星拱月,嫔妃成群,面南而君,快活煞人。他好似看见父亲坟侧长出的龙状长藤,变为金甲耀人的龙袍。龙袍只能登基大典时穿穿,平时还是穿大元帅服来得威风。时代不同了,现代皇帝要有点现代色彩。他瞟了一眼袁克定,心想:他能继承万世一系的江山吗?他更喜欢二公子袁克文,可惜这个儿子是名士型的人物,聪明固然聪明,但难以统驭天下。

饭毕,众人星散,只有五姨太留下指挥使役收拾。

三小姐叔祯欢蹦乱跳,窜上楼去。她估计她的丫头该回来了。她的丫头春香今天告假回家去,照例会给她带来一些民间市井的趣闻,够她消受一夜。还没走到房门,她就听到春香与二姐的丫头嬉闹的声音,她叫了起来:"死春香,还不来伺候!"

春香闻声迎了出来:"小姐息怒,我给你带来了好吃的东西。"

"什么稀罕的东西?"

春香一只藏在背后的手,蓦地摊在她面前:一包用报纸包着的什么东西。

三小姐抢过纸包,手指触到一粒粒的东西,惊喜地说:"五香酥豆!太好了。"

春香拿回纸包,在房中精致的小圆桌上摊开,粒粒黑皮五香酥豆,咧嘴逗引着三小姐。她抓起一粒扔进嘴里嚼着。

"春香,回家玩得痛快吗?"

春香给小姐端来一杯普洱香茶,说:"三小姐,我们街坊都在传说总统要当皇帝,有没有这回事?"

三小姐很奇怪,她今天才知道,怎么外面倒先传开,问:"老百姓喜欢不喜欢爸爸当皇帝?"

"当然喜欢啰!大家都说什么,没有规矩,不成方圆;没有皇帝,天下迟早要大乱!"

三小姐想起散步时,爸爸说她们就要当公主的话,当公主有什么好呢?总统小姐不也够神气的?她说:"当了公主要住进紫禁城才亏,紫禁城皇宫哪有中南海好玩。"

春香眉眼耷拉下来:"你当了公主,我们就是宫女了,听说宫女是不能出宫的,要老死在皇宫里的。"

突然,三小姐拈起一粒五香豆的手指又放下了,她的目光触到了包五香豆的报纸。这是一张《顺天时报》,上面赫然印着一条大标题:"列强反对中国实行君主制。"她一把将五香豆抖落到桌上,抓起报纸浏览。怪事,听大哥说过,外国人都赞同爸爸当皇帝的。干吗要当什么皇帝？做了公主繁文缛节也太多了，叫人不开心。她拿着报纸下楼到父亲的办公室去。

三小姐在办公室门口碰上夏寿田。

机要秘书夏寿田有点困惑，小姐从未来过办公室找总统。还不待他开口，三小姐发话了："你离开一下，我有要事告诉爸爸。"说着就一阵风卷进去。

袁世凯声音有点严厉："叔祯，来干什么！"

"爸爸，你看！"她把皱巴巴的报纸摊在他的面前。

袁世凯的眉梢神经质地跳了两下，犀利的目光射到女儿指点的报纸标题。"混蛋加三级"，外国佬玩什么把戏！他把报纸的大标题扫视了一遍。怪事，《顺天时报》的调子怎么说变就变，洋鬼子同我开什么玩笑！一束狐疑涌上脑门，他从报架上取下近日的《顺天时报》，找到与手中同一日期的报纸。全明白了，两份报纸的日期相同，内容却完全不一样，原来给自己看的《顺天时报》全他妈的是假版。他的牛角胡可怕地颤动。

"叔祯，你这张报纸从哪里拿来的？"

"是丫头春香从外边包五香豆带进来的。"

袁世凯紧皱眉头，只是说："你去玩吧！"狮子暴怒了：他们在蒙骗我！事到如今，骑虎难下，也只得往前闯了。

手杖的铁包头狠狠地戳着楼梯。当差的喊道："总统上来了。"

五姨太心旌惶恐。总统的生活是刻板的，每天夜里准9点上楼，今天怎么啦？袁世凯阴沉着脸，走进起居室，向五姨太喝道："去把大爷给我叫来！"

袁克定不知出了什么事，小心翼翼地来见父亲。他垂手而立，用眼角瞥着盛怒的父亲："爸爸，有什么事要吩咐？"

袁世凯知道大公子热心帝制，不过是想继承帝位，但也不能对老子蒙蔽视听，干出这种事！皇帝的金椅固然诱人，一旦穿上龙袍，就不必受党派的掣肘，听那些混账议员的聒絮。可是这事只能水到渠成。没有洋人的支持，一味蛮干，风险实在太大。原以为日本人是鼎力支持的，谁能料到小日本出尔反尔，居然祭起反帝制的旗幡。

"芸台，这是怎么回事？"袁世凯把那份真的《顺天时报》往儿子脸上掷去。

原来，总统府内发行的《顺天时报》是袁克定指使总统府管家袁乃宽假制的，上面连篇累牍刊载着拥护帝制的外国电讯和文章。事已败露，袁克定豁出去了，说："儿罪该万死，不过……"

"不过什么？"袁世凯蹦了起来，喝道，"给我跪下！"他操起墙角挂着的皮鞭，呼呼有声地朝袁克定抽去："混蛋加三级！欺父误国，好大的胆子！"皮鞭朝儿子劈头盖脸地猛抽，带着愤怒，带着忧虑，带着恐惧，尽情地发泄。末了，他狠狠地踢了一脚，冲儿子喝道："给我把袁乃宽叫来！"

袁乃宽早已得到消息，站在居仁堂楼下候着。奴才难当啊！大爷袁克定是笃定的太子，将来的皇上，他能不听"太子"调遣吗？可是，东窗事发，倒霉的是奴才，父子终归是父子。不过，他也心存一丝侥幸，编印假版《顺天时报》，虽有蒙蔽圣听之罪，但其好意是显而易见的，无非是让总统不致受国际舆论所左右，坚定他称帝的决心。要当皇帝总是总统自己的本意嘛！

"大爷,您受苦啦。"袁乃宽见袁克定满脸鞭痕,七上八落的心又吊起。

"袁总管,不能把我卖了!日后亏待不了你。"袁克定痛得龇牙咧嘴,"总统叫你上楼去。"

袁乃宽上楼后,袁克定不敢离去。帝制活动进行到这一步,不能功亏一篑,半途而废。他在楼下总统会客室里等候袁乃宽。他母亲于氏听到消息,由丫头陪同赶来居仁堂,见儿子满脸是伤,心疼得大声号啕起来。全家上下都惊动了。医生被传来为袁克定涂抹伤处。一阵杂乱,一阵欷歔,各房姨太太陆续散去。

二公子袁克文有点幸灾乐祸地念出两句诗:"绝怜高处多风雨,莫到琼楼最上层。"

袁克定好不恼火,瞪了他一眼,大声说:"你不上琼楼,就下地狱去吧!"

二公子袁克文与三小姐叔祯为三姨太所生。三姨太直担心出现争太子惨剧,急忙去拉二公子。三小姐叔祯知道是自己惹出了大祸,却不害怕,对二哥说:"我们走吧,不要惊了人家的太子梦。"

袁克定抓起烟灰缸就要朝她娘仁扔去,五姨太急忙上前劝住。

袁克定同他老子一样,脸上的阴晴云雨,说变就变,待众人散去,他和颜悦色地对五姨太说:"五姨太,我一向把你当亲娘看待。一损俱损,一荣俱荣,你要设法不让爸爸动摇。求你了!"

五姨太吃了他的恭维话,不由得心花怒放,说道:"大爷这样看得起我,我掏心掏肺也得把事情办个漂亮。"

袁克定深深地向她鞠了躬。她手足无措,忙不迭地说:"大爷何必如此,何必如此!"

袁克定的心腹当差前来报告,袁乃宽总管下来了。袁克定奔了出去,正好袁乃宽走下楼梯。袁乃宽毫无沮丧,满脸笑容。袁克定大出意料,问:"怎么样?"

袁乃宽说:"大爷,我代你受过了。其余无可奉告,望恕罪!"

袁克定怔怔地望着他走出了居仁堂,对老子的翻云覆雨,估摸不透。

五姨太站在卧室的弹簧床边,挖空心思,筹划着如何让总统忘掉烦恼。卧室里散发着芳馨的香味,她的目光触到床头柜上的法国香水瓶,商标纸上绘着搔首弄姿的裸体美人。她想到了伺候总统的两个扬州籍丫头,她们是姐妹俩,长得酷似,像水葱样鲜嫩。她抿嘴一笑,急忙按响电铃,把她俩唤来。听了她的一番交代,她俩面颊绯红,颔首勾腮不语。五姨太用威严的口吻说:"就这样,不然,别怪我无情。"

袁世凯的生活规律从不受情绪的影响,照例9点钟准时进卧室。卧室里开着一盏淡绿色的电灯泡,手摇唱机播放着轻柔的江南小调。五姨太穿着一件小紧身衫和一件豆蔻色短裤,头发高高地挽在头顶。她带着青春肉体的香气,依偎在他的怀里,说:"那两个丫头,排了两个舞,想请大人赏脸。"说着,用手拍了两声,两个丫头身着红绸小袄,裙袂飘飞,和着小曲的节奏,漫进屋来。五姨太帮他脱掉外衣,扶他上床,然后坐在他的怀里。轻歌曼舞,让他的神经松弛了许多。他把她搂紧,饶有兴味地看着那不甚高明的舞蹈。他想到了昔日开国帝王歌舞升平的场景。一代枭雄袁世凯,就要同秦皇汉武、唐宗宋祖一样名垂青史。一乱一治,自古从来如此。他在追溯远古,那两个丫头却翩翩起舞着。转着,转着,衣裙纷纷落地,最后只剩下贴身的红绸小衫。他张大嘴巴正在惊讶之际,她们的红绸小衫也迅速地敞开了前襟,随之从肩上滑落下来,粉嫩的少女胴体,立时暴露无遗。五姨太用纤纤的手指,摩挲着他的胸脯,低声说:"大人,叫她俩来伺候你一夜好吗?"他喉头咕噜了一下。五姨太溜下床,亲热地拥着她俩。她俩羞赧地勾着头,被推拥至床前。

14 | 嬉皮士与"瑶池乐园"

星期天对于辜自强来说是特别困惑的日子。老先生只准他在家用功,不让他跨出家门。家是能待的地方吗?特别是碧云霞进门之后,老先生已很少去前门外八大胡同的金粉之地。四合院里除了老先生的啐口水声外,几同一座静静的坟场。他只能暗叹无奈。

近来,辜自强试着找了个外出的借口:锻炼身体,到学校打篮球去。篮球这玩意开始传入中国,北大也有了篮球场地。老先生意外地恩准了他的这一要求。暗中窥伺了两次,见他果然在篮球场上龙腾虎跃,也就默认了他星期天外出的权利。

辜自强今天特别烦躁,队友们几乎人人都被他变脸呵斥了数遭,不是斥骂人家乱投篮,就是责怪人家传球传得不好。他在球场上猛冲猛撞,个子虽不特别出众,却很灵活,敢于切入上篮。家庭压抑了他的个性,父亲洒脱不羁的血液又暗伏在他的血管壁上,于是,球场变成了他肆意宣泄的地方。正当他与对方一队员为是"带球撞人"还是"阻挡"争得面红耳赤时,一位国学老教授从旁边经过,说:"争强斗狠,世风日下啊!倘若各人自带球来,何至于如此伤了和气?忠恕之道,切莫丢弃!"大家听了憋着不敢笑,"师道尊严"嘛!待老教授转身离去,大家才捂着嘴窃笑,一场争执自然也就冰消瓦解。不过,大家也没有兴致再玩下去,于是各自星散。

众人走后,辜自强无聊地一路拍打着篮球,茫然不知所措。

"自强。"身后一声叫喊,辜自强略感意外,原来是许久不见的"铁血团"的林君。他问林君中南海那颗未爆的炸弹是不是他们扔的。林君笑而不答,告诉他说,他已改换门庭,参加了江亢虎、刘师复的中国社会党,他们的宗旨是"做地球大同之先锋,为人类平等之骁将"。他们要铲除强权,预备世界大革命,主张"暗杀暴动大破坏"和无宗教、无国家、无家庭的"三无主义"。林君塞给他一份在上海刚出版的社会党党刊《民声》。辜自强不经意地把杂志插在屁股的裤兜上。林君告诉他,他们在陶然亭附近建有一所"瑶池乐园",是大同社会的模范村,人人尽得其乐。

辜自强"哼哈"了几句,告别了林君。"三无主义"显然和圣贤学说大相径庭。尽管他对孔孟礼教反感,但对这耸人听闻的异端一时也难以苟同。猎奇心驱使他想知道"三无主义"究竟是什么货色。他快步离开大操场,把篮球放在怀里,靠在一棵大柳树下,翻阅着那本《民声》杂志:"杀尽亚洲特产之君主,以洗亚人之羞辱;杀尽财产家,使一国经济均归平等,无贫富之差;杀尽结婚者,以自由恋爱为万事公共之基础;杀尽孔孟之徒,使人人各现其真性,无复有伪道德之迹。"说得何等好啊!他们的"瑶池乐园"模范村,定然妙趣无穷。婆娑的柳条,在微风中婀娜摆动,拂动着他的脸颊。他抓住一枝柳条,用手缠住,想扯下来,手掌被勒得生痛。他的好奇心很快就冷却了,去不得啊!被老先生知道了,吃不了得兜着走。他们这伙人都是胆大妄为之徒,一旦陷进泥淖就难以自拔了,一时胆怯征服了好奇。

辜自强把篮球寄存在学生公寓的同学处。

王府井新近开了一家电影院,这是京华地面冒出的一桩新事。他决意到那里去消磨余下的时光。

电影院同剧场没有什么两样,除了舞台上挂着银幕外,台下依旧摆放着一张张八仙桌。观众进场后,就是嗑瓜子、抽烟、喝茶。较好的位置被有身份的人出高价占据了,他们的面前还摆放着水果、糕点,跑堂的提着盛满开水的铜壶,拎着热面巾,不时前来伺候。辜自强进场时,电影正要开始,窗户拉上了厚厚的帷幕。其时,电影还处于无声时代。因此,尽管场内嘈杂不堪,对各人观看倒无甚影响。

辜自强在一个角落找了个位子坐下,电影就开始了。西洋人看来有天生的科学头脑,就那么一束光射在白色布幕上,竟然会出现活生生的形象。室内乌烟瘴气,嘈杂盈耳,但听得出来,人人兴致都很高,都为这新发明的玩意所激动。突然,坐在正中位置的一个达官贵人,招呼前来斟茶的茶房,要一个热手巾,茶房一声吆喝,说时迟,那时快,大池子里的茶房叫一声"好咧——",横空扔过热手巾。这边伺候人的茶房准准地接住,与此同时,一道黑影从银幕上划过,惹出一阵笑声,一个爽朗的女性的笑声,使观众齐齐侧过头去寻觅。那不是凯莉小姐吗?辜自强不由地突突心跳。她那一头披散的金发,在昏暗的光线中,像一盆烈火在燃烧。他既想让她看见自己,又不敢正视她。银幕上出现一对情侣接吻的镜头,听得见有人捂着嘴吃吃地笑,辜自强的目光被接吻的镜头惊呆了。这是干什么?他更感兴趣的是那个接吻的少女的腿,她穿着短裙,踮着脚跟,露着两条白皙修长的腿,优美极了。他几乎屏住呼吸,好像一呼吸就会把镜头移掉。那对情侣足足接吻了十几秒钟。他没接触过女性,对异性爱慕的本能,使他产生种种憧憬,但想象还从未向他展示吻的方式,他至多只从书本上知道吻的概念。接吻的镜头闪过了许久,他还在想着那少女闭上双眼接吻的表情和她那白皙的腿。他把目光投射到离他不远的凯莉身上,她今天是不是还穿着那件紧绷绷的牛仔裤?洋人同中国人就是不一样,连女人也愿意展露自己的形体。中国宽松拖沓的女装,太辜负了女性的魅力。

银幕上的那位少女,换上了敞胸的晚礼服要去参加宴会。突然,一个再熟悉不过的声音横空震颤。天哪,是他,老先生!

辜鸿铭晃动着脑后的"猪尾巴",站起来大声说:"看那些洋女人,上半身满满的,却毫不遮盖;下半身空空的,却偏要遮盖。在上边,没褂子;在下边,没裤子!"

观众吼声雷动,大声叫妙叫好。凯莉对这种混乱不堪的场面忍无可忍,叫喊道:"Quiet!(安静)"可有几个能听懂英语呢?老先生如此出洋相,真叫辜自强羞惭不已。他勾下头,挪了挪座位,既怕被老子看见,也不愿看老子出洋相的面孔。老先生听到外国小姐大叫"Quiet",更加来劲儿,大声用英语重复了一遍刚才的话。

凯莉看清他正是在北大作《用孔教眼光看欧战》演讲的教授,转而为他的诙谐妙语大笑不已。这位中国教授的英语那样地道,显然是出国深造过的,可是对西方文化又如此痛恨,总是随时随地加以嘲笑抨击,真怪!

电影散场了。辜自强不想被老先生看见,抢先挤出了太平门。凯莉在电影要结束之前就出来了。她看见辜自强,想起是与自己同游过什刹海的北大学生,便向他扬手招呼:"哈罗!"辜自强很想上前同她交谈几句,最好能再到什么地方走一走,可是又怕被老先生看见。正当他进退维谷时,她已向他走来。

"你好,自强辜!"

她没有忘记他,他浑身热烘烘地,感到很幸福。

"自强辜,我今天算是大开眼界,中国的公共场所太不卫生了,太混乱了。简直是天方夜谭,这算什么电影院!"她同他站得很近,他很不自在,连忙叫了一辆出租马车,说:"凯莉小姐,我带你去一个地方玩,好吗?"说着匆匆地自个先登上了车。

凯莉笑了,说:"应当让女士先上车才对呀!况且,我还没有答应同你去玩。"但她还是上了车。他的英语讲得很流利。她太缺少说话的对象,她愿意有人陪她玩。

辜鸿铭比较迟才出影院门,他不屑同众人相挤撞。他一眼就注意到凯莉那一头金发。马车夫扬起鞭子,车轮向前滚动。他瞥见金发女郎身旁的男子的背影,好像是儿子。这一念头仅仅一闪而过,他知道这是不可能的。他觉得肚子有点饿,便朝一家俄罗斯人开的餐馆走去。

这家餐馆同京城里所有的茶楼酒馆一样,均在当厅正中位置张贴了八个大字:"诸君光顾,莫谈国事。"餐厅楼上的雅座,干净、整洁,已有七八个人,分为两桌在小酌。一桌纯一色的西装,一桌清一色的长衫。

辜鸿铭戴着祖母绿做帽饰的瓜皮小帽,身着长袍马褂,目不旁视,仪态大方地走向一个尚无人占据的桌子。先来者忍俊不禁,用嘲弄的目光打量他。侍者送上印有英、俄两种文字的菜单,辜鸿铭用流畅的俄语点了两样菜,就抓起桌上备有的《亚细亚报》浏览起来。他内心很得意,知道旁人正在交换眼色,小声地议论他。他很愿意得到这份出人意表的惬意。这份《亚细亚报》刊登了袁世凯政治顾问古德诺博士的大块文章《共和与君主论》,说得何等妙啊!他摇头晃脑地念出声来:"……中国数千年以来,狃于君主独裁之政治,学校阙如,大多数之人民智识不甚高尚,而政府之动作,彼辈绝不与闻,故无研究政治之能力。四年前,由专制一变而共和,此诚太骤之举动,难望有良好之结果。中国如用君主制,较共和制为宜,此殆无可疑者……"

此翁是真正了解中国国情的"中国通",共和四年,中国成了个什么样子!军阀万千,占地为王;主义万千,叫人目眩。价值标准混乱不堪。也好,拨反拨过了头,人们才知道专制并非什么坏东西,中国目前急需权威来凝聚，让世人顶礼膜拜，人心才能归于一统。要恢复君主，要阐扬孔、孟，否则，国将不国。同一份报纸，还刊登了记者访问袁世凯的报道。日本记者要他证实到处都在传播着的改行帝制的消息。袁世凯矢口否认有称帝之意，说："我想谣言之来，不外有两个原因。第一，许多人都说我国骤行共和制，国人程度不够，要我多负点责任；第二，新约法规定大总统有颁赏爵位之权，遂有人认为改革国体之先声，但满、蒙、回族都可受爵，汉人中有功民国者岂可丧失此种权利？这些都是无风生浪的议论。"

这不是"此地无银三百两"吗？辜鸿铭动气了，闹了半天，原来是袁世凯想当皇帝！这个贱种只配去倒马桶。什么"筹安会"、什么古德诺文章，看来都是袁世凯这个贱种在幕后操纵的活剧。

那桌西装革履听到辜鸿铭念古德诺的文章，便以此为话题议论开了。

"竞争与否，乃道德之关系，非法制之关系。若无道德，法制何足以防范？依敝人之浅见，家族之竞争，为祸尤甚于选举。"

"若说总统易位时，往往发生党争，酿成战祸，历史上争皇位不也很可怕？晋室'八王之乱'，明代'靖难之师'，不正如此。"

"有理。君主政治残虐易逞，民不堪命，不得不铤而走险，十年一小乱，三十年一大乱，鼎革之际，杀戮尤惨。"

那桌市井长衫也在议论。

"看来大总统要升上去当皇帝，有了皇帝，就有太平日子过喽。"

"有了皇帝当然好，可要圣明贤君才行。袁大总统……"

有人用手指戳了一下他的腰，指指墙上书写的："诸君光临，莫谈国事。"

那人鄙夷地一笑,说:"我听在总统府里当差的邻居说了个故事。说是大总统每天下午睡醒来,一定要用一只玉杯喝人参汤。一天,书童进房献人参汤,一不当心,把玉杯摔碎了。幸好大总统熟睡未醒,书童退出房间,求我那邻居替他拿主意。大总统醒来喝人参汤,见换了只玉杯,就喝问:'那只玉杯呢?'书童说:'小的摔碎了。'大总统正要发怒,书童忙跪下说:'小的端参汤进来,见床上躺的不是总统,是……小的吓了一跳,手一松,玉杯掉在地上摔碎了。'大总统问:'不是我是谁?'书童支支吾吾不敢说。大总统举起皮鞭怒道:'快说,不然拉出去枪毙。'书童说:'小的看见,床上是一条五爪大金龙。'大总统猛抽一鞭说:'胡说八道,混蛋加三级!'末了,却赏书童十块大洋。"

长衫们随着那人绘声绘色的讲述,时而紧张,时而吃惊,最后都别有意味地笑了。

辜鸿铭自斟自饮,眼睛渐渐发亮,诸君光顾,莫谈国事。这些老板们不约而同地张贴这条警句,不知袁大头知道了当做何感想?掩耳盗铃,自欺欺人。他想起来袁世凯曾被他当面讥为"倒马桶的角色",袁世凯铁青的脸又在他眼前晃动。

清末,张之洞和袁世凯同入军机,袁任外务大臣。一天,袁世凯会见德国公使,在外务部任员外郎的辜鸿铭也在座。辜鸿铭很不把袁世凯放在眼里。袁大头不过是一个乡间无赖,竟然也和张大帅一道进入军机处,老佛爷如此用人,天下谁还去追求学问,无赖岂不起而效之?袁世凯大言不惭地对德国公使说:"张中堂是讲学问的,我不讲学问,我是讲办事的。"他不无得意地转过头来对辜鸿铭说:"你跟随张中堂多年,你说是这样的吗?"辜鸿铭说:"诚然,要看所办系何等事,如老妈子倒马桶,固用不着学问。除倒马桶外,我不知天下有何事是无学问的人可以办得好的。"德国公使矜持地笑了。袁世凯气得脸面发青,勉强挪动脸皮,说:"公使先生,他是位幽默大师!"自那以后,辜鸿铭仍在外务部供职,袁世凯囿于张之洞的面子,虽不敢对辜鸿铭怎么样,却再也不敢招惹他了。而且,袁世凯还听说辜鸿铭在背后骂他"贱种"……辜鸿铭在外务部衙门里同一位英国友人交谈。英国友人问他:"我们西方人中有高贵者,也有卑贱者,您能辨别出来吗?"真是一个怪问题,他不与作答。英国友人说:"凡是来到中国,居住了一段时间,他的体质没有什么变化,依旧像过去一样,这种人就是高贵者。如果来到中国后,还没有居留多长时间,体质发生突变,变得肥胖硕大,这种人就是卑贱者。"他不解其意,问这是什么道理。英国友人说:"中国的各种食品,都比西方价格便宜得多。凡是卑贱的人,因为此地物品价廉,于是放开肚皮大吃。因此,到中国不久,体态就发生很大的变化,从瘦骨伶仃一变而为大腹便便,一改旧观。"他听了之后,大叫"妙哉",接着说:"我们外务大臣袁大人,过去在乡间连个秀才都没考上。可是,后来突然飞黄腾达,位至北洋大臣。于是营造洋楼,广置姬妾,极尽人间之乐事。我看,这同你们西方的卑贱者,一到中国就放量饱食差不多。这样说来,人都说袁世凯是豪杰,我看不过是个贱种。"英国友人大惊,办公室里还有许多同僚在场,他怎能如此对顶头上司不恭?溜须拍马的小人,自然当天就把事情报告了袁世凯。袁世凯亦算是能屈能伸的人物,他最初的反应是对张之洞佩服至极：张之洞居然能让这号怪人跟随他二十多年，可见气量如海。宰相肚里能撑船，用不着同这个活宝计较。辜鸿铭居然没有被赶出外务部。

餐馆外传来鞭炮声和口号声，西装革履们和市井长衫们都涌到窗台上俯瞰。

"这是怎么回事？"

"请愿嘛，我昨天就听说了，各省'公民团'今天要分头向参政院请愿，请愿改变国体。"

"这肯定是'筹安会'导演的。"

"瞧，还举着牌子，是湖北省的。"

"今天可热闹了。听说每个省的'公民团'各拣一条街游行后，才往参政院会合。"

"大总统真沉得住气，帝制呼声这么高，还要推三让四。"

"既要做婊子，又要立牌坊。"安然端坐的辜鸿铭冒出了一句突兀的话。

西装革履和长衫们都回头喷出笑来。"皇帝的新衣"被他一句话揭破了。辜鸿铭感受到众人的注目，依旧自顾自头也不抬地说："这各省的请愿公民团，犹如发财公司股东会。股东会的宗旨自然是争利争权，一国上下皆争利权，无论权归于上，还是权归于下，国已不国，何来之利与权？一出闹剧啊！"

"西装革履们"和"长衫们"面面相觑，互相使着眼色，都悄悄溜了出去。

"强烈要求实行君主制"的口号声渐渐远去，餐馆的楼上只剩下辜鸿铭一人。两耳被酒精烧成酱紫色,已有五分酒意。电影这玩意很过瘾,把年轻时在西方生活的环境和意趣,又呈现在眼前。有很长一段岁月,他不愿回首那逝去的往事,现在老了,又退出了政坛,一个星期教几个钟点的课,闲暇好像太多了点,因此近来常常翻阅那段人生。他想到露娜,但也就是一闪而过罢了,妒意的苦涩不是好回味的。电影上那位少女很性感,可是像一朵带刺的玫瑰,叫情人难以接近。还是中国的女子富有韵味。他想到每天夜里给碧云霞的卧房上锁,她就像他手心里的健身球,爱怎么翻弄就怎么翻弄。他心头又积起一堆云翳:老夫、少妻、儿子,千万别出乖露丑。应快点同亲家商谈一下婚事,尽早让儿子成家算了,成了家不一定就会影响学业。要不要让他俩见一面呢?父为子纲,不能让他误认为家长尊严可以动摇。现在的人,学好不容易,学坏却不教自会。这份自由不能恩赐给他。那个姑娘秀外慧中,我的眼力还能比他差?不必让他们见面。他决定去见亲家,把日子定下来。他用酒沾湿手指,在桌上龙飞凤舞地画了个"妙"字,高声叫侍者来结账。

载着凯莉和辜自强的马车朝城西南驰去。

"到哪里去?"

"瑶池乐园。"辜自强双眼直视前方,身体有点僵硬。凯莉身上飘散出一股淡雅的少女气息,没有香水味。她剥了一块口香糖放进嘴里大嚼,问他要不要?他摇摇头,侧脸瞟了一下她线条优美的下巴,又急急地将视线下移。她粗糙的牛仔裤旧得发白,裤管口好像也没有缝线,散篷篷的,像围巾穗子。她把裤子穿得这么旧,足见她野的程度。就是男孩子也不至于把裤子磨成这个样。她的手指像小葱一样,尖尖的,肉纹白腻,像白玉雕成。他的眼睛克制不住诱惑,不时用眼角的余光向她鼓突的胸脯瞥上一眼。他咬着牙关,心底为自己的龌龊闪念悲哀。他对老先生教诲的"男女授受不亲"的伦理并不在意,他不乏想象。可是,一旦面对女性,一种压迫感却使他浑身上下不自在,不知所措中还潜游着一丝自卑。她们都是圣物,他想到她们就很快乐,他准备随时为她们效劳。要不,他就不会斗胆把碧云霞救出危难,因为他天生并不是勇敢的角色。他偷觑的目光被凯莉逮住,她爆发出一串畅笑,他狼狈地涨红了脸,对她好不恼怒。她注意到他神色的骤变,心底涌上一股爱怜。但她很快扑灭了这爱的火星。她对性爱已深恶痛绝,她来到东方就是来舔舐爱的创伤的。她同他聊北大的学生生活,他慢慢自如了。他爱发议论,这是从老子那里遗传下来的。他告诉她,他有一个朋友,建立了一个"瑶池乐园",意在实验一种理想的社会生活,他介绍了他们的主张。她好不惊诧,说:"那不是有点像我们美国的嬉皮士?怪有意思的,古朴的国家也会生长出这样的新生代?"

到了陶然亭,辜自强叫马车夫在附近等候。

陶然亭在永定河畔。这里的慈悲庵极有名。太阳已经偏西,苍森的树林里,奏鸣着小鸟归巢的叽叽喳喳声。她折了根树枝,紧随在他背后,拍打着小径两旁的灌木。

"太好了,都市近处有这样清幽的地方。"她蹦跳着,快活地四处张望。

走出一片小树林,眼前是一座四合院式的庙宇建筑。前殿有一块横匾,写着:"古刹慈悲禅林"。在它前面,是一片浩渺的湖水,荷花婷婷,绿波妩媚。

"太美了。自强辜,我们进去看看!"

太阳就要落山了,辜自强只想着快点找到林君的"瑶池乐园",说:"里面就几个尼姑,没什么可看的,以后再来。"

他们继续往前走。芦苇片片,杂草蔓延,密密地堆垒着许多坟茔。萧飒的氛围,令他不由地打了个寒噤。离慈悲庵不远处的荒野中,有一座土地庙。透过芦苇丛,随晚风飘来了歌声。他俩都站住了。

"找到了。"他听出是林君的声音,是他在唱英语歌。他俩站住屏息倾听,她听出那是一首美国嬉皮士的歌曲:

我不粗鲁,我也不咬人;

但那个女人抢到我,她就该将我抱紧;

因为我会为爱癫狂,随时需要它的滋润。

凯莉问:"自强辜,你那朋友大概是无政府主义者吧!"

"他说他们是中国社会党,他们反世俗反传统反专制。"

歌曲让辜自强心神驰荡,他有意无意地让自己的手肘碰了一下她鼓突的胸部,指着前方说:"走,去看看!"

这座土地庙内部被林君他们修缮整饰一新,这就是他们的"瑶池乐园"。七个青年学生在这里过他们的"大同社会"的生活。正厅右边砌了一个大灶,安放了一大一小两口锅。灶膛里的木柴正哗哗剥剥地燃烧,水蒸气从半球形锅盖缝隙里冒出来。有一根竹管从锅内通到偏殿的一间房内。正厅左边有一张八仙桌,地上散乱着许多书本和报纸。林君等人正围着八仙桌豪饮，桌上放着一大木盆煮好的饺子。

林君手持一册上海刚出版的《新青年》创刊号，说："这份杂志很有胆量，号召'打倒孔家店'。你们看，这说得多好：正因为两千年吃人的礼教法制都挂着孔丘的招牌，故这块孔丘的招牌——无论是老店是冒牌，不能不拿下来，捶碎、烧去。"

众人欢呼起来："打倒孔家店！干杯！"

就在这时，辜自强和凯莉进来了。

林君举杯欢呼："同志们，欢迎金发女郎加入我们的阵营！"

辜自强和凯莉呆立在门口。怎么还有女的社会党徒？除了林君之外，还有三男两女，年龄也都相仿。那两位女学生，短衣长裙，毫无羞涩态，充满着大丈夫的豪气。

林君说："快进来呀！这就是我们的'瑶池乐园'，有钱大家使，有饭大家吃，有书大家读，有屋大家住。没有权威，没有家长，男女平权，随心所欲。怎么样，前面还有'梁山水泊'，像不像个'当代水浒'？"

辜自强傻了眼。既新鲜又叫人害怕，尽管他向往自由，但从未把自由想象成这个样子。

林君见他盯着冒热气的锅灶，说，"我们还设有蒸汽浴室，你算来得巧。"他转向其他党徒，说，"同志们，让我们开始集体蒸汽浴吧！"

几位男子立即开始脱衣，那两位女的有点忸怩，勾着头不动。林君喷着满嘴酒气，一边脱着短裤，一边冲着她俩说："不要犹豫了，把伪道德洗个一干二净。"

两个女学生，互相打量着，畏畏缩缩地开始解衣扣。

凯莉有点晕眩，两腿开始发颤，刚修补好的篱笆又要坍塌了。辜自强扯了她一下，她紧咬下唇，抓住辜自强的手，说："快走！"

辜自强随她跑了出去，背后传来狂肆的大笑。

他俩不择路径，在坟堆中左冲右撞。芦苇叶划破了手脸，他们一点也没感到疼痛，直跑到慈悲庵，方才住了脚，喘着粗气，五官紧张得变了形。

15 | 父子易娶

一只野兔从草丛中蹦出来,又惊恐地在他俩面前逃窜开。辜自强吓得猛退几步,凯莉乐得拍掌大笑:"你的胆子太小了。"男性的自尊噬咬着他,把刚才在"瑶池乐园"的不安驱散了。林君这些社会党徒,举止果然惊世骇俗。他向往自由自在,但做梦也没想到,人可以这样地生活。他好像自己做了什么亏心事,只觉得脸上脏兮兮的,不擦拭一把就走不出去见人。被野兔这一惊吓,那种惴惴不安反倒消退了。他原以为她会羞恼,认为是他设了圈套把她骗来,但她却像没事人一般,真不可思议。

晚霞从天边褪去,传来马烦躁的嘶鸣。他俩急急朝等候着他们的马车走去。

马车向城内驶去。暮色在街道上空沉沉地笼罩下来,店铺都在纷纷打烊上门板。

凯莉对"瑶池乐园"并不是无动于衷的。她因纵欲付出了难以忘怀的代价,为了逃避,求助于时空的交换,在东方古都小心地修补心灵的创痕。但是,过去对野性情趣的追逐,遇到像今天这样的诱惑,无法不使她怦然心动。她盯视着闭目养神、默不作声的辜自强,幻现出刚才遇见的那一幕。倘若不是他刚才拉她一把,她不敢保证自己不再度开禁。她心底涌起一股温馨,感激身边这个正人君子。他的模样似乎有点像北大的那位怪教授,对了,那个辫子教授不也姓辜吗?这一发现使她大为兴奋。

"自强辜,如果我没有猜错的话,你和辜教授有某种关系,是吗?"她试探地问。

辜自强睁开眼睛,像被人逮住的小偷,不敢看她,嗫嚅着说:"他是我父亲。"

凯莉更来劲了:"我早就想去拜见这位大文豪,你怎么不早说?"

"你又没问过我。"

"我们现在就去你家,好吗?"

这下可糟了。老先生怎能容忍他带一个姑娘进门,何况还是个洋女人,定以为他在外面荒唐。他无计可施,只是静默地微笑着。马蹄敲击着石板路面,声音很刺耳。

看来她以为他认可了。他几次话到唇边又咽了回去,几次反复折腾,终于说:"忘了告诉你,我父亲今天不在家。凯莉小姐,这太抱歉了。"

凯莉敏感到他们父子有某种微妙关系,因而不愿她去做客。她有点恶作剧地说:"这不要紧,难道不欢迎我去看看你的家吗?"

辜自强狼狈至极,说:"你误会了,误会了!"

辜自强的腼腆和局促,反而使她感到他的淳朴,激起了她的一缕爱怜。

凯莉还没进过北京四合院的民居。大门的衰颓模样,使她感到压抑。这位名士果然是奉行中国传统清静无为的哲学,不过也不尽然。今天下午他在王府井电影院的"表演",虽说是抨击讥讽西方文明,却无疑表明他不甘寂寞,甚至有点希望引人注目。

女佣见了他俩,吃惊地张大嘴巴。

"少爷,老爷还没回来,给你先开饭吧!"

"老先生不在家!"辜自强一阵喜悦,心底长长地舒了口气。他没有心思吃饭,只想早早把凯莉打发走。

"我已吃过了。"辜自强没有心思吃饭,只想早早地把凯莉打发走。

"凯莉小姐,我父亲在家的时间很少,让你白来一趟。"

"呵,这棵槐树,大概有一百年的历史。"凯莉大呼小叫起来。

听到院子里的英语对话,碧云霞从北房里开门出来。凯莉笑着同她招呼,问辜自强:"自强辜,这是你的夫人吗?"

辜自强好不自在,连忙说:"不,不,她是我父亲的太太。我的母亲去世了，她，她是我继母。"

"对不起。那么，她是辜教授的夫人，还是姨太太呢？"

辜自强请她到客厅里坐，使妈送来茶水。他俩枯坐着，对于她的问话，他只用"是"和"不"回答，希望她早点走掉。她坐了一会儿，说去参观他的房间，他说房间零乱得很。她走出客厅，看见碧云霞用疑惑的目光打量她，她冲她笑了笑。碧云霞嘴里衔着线，生硬地咧了咧，以示回敬，马上勾下头，机械地纳着鞋底。

浆洗得雪白的麻线，在碧云霞手里一圈一圈地飞绕。钻子狠狠地戳着鞋底，较平常穿透得利索多了。麻线在钻孔里穿梭，发出愤恨的瑟瑟声。她咬着牙关，不时翻起眼白朝辜自强的房间瞟一眼。暮色已完全笼罩了院子，墙角响起了纺织娘的啾啾叫声。她无数次地诅咒家中这个青年男子，期待着他的倒霉。他太缺德了，竟然为他老子骗来个小妾。平心而论，她对现在的生活不应有什么抱怨，过去在乡下她过的是什么日子！可是，被欺骗蹂躏的少女的心，血淋淋的伤口不是一年半载就可以愈合的，何况欺骗者还与她同吃一口锅里煮的饭，这时时都在无形地往她心上的伤口搓辣。他没有被诅咒倒霉，反倒越过越快活，还带了个洋女人进门。老天爷真是不公啊！对面那个被她恶狠狠白眼的房间里，飞出浪谑的笑声。洋女人，骚劲十足，呸！她飞速地把麻线绕在鞋底上，把钻子戳在上面，扔进精致的篾编篮子里，气狠狠地推开自己的房门，撂下竹篮。待她返身出来时，满脸愤恨之色换上神秘的表情。她若无其事地穿过院子，左顾右盼，女佣和厨娘都在厨房里唠叨。她站在辜自强房间的窗下，只听得里面叽里呱啦说外国话，一句也听不懂。她舔破窗纸，凑上眼睛。洋女人真不要脸,斜躺在床上,倚靠着被褥。裤子那样紧,两瓣屁股都快蹦出来了。笑,笑个屁!他正襟危坐,手中拿着一支自来水笔,边说边敲击着桌面。她感到宽慰,也有点失望。宽慰的是他还算正经,失望的是没有看到男欢女爱的好戏。她小心翼翼地从窗下退了回来,洋女人又放肆地大笑了。别看他像个正人君子,没有冤枉他,真的是个猎艳高手,连洋女人也被他迷住了。她回到房间,凝视着煤油灯盏里跳跃的火苗。她取下玻璃罩,呵了几口气,用一块布头擦拭着,想起自己的身世,泪珠扑扑地掉落……

碧云霞的家原本在京郊的房山,去年闹瘟疫,父母先后归天,两个姐姐早已嫁人,只剩她孤苦伶仃地守着一座破房子。她的模样长得还算标致,嗓音又圆润,村里一个会点京韵大鼓的老爹,认她做干女儿,带着她到京城地面来闯生路。父女俩在市井杂沓的天桥附近,寻了一家客店住下。最初,他们在茶馆酒肆里卖唱,后来跻身于一家戏园子,想不到居然唱出了点小名声,每天都有人前来捧场。可是,要在这三教九流辐辏之地站住脚谈何容易。地痞们时常到客店来胡搅蛮缠,勒索钱财。老爹同她商议,如此下去不是办法,得找到地痞头,找个靠山。

那天,老爹出去之后,直到天黑还没回来。一种不祥的预感,久久地盘桓在她的心坎上。她一次次下楼,在大门口望眼欲穿,生怕漏过一个面孔,还是不见老爹的影子。夜幕降临了,她沿街彳亍前行,有几个不怀好意的,还以为她是在"候客",居然上前调笑,气得她横眉竖目掉眼泪。其中一个认出她是唱大鼓的小妞,罪恶顿时在他们身上膨胀开来,一个个淫邪的面孔变得狰狞贪婪起来。街上行人稀少，她正要叫喊，他们一拥而上，利落地堵住了她的嘴，往近处一条僻巷拥去。面对强暴，她浑身瘫软，失去了本能的反抗，脑海里只是一片空白，好像是人生结束，走向冥间。这些是阎王派来的恶鬼，前面好黑呵！人死原来也很容易，不像老爹说的要过几道鬼门关，要脱几层皮。在阴间就可以同爹妈相见了，也好，活着除了多装几个窝窝头，又有什么意思呢？何况是个女儿身，女人生来又比男人更贱。她很坦然。一双利爪伸向她束得平平的胸部，她麻木的脑袋苏醒了。近一阵子来，在戏园子里受捧场的惬意，唤起了她的自尊。人间还是有快乐的，我不能就这样被人糟蹋后抛尸荒野。她留恋人间，她喊叫叫不出来，她挣扎也毫无意义。被淫欲燃烧的恶棍们，已经将她的衣裤撕开，羞耻感使她拼死挣扎，可是双手双脚已被他们紧紧地压在坚硬冰凉的地上。苍天啊，还不快来拯救弱者！她泪水灼热，眼睛分外明亮地向苍天祈求。一个沉重的躯体，像一块巨石朝身上夯砸下来。"砰"的一声枪响，恶鬼们吓得一溜烟跑了。她本能蜷缩着身体，认定苍天被她感动了，派来了天神。紧张过度，一阵晕眩，她失去知觉。

当碧云霞醒来的时候，发现自己躺在一个暖烘烘的炕上。是谁救了我呢？

"你醒啦？还好，你命大。我到朋友家喝喜酒，路过那里，那伙流氓正要动手，被我一枪吓跑了。"他是城防司令部的王副官，他认出她是最近在天桥一带露脸卖唱的角色，他也捧过她的场。

碧云霞想翻身下床，向救命恩人磕几个响头。可是脑袋像灌了铅，浑身酸痛无力。

王副官温柔地把手按在她的额头上，说："你正在发烧，不要动。

就在我这里住几天。恶棍流氓既然盯上了你,你出去迟早还要出事。"

他多体贴人!纵然他脸上有一块很大的枪疤,看去像个恶煞神,她却不害怕。她甚至想,如果他能娶她做小妾,也算自己命运不薄。

碧云霞一住就是几天。她从来还没被别人伺候过,每当丫头前来伺候时,她既不拒绝,但也不自在。王副官说老爹下落不明,至今没回过客店,看来是遭了地痞的暗算。她茫然失措,在此留住下去吗?王副官已向她暗示,希望她留下。可是太太却尖刻泼辣,已经不只一次指桑骂槐,这怎么受得了?还不如回房山乡下,像姐妹们一样,嫁个"高粱花子",虽是寒舍淡饭,总是自己的天地。

没料到风云突变,运命多蹇,太太趁副官不在家的时候,叫来几个强人,准备把她卖给窑子。她又一次遭遇了暴力,被捆绑后强塞进一辆马车。该她命不当绝,马车正要驱动时,辜自强从旁边经过,他见状大声呼叫警察。王副官太太做贼心虚,急忙对众人说:"算了,算了。"把她推下车,马车急急逃遁而去。她脸色煞白,跌在马路上,久久站立不起来。辜自强动了恻隐之心,驱开围观的人众,把她扶上人力车,送到他干娘家里住下。

过了两天,辜自强从学校回来,顺道到干娘家里看看。他猜想姑娘已走掉,没料到她还在。她向他道了谢,又哭述了自己的身世。少年郎心里发酸,人的命运是这样的不公平。第二天上课的时候,他有点心不在焉,总是想起她。傍晚放学之后,他已不由自主地想立即看见她。她虽然还是紧锁着眉心,但已变得活泼多了。他还没有同年轻女性单独在一起过,见了她只觉得通体愉悦。他本是多话的人,不知怎么回事,同她呆在一块儿,连目光也没处投射,口齿也变得木讷了。她很耐看,像一泓湖水,沉静娇羞。她说话很好听,像山泉叮咚作响。她的身体好像有股磁性,这是和朋友们在一起时完全不同的另一种感觉。他的性觉醒未免迟钝了些,虽然他精通英文,对西洋小说却毫无兴趣。对于书中描写的痴男怨女,他有点不可思议,甚至以为是文人的杜撰,无聊至极。他习惯于理性的推断。现在,闸门一经打开,就再也关闭不住了。他每天放学回来,都要来看看她,说几句话。她似乎没有离开的意思,也没说今后的打算,他也没问她。一种内驱力,搅得他心神不定,他变得焦灼和浮躁。干娘似乎有意让他们单独在一起,他一来干娘就借故避开。他的口齿不再木讷,像扇开羽毛的孔雀,滔滔不绝地叙说各种见闻,以展示自己的才智。他很想去亲近她,揭开女性的神秘帷幕,可是,他太紧张了,狂跳的心脏几乎要冲口而出。内心几度挣扎,终于不敢有所行动。他救了她,难道就是为了这卑劣的念头?圣贤伦理说教起了作用,胆怯的性格也牵制了他,他在内心一遍遍地自我塑造,自我圣化。一天,她终于忍不住了,突然在他面前跪下:"恩人,你娶了我吧!"说着双手蒙面。娶她?他愣住了,自我愈益圣洁、高大。救人救到底,她应当同苦难诀别。可是,他不敢碰她,后退了几步,说:"我发誓,我要娶你为妻。"说罢,急急转身而去。

辜自强做了一件善事,表现出君子风范,快慰在周身环流。他是个对他人有用的人。快到家时,像条件反射一般,他的心境又灰暗下来,老先生肯网开一面,恩赐给他这份自由吗?父母之命,媒妁之言,这是老先生认同的伦理纲常啊!他决定暂时对家里保密。车到山前必有路。

但是,意外的变故,惊破了辜自强和碧云霞的梦想。每天早晨,他照例在固定的时间,到老先生房中向刚刚醒来的父亲请安。

"爸爸睡得可好?"他干巴巴地说。

老先生从鼻孔里哼了一声。

辜自强机械地跪下磕了一个头。就在他磕头起身的时候,一张碧云霞的照片从怀里掉到地上。大概是昨晚在床上欣赏后,随意放下,睡时黏压在内衣里。早上匆匆起床,他没有注意到。

老先生发现了,问道:"那是什么?捡起来给我。"

这是张二寸黑白照片,是碧云霞在台上唱大鼓时,捧场者给她照的。父亲翻身而起,看到是个姑娘的照片。他的眼里布满寒霜:"怎么回事?"

辜自强在父亲目光的威慑之下,慌不择言,脱口而出:"这是我给爸爸物色的姨太太。"话一出口,他吓得魂飞魄散:我太不会撒谎了,万一他真的看中可怎么办?他指望老先生大发雷霆,说他作为人子,根本不必操这份闲心。他也指望老先生看不上眼,一个梨园女子,同硕学鸿儒不般配。

老先生接过照片,竟然仔细端详着。他浑身冰凉,紧张地捕捉父亲脸上的每个细微变化。

"不错嘛,难得你有这份孝心。"

辜自强想哭,泪水只能往肚子里咽。老先生告诉他,已经给他聘定了媳妇,但没说是谁家的女儿。这又像一榔头敲在他流血的心尖上。"谢谢爸爸。"他机械地说,脑子像一盆糨糊,失魂落魄地走出了老先生的房间。

什么"自由"呀,什么"碧云霞"呀,统统是一厢情愿的白日梦。辜自强没有去学校,一个人在大街小巷乱窜了一天,心情渐渐平静下来。他很能接受现实。给自己找出许多理由,证明现实是合理的。命运的安排是谁也难以逃脱的。他降生在这样的家庭,自由根本就与他无缘。碧云霞死里逃生,嫁给一个大名士,也算是个不错的归宿。假如这一切变故都不存在,她也只不过是乡村里一个庄稼汉的老婆罢了。唯剩下一道难题:如何向她解释呢?

辜自强朝干娘家里走去时,苦苦思索了种种解题的方案。

碧云霞很开心,正在哼大鼓小调。他的干娘刚认她做干女儿。看到辜自强进来,她脸上绽开了桃花,喜滋滋地问:"吃过了吗?"

"没有。"他已是两餐没吃,嘴里十分苦涩。

"我给你去煮点吃的。"她飘了出去,那样轻盈,像燕子掠水。

辜自强无聊地坐着,看到炕上有一块她的花手巾。他捡起来,放在鼻下嗅了嗅,又俯下身去,在枕上埋头摩挲着。异性青春的芬芳气息,使他的血液膨胀了,一种冲动在体内奔突着。犯罪感挤压着他脆弱的神经末梢,他觉得有点窒息,像一只困兽在房内来回踱着。她端来一碗挂面,上面搁着两个荷包蛋。

"快趁热吃。"碧云霞坐在炕上,目不转睛地望着他狼吞虎咽。

辜自强不敢看她,但感受到她充满情愫的目光。所有想好的话,都忘得一干二净。对她说出实情吧,但实在说不出口。明天再说吧,他给自己找了个台阶下。

碧云霞默默地把碗筷收拾走。他打着饱嗝,暂且把一切烦恼抛却一边。

桌上的蜡烛快烧尽了。辜自强的谈兴还没有过够瘾,在家里三年也没说过这么多的话。他大南地北,海阔天空,说得眉飞色舞。她听得津津有味。他从汉口说到北大,从慈禧说到袁世凯,从达尔文说到孔子,最后又扯到电灯。"不知道什么时候,我们这一带也能点上电灯。电灯你见过吗?那真是西方人的杰作。不过蜡烛也不错,很有诗情画意。"她换上了一根新的蜡烛。他说渴了,她又给他端来一杯茶。触到她柔滑的手指,他的谈兴戛然而止。他很想一把搂住她,却感到手臂有千斤重。她已退回床边。他不再吭声,希望她有所暗示。难道她不希望得到爱抚吗?"不早了,你明天还要去上课。"她说话像唱歌,甜腻腻的。他狂跳的心开始减速,麻胀的脑袋又恢复了清醒。是该走了,不应该想入非非。一旦那个,那才是骗了她,弄不好她要寻死觅活,闹出人命案,吃不了也得兜着走。他没有多余的话,说了声"我走了",就头也不回地跨出房门。

辜自强很坦然地走着,嘲笑自己前几天竟然会那样随便地答应娶她,未免过于荒唐。既然追求自由婚姻,也要追求得值得。应当找个女子高等师范学校的女学生才是。当然,她也很可爱,只是不像知识女性那样有共同的语言。就算我给老先生做了一件好事,反正也不算亏待她。

一乘花轿,在吹吹打打的鼓乐声中,把碧云霞送进了辜家。碧云霞坐在轿里,神情漠然。新娘的装扮很入时,头上罩着红绸帕,上着粉红色镶紫边的窄腰偏襟短衫,下身系着墨绿色的长裙,"三寸金莲"裹着绣花缎鞋。手腕上戴着玉镯,手指上的金戒指镶着大红宝石。

这一切都是由辜鸿铭在外务部供职时代的一位知交操办的。

头天夜里,辜自强溜到干娘家,不敢见碧云霞,只是偷偷地把真情告诉了干娘。干娘护犊情深,答应为他的荒唐全力承担。

碧云霞喜滋滋地翻看聘礼,听着干娘滔滔不绝地叙说公爹如何如何。突然干娘的话锋一转说:"碧云霞,你知道这几天自强为何没来吗?"

"忙着准备婚事嘛,我不计较。"

"他对你怎么样?"

"他是我的救命恩人,这辈子我愿为他做牛做马。"

"乖,真懂事的闺女。他现在需要你来救他了。"

碧云霞瞪圆了眼睛:"干娘,他出了什么事?"

"唉,他哪里知道,辜先生已经给他聘定了媳妇,前几天才告诉他。那是大户人家的闺女,又是世交,没法退婚啊!他这几天正闹得死去活来。"

碧云霞脸色刷地变白,指着聘礼问:"那,这是怎么回事?"

"闺女,这是干娘逼急了想出来的办法。大家都知道你要嫁到辜家去,生米已煮成熟饭,女人嘛,只能从一而终。干娘想,自强亲娘过世多年,辜先生一直没娶填房,是个好人哪。他才气、名气都大得很,虽说不上是富翁,可银钱是花不完的。你嫁给他,也算福气。他只是年岁大一些,富贵人家像他这样的年岁,再娶几个姨太太也是常事。再说,你嫁过去,也算是进辜家,别人家并不知道你是嫁给先生还是儿子,只知道辜家要娶新人。闺女,也算是你有造化,就当没有自强那回事。我想,过去你做梦也不会想到有这样的好命。"

碧云霞早已伏在枕上痛哭不止。太可恶的欺骗,真没想到啊!接连遭遇意外变故,她已认命了。这都是命,命中注定的!美梦破灭了,像她这样的路边草芥,本来就不配做那种梦。她的心在滴血。她面前只有两条路:一是"从一而终",进辜家去;二是去死。好死不如歹活,何况往后未必就是"歹活"。哭到半夜,干娘还默默地守候在她身旁,她有点过意不去,说:"干娘,我认了,你放心吧!"

一大早辜自强就躲出家门。三十六计,走为上计。他在学校图书馆里待了一整天,晚上在学生公寓里找了个空铺睡。他还是第一次在外面过夜,恐惧压倒了内疚,不知道干娘和她谈得怎么样?万一她寻死觅活,张扬出去,辜家就从此臭名远扬了,老先生还会认他这个儿子吗?不过,干娘是个世故通达的人,说不定能让她面对现实。现在应是宾客散尽的时候,万一干娘没有把事情挑破,对她守口如瓶,假戏真做,她见到揭红头罩的是个五十多岁的老者,肯定要大哭大闹。如果这样就比不肯上轿更糟不可言。老先生蒙受难堪会怎么样呢?这个乱子闹得太大。如果当初对老先生实情相告……"如果","如果"有什么用!他恨自己懦弱。枕在头下的手臂开始发麻,左臂的那块伤疤微微发痛。他把左臂抽出来,捋着内衣袖子,一块铜钱大的疤痕,龇牙咧嘴,好像在对他发出嘲笑。那是三年前的事……那天他已经吃得很饱了,老先生心绪很好,递了一个热气腾腾的大馒头给他:"正是长身体的时候,多吃点!"他受宠若惊,父亲很少对他有这种亲切,永远是一副"家"道尊严的面孔。父亲高兴的时候,也会对他滔滔不绝地发议论,但不是把他当谈话对手,而是作为满足自己说话欲的器物。他接过热馒头,不敢说他已吃饱。老先生常教导:"长者赐,少者贱者不敢辞。"他只好假装嚼得津津有味,暗中一块块掰下偷偷地塞进袖筒。真烫人!他咧着嘴忍受着。饭毕,才发现胳膊的皮被烫掉一块……他在床上辗转反侧,后来居然迷迷糊糊睡着了。

一觉醒来,窗外的树梢已响起小鸟叽叽喳喳的聒噪,天空开始泛白。他一骨碌翻身起床,该回去见个分晓了。

大门口散落了一地的红鞭炮纸屑,她进了家门是可以肯定的。院子里静悄悄地的,车夫牛四见了他,只是问了声"少爷回来啦",没有异样的表情。他一颗悬着的心扑通落地。

"咿呀"一声,老先生从自己的书房兼卧房出来。辜自强明白,她一个人独守新房,事情不是太糟,但也有点不妙。他急忙上前请安。老先生照例是"哼"了一声,没有责问他。他慌忙返身奔进自己的房间,关上门,一头栽在床上,紧紧地揪着头发……

16 | 小足之美,美在其臭

碧云霞不再暗自啜泣,从床上坐起,侧耳倾听。洋女人好像在同辜自强告别,她的嚷嚷声好不浪荡。

凯莉等了一阵子,不见辜鸿铭回来,就告辞走了。辜自强像是送走了瘟神,松快轻盈,在大门口做了个上篮动作,蹦跶了两下,才返回房间。

车夫牛四埋头蹬车,正把主人从前门外送回家来。牛四已上了点年纪,但体格高大健朗,他没有婚娶,从武昌到北京,一直追随着主子已有二十多年。他的装束同主子相仿,红丝结顶的小帽,蓝布大褂,脚着双梁鞋,脑后的辫子,不像主子那样黄中带黑、又细又弯,他的辫子虽夹杂着白发,却是又粗又长,沉沉地拖在背上。生客到辜家拜访时,常误以为他就是辜鸿铭。因此,辜鸿铭总是对初访者说:"牛四是我的影子,我和他穿着打扮差不多,所不同者,我有齐人之好,牛四则是皮硝李的把子。""皮硝李"指李莲英,意思是说牛四是个老处男,而他则拥有妻室。辛亥革命之后,共和政府明令剪辫,他却要牛四拉着他在京城大街小巷兜风。警察来干预,他则说:"中国之存亡,在德不在辫;辫之除与不除,原无大出入。"

辜鸿铭刚才又去光顾前门外八大胡同。他没有固定的相好,每去一次,都换一个猎艳的对象。他专注的不在声色,却是人家的"三寸金莲"。他的"莲癖"之深、之精,实令人叹为观止。每逛一趟八大胡同,他都要把妓女的手帕强要来,掖于怀袖,别以为他是一往情深,留个相思的信物,而是有个更为叫人瞠目结舌的嗜好:像集邮一般集妓女的手帕。他已集了厚厚几十大本绣花手帕了,闲时就取出来赏玩。他坐在黄包车里,还在回味着刚才那个艺名叫"一枝花"的妓女,取出刚刚得手的香帕,放在鼻下嗅着。手帕是湖蓝色的,镶着蓝边,上面沾着几点口红。他的颧骨隆起,眼睛微陷,鼻子高大。年轻的时候,脸庞有棱有角,不像现在,牙齿不全而且发黑,脸像蝙蝠,瘦巴干瘪,一派灰暗。嗅着妓女手帕时,他的目光就像有人听他发议论时一样,炯炯发亮。

辜鸿铭的书房兼卧室永远有一股怪异的霉味。他有喘疾,又好随地吐痰,并要求佣人经常擦拭保持地板的清洁,因而木地板总是处于潮湿状态。牛四抢先进房,点亮煤气灯。他一进房间,就从桌上抓起一粒炒熟的花生,剥开扔进嘴里嚼着。他的书桌上常年备有一碟带壳的炒花生。他一面嚼着花生,一面打开书桌右边的小厨门,取出一册集手帕簿。他把新得到的香帕,在四角抹上浆糊,然后用手熨平,并在当页用毛笔记下日期,写上"陕西巷一枝花"几个字。他往回翻着手帕簿,近几个月的风流艳事,栩栩如生地展现在眼前,手指麻酥酥的,像揉捏着那一个个风味不同的"三寸金莲"。品尝着手帕簿,他犹如坠入不可名状的极乐世界,身心得到莫大的陶冶。

桌上散乱着还未完成的手稿。辜鸿铭著述多用英文"出口国货",刊载于海外报刊,成为清末民初享誉欧美的唯一中国学人。而他的福建同乡严复、林纾,虽在国内名噪一时,在海外却知者甚少。这篇大作的题目是《中华民族的精神和战争的出路》。他合上手帕簿,点燃一支美国进口香烟,把思路徐徐引到硝烟弥漫的第一次世界大战战场上……要把欧洲从战争中拯救出来,只有指望孔子之道。靠着物质的暴力,一定得不到好结果。大家都以为德国民族是现在最危险的敌人,其实现在世界最大的仇敌就是自私和怯懦。因为自私和怯懦便造成了现代的拜金主义、商业主义。现在世界各国的商业主义,尤其是英美两国,就是世界文明的仇敌。所以战争的原因不是军国主义,只是商业主义,如果要消灭战争,就要消灭商业主义的精神……他皱着眉头,感到文思不畅。他有一怪癖,每当文思不畅时,就把太太叫到书房,让她把"三寸金莲"放在自己怀里,一面揉捏,一面嗅着。他风趣地说,这是他的"兴奋剂"。嗅捏女人的小脚到一定的境界,他就文思滔滔,如潮水般滚滚而出,下笔千言,倚马可待。他说,女人之美,美在小足,小足之美,美在其臭,有如臭豆腐、臭蛋之风味。他就是在太太小脚的陪伴下,写出了许多"嬉笑怒骂皆幽默"的好文章。贤淑的第二任太太、日本人吉田贞子过世后,他认为自己再也没写出什么佳作。他想把碧云霞叫过来。她自进门后,虽不让他同床共枕,小脚却是让他尽情品味的,只是不到他的房中来。因此,他不能一面握管执笔,一面嗅"兴奋剂"。

辜鸿铭走过去推她的房门,里面拴了。他很满意。

"喂,你开一下门。"

"我要睡了,你上锁吧!"

房里亮着灯火,她在干什么呢?突然,他童心大发,找来儿子用的钓鱼竿,戳破窗纸,从窗棂格里伸进去,摇晃着钓鱼竿。房间中央的圆几上安放着一只大玻璃缸,养着金鱼。

碧云霞吓得惊叫起来。

辜鸿铭在窗下乐呵呵说:"别怕,我不过是想把你钓出来说话。"

碧云霞心里为之一热,放下手中的针线活,移动"金莲",为他开了门。

辜鸿铭嬉皮涎脸地把她拥到自己的书房。

房间里的潮味夹着书霉味,差点把她噎住。老古董的床铺,里面还安着一排书架,也不怕梦里一蹬脚,倒下来砸着。

辜鸿铭很殷勤,把藤椅上的报纸杂志放到地上,把藤椅端到案桌的左边,眯着色迷迷的眼睛,说:"碧云霞,你妈给你缠的小脚很地道,符合我的小脚七字诀:瘦、小、尖、弯、香、软、正。走一走,让我欣赏欣赏。"老不正经!她抿嘴一笑,拿出她的舞台碎步,在房内走一圈。他的眼睛直勾勾地盯着,想不到她还这样有韵味。她的绣花罗裙,贴着地板飘飘荡荡,脚尖在裙下忽隐忽现,好像探头探脑的小鸟脑袋,逗煞人也。他把她拉到藤椅上坐下,说:"你知道中国女人为什么缠小脚吗?南唐后主有一个嫔妃,名叫香娘。她长得美还善歌舞,后主就命人造了座莲花状的金台,叫香娘用缎帛裹住脚,在上面跳舞。从这以后,宫内外的女子都裹脚成风。受苦一时,好看一世,这是我们的国粹,懂吗?"什么"国粹",她才不懂,不过她领教过他摆弄小脚的滋味。他把她的两只小脚搂在自己怀里,为她脱下绣花软底鞋,俯下头嗅了嗅,说:"好个'兴奋剂'!"说着左手把玩着"三寸金莲",右手执笔,又开始写作了。

碧云霞斜躺在藤椅上,闭着眼睛,伸直双腿,一任他摆弄小脚。他的揉捏,有章有法,一松一紧。一阵柔情蜜意通过脚尖,传到她的心房,她暗暗喜悦,勃发出青春的冲动。这种冲动,像洪水在全身泛滥开来。她好像又回到自己的村子,又回到了儿时,在路边野径,在刺棵里,与同伴们摘野草莓,又酸又甜又解馋。她又好像进入梦幻,梦见自己脚下的土地在崩坍,慢慢地往下掉。她的小脚在他怀里轻轻地蹭了一下,他加快了一松一紧的频率。她在喉头轻轻地呻吟着,抬起眼睫毛,秀目微微地睁开一条缝。他满脸醉态,轻轻地晃动着脑袋,右手在纸上龙飞凤舞地写着:"中国的'圣经'就是《四书》《五经》,这就是中国的文明。中国文明底元素又是正义。欧洲人如果能够研究中国的文化,就可以拯救欧洲,脱离战祸。这就是中国文明底价值了。我们要明白这回战争的伦理的原因,就可以消灭那些惨无人道的空前大战了。太过注重物质,结果产生了拜金主义和军国主义,世界的战争便不能不产生……"他侧过脸去看她,捕捉到她那一线发光发亮的目光,那是流荡着快感的光泽。他像握着软乎乎的刚出壳的小鸡,手心感受着不可言喻的舒坦,并向全身放射。李华庆的太太,梦琴的那双"金莲",一定更灵、更软、更香。他低头吻了吻,思绪飞到近来时常梦魂萦绕的星洲。如果说他的玩世不恭发端于苏格兰,那么他的恋情却遗落在狮岛……

那年在星洲,他面见了《海峡时报》总编刘老先生之后,得知李华庆的太太刘梦琴,曾是自己过去未谋面的未婚媳妇,心里像打翻了五味瓶,万感交集。在维多利亚大剧院看完芭蕾舞剧《泰晤士河的精灵》,一出大门,被凉风一吹,脑袋更痛。他两脚好像踩在棉花地上,虚浮恍惚。飞天仕女,紫色旗袍,樱桃小口,三寸金莲,眼前金花缭乱。街上的霓虹灯,嘲他眨眼取笑:你不是要追求自由吗?当年被你弃之如敝屣的"包办婚姻",如今却是你梦魂萦绕的对象。辜鸿铭啊,你当做何感想?手杖狠命地戳着地面,从剧院里涌出来的观众,微带惊讶地向他瞥着。他意识到自己的失态,脸色一定很难看。他把礼帽的帽檐向下拉了拉,遮到眉毛。一辆拉着英国女人的人力车,从他身旁驶过,他眼睛擦过帽檐,看到她白皙的小腿和高跟鞋。白种女人真是恬不知耻。又一对英国男女迎面向他走来,男的殷勤地对女的说什么,女的挽着男的胳膊,一脸矜持和傲慢。"咯,咯,咯",女的那双高跟皮鞋,好像踩在他的心上。露娜修长玉琢般的白腿,就是这样得意狂肆地蹬着高跟皮鞋,就是这样把他的心踩得鲜血淋淋。

辜鸿铭朝海滨走去。欧洲大旅店前面的草坪,扇开着一张硕大无朋的绿地毯。大钟楼的时钟,指向夜间10点,"当当当",听着使人心弦颤动。他在草坪徐徐踱步,海风把椰树叶刮得哗哗作响。

一个人力车夫,黑衫黑裤,手里夹着半截吸剩的香烟,离开停伫在路边的人力车,向他走来。

"先生,看你有点不像英国人。"

"什么事?"他没好声气地问。

"有三个姑娘,要不要,由你挑。一夜十块钱。"

原来是个做夜生意的掮客。辜鸿铭回到新加坡一年来,还从未干过拈花惹草的事。华人女子不屑一顾,见到白人女子他就毛骨悚然。这一刻,他骚动不宁的心痒酥酥的,很想随掮客去见识一下。他问:"是不是裹小脚的?"

"那还用说,唐人姑娘,地道的'三寸金莲'。"

前些日子,辜鸿铭遇到一个叫眉叔的中国外交官,从法国途经星洲回国。眉叔一口流利的法语吸引了他。他用英语同眉叔对话,眉叔的英语居然也十分地道。他再用希腊语、拉丁语同他闲聊,眉叔亦能听懂。两人遂交为朋友。眉叔得知他亦是炎黄子孙,便极力撺掇他回祖国效力。眉叔向他讲说《四书》《五经》的精深博大处,他听得心驰神往,不胜仰慕。眉叔说:"祖国正在力求进步,自强奋进,对于新学人才,迫切需要。像你这种精通洋务的人,在国内犹如凤毛麟角,稀世之珍。与其楚才晋用,何不楚弓楚得?"他与眉叔促膝长谈三日,对祖国传统文化有了粗略的了解,激起了他浓厚的兴趣。这些都是他闻所未闻的东西。他向《海峡时报》投稿,撰文介绍儒学,就是他从《四书》《五经》中挖掘矿产的结果。他的思维定向是纯西方的,有如一个高楼深院住腻的人,突然来到古朴的乡间,处处美不胜收。他翻阅着《四书》《五经》,好像置身于金银宝库中,充满了惊喜。他的祖国并不是一无是处的"东亚病夫",果然像国人所说的,是一只沉睡未醒的狮子。狮子一旦醒来,依然是林中之王。他的祖父从福建漂泊到南洋,是槟城的"甲必丹"——当地华侨头领,已经三代在这块英属海峡殖民地繁衍生息。他自己是英国着意栽培的未来华人领袖,他不可能做出拂袖而去的决心,但他的心已臣服于祖国的传统文化。眉叔兄还讲到中国女人,讲到中国女人的"三从""四德",中国女人的"三寸金莲",这些都使他心荡神驰。

黑衣人拉着辜鸿铭来到一座很不显眼的楼房。这是一个下等妓馆。三个青年女子,穿着马来装,螺髻复裳,搔首弄姿,向他挑逗着。她们还没接过这样体面的狎客。鸨母问他看上哪一个,他给了鸨母十块叻币,说:"三个都要。我只看看她们的'三寸金莲'。"她们咯咯笑了。他把"三寸金莲"想象成西洋女人富有弹性的丰乳,心底涌起一股骚动。他弄不清自己是在推论祖国传统文化的魅力,还是在反证西方文化的丑恶。当他走出这家下等妓馆时,心里越发迷茫。三寸金莲和乳房的弧线,在他眼前交替闪现。祖国传统文化,历经五千年不衰,精深博大,看来不是可以轻易登堂入室,不深入发掘,难以体会到其中的韵味啊!

直落亚逸街的李华庆府邸,每逢周末有一个文化沙龙,几位获得英女王奖学金赴欧洲留学返回的华人子弟,他们自诩为新加坡的华人英才,雄心勃勃,以改造华人社会为己任。辜鸿铭自从那次到李府登门拜访后,也成了这个沙龙的新成员。原先,他来到直落亚逸街,内心深处蛰伏着一丝犯罪感,惴惴不安。自从拜访了《海峡时报》刘老先生之后,他变得气宇轩昂:李太太不过是被我休掉的女人。他恢复了过去的潇洒,手杖和礼帽递给佣人时,神情自如洒脱。他不仅是贵客,且慢,就说是半个主人也不为过!

除了李华庆、辜鸿铭外,还有两位英姿勃发的青年宋君和伍君。大家一致支持李华庆竞选市立法院华人议员的席位。华人议员的席位,历来是被长袖善舞、腰缠万贯的富豪所占据。

他们兴致勃勃地用英语谈论。

李华庆说:"我们华侨胼手胝足,开发了新加坡,可以说,没有华侨,就没有新加坡今天的繁荣。我们华侨已掌握了新加坡的经济命脉,这是有目共睹的现实,殖民当局设立一个华人议员的议席,也旨在经济上承认华侨的地位。但是,我们华侨不应把当地仅视为衣食父母,而应视为新的家园。这就需要参与政治。遗憾的是,我们华侨缺少政治意识,缺乏落地生根的认同感。我们致力的是民族觉醒运动,但也提倡'归化',落地生根。"

宋君说:"这就需要我们这些先觉者去开辟华人的政治前景。"

辜鸿铭赞同道:"我们要改变殖民当局对华人的价值取向,我以为华庆兄参加市议员的竞选,无论成败,本身就很有意义。受教育的程度应成为新的价值标准。过去均以个人财富的多寡来遴选华人议员,我们要开一代新风,以知识的高低来拥戴华人领袖。"

伍君说:"鸿铭兄说到了要害处,我们要向社会表明我们的存在,财富、资历不能作为领袖人物的唯一标准,真正参与政治,知识水平和奉献服务精神更为重要。"

李华庆在几次华侨集会上发表过口若悬河的演说,已受到殖民当局的注意。他医术高超,也博得很好的声誉。他相信自己能弥补财富和资历方面的短处，取得竞选华人议员的胜利。他说："如果我当选为议员，我致力的目标是改造华人社会。我们华侨有许多陋习，如果不在华人社区进行社会改革，就很难提高华人的社会地位。譬如说，华侨中畛域之见很深，语言互不相通，经常械斗，不注重教育，不讲卫生。我首先要做三件事：女子放足，男子剪辫，禁止赌博。"

女子放足？辜鸿铭眼前映现出梦琴裙裾下惊鸿掠水、若隐若现的袖珍型绣花鞋。

"华庆兄，要实现女子放足，先从你的太太做起。"辜鸿铭调侃他。

大家友好地笑了。李华庆说："内子自然应当首先做出表率。女子放足，这是妇女解放的第一步。男女平权，妇女解放，是社会革新的标志。"

辜鸿铭不以为然："我以为要提高华人的社会地位，除了提高参政意识，关键在于弘扬民族文化传统。失缺了民族特点，只讲认同，最终只能消亡。"

"鸿铭兄说得对，提高华侨的民族观念，是实现华侨自身改进的关键。我以为，文化、语言和宗教，这三者是民族的基本特性。"李华庆说。

"祖国的传统宗教应是儒学孔教。大力阐扬孔教，就能增强华侨的民族凝聚力。"辜鸿铭说。

"语言也十分重要。我们应发展教育，普及华语。如今华侨中，潮州话、客家话、闽南话，各自形成小圈子，纠纷迭起，这不利华侨社区的统一和团结。当局仅开办英语学校，新一代华人只接受英语教育，很可能走向民族离心化。"李华庆笑着对各位说，"我们这些咨客，也要克服只讲英语、不说华语的习惯。鸿铭兄比我们都说得好,这叫我十分吃惊。他原来是一句国语都听不懂的。从英国回来后,我狠学了一阵华语和广东话,总算见到成效。"

宋君说:"我们为促进华侨民族觉醒而努力,称它为'黎明运动',怎么样?"

伍君很赞同,说:"提得好。要不要有一个基本的口号,表示我们的立场?"

李华庆说:"这样提好不好:把海峡华人提高到现代标准,与其他外国人立于同一地位。"

李华庆竞选华籍议员获得成功。虽然总督最初不愿批准,但李华庆受到广泛的支持。舆论界认为他受过欧洲的科学训练,而且雄辩滔滔,可能比其他的海峡华人更适宜于参与立法议会中的辩论。他被认为是新加坡华人知识分子对政治觉醒的导师。但是,李华庆他们倡导的"黎明运动",受到老一辈华人的反对。女子放足、男子剪辫主张,激起了轩然大波。

那些日子,辜鸿铭时常到直落亚逸街李府。

李华庆果然是个社会斗士,尽管头破血流,他还是坚定不移。创办戒除鸦片所、女子学校、华语训练班,发起成立了南洋孔教会,呼吁各华侨社会团体,把迎神活动的款项转用做教育等等。

辜鸿铭对李华庆这种过分的社会活动热情感到茫然。李华庆作为一名医生,不专注于医道,终日忙碌于到处抛头露面,热衷充当领袖,未免有点华而不实。如果不是那紫色旗袍的倩影吸引着他,他才不屑于一次次地登李府大门。那个"樱桃小口"也真怪,从没见她在客人面前露过面。她的妇德功夫也够到家的。李华庆居然异想天开，期望他太太率先放足，结果被泰山大人臭骂一通。辜鸿铭对"三寸金莲"探秘的结果，认为"三寸金莲"是中国女子文化不可或缺的一部分，女子一放足，中国女子的美德不仅会大大逊色，而且以此为发端，其美德必将荡然无存，最终与西方女子无异。这一对朋友，在这个问题上发生一场激烈的争辩。辜鸿铭不无酸感地说："华庆兄，你是身在宝山不识宝。"李华庆有点粗枝大叶，没认真体味他的话。辜鸿铭话一出口，却深深懊悔，这不是把自己的单相思和盘托出了吗？他来到李府，本没更多的奢想，只是期望能见到梦琴，偏偏她深藏不露，这就更加剧了他的相思烈火，并且有点欲罢不能……

碧云霞的双脚还搁在他的怀里。一阵青春的骚动，像潮水般慢慢退去，她的眼睛比平素明亮几分，水汪汪的，像浸泡在水中的两粒黑玛瑙。他在奋笔疾书，左手还捏着她的"金莲"。她抽回双脚，坐直身子。他侧脸朝她做了个鬼脸。

"老爷。"她欲言又止。

"什么事？"他像换了个人，一下子变得一本正经，冷若冰霜。

"少爷今天带了个洋女人到家里来，一头黄毛，穿着包屁股的裤子，一来就躺到少爷的床上。"碧云霞盯着他脸部的变化。

"真有这事？"

"我还能瞎说吗？"

辜鸿铭没有暴怒，眼珠骨碌碌转动几下，嘴角现出一丝笑容。

碧云霞好不失望。

辜鸿铭没料到儿子还能勾引女人，而且还是个金发女郎。不赖，没有被他管傻了。不过,来正经的可不行,"父为子纲"的权威不能受到挑战。这小子也想过过自由恋爱的时髦瘾。"自由"二字,引无数少不更事者竞折腰,到头来还得感谢专制。父辈难道会存心害自己的儿女吗?

辜鸿铭去敲儿子的门,想要告诉儿子,已定好了婚期,别再想入非非。里面响着鼾声,他不再敲门。

碧云霞等待着好戏开场,他却不声不响地回书房。她的眼神黯淡了。

17 | 婚前试验

牛四备好了车,蹲在大门口,嘴里吧嗒着烟斗,吞云吐雾,观望着过往的行人。

"大烧饼!热油炸鬼!"卖早点的拎着盛烧饼、油条的竹篮子,穿街而过,一面吆喝着一面同牛四打招呼。牛四一脸憨态,嘿嘿笑了两声。

一辆人力车在大门口停下。车夫与牛四互相对视了一瞬。

青年绅士李君从车上下来,穿着考究的笔挺西装,锃亮的皮鞋。他透过厚厚的眼镜镜片,疑惑地打量着牛四。他刚从美国留学回来,为辜鸿铭带来了美国朋友的问候。他听说辜鸿铭是个怪杰,蹲在大门口的牛四虽然穿戴古怪,但缺少名士的气质,他不敢贸然冲撞,赔着小心问:"先生,这是辜教授的府第吗?"

牛四在布鞋底上磕了磕烟斗,又衔在嘴里吹了吹,说:"老爷这就出来,他要出门去。"

"哦——"李君弄清了牛四的身份,恭谨顿时为矜持所替代,稍倾的腰板立刻挺了起来。

辜鸿铭穿着袍褂,神气活现地背着手,踱下出来。

"老爷,这位先生要见您。"牛四站起来,把烟斗系在裤带上。

李君上前鞠了一躬,做了自我介绍,又转达了美国朋友的问候。他指望辜鸿铭请他进去小坐,不想辜鸿铭却说:"没其他事了吧!我们边走边谈。"

两辆人力车并排而行。

"你是从美国回来的,肯定对美国服膺崇拜。不过,我要告诉你,'革命'二字是孔子最早提出来的,欧洲的民主思想是从中国传播过去的,从欧洲又传播到美洲。你受的是美国教育,但那是假民主教育。假民主教育比真专制教育还恶劣。现在美国所讲授的民主教育,就是假民主教育。杜威集假民主教育之大成,扬其波而助其流,所谓小人之无忌惮者也!在他的心目中,哪里还有'人民'二字。现在美国的假民主教育,应改写为'民诅'教育。"

李君受到劈头盖脸的"非美"训斥,一时弄不清何以冲撞了老先生。尊老敬贤,他只得挤出微笑,装着洗耳恭听的样子。

"你出国深造回来,怕是把老祖宗忘得一干二净了。我考考你,回答不出,你就别下车。"

"先生出题吧!"李君觉得这个怪老头挺风趣的。

"《诗三百》,你说,哪一篇最好?"

"《唐风·蟋蟀》最好。"

"在'十三经'中,你能选出几句最好的话吗?"

李君思忖了一会儿,说:"大道之行也,天下为公……"

"不,当推'天不爱其道,地不爱其宝,人不爱其情'三句话最好。你译出来我听听。"

李君用英语译出这三句话,辜鸿铭满意地说了声"Good"。

路经一家西餐馆,辜鸿铭请李君一道去用餐。李君心想,这老先生虽然古怪,但并非完全不近人情。

堂倌和辜鸿铭已混得很熟,问道:"照旧?"辜鸿铭点点头,转对李君说:"我对西餐不太感兴趣,但喜欢喝牛尾汤。"

堂倌端来了牛尾汤。辜鸿铭喝了两口汤,又续起刚才关于"民主"的话题,说:"世界已走向一条错误的道路。人类的一线光明,是中国的民主思想。可叹的是,民主思想在中国始终没能实现,迨传播到欧洲去后,掀起了法国大革命。如同中国发明了火药,传到欧洲成了枪炮。不过,欧洲徒有民主制度,没有民主精神。伦敦、巴黎、华盛顿是世界上最大的强盗大本营。"李君不敢苟同"民主"和"火药"是同一故乡的看法,辜鸿铭又对他进行教诲:"你知道吗?《易经》是中国最有价值的经典,你回国后要深入研究,只通西学不成。黑格尔的伦理学就是根据《易经》的理论写出的。《易经》上说:'是故,易有太极,是生两仪,两仪生四象,四象生八卦,八卦成,列象在其中矣!'黑格尔却掉过头来,批评《易经》理论不值一钱,卖弄他自己的著作。是可忍孰不可忍!"

堂倌端来一盘大菜。李君从未见过,忙问:"晚生吃了多年西餐,还不知这菜叫什么名?"

辜鸿铭说:"这是餐馆专为我做的菜,没有菜名,是我自己发明的。"上面摊着五个煎鸡蛋,鸡蛋下面是捣成泥的碧绿碧绿的菠菜。辜鸿铭说了谎,这是当年露娜小姐常做的菜。今天给李君一问,他内心不得不承认他近来常到西餐馆吃这自己"发明"的菜,是有点怀念被诅咒了千万遍的露娜……

露娜是一朵带刺的玫瑰!她爱得热烈,但也带给人难受。

辜鸿铭和露娜同居之后,李华庆很少同他见面了。他心中的烦恼无处发泄。而且,他也不希望李华庆前来。他认定李华庆在妒忌自己。李华庆还算知趣,也够朋友,不再掺和进来。可是,李华庆从他的生活中消失,并没有随之出现露娜专情的美好图景。男女社交自由,真的实行起来,并不是人人都那么豁达。他跟踪了她几次,每次都诅咒自己行为下贱,但又忍不住再一次跟踪。虽然他对李华庆说露娜有外遇的话反感,内心对她确实不放心。在家里,她有时柔顺得像绵羊,有时又固执得像块顽石,她那大大咧咧的习气,几乎不给人一点尊严。无论是柔顺,还是固执,都是出于以她为中心的思想。每当发生冲突不愉快,他就在心底诅咒她是个虐待狂,但他不会说出口。他希望逆来顺受能弥合这司空见惯的小裂缝,除此,还能有什么选择?两人间剑拔弩张能有更好的结果?后来他如此的狂热崇拜东方文明,推崇中国女性的妇德,不能不说露娜是他的"启蒙老师"。

辜鸿铭一面喝牛尾汤，一面嚼着煎鸡蛋，向李君大谈人类的光明大道："我告诉你，现在欧洲国家和美国都想侵略中国，但是欧洲各国和美国的学者多想学习中国。我希望你学通中西，将来担起强化中国、教化欧美的重任……"

李君从未听过如此狂妄的论调。要教化欧美！他好不吃惊：面前这个古怪的长者，真是精神的帝王。

辜鸿铭想把露娜的影子从脑海里摒除掉。见鬼，她总是那样大模大样地站在他的面前，好像在揶揄他怎么这副古董模样。

露娜很会揶揄人，当然他也不事事示弱。记得那年圣诞节，他在家临时竖了块祖宗的牌位，把露娜做的几样菜充做祭品，跪下叩了三个头，追思先父。她坐在沙发上，等他叩完头，说："你的祖先什么时候来吃喝你的祭品？"他好不气恼，反唇相讥："就在你们祖先来嗅你们所献的鲜花的时候。"于是，唇枪舌剑，你来我往，好一场大战，要不是李华庆前来拜访，还不知要闹到什么地步。

圣诞节，李华庆礼节性地来拜访他们。

"阿鸿，好久没见你，你是乐不思蜀了。"

"阿庆，什么时候也学会挖苦人。怎么样，圣诞节过得愉快吗？"

什么"乐不思蜀"，天晓得！辜鸿铭想起老马告诉他的话："你真有韧性，露娜本来是对李华庆感兴趣的。"他心底涌起一丝嫉妒的涟漪，瞟了一眼露娜。

露娜对李华庆很冷淡，也没有给客人端一杯饮料。她把刚才的不愉快抛诸脑后，双手搂住辜鸿铭的脖子，说："我们去看赛马好吗？"辜鸿铭好难为情，外人在场，她居然如此恣肆。赛马，叫他心惊肉跳的赛马。

李华庆若无其事地站在窗下,朝窗外远眺。

看赛马。她不仅是向李华庆下逐客令,显然还隐藏着挑衅。辜鸿铭觉得她表演得过分了,不该这样对待李华庆。

李华庆掩饰着不自然,装出洒脱的样子,说:"我来得不是时候,你们请便,我也还有一件事要办,告辞了。"

李华庆走了。辜鸿铭心里忐忑不安,她也沉默不语。

露娜经常外出,说一声"我走了,拜拜",把头发一甩,就噔噔地下楼去了。他下课回来,有几次发现烟灰缸多了几个香烟蒂。她说是朋友来玩。他内心承认李华庆没有说谎,即使她没有叛卖自己,至少是用情不专。纵然她秀色可餐,并没有解除他的精神饥渴,反倒增添了无端的烦恼。他在上课时,有好几次想半途突然回家,侦察出她的朋友到底是些什么人,有没有在家里乱来。但他每次都把这种念头强压下去,他觉得怀疑她是可鄙的。纵使发现了什么,又怎么样呢?去同那个男人决斗?他没有这种勇气。况且,她仅仅是和你同居,你不过是她的备选丈夫,她有交男友的自由。想到此,他就气馁了,心想:眼不见心清静。他把妒忌放在齿间碾碎,强咽下去。"试婚"未免太残酷了。人毕竟不是机器,可以开动起来试一试。感情的闸门一旦打开,就像宣泄的洪涛,不可能听从你理性的颐指气使。妒忌能说是心胸狭窄吗?他向她提起香烟蒂的事。后来,当他不在家时,烟灰缸里再也没有增加香烟蒂,也没有发现外人来过的其他痕迹。但是,她还是照常一个人外出。

露娜在几处担任家庭钢琴教师。辜鸿铭暗中察访了她在几个人家里上课的时间。有天下午,他没有课在家做作业。她说去上课,拎着小皮包走了。他痛苦地攥紧拳头:她说谎!下午她没有课,难道是新增加的辅导课?他倚在窗棂上眺望。她风姿绰约,挺着高高的胸脯,行走间一蹦一蹦,他好像听到她的高跟鞋底"嚓嚓"的蹬地声,一种充满活力和欢快的声音。他的心紧缩了,他决定盯她的梢。她一点也没有注意到后面有个"尾巴",她在一家咖啡厅门口遇到了爱丁堡大学的德国留学生米切尔。米切尔常向她献殷勤,她并不讨厌。有英俊的男子献殷勤总是件愉快的事。但是,喜欢并不等于爱,爱的内涵复杂得多。她也不相信有什么永恒的爱,一旦有更值得爱的对象,她可以割舍辜鸿铭,否则,她就会结婚,而不是同居试婚。至于选定了结婚对象之后,会不会再离婚,她没想过。离婚总是件麻烦事。合则留不合则散的同居,她认为很适合她自由自在的天性。

辜鸿铭远远地盯着她同米切尔说话,莫非这人就是李华庆说的那个工学院的德国人?来咖啡厅幽会,哼,很会寻欢作乐!他痛心疾首,紧咬着下嘴唇,让疼痛倒回心底。那两头金发,像两团烈火,向他浮飘过来,撩得他快窒息过去。她没有进咖啡厅,他俩扬手告别了。怪哉!她继续往前走。他像突然获得大赦的犯人,惊喜、愕然,依然惴惴不安。他没让她离开自己的视线。又是一个男子汉,他们面对面站得那么近,讲得那么久。辜鸿铭头顶快冒烟了。他们终于离开,她还回过头来看了一下,他急忙隐蔽在行人道上的一个邮筒后面。他身心均疲惫至极,放弃了继续盯梢的念头:我这算什么!既然不能限制她的自由,又何必自作自受,自讨苦吃。他从邮筒后探着脑,痴痴地望着她脱离了自己的视线。一个巡警走来,在他背后拍了一下,他惊跳起来,一脸尴尬相。

　　暮色从窗外涌进来,桌上摊着一本拉丁语课本。辜鸿铭双手撑着下巴,眼里的拉丁字母已经模糊成一片。门外响起了高跟鞋鞋钉刺耳的声音。门锁"咔啦"一声,门被推开了。"怎么连灯也不点?"露娜一进屋就点燃了煤气灯,雪亮的灯光把他的脸色映得惨白。"你生病啦?"她摸了摸他的额头。"好好的嘛。"她在他额上亲了一下。他心里热乎乎的,听着她在厨房忙碌的声音,一腔怨气、怒气消了一大半:她还是爱我的,我不该这样折磨自己。

　　这天夜里,辜鸿铭迟迟未上床。他在给她写一封情书;她睡在床上,浓黑的睫毛盖住了眼睛,姣好的面容一派安详。咄咄怪事,同床共枕,还写什么情书!但他不以为荒唐,爱情需要咀嚼回味,文字的东西既可以让人展开想象的翅膀,又可以反复玩赏。这封情书洋溢着火一样的热情,情真意切,字字如珠玑,发光炫目。

　　露娜在睡梦中伸手去搂抱他,身边空空如也。她惊醒了。桌上点着蜡烛,他还在伏案疾书。她偷偷地下床,光着脚板,临近他的脊背,放眼望去:上帝啊,他在写什么!满纸都是情,他有了新的情人?她的惺忪睡眼放出光芒。辜鸿铭感觉到她站在背后,本能地用两肘压住情书。"你是我生活的全部。"她念诵着他写的最后一句话。

　　辜鸿铭突然意识到她没想到是写给她的,忙说:"亲爱的,你一定没想到,我是在给你写情书。"

　　"给我?"她吃惊地瞪大眼睛。

　　看着露娜那惊愕的样子,他甜蜜地笑了,把桌上的几页稿纸拢了拢,塞到她手里,幽默地说:"请您不要拒绝。"

露娜迅速地往回倒翻稿纸,果然第一页的上首,赫然地写着"亲爱的露娜"。她穿着一件睡袍,睡袍里透出一股股少女的肉香,金发散乱在白皙的脖颈和坚挺的胸脯上。一股迷乱的情绪从丹田游丝般向上升腾,辜鸿铭伸手拉下了她的睡袍,露出曲线毕呈的胴体。她就势坐到他的怀里。

"你写这干什么?亲爱的。"

"给我们的爱情塑造丰碑。"

"我太爱你了。"

"我也是。"

正当她坠入五里云雾、醉醺醺地天地不分时,听到了一句刺耳的话:"亲爱的,你不要再去当家庭音乐教师,好吗?"露娜的冲动倏地凝固、冷却。

"这是为什么?"

"我可以养活你,你不必家里家外地辛苦。"

"我一点也不觉得辛苦,我给孩子们上上课,心情很愉快。"

"你当然心情愉快,可你知道我的心情吗?"

"你的心情?你怎么啦?"

"亲爱的,我们开诚布公吧!我今天跟踪过你。"

"什么,你盯我的梢!"她的眼圈红了,随之嘤嘤地哭着。他妒忌,他对我不放心,他想限制我的自由,他把我当贼一样防着。她伤心,愤慨。

"露娜,说实话。你和那个德国人到底怎么样?"

她冷笑一声:"告诉你,他叫米切尔,他崇拜我!"

他的声音颤颤的,有点可怜,说:"你爱他吗?"

"这不是你该问的。我要提醒你,我是有社交自由的。"

辜鸿铭默然了。她的潜台词他何曾不明白?不合则散。她没有说出来,算是给他留了面子。是继续下去还是散伙?他权衡了一夜,依然拿不定主意。他既不愿失去她,又无法对付愈来愈折磨人的妒忌。

辜鸿铭盯梢时见到在咖啡厅门口与她说话的人,果然就是米切尔。米切尔公然到他家里来了。落落大方地同她闲扯,为了礼貌的缘故,也同他搭讪几句,她还留他吃饭。德国佬可真会献殷勤,反宾为主,替她倒啤酒,又把煎鸡蛋送到她的嘴边。"真好吃,你快吃。"他紧挨着她。见他的鬼,人家自己做的菜还不知道好吃不好吃!辜鸿铭眼里快喷出火来,直想把餐桌掀翻。这就是她的社交自由?他随便吃了几口就放下刀叉,抹了抹嘴,解下餐巾,重重地扔在桌上。米切尔做了个鬼脸,不吭声了。

辜鸿铭坐在沙发上不看他们,抓起报纸挡住眼睛。他俩沉默了一阵子,又开始互相干杯,说说笑笑,好像男主人根本不存在。"亲爱的,再吃点吧!"她还没忘记他。假惺惺,哼!没有她的怂恿,德国佬会这么放肆?宁可他们真有关系而躲开自己,不要他们在自己眼皮下公开社交。今后怎么办?莫非真的要来一次决斗?可是,她的朋友何其之多,我又怎么决斗得完呢?突然,他的目光被昨天报纸的一条消息吸引住了。天哪,李华庆涉嫌被警署拘留!这一定是误会。

辜鸿铭的直觉一点也没错。李华庆吃了冤枉,正在铁窗里自怨自艾。

当李华庆见到刊登他被拘押的消息的报纸时,心里突然敞亮:见证人一定会前来证明他无罪有功。他望眼欲穿,可是牢门的大锁依然纹丝不动。误会不可怕,可怕的倒是人心的堕落。那个被他营救的女子,竟然至今不肯露面,而坐视他无辜受罚。他委屈地掉下了泪珠。晨曦从铁窗透进来,他又升起新的希望……两天前的傍晚,他在学校东门外的一片蔬菜地田塍上漫步。附近散落着错落的农宅。来到一片菜畦,黄瓜的藤蔓爬满竹篱,像一堵堵绿色的墙。他正待近前去看看黄瓜是如何长出来的,突然一声"救命啊"的女子叫喊声,吓了他一跳。他循声寻去,见一个歹徒正把一个少女压在地苙里施行暴力。他冲上前,一拳砸在歹徒的眼眶上。歹徒放了少女,瞪着血红的眼睛向他逼近。少女掩着衣襟,像漏网之鱼急急逃走了。他一心想把歹徒抓获,扭送警署。他俩扭打到路上,恰好碰上巡警,把他俩一起带到警署。歹徒一口咬定,是李华庆强奸少女。李华庆没想到被反咬一口。有口难辩,唯有被害人站出来作证,他才能得到解脱。可是,那个受害的少女,不知是没看到报纸,还是什么原因,至今深藏不露。这不是把他坑了吗?……铁门被打开了,他惊喜地问看守:"证人来了吗?""不,是你的同学来保释。"他沮丧极了。

是辜鸿铭前来保释他,李华庆急促地讲述了事情的经过,说:"我想,那个受害的少女,害怕事情传扬开来,有损她的名誉,才不肯露面。这太残忍了,坐视我无辜涉嫌!"

李华庆的话触到辜鸿铭的某根敏感神经,他愤慨地说:"能知道要名誉还算不错,现在的新潮女子把贞操、名誉视为粪土,才更可恶。"

李华庆知道他是有感而发。他想向辜鸿铭表白,他确实看见露娜和米切尔在一起,话滚到唇边,终于又咽了回去。

　　辜鸿铭同李君喝完牛尾汤,吃完盘中的煎鸡蛋和菠菜,也过够了说话瘾,说了声"拜拜"就头也不回地撇下李君走了。

　　牛四把他拉到远东饭店。

　　李华庆强颜作笑。

　　辜鸿铭看出他心事重重,问:"出了什么事?梦琴的病情恶化了吗?"

　　"她的病还是老样子。我现在已被政府作为人质了。"

　　"人质?这话怎么说?"

　　"总统府秘书长梁士诒先生刚离开这里。他要求南洋华侨尽快捐款支持帝制。我看出来,他们若得不到南洋巨款,一定会找出种种理由来挽留我,这明摆着把我当人质。"

　　"这么说,袁世凯这个贱种,他要当皇帝是真的了?我要给他点好看!"

18 | 女人是男子身上的一根肋骨

辜鸿铭的嘴巴没遮没拦,破口就大骂什么"袁世凯这个贱种",这让李华庆不自在。梁士诒刚才的话音还在他耳边萦绕……李先生,有您在北京振臂一呼,南洋华侨岂有不慷慨捐资之理?国体面临变更之际,需要海内外同心戮力,您身为总统特别顾问,在此关键时刻,不好擅离总统啊……华侨乃辛亥革命之母,他们出钱出力,欢呼共和的诞生。如今,不足四岁幼龄的共和,就要被窃国者扼杀了,居然还要华侨助其一臂之力,岂不是要母亲帮助歹徒掐死自己的幼儿吗?他被当做人质是千真万确的了。祭孔大典,貌似阐扬民族传统文化,实则是袁世凯耍弄的权术游戏。他对自身的安危没有太多的担心,只是不甘心助纣为虐,也为自己对祖国传统文化的虔诚受到玷污十分悲哀。他同南洋的来往电文,都在特务的严密控制之下,想瞒天过海根本办不到。

辜鸿铭压低嗓门说:"华庆兄,情势看来凶多吉少,你何必坐以待毙?"

李华庆在沙发上舒展了一下四肢,说:"也好,在北京住一阵子,看看这场闹剧怎么上演。鸿铭兄,听说你是赞成帝制反对共和的。"

"共和不合中国国情,可是袁世凯这种德性的人,不配当皇帝……"

敲门声很轻,很执拗。辜鸿铭缄默不语,下颏的胡子微微颤动。

是她!李华庆从沙发上弹起来。敲门声像深夜的洞箫,醉人心扉。李华庆正要奔过去开门,马上意识到自己有点失态,他故做神秘地丢了一句话给辜鸿铭,说:"瞧,现在我成了笼中的小鸟。"然后,稳步伸出手去开门。

怪教授怎么也在这里?姚佩珍肩上挂着个小提包,手里拎着一个洋布兜,在门口进退维谷,也只好强打精神同他招呼。

是她!辜鸿铭对这位女记者的到来微感诧异,记者乎?密探乎?

"记者小姐,你的耳朵太灵了。老实说,我有点怀疑你是不是梁胖子的密探。"辜鸿铭向她捉睐着眼睛。

她一点也不生气,说:"大名士说话总是这样幽默。"

他希望李华庆用"无可奉告"之类的话把她轰走。她稳稳地坐下来,李华庆招待殷勤,似乎对她并不反感。辜鸿铭又向她开火了,说:

"记者小姐,褒姒、妲己、杨玉环,你知道这些人吗?中国向有红颜祸水之说。共和新朝,听说就要夭亡,不知当今'亡国祸水'是哪位绝色美人?"

她尽管恼怒,还是满脸带笑,说:"有亡国的本领,这种女人也不枉人生一世了,她毕竟战胜了须眉啊!"

"母鸡司晨,国无宁日。李先生做了人质,贵报敢不敢向社会披露?"

"什么人质?"她像刺猬一般,机警地竖起利刺。

李华庆急忙把话题叉开,说:"辜先生爱开玩笑。记者小姐,您想采访什么?辜先生在场不会不方便吧!"她瞟了辜鸿铭一眼,矜持地微笑不语。

三人各怀心事地沉默着。末了,还是辜鸿铭起身告退,到了门口又回过身来,目光从姚佩珍脸上溜到李华庆与刘梦琴的合影上。

"瘟神!"姚佩珍心里骂了一句,把手中的小提包,发狠地甩在沙发上。

李华庆关上房门,在案前的藤椅上坐下,说:"不必介意,辜先生就是那种大名士的脾气。"

姚佩珍对辜鸿铭还耿耿于怀。真晦气,他和这个瘟神怎么会有交往?刚才出门时,就有一只飞鸟,把一滴屎滴落在她紫色镶白边的短衣上,害得她又回去换了一件。早晨醒来,她被一股激情驱动,想立刻见到李华庆。这滴鸟屎,把她的兴头浇灭了一半。她的职业,决定了她必须同各种政治人物打交道,手握权柄的人好像都犯有一种"色盲"病。女人的直觉,使她读出李华庆身上另一种政治人物的气息。他的眉眼笑意,他的脸庞轮廓,他的举手投足,他的洒脱风度,无不透露出旷达真诚。他的厚实宽阔的胸脯,像一堵避风的高墙。她是一个强者,也是一个弱者。作为一个职业女性,她感到精神上太疲累。她不愿承认,也不能不默认,人们不过把她视为一个政治婊子。她是女人,她要归巢,巢在哪里呢?他,这个避风的港湾,愿收容她这被恶浪折断风帆的小舟吗?在来路上,她脑海中一直盘旋着那只小鸟。那滴屎落在左肩上,左肩好像隐隐作痛,飞鸟变成了王荣华。獐头鼠目、灰白的鸟屎、可怕的性虐待。她眼睛微微泛红,男人也许生来就是侵略女性的,她不寒而栗。当马车在远东饭店门口停下时,她却毫不犹豫地下了马车。她的高跟鞋急促的蹬地声,向她的理性发出嘲弄。她已遏制不住马上见到李华庆的愿望,她明白自己已被情爱所俘虏,她爱这个男人。他身上的魅力不仅仅是真诚,更有吸引力的是他的风度。她崇拜他,愿为这种风度粉身碎骨,女人不就是所爱男子身上的一根肋骨吗?

"刚才这个怪人说什么'人质',怎么回事?"

李华庆不想把这事张扬出去,舆论帮不了他的忙,只会把事情弄僵,处境会更糟。他摊开双手,呵呵笑道:"要不怎么称他怪人、什么人质,人质……"他的笑都是发自丹田的,富有感染力,可是现在这笑有些做作。

她不想深究,她是来散心不是来找消息见报的。

"李先生,刚才有个美国朋友,送给我几张爵士乐唱片,能用您的唱机听听吗?"她从洋布兜里掏出报纸包着的几张唱片。

李华庆连忙打开留声机。她拣了一张唱片送过去,有意把高隆的胸脯在他胳膊上蹭了两下。他的呼吸突然变得粗重。她把一只手搭在他的肩上，扑闪着浓密的睫毛，说："我们跳舞好吗？"

房内响起节奏疯狂的爵士乐，姚佩珍只觉得自己的血液在膨胀。他跳得很熟练，相形之下，她觉得自己有点笨拙。男子汉的气息熏得她晕乎乎的。他过于矜持和文明，搂着她腰肢的手不能加点压力吗？她很想倒进他的怀里，她的头发撩拨着他的下巴颏，他觉得很受用。地板被疯狂的节奏震荡晃动着，他好像在波浪中颠簸，他努力自持着，他想起夫人梦琴……她像一朵含苞未放的花蕾，脉脉含情；又像深涧里游荡的晨霁，缥缈虚无。花蕾和晨霁都能叫人赏心悦目，可是，女人对男人来说，不仅仅是一饱眼福。贤淑和性感不可或缺啊……他的脚步突然乱了。她娇媚地抬起睫毛，问："怎么啦？"他抱歉地说："我有点不舒服。"他看到了一双呆滞失神的眼睛。眼睛修长，双眼皮，依然如昨，只是当年顾盼自如的黑白分明的眸子，变成了一片混沌。他避开姚佩珍那盛满渴求的眼睛，关掉留声机。

房内像死一般的沉寂。她逼视着他，用手在他额头试了试体温。他轻轻地把她的手拿下来，说："不要紧，你请坐！"她好像猜到了他的心事，暗暗窃喜：他想登上我这只避风的小舟，又害怕翻船。也好，欲擒故纵。她从留声机上取下唱片，慢悠悠地用报纸包好，放进布兜，然后拎起小皮包，说了声"拜拜"，做了个飞吻动作，飘然而去。

暮色浸润着豪华的客厅。姚佩珍打开电灯开关，四盏璎珞式的大吊灯大放光明。她推开卧室的门，孤独感立即包围了她。她站在穿衣镜前，端详着细长白净的脖子。她自比为一只白天鹅，她有着美丽的颈项。她刚踏进大门，门卫就告诉她，王荣华又来找过她。这个不知死活的家伙,像一只癞皮狗。梁胖子也真是的,他真有心帮忙,干掉一个王荣华,还不像摁一只臭虫!认他做干爹还不行吗?难道非要我做出最后的贡献?想到脑满肠肥的梁士诒,她心里就堵得慌。她疲惫地往逍遥床上栽去,紧紧地拥着抱枕。刚才还自鸣得意自己的"欲擒故纵",现在却心生焦灼。夜长梦多,他一旦说走就走,你还能贸然追到南洋去?他说他的太太在京郊治病。一个久病不愈的女人,值得他如此痴情?最好设法见到他的太太,倘若她深明大义,就会为她丈夫的幸福着想。

客厅里传来嘈杂的声音。女佣进卧房告诉她,几位老爷又来打麻将。他们来得正是时候,不然今晚还不知怎么打发。她翻身起床,踏动莲蓬头香水喷雾器按钮,身上撒满了巴黎高级香水。

三位来者中,一位是财政部次长,一位是北京一家大报的总编,还有一位是交通部司长。

"来来来,姚小姐,三缺一,手指发痒了。"次长大人搓洗着麻将牌,好像召唤丫头一般。

他们常来常往,这里实际上是个政治沙龙。宦海浮沉,官场轶事,军阀朋党,鸡鸣狗盗,在吆五喝六声中,排遣和分享各人的烦闷和得意。

姚佩珍近来对这些牌客有点厌烦。可是,他们不来她又感到寂寞冷清。过去,不论你高兴不高兴,你都得上牌桌陪他们,他们都是炙手可热的权势者,得罪得起吗?现在,她认了梁士诒做干爹,腰杆硬了,谁再颐指气使,她就敢愤然作色。

次长大人发现她面带冷霜,连忙赔笑:"梁秘书长的干千金,今天有什么不顺心的事?说出来,我们替你出气。"

姚佩珍的不快消散了,说:"要我打牌也行,不过我有个条件。"

"什么条件?"次长人人涎着脸问。

"我赢了,输家得嗅嗅我的脚丫。"

她要对这些臭男人报复,报复过去对她的轻浮和蔑视。宽大的客厅里阒无声息,只有钟摆清脆的滴答声。

次长大人满脸横肉,堆积着淫笑,小眼睛只剩下一条缝,问:"两位以为怎么样?美人的天足,一定比裹足小脚更有味道。哈哈哈——"

总编先生凑趣道:"辜鸿铭不嗅'三寸金莲',写不出文章,我们是不闻现代美人的天足,抓不到好牌。"

三个人放肆狂笑。姚佩珍耳热腮红,心里冷笑着:无耻的蠢货!

麻将牌在云石桌面上哗哗作响。

"听说梁总长要挂牌组织'全国请愿联合会',帝制运动步伐加快了。"

"有了'筹安会',又冒出个'请愿会',有什么背景吗?"

"杨皙子看来又失宠了。'筹安会'文化人嘛,只能冲锋陷阵,造造舆论。来真格的,文化人就不行了。"

"帝制说了这么久,也该进入实质阶段。"

"帝制对我们到底有没有好处?"

"老弟真糊涂,没有好处的话,大家难道是跟着瞎起哄?总统是可以变更的,倘若上面一变,下面势必哗啦啦换一大批人,我们这些人又得去重新钻营,投靠新主子。丢了官,我们还能做什么?皇帝却是终生的,臣子的饭碗就是铁打的,除非改朝换代。"

"不过也有人不高兴。我看大总统手下的那些将军们,他们指望大总统百年之后,也能过过大总统的瘾。改为帝制后,他们今后只能侍奉世袭皇帝袁克定了。"

"问题就在这里,不然大总统为什么一面信誓旦旦不做皇帝,一面又让别人左一个'请愿',右一个'拥戴'。他要那些将军们心服口服,让他们把他请上皇帝的龙椅。"

"九条。"

"八筒。"

"和啦!"姚佩珍喜笑颜开,挪开紫檀木椅子,把一双脚翘到桌面上,说,"快,快闻脚香。"

次长大人做个鬼脸,说:"想死我了,美人!"俯下脑袋在她的脚面上鸡啄米似的印了七八个吻,又在她小腿上捏了一把。总编先生也抛掉斯文,捧着她的两脚在腮上摩挲着。司长还在犹豫,她已把脚从总编先生手中抽出,将脚拇指塞进司长的嘴里。大家一齐击桌狂笑,她笑出了泪水。这是开心的泪水,是报复带来的快感,也是性压抑的释放。

女佣进来报告,说梁士诒秘书长"驾到"。梁士诒一进院子,就听到客厅里在恣肆纵情。姚佩珍浪谑的笑声,使他痒酥酥的。

"秘书长!"

"梁秘书长,您坐我这里!"

"不,还是让我来观战。"

三个人都一起毕恭毕敬地站着,挤出一副媚态。

梁士诒坐了总编先生的位子,说:"你们刚才笑什么,笑得那么忘情?"

二人都噤若寒蝉。姚佩珍给他点燃香烟,说:"今天立了新规矩,我赢了,输家得嗅我的脚丫子,不然,我就不玩。"

梁士诒捏着她的手,笑得像个弥勒佛,说:"干女儿,总不能叫干爹也嗅你的脚丫子!"

姚佩珍撒着娇:"我高兴嘛!"

吃过宵夜,次长、总编、司长都走了。梁士诒靠在沙发上,叼上一支香烟,还没有就走的意思。姚佩珍假装嗔怒,从他嘴里抢下香烟,厉声问:"干爹,我叫你办的事办得怎么样啦?"

"什么事?发这么大的火!干爹还有办不成的事吗?来,坐我身边,说给我听听。"

她嘴一撇,把香烟塞到他唇边,说:"人家急如火燎的事,你却忘到九霄云外,真是的。"

"哦,我想起来了,是不是你男人王荣华。这个家伙,知道我收了你当干女儿,居然跑来向我伸手要官。"

"你答应啦?"

"宝贝,我怎么能答应呢?你不是要我对付他吗?"

"除了大总统,干爹就是中国第二号实权人物,这点小事都办不成!"她勾着头,撅着嘴,扭动着身子,做出一副叫人怜爱的姿态。

"宝贝,人命关天,这得从长计议,慢慢来。是不是有了意中人,嗯?"

"是又怎么样!"

"说说看,我的干女婿是何等样人?"

"暂时保密。你不把那只癞皮狗除掉,不但干女儿的前程受影响,就是干爹今后也麻烦。那个无赖一旦沾上你,想甩都甩不掉。"

"有这么严重?"他色迷迷地盯着她。这小姐果然有了意中人,才急于甩掉那个无赖。一旦她筑了新巢,还会眷顾他这个干爹吗?每当他有了顺心的事,他就来她这里搓一夜麻将,有个新潮知识女性陪着玩玩,的确可以助兴。而他有了烦恼的时候,他绝不来这里,而是传唤烟花美女蹂躏发泄一通,把烦闷疏导出去。今天,他踌躇满志,来这里就是来同她分享他的得意。这一阵子,杨度红得发紫,使他在老衰面前黯然失色。今天,他又取得了老衰的青睐,杨度的戏唱得差不多了。他把她的事抛开,自顾自地讲述下午面见老衰的经过……

梁士诒去居仁堂见老衰时,恰好和走出居仁堂的杨度相遇,狭路相逢,两个政敌各怀鬼胎。杨度穿一套黑色呢制服,冷眼相望,说:"燕孙兄,你又发福了,大家背后都叫你梁财神,榨取民脂民膏有方啊!"

梁士诒胖乎乎的脸上堆满了笑,打着哈哈:"我是总统面前打杂的,哪比得上你皙子,身居清要,耍耍笔杆,摇唇鼓舌,就恩宠有加。"

杨度不再同他周旋,轻蔑地笑了笑就走开了。

梁士诒见了老衰后,再也忍不住地攻击杨度。他绕着弯子说:"总统,'筹安会'这个名字,外人都说有点不吉利。"

袁世凯的八字牛角胡翘了起来,正要往嘴里送雪茄烟的手,停在空中。

梁士诒见状,就放胆说:"总统身系国家安危,总统健在,国家自然安如磐石。杨度他们要筹一国之安,岂不是说总统……况且,'筹安会'同各省直接联系,似有凌驾总统之上,搞第二政府的味道。民意向背早已一清二楚,他们还一个劲地讨论国体,纸上谈兵要误事的。"

袁世凯猛抽一口雪茄,问:"你有什么高见?"

梁士诒说:"帝制是民心所向,早该进入实施阶段。应广泛发动各界人士请愿、劝进,随后就成立登极大典筹备处。现在是采取实际行动的时候。"

袁世凯说:"鉴于他们'筹安会'邀请各省人士商讨国体,是尊重民意,国家大事应该尊重民意。你说的发动请愿、劝进,只要是自愿的,我一定会尊重他们的意愿。不过,这应当是各界人士自动请愿,不是由我发动。"

梁士诒心领神会,说:"总统高见。当然是自动请愿、劝进。我拟组织一个团体,叫'全国请愿联合会',请愿告一段落后,就改称为'登极大典筹备处'。总统以为如何?"

袁世凯抹着牛角胡须,赞许地说:"你看着办吧"

梁士诒掏出"全国请愿联合会告全国同胞书",递给姚佩珍,说:"干爹把独家新闻给了你们《亚细亚报》,你该怎么谢我?"

姚佩珍坐下急速地浏览了一遍,想起被杨度奚落的事,对杨度有点幸灾乐祸。她也想出出风头,并趁此讨好梁士诒,说:"干爹,你们号召各界请愿、劝进总统当皇帝,女界也应当站出来说话。我想活动一下,成立'女界请愿会'。"

"妙极了。各界都应当有自己的请愿机构。好主意,好主意!"梁士诒兴奋地来回踱着,踱到她面前,他眼里放出异彩:"今天迟了,你去帮我把马车夫打发走。"

姚佩珍愕然了一霎,马上娇滴滴地搂着他的胳膊,往外拉他:"干爹,骏马扬蹄快如烟,夜深人静,才不会撞到人。"

梁士诒捏了捏她的鼻子,说:"鬼丫头!"

姚佩珍送走梁士诒,在院子里默默地站了几分钟。彪汉男佣哗啦啦抖动着锁链,把大门拴得牢牢的。他还从未见过主人痴痴地伫立独处,这反常的现象使他有点不放心。他不敢马上进房去安歇,在一角陪站着。她在男人堆里逢场作戏、虚与委蛇的本领不能说不高,在这点上她自我感觉一向良好。梁财神今夜想留下的事,虽然支应过去,往后难保他不再生出非分之想。她冷不丁发现一个人在暗处站着。她魂飞魄散,凄厉地惨叫出来。男佣急忙说话:"小姐,是我!"她惊魂稍定,连忙返回卧室去。

卧室里浅蓝色的壁灯,映出柔和的光线。姚佩珍换上睡袍,没有一点睡意,在电动摇椅上舒展四肢。她又想着李华庆,他对她是那样富有魅力。机不可失,时不再来,这种孤魂野鹤的日子,终究不是长远之策。那个怪人辜鸿铭同他好像是推心置腹的朋友,他和那个怪人怎么会搅和在一块呢?他俩是反比例啊!想到辜鸿铭,睡意向她袭来,那人的确叫她头痛。你说他是妇女解放的死对头,可是他在远东饭店的舞厅里,邀请外国女子跳舞又彬彬有礼;你说他是洋奴,而他偏偏是专出口中国文化的,北大的外国教授对他简直没办法。她听说,外国教授用英语同他搭话,他就用汉语回答人家;人家用汉语和他交谈,他又改用德语。他像猫逗老鼠,把外国人捉弄得抓耳搔腮……朦胧中,她来到参政会会议采访。参政杨度以"筹安会"的名义,要求参政会全体参政,对更换国体进行投票。票面上印着"君主制"和"共和制"两栏,让参政们打钩。严复、辜鸿铭都来参加会议。会议上最有新闻价值的是,参政们投过票后,可以在门口领取三百块银元的出席费,许多老态龙钟的长者,提着沉甸甸的一袋银元,步履蹒跚的样子实在可笑。辜鸿铭正在领取银元,他骂人骂世,自己也不见得清高嘛。姚佩珍迎上去,说:"辜先生,记得你说过,民意代表领取政府赏赐,是政治婊子之所为。今天,我可碰上了新闻。您对手中的黄白之物,有何高见?""没错,你撞上了新闻。高见不敢当,出席费不可谓不丰厚。你跟我走一趟,我身上还有可做独家新闻的材料。"他的黄包车在前,她的黄包车在后。怎么,怎么到了前门外八大胡同!他下了车,在一家窑子门前站定。她气黄了脸。他举着那袋银元,向她摇晃着,发出叮当作响的声音……她脚一蹬,心猛地往下沉。原来还躺在电动摇椅上。

辜鸿铭领了三百元参政会的出席费,确实是径直到八大胡同去逛窑子。北京当时的妓院有规矩,嫖客可以叫妓女们从跟前鱼贯而过,逐一过目品赏,然后敲定要谁。他走遍八大胡同,每进一家窑子,便发给每个妓女一块大洋,直至三百块大洋发完,才哈哈大笑,扬长而去。

这个怪人,如此亵渎政府,还真有点铮铮傲骨。姚佩珍上床躺下,恍惚之中,还在担忧辜鸿铭与李华庆有特殊交往,会不会坏了她的好事。

19 | 甜言蜜语大会串

　　厨子烧的中国菜,味道绝佳。凯莉不敢贪嘴,最近发觉牛仔裤裤头紧绷绷的。要节食!要减肥!厨子本是总统府专为他父亲雇来做西餐的厨师,可她父女俩渐渐嗜好中式菜肴,厨师的专长居然被埋没了。古德诺博士指示厨子,中国"八大菜系"的主要菜肴,都要让他们尝遍。今天,厨子做的是两样闽菜:花菇烧蹄筋和油爆鱿鱼卷。父亲的食欲总是那么好,尽管是五十多岁的人,一点发胖的趋势都没有,身体结实、利索,显得非常干练,神采奕奕。中国尽管是个远未解决温饱的国家,但是，吃的艺术无疑位居世界前列，不愧是历史悠久的民族。她想起辜鸿铭下午的演讲，真是精彩极了。

父女俩下午都去远东饭店听了辜鸿铭的演讲，每张门票是三块大洋。中国人演说居然还要收门票，并且是昂贵的票价，据说这在中国还是破天荒的。听者多是在京的外国人，因为辜鸿铭是用英语演说。他在外国人中的声望远比国内高，中国人好像只是把他看成一个不合时宜的怪人。

父亲还在大嚼油爆鱿鱼，她给父亲的酒杯添满威士忌。辜鸿铭在演讲中对中西文明的比较，还真有趣……欧洲近百年来的经济发展，表面上一派繁荣，其实他们内心深处痛苦不堪，中国人内心就很平静。虽然中国人的车不如西方人的车，中国人的船不如西方人的船，中国人的一切起居享用都不如西方人，但中国人在物质上所享受的幸福，实在是比西方人多。因为我们的幸福乐趣，在于我们能享受的一面，而不在所享受的东西上——穿高级料子的未必就愉快，穿破衣烂衫的也许很快乐。中国人以其自然融洽游乐的态度，有一点就享受一点。而西方人贪得无厌地向前追求，以致精神沦丧苦闷，得到的物质虽多，实在未曾从容享受……油爆鱿鱼很可口。她看父亲吃得那么香，禁不住咽了咽口水。

"凯莉，不吃吗？辜鸿铭讲得有理，我们西方人没有中国人会享受。为了体态苗条，放着佳肴美味不敢吃，多可惜。"父亲用叉子指着女儿的鼻尖，打趣说，"我们也该回国了，回去之后想吃也吃不上。"

"回国？为什么？"她没想到要离开中国。

"我们在这里待得够久了。"

凯莉神色黯然。父亲当然要回国,那里有他的情妇,也许很快就要结婚。而你呢?那里有什么等待你?她突然感到自己像一缕飘荡的柳絮。她猛地把父亲的酒杯抢过来,把一杯威士忌一口喝干,然后摇摇晃晃地朝浴室走去。

凯莉的两个弟弟,大学毕业后就不知他们上哪儿去了。每逢圣诞节和父亲的生日,都寄来了圣诞卡和生日卡,可是却不署地址。古德诺近来都在研究中国文化,想起辜鸿铭的演说不无感慨……西方人讲究自我,各个人之间彼此界限划得很清,开口就是权利义务、法律关系,谁同谁都要算账,父子夫妇之间也都如此。这样生活实在太苦。中国人的态度恰好相反,他不分什么人我界限,不讲什么权利义务,孝、悌、礼、让,崇尚情谊,推崇无我。因此,生活中尽管有苦痛,然而家庭里社会上,不是冷漠敌对算账的样子,处处都能得到一种情趣……辜鸿铭总是把中国描绘得无限美妙,中国的哲学与社会实际是不是一致的呢?不过,此行对凯莉精神的稳定,似乎很见成效。要不就留下观察中国复辟帝制的结果,新年过后再决定去留。

莲蓬头沙沙地喷着自来水,浴室里水雾迷蒙。凯莉仰着脸,让水珠击打丰腴的胸部,双手搓揉着硕大坚挺的乳房,一丝亢奋转瞬裂变,向全身漫溢开来。她关掉自来水,用干毛巾使劲儿地搓揉四肢,直搓到皮肤发红、发痛,才裹上浴巾。她"砰"的一声用劲关上卧房,扣上暗锁,拉上金丝绒窗帘,把浴巾抖落到地上,裸露着胴体,在床上打了几个滚。中南海的夜晚宁静得像一座荒山。她对这种宁静淡泊的生活已经开始厌倦,她直想歇斯底里地发作一番。她原本打算搬到女子高等师范学校去住,又不忍心让父亲孤零零地一人独处。每逢黄昏来临,想到附近各处散散步也没有自由,因为大总统每天傍晚也要散步,总统一散步就得净园,偌大的中南海变成了一个保险柜。北京古都纵然美不胜收,多玩几次也就司空见惯、熟视无睹了。刚来中国时的那种新鲜感,已经不知不觉地从身边溜走。北京深秋的夜晚已经凉意很浓。她拉过被子,把赤裸的身体裹成一个圆筒。天地宇宙虽然广袤,但一个人的生存空间又是这样有限。无论是大洋的彼岸,还是大洋的此岸,为什么都盛不下她的焦灼和困惑?为什么总是这样躁动不宁!爸爸也许说得对,女人得有个归宿,得有个家。否则,天高任鸟飞,也有飞倦的时候。这里给她留下什么值得回忆的东西呢?是纯朴的民风,还是灿烂的文化……一个一口流利英语的青年,站到她的面前。哦,是自强辜!是她叫人送信把他约来。他俩在新华门门口乘上法国轿式大马车,朝西山驰去。御河两岸,浓荫蔽日。水上小船往来,沿河良田片片。农舍点点,红叶斑驳,稻果飘香。好不叫人心旷神怡!澄澈碧蓝的天空下,遥见西山紫气氤氲。进入香山,就像踏进一卷画轴。柿树、黄栌、枫叶,组成了香山红叶大家族,如火如荼,醉人心扉。他背着点心,她拎着相机,在树木掩映的小径向上攀援。鸟归樊林,鱼返深渊。她一路上赞不绝口,仿佛进入一种无我的境界。他们爬到一处残基废址。自强辜说这是清朝乾隆皇帝纪念他军事胜利的建筑遗迹。他们在这里坐下来用餐,一瓶白兰地还有面包、香肠、果酱,都是她家厨师给她预备的。他俩一面吃喝,一面闲聊。突然,她问他:"自强辜,你想不想到美国去留学?"话一出口,她怦然心跳:你为什么希望他去美国呢?难道?不,这不可能!她警告自己,再也不能游戏感情,她经不起感情的再度崩溃,刚修补好的篱笆不能再露出缝隙。不过是结伴游玩罢了。他的回答解除了她的窘迫。他说,他父亲反对他出国留学。她表示理解,辜教授既然不遗余力地攻击西方文化,自然不会鼓励儿子去西方深造。正说话间,不知不觉,天上铅云密布。霎时急骤的雨点,劈头盖脸击打下来。他们手忙脚乱地收拾了吃食,躲到大树底下。她的衬衫被雨淋湿,冰凉地贴在身上,把上身的大小弧线清晰地勾勒出来。他蹲在她的对面。她捕捉到他偷觑的目光,好不惬意。阵雨过后,太阳又高悬在湛蓝的天穹,四周弥漫着腐叶的香味。一个俏皮的念头窜进她的脑海。她叫他帮助扯下一根树枝,说要把湿衣服晾晒一会儿。她躲到一堵戕破的墙基后面,脱下衬衫,用树枝把它高高撑起,靠在墙基上。小鸟在山谷里啾啾鸣叫,在雨后的林中分外清脆悦耳。她从破墙角偷窥,见他席地而坐,遥望对面山梁,一面扔石子,一面吹口哨,目光却时不时地往这里瞟一眼。温暖的太阳,痒痒地摩挲着她裸露的上身,她交叉双手,紧抱胸前。一阵战栗和冲动,紧紧地扼着她的喉咙,她再也控制不住地叫唤:辜!……梦境还在脑中恍惚飘荡,刚才是做梦了。她动了动双脚,发现自己紧紧地卷在被子里,被子把身体箍得太紧。辜自强,她想到刚才的梦境,两颊泛出红晕,责骂自己:荒唐!

一夜没睡好,早晨醒来时只觉得头重脚轻。要不是上午有两节口语课,她才不想下床。父亲已用过早餐,到居仁堂袁世凯的办公室去了。父亲从不在家里提及他的公务,她也从不过问,不想知道。她匆匆喝了一杯牛奶,吃了两个煎鸡蛋,就坐马车前往女子高等师范学校。

那不是辜自强的朋友林君吗?林君是北京大学外文系的学生,

长得很帅。她想起他的"瑶池乐园",以人性禁锢为美德的国度,居然也生产出这样的怪胎。他身边的两个女高师学生,莫非就是在"瑶池乐园"见到的那两位女性?凯莉在校门口一下马车,就同他们迎面而遇。

林君也认出她是辜自强的朋友。林君这一阵子到上海去参加他们的党魁刘师复的追悼会。前些时候,刘师复与中国社会党另一党魁江亢虎已分道扬镳。袁世凯取缔了中国社会党之后,江亢虎已逃往国外。中国社会党无政府主义派的领袖刘师复,在上海出版报刊,散发传单,成立暗杀团,号召反对一切权威,与官僚军人战,与一切伟人政客战。刘师复穷病潦倒,弥留之际坚信"吾主义行将遍布于东亚大陆"。林君等无政府主义党徒,痛悼刘师复三十多岁就为主义耗尽了心血,声称要"继师复先生之志而致来日之希望"。适逢上海漆业工人、水木工人自发地举行要求增加工资的罢工。林君与伙伴们对工人的活动方式颇不以为然。工人结队游行,或手执香火,或肩负神牌,或高提"鲁班先师"的灯笼,声势貌似浩大,其实不过尽是乌合之众。他们希望同工团主义者联合起来,带着传单随游行队伍散发。可是,工人们争取的是实际利益,对他们的无政府主义主张不感兴趣,他们只好垂头丧气地回到北京。不想一回到北京,他们的"瑶池乐园"已被袁世凯政府抄了,印刷机和尚未散发完的《自由录》杂志全被抄走。林君见了凯莉,顿时心生疑窦:她到过我们的"瑶池乐园",况且又是袁世凯顾问的女儿,莫非是袁世凯的间谍?

林君风度翩翩地向凯莉鞠躬致意,说:"尊敬的小姐,前次让您受惊了,实在对不起。我们今天傍晚有一个新的节目,草裙舞和甜言蜜语大汇串,够刺激的。请您和辜自强先生光临。"

凯莉顿时春心萌动,笑而不答,扬手"拜拜",匆匆朝教室走去。

晚霞给陶然亭披上橘红色的面纱,湖面的涟漪闪烁着金色的光辉,归巢的小鸟在芦苇丛中欢快地啼鸣。凯莉穿一条血红的半敞胸连衣裙,在布满坟堆的小径上匆匆行走。她本没打算前来"瑶池乐园"的。她是去地安门大街找辜自强的,想找他一道去看京剧。没有人在旁边翻译,无非是看看怪异的脸谱取乐罢了。辜自强父子都不在,碧云霞用敌意的目光毫不客气地直视她,她用英语向碧云霞问候。碧云霞认出是和辜自强一道来过家里的洋女人,叫厨娘和女佣用扫帚把她驱赶出去。凯莉好不沮丧懊恼。女人的直觉和敏感告诉她,辜家的这位少妇对她有妒意,他们父子和少妇间似乎有一种暧昧关系。她回头张望了一下这座门楼颓败的四合院,神秘兮兮的感觉使她一扫懊恼。马车往新华门驶去。总统府内太静寂,叫人了无生趣。乘兴而去败兴而归最叫人受不了。她想起早上在女高师门口遇到的林君,于是叫车夫掉转马头,朝城南的陶然亭驶去。

林君他们的"瑶池乐园"被抄后,在市内租赁了一座小楼,门上挂着"世界语传习所"的招牌掩人耳目。但是,这新的总部又被警方注意了,今天他们不得不又来"瑶池乐园"秘密聚会。数男数女席地而坐。林君向诸位汇报了党魁刘师复去世后的党内形势。他说,"无政府党万国大会"已在伦敦胜利召开,他已向大会发报,建议乘欧洲大战之机,举行万国总罢工。他们的"三无"纲领(无宗教、无国家、无家庭)已被无政府党万国大会所认同。他要求北京的同志,到各省去联络无政府主义者,为建立"支那无政府党联合会"做准备。林君说:

"现在,广州的刘石心、常熟的蒋爱真、南京的杨志道,已发起成立了'同志社'和'传播社',香港的袁振英、杜彬床等人发起成立'大同社',新近出国的两位同志,在新加坡办起《正声月刊》,在加拿大办起《劳动月报》。我们还有许多国际友人。俄国的克鲁泡特金、柴门霍夫,法国的格拉佛,美国的高德曼,日本的大杉荣作,朝鲜的'朝鲜黑旗团',都和我们有密切的联系。大杉荣作建议,以中日两国无政府主义团体为主体,建立'东亚无政府主义大联盟'。目前的形势非常激动人心。同志们,我们要时刻记住我们的行动口号:做地球大同之先锋,为人类平等之骁将,铲锄强权,预备世界大革命……"

站岗的同志进来报告说,有一个外国女子要见林君。林君猜想是凯莉,宣布会议结束,准备"精神会餐"。

凯莉没有拒绝林君挽着自己的腰肢,被他拥着走进破败的庙堂。手摇唱机开始播放爵士乐的唱片。疯狂激越的旋律叩动人心。男女们都半裸露着,像公鸡斗架一般在扭动、调情。女的只束一条胸带,下着草裙;男的袒露上身,下穿长裤。

林君适度地半拥着凯莉,说:"这就是我们的草裙舞和甜言蜜语大汇串。我们要铲除一切禁锢,释放被压抑的人性。"

凯莉有点失悔,不该接受这份诱惑。她告诫自己:绝不能跟着下水,我已尝够了放纵的苦涩。

舞蹈充斥着挑逗动作。所谓"甜言蜜语大汇串",就是把法国作家莫泊桑作品里的句子用来调情。林君向她翻译大家嘴里在说的话。

"安慰安慰我吧。"

"娱乐娱乐我吧。"

"使我忧愁忧愁吧。"

"感动感动我吧。"

"让我做做梦吧。"

"让我欢笑吧。"

"让我恐惧吧。"

"让我流泪吧。"

....

凯莉忍不住要笑。他们真会寻欢作乐,把伟大作家的作品如此肢解套用。辜鸿铭教授不是说,世界未来文化就是中国文化的复兴。看来中国文化并不是对所有中国人都有吸引力。这些青年不仅崇拜个性解放,甚至还蔑视权威和秩序!他们太可怜了,不知道站在他们面前的她,曾面临精神的崩溃而把目光投向东方的人情美。

"凯莉小姐,能请您同我跳舞吗?"林君彬彬有礼地邀请她。她没有吭声。眼前的这一切,刺激着她的神经末梢,原来体内那种说不出的烦躁和焦灼,不知不觉被激昂的爵士乐冲淡。她的双腿和臀部自然而然地跟着节拍微微地扭动。

"凯莉小姐。"林君又轻轻地呼唤一声,轻柔的声音像小虫一样痒痒地爬进她的心窝。她战栗了一下,分明听到外面乌鸦呱呱的叫声。她飞速地在胸前画了个十字,向林君说了声"对不起",就冲了出去。

林君啪地关掉留声机,叫大家分头散去。他更加怀疑凯莉是袁世凯的间谍,自个尾随在她后面。她零乱的脚步,踏着暮色,在灌木丛中往前急蹿。

"凯莉小姐,等一等,我送您回去。"林君没发现埋伏有军警,扬手叫喊。

凯莉有点害怕,脚步却明显放慢了。

林君追上她,用肩膀亲昵地碰了碰她的肩背,说:"这一带很荒凉,您一个人走有点危险。您既然来了,为什么又不留下呢?"

"我是出来散散心的。林先生,我觉得你们不应该如此,你们把你们民族美好的东西丢弃了,这太可惜。个性解放到没有限度时,物极必反,伴之而来的是加倍的痛苦。"

林君笑盈盈地傍着她,说:"你们高蛋白的食物吃多了,自然提倡减肥节食,以保持体型的苗条优美。可是我们的同胞,正饿得皮包骨头,您能对他们说,要少吃高蛋白,不要发胖,不要重蹈我们的覆辙。这样说,您看是不是过于滑稽?也许个性解放之后也有痛苦,但是并不能因此叫我们对人性的压抑高唱赞歌。也许我们的行动是过激的,要轰开数千年的人性禁锢,没有点过激行为作示范,没有少数先知先觉的呐喊,就休想在一片混沌中启蒙。凯莉小姐,我知道您和您父亲都很崇拜东方文化,我相信您是出于真心,但您的父亲鼓吹中国国情不适合共和制,这实在是件令人遗憾的事。难道民主共和就是西方的专利品?也许不少中国民众希望有个好皇帝,这是因为他们还没觉醒,他们跪习惯了,他们的膝盖骨支撑不起身体……"

说话间,他们已走出陶然亭。凯莉蹬上等候在路边的马车。林君看出她有点犹豫,当机立断,也跟着上了马车。他揣摩她很寂寞,需要说话的伙伴。他与她并排坐着,一只手大胆地放在她的大腿上。她没有动弹。他轻轻地撩开覆着她大腿的裙摆,把头俯下,在她白皙的腿上狂吻。她无力地靠在坐椅上,右手搁在他的浓密的头发上,轻柔地摩挲。林君抬头正要同她接吻,猛地发现马车经过他的住处,急忙叫车夫停下。

"凯莉,到我的住处看看好吗?"

凯莉没有任何表示,一任他将她扶下车。这是一座临街的二层小楼,大门口挂着"世界语传习所"的招牌。其实,这个招牌不过是幌子,被袁世凯取缔的中国社会党,其无政府主义派北京总部就设在这里。

凯莉小心编扎数月的篱笆被林君扯开了一条缝隙。林君很讲究做爱的艺术。她像坠入五里云雾,骨蚀魂销,只能依稀地体味到自身的存在。林君却极为冷静,在同衾共枕之中,弄清"瑶池乐园"被抄并非她告密,她对政治不感兴趣。他宽心舒适地睡了一夜,曙光透过窗玻璃把她舔醒;他依然在酣睡,她被一种失落感和羞悔噬咬着,悄悄地穿好连衣裙,甩了甩零乱的头发,不敢再看他一眼,拉开门,逃也似的噔噔下楼而去。

凯莉的脸毫无光泽,眼角黏着几丝眼屎,一派灰暗迷蒙。古德诺博士一夜都在为她担惊受怕,到北京后她还从未一夜未归的。她迎着他喷怒的目光,先开口解释:"昨夜有一个学生过生日,酒喝多了,就在她那里过了一夜。"

"今后有事不能回来,最好派人来告诉一声。"

"来人进不了总统府。爸爸,我今后晚上不出去就是了。"离开美国之前,她曾经要求父亲监督约束她。她不希望因这次放纵又翻回了人生的那一页,昨夜的事只当是一次偶然的迷路。

"凯莉,在我们回国之前,你可以参与一些公众活动,这样也许生活会充实一点。"

"爸爸,你别替我担心,我一点也不寂寞。我可以向校方提出,每星期再增加两节课,并给学生多布置些作业。忙个不停,就不知道什么叫无聊了。"

父亲不再为昨夜的事操心,说:"昨天下午,《亚细亚报》的记者姚小姐来采访我。她说她认识你。"

"我们认识。她长得很美,很聪明,是中国的新女性。"

"她同上层政界人物很熟,正在组织一个中国女界参政团体,叫'帝制女界请愿会',想请你也参加。参与一点政治活动也可以调剂调剂生活。政治是很有趣的。"

"我们父女都参加了中国的帝制活动,袁世凯要给我们什么奖赏?"

"把你留下当王储的妻子怎么样?"父亲耸耸肩,把双手一摊,做了个滑稽的表情。

凯莉睁圆眼睛。

父亲纵声大乐,直笑得津出泪珠。他的泪珠带着苦涩,流下面颊。唉,她就不想想该有个归宿吗?

20 | 试婚的代价

牛四拉着主子前去远东饭店,路经东交民巷时,一大群人拥挤在一座古屋门前,堵塞了去处。辜鸿铭听到嘈杂的人声,探出头来张望。他去远东饭店没有特别要紧的事,只是打算请李华庆到北大作一次演讲。

牛四吆喝着要挤出人群。辜鸿铭听得人们叽叽喳喳地讲什么"女界"呀,"请愿"呀,他来了兴致,叫牛四停下。他下了车,主仆二人的打扮,把围观人群的目光吸引了过来。牛四对人们的指指点点早已习以为常,把车拉到胡同旁边,蹲下抽烟。辜鸿铭背着双手,迈开方步,在人群外围引颈探看,原来大家在看刚贴出的一张海报。

"中国女界请愿会"的招牌,挂在宅邸门旁。辜鸿铭像注射了吗啡,眼睛突然发亮,就像他平素欲发一通幽默言论一般。但他没有即兴评论,只是饶有兴味地看起这篇奇文:

中国女界请愿会声明

吾侪女子,群居喋寂,未闻有一人奔走相随于诸君子之后者,而诸君子亦未有呼醒痴迷醉梦之女刁女,以为请愿之分子者。岂妇女非中国之人民耶?抑变更国体,系重大问题,非吾侪妇女所可与闻耶?查约法向载中华民国主权在全国国民云云,既云全国国民,自合男女而言,同胞四万万中,女子占半数,使请愿仅男子而无女子,则此跛足不完之请愿,不几夺吾妇女主权耶?女子不知,是谓无识,知而不起,是谓放弃。夫吾国妇女知识之浅薄,亦何可讳言?然避危求安,亦与男子同此心理,生命财产之关系,亦何可任其长此抛置,而不谋一处之保持也?静生等以纤弱之身,学识谫陋,痛时局之扰攘,嫠妇徒忧,幸蒙昧之复开,光华信灿,聚流成海,撮土为山,女子既系国民,胡可不自猛觉耶?用是不揣微末,敢率我女界二万万同胞,以相随请愿于爱国诸君子之后,姊乎妹乎!盍兴乎来!

发起人　安静生启

"奇文共欣赏,疑义相与析。"辜鸿铭捻着胡须,摇头晃脑地说:"诸位,既然有了'女界请愿会',那么也就应有女学生分会、女佣分会、妓女分会罗!"大家哄然笑了。笑声惊动了屋里正忙碌的女界同胞。凯莉对姚佩珍说了声"我去看看",就走了出来。

"呀,还有洋女人哩。"

"哟,那头黄毛真漂亮呀!"

辜鸿铭眉头倏地皱成一个疙瘩,呼吸变得急促,一时觉得有点胸闷。

凯莉认出他就是辜自强的父亲,迎上去说:"辜先生,我听过您两次演说,您的幽默和机智,实在令人钦佩。我还认识您的儿子,曾到府上拜访过您,可惜不凑巧,没有见到您。"

"哦。"他若有所思,颔首致意。她就是儿子的女朋友?儿子真行呦,居然交了这么个漂亮的妞儿。不过得提醒他,他是定过亲的人。现在,婚姻自主的洋货也涌到中国来,得把这小子拴紧一点。自主都是没好结果的,过来人的经验……凯莉的话打断了他的遐想。

"先生,我什么时候可以到府上拜访?您对中西文化的看法完全与众不同。我对中国传统文化很有兴趣。把中国文化介绍给西方,听说只有您一个人在做这项工作。"

"我特别喜爱贩卖国货,一个卖'破烂'的文化贩子。"他直视她那双略带褐色的眼睛。她没有半点不自在。她的眼神好熟悉。对了,露娜湖蓝色的眼睛就是这样,骚动不宁。他心底隐隐作痛,近来他经常想起露娜,同她分手的情形清晰如昨……

那个星期天天气特别好,秋高气爽,微风徐来,天空像翡翠一般,蓝得欲滴。他和露娜身穿猎装,带着一支双筒猎枪和野炊用具,兴致勃勃地锁上房门。女人出门总是慢吞吞,叫人等得不耐烦。当他"咔嗒"一声锁上房门的时候,像走出一条悠长的隧道,终于见到光明的洞口,胸襟为之舒展。他取下系在枪管上的野炊用具,正要上马车时,米切尔也穿着猎装,提着猎枪匆匆赶来。

露娜热情地向米切尔招呼:"要跟我们一起去狩猎吗?"

难怪她刚才慢吞吞,原来是有意拖时间,等候这个德国佬!

米切尔上了他们的马车,只顾着和露娜讲话,把辜鸿铭晾在一边。辜鸿铭虎着脸,不去理睬米切尔。马车向远郊一座围猎山场驰去。

他们把马车留在山下的村庄里,沿着山坡的小径向上攀登。翻过一座山头,眼前扇开一片较平坦的地带。前面是一座陡峭的止峰,山脚下的这片低洼处,布满荆棘藤蔓缠绕的灌木丛。一条涓涓流淌的小溪,从山涧欢蹦乱跳而下,穿过低洼处向山下的村庄涌去。他们在小溪附近,找到一片他人曾野炊过的干净平坦处作为"大本营",辜鸿铭放下野炊用具,就端着猎枪钻进灌木丛里。他透过灌木扶疏的缝隙,见米切尔也去寻找猎物了,露娜到小溪沟里洗刷炊具餐具。

辜鸿铭本来只指望能打到一只野兔就算不虚此行,一只野兔也足够俩人美餐一顿。现在平添了个米切尔,他不知米切尔的本领如何,不管怎么样,不能败在这个德国佬手下!不远处响起了鹧鸪的叫声,"咕咕"的凄切声在山谷里回荡。他摸索着前进,运气不错,枪声落处,一对正在交媾的鹧鸪扑地从灌木的枝杈上掉下地来。一阵碰撞枝叶的哗哗声在不远处向他逼近。他拎着两只死鹧鸪,心生恐惧,分明感到米切尔的猎枪口正向他瞄准。他倏地匍匐在地,屏住呼吸,厉声喝道:"站住!"沙沙声折向右面而去。莫非是黑熊,是野猪?没听说这一带山场有猛兽出入。他无心寻猎,忐忑不安地转悠了一阵子,垂头丧气地朝"大本营"方向寻觅过去。

露娜已捡了一小堆干柴,但她人却不知钻哪里去了。他叫喊着,顿生疑窦。

"我在这里——"她在小溪上游回答。

辜鸿铭寻声找去。

"咯咯咯","哈哈哈",传来俩人的畅快笑声。热血涌上辜鸿铭的脑门,只觉得嗓门干渴,狂跳的心脏,直想从喉咙蹦出。他想返身去取猎枪,又担心他们的好事收场。他怒目圆睁,不顾藤刺划破脸手,不择路径,又尽量避免发出惊扰之声。"咣咣"的敲击石头声,刺耳裂心。他们在干什么?手脸被利刺划破处,淌着细细的血流,他渐渐感到生痛。

米切尔和露娜挽着裤管,正从溪沟里搬起石块,猛砸溪里的石头,然后翻开被砸的石头。水面漂浮起被震晕的两条小鱼,他俩发出惊喜的畅笑,抢着用双手去捞鱼。他俩见他找来,扬着手中的小鱼,向他欢呼。他挤出笑容,脸上只觉得麻刺刺的。她是那样地乐而忘形。

"你有什么收获吗?"她问站在溪岸上的辜鸿铭,"快下来砸!中午我们煮鱼汤配果酱面包。"

几条臭鱼,那么得意!辜鸿铭皱着眉头绷着脸,冷冷地旁观他俩在水中不亦乐乎的样子。

露娜似乎察觉出他的不高兴,走上岸来,说:"刚才听到一声枪响,碰上了野兔还是野雉?"

"什么也不是。"辜鸿铭瓮声瓮气地说。

露娜不再理睬他,用一根小枝条,把小鱼串起来,招呼米切尔:"走,煮鱼汤去。"

来到"大本营",露娜发现了两只鹧鸪,惊喜地叫喊:"米切尔,是你刚才打到的吗?"

米切尔耸耸肩,又摇摇头,拎起死鹧鸪,在辜鸿铭面前摇晃了几下,说:"好枪法,你真行!"

篝火燃烧着,鹧鸪肉烤得喷香,鱼汤很鲜美。

米切尔撕下一条鹧鸪腿,蘸着调料,猛咬一口,呵着热气,眉飞色舞地说:"味道好极了。"他把咬了一口的鹧鸪腿,塞到她嘴里,说:"快吃!"

米切尔盯着她的嘴巴,问:"怎么样?"

露娜点点头:"好吃极了!"

露娜用汤匙舀起一条鱼,送到米切尔的汤匙,说:"这条好像是你砸到的,奖赏给你。"

米切尔小心地吐出鱼刺,对她说:"没想到山上还有鱼,这是一大发现。应当归功于你。"

辜鸿铭坐在他俩的对面,只是闷头喝酒吃香肠。什么鱼汤,他才不喝!鹧鸪是他打到的,米切尔倒好,喧宾夺主,借花献佛,用他的战利品向她献殷勤。就让你们两个狗男女吃吧!可恨的是,他没吃烤鹧鸪,他俩也不招呼他一声。一股怒气在胸腔游弋了半天,终于冲出火山口。他猛地抓起猎枪,装上枪弹,朝山涧开了一枪,头也不回地朝山里走去。枪声在峰谷里久久回荡,他心里非常的畅快。总算出了一口恶气。这个德国佬就得这样让他知趣知趣。她也可恨,她如果检点一些,他也不至于放肆到如此目中无人!

辜鸿铭在山里游弋,希望再有所猎获。终于有一只野兔撞在他的枪口之下。

米切尔和露娜已先他回去了。他望着空空如也的"大本营",一点也不感意外。篝火燃烧处,只剩下一堆炭灰。他嘴角向下撇了撇,露出一滴残忍,刚才的羞辱够他俩受的。

他俩没有在山庄里等他,把马车驾走了,他只得另雇马车进城。

郊外的原野,阵阵泥土气息扑面而来,使人胸廓为之一开。麦浪滚滚,菜畦滴翠,一幅溢光流彩的画卷。那是一片青葱,长得水灵灵地……露娜的十指,多像这水灵灵的小葱。到家之后,她一定嗔怒地瞪他一眼,然后伸出圆润柔滑的双手,搂住他的颈脖,说:"瞧你,还真有点要决斗的架势。"他搂住她的腰,原地打转;而她双脚腾空,吻住他的双唇。一切不愉快都在旋转中飞空而去……想到此,他舒心地窃笑。

到了公寓楼下,辜鸿铭三步并着两步,急急上楼取钱打发马车夫。

"笃笃笃。"房内没有反应,露娜还在生气。他掏出钥匙开了房门,她不在。莫非她和米切尔又到哪里去玩?钢琴上压着一张字条:"同你生活在一起,我感到很累。对不起,我走了!"

辜鸿铭颓然跌坐在椅子上。露娜走了,到哪里去了呢?车夫气势汹汹地找上来讨车费,见状连忙缓和了口吻。他付了车费,掉头就去找她。

青年辜鸿铭像。

露娜已回到中国留学生老马的房东威尔士那里。她估计他会找来,事先交代威尔士先生,她不愿见他,至少是今天不见。

翌日,辜鸿铭见到了露娜。她说她和他只是同居,只是试婚。合则留,不合则走。她说,她认为试婚已经有了结论。他恍恍惚惚地回到公寓,这个该死的德国佬!嫉妒和愤懑像猫爪抓挠着他的心。他想去找李华庆,向他倾倒自己的失意。可是,李华庆向自己透露的事,现在已经验证,还好意思去见他吗?耻辱啊!试婚,哈哈,试婚!他投入了所有的感情,活该他倒霉。

几天之间,辜鸿铭简直换成了另一个人,胡子长得蓬蓬勃勃,凹陷的眼睛闪着绿光,衣服皱巴巴的,一向擦得锃亮的皮鞋也蒙着厚厚的尘埃。他无精打采又焦灼难挨。

不是冤家不聚头,偏偏在校园图书馆的大门口和米切尔迎面相遇。眼不见心静,他傲慢地昂首挺胸,不愿正眼看米切尔……德国佬快滚,别脏了我的眼睛。他心里一定很内疚,无端地把我推进灾难的深渊,也许他没有夺爱之意。不,他对她的诱惑,也够赤裸裸的,还公然在我面前对她献殷勤,实在太蔑视人了。这种人只知道随着感觉行事,什么良心,什么内疚,他才不理喻!瞧,是不是,我有意视而不见,他对此一点也不知趣,居然大大咧咧地叫住我。

"你好,那天去打猎,你的枪法真准。以后再去,一定通知我,好吗?"

辜鸿铭啼笑皆非。他虽不之英国人的神士风度,可是矜持是有极限的。他鼻孔粗重地"哼"了一声,把难堪甩向米切尔。

米切尔耸耸肩,走了几步还回过头来看了辜鸿铭一眼。

辜鸿铭在阅览室刚坐定,心脏猛地出现一阵紧缩、悸动。这异常使他非常紧张,一时变得神清志爽。米切尔这几天有没有去找露娜呢?莫非他刚才出校门后就去找她?他向她献殷勤,难道不是为了得到她的爱吗?现在他的诱惑成功了,她绝不会甘于寂寞的,辜鸿铭再也坐不住。他疾步走出图书馆,走出校门,坐上公共马车。他要在露娜住处的门口等候,等候米切尔的出现。

　　米切尔果然来找露娜。辜鸿铭隐藏在街对过的商店骑楼下,眼睁睁地看着米切尔从大门进去。一切都证实了,他后悔这一趟不该来。原来还存着侥幸心理:她不过是赌气几天,气平之后,她还是会回到自己的怀抱。那天在山上自己过于鲁莽,使她太难堪了。他的皮鞋踩到一片破玻璃,发出尖利刺耳的声音。他狠狠地踩着脚,把破玻璃踩得粉碎。这时她也许在弹钢琴,他一定站在她背后,俯身吻她的金发,吻她的颈项,吻她的手。最好这时突然发生地震,把他们压成肉泥。他好像看到米切尔的双眼可怕地吐出眼眶,像两粒剥了皮露出果肉的龙眼,丢在肮脏的沙土上。天空布满了乌云。也许真的会发生地震。他苦笑了一下,上帝不会听他指挥,要出气要解恨还得靠自己。他好像看到她坐在钢琴前,返身把米切尔拦腰抱住,脸颊在他怀里摩挲着。辜鸿铭觉得自己的心在战栗,手在发抖,他太紧张了。这个水性杨花的女人比那个德国佬更可恶,假使没有米切尔出现,她迟早也会投入其他人的怀里。一阵怒火攻心,他走过街去。他举手就要敲门时,猛然听到屋内传出钢琴的忧伤曲调。他的眼泪莫名其妙地掉下来,坚硬起来的心肠又软化了。她的确是有言在先,她对他不存在人身依附,她有随时离开他的权利。他举起的手又放了下来。

一个巡警慢慢朝这边走来。辜鸿铭耷拉着脑袋，彳亍而行。

房内像死一样寂寥。辜鸿铭疲惫地仰靠在被子上，双手枕着脑袋，两眼失神地望着蚊帐顶。一只花脚蚊子，在他脸庞上做了几次俯冲动作，他聆听着它翅翼扇动的嗡嗡声。起风了，下雨了。雨点很大，劈劈啪啪地击打着窗外法国梧桐的树叶。风声雨声，不比钢琴声逊色。

门被轻轻地推开。

"阿鸿，实在对不起，让你伤心了。"

露娜回来了，她的眼圈发黑，她也在承受内心的痛苦。

辜鸿铭惊喜过望，紧紧地抱住她，生怕她又飞走了。

"露娜，我们不要再互相折磨，不要再浪费爱的甘露。"

露娜垂下眼睑，脸上的痛苦可以拧下苦水来。

"阿鸿，我怀孕了。"

辜鸿铭愕然地瞪大眼睛。

"我同米切尔并没有什么关系。"

辜鸿铭铅一般灰暗的面孔舒展开："露娜，我求你了，今后别再理睬米切尔。"

露娜摇摇头："你必须尊重我的社交自由。我就是不理睬米切尔，也还会同其他男子往来。我们面对的是竞争时代，爱同样也是可以竞争的。"

"露娜，这不平等。当一方把爱全部投入之后，另一方也应该出全部的爱。"

"你口口声声说你是英国人,到底还是流淌着东方人的血。你害怕竞争,你想一劳永逸。你根本不懂个人本位的意义。不,你懂男子本位。你能保证你不会对我失去兴趣?你能保证你对我去兴趣之后,不希望亲近新的女性?你的平等哲学是跛脚的男权主义。你侮辱了我,是你一手写下了我们试婚的结论,你没有理由恨我!"

辜鸿铭被扇了一个耳光。

辜鸿铭负痛大叫。

噩梦醒来,脸颊生痛。对了,刚才是自己拍打叮咬面孔的蚊子。那只蚊子还沾在掌心上,虽然已成肉饼,长长的花脚还在抽搐着。他的心跟着颤抖。昨天已经告别,不必再想她了!

风已停息,大雨如注,冥冥天际好似漏了底,四周欢腾的雨声猛烈地撞击着他的心。下吧,下吧。大地不正像一锅滚沸的开水,快把整个世界煮成一锅浓羹,不分你我,谁也逃不脱!

辜鸿铭穿上雨靴雨衣又出门去了。饥肠辘辘,他到酒吧里喝了一杯威士忌,脸颊开始发热,精神在崩溃的边缘站住了。酒吧里冷冷清清,他注视雨点击打街面溅起的水花,水花像在跳舞,跳芭蕾舞,不,像是露娜在钢琴上跳荡的手指。

辜鸿铭离开酒吧,不知不觉又来到露娜的住处。他在楼下的街面徘徊,街上行人稀少,都在匆匆涉水而过。他不时抬头仰望楼上她住房的窗户。百叶窗是拉开的,里面还有一层玻璃窗。难道他指望她看到他,像初恋的情人在窗下留恋?不,结束了,一切都结束了。他清楚她的脾性,再度结合的希望不可能存在。可是,他没有做好离异后的准备,今后他该如何甩开寂寞与孤独?

露娜透过窗玻璃和张开的百叶窗,看到他在雨中独自徘徊。她无力地倚在窗棂上,眼圈泛红。她已有两个月的身孕,在这个时候她多么不愿离开他。对于他,她没有抱怨。但是,他不是可以同她终生为伴的角色,他们只能短暂结合,绝不可能长期相处。她的自由天性无法容忍他强烈的妒忌心。也许他是无可非议的,但她不愿将自己捆绑在动辄得咎的婚姻上。她承认这次试婚失败了,尽管身上已种下他们相爱的种子,她的理智告诉她,必须同他一刀两断,即使没有这次野炊事件,她也会断然离开他的。蒙蒙雨帘中,他穿雨衣的身影显得有点佝偻,一点爱怜涌上她的心窝,她无可奈何地闭上眼睛,睫毛上闪动着晶莹的泪珠。她伸手把百叶窗拉上了。

辜鸿铭看到拉上合拢的百叶窗,心弦"砰"的一声断了。

辜鸿铭在爱丁堡大学获得硕士学位后,对于人生的下一站,他不假思索地就决定了:到德国去……

辜鸿铭目不转睛地看着凯莉微微凹陷的褐色大眼睛,终于使凯莉有些不自在。

"小姐,能不能告诉您的姓名?"

"我叫凯莉。我父亲古德诺,您一定听说过。"

"哦,古德诺博士,袁世凯的美国顾问。现在的中国人都说外国的月亮特别圆。你们父女都贬斥共和,热衷帝制,这么说还是中国的月亮圆啰?"

"中国的太阳也更灿烂。"

两人相对哈哈大笑。

姚佩珍闻声走出来,见是怪教授。他居然自己撞到枪口来,妙啊!她不失时机地讥讽他:"辜先生,您老是不是要来参加'女界请愿会'?这可是爆炸新闻,我一定登在头版头条。"

"人咬狗当然是特大新闻,母鸡司晨更是头版头条的好材料。"

姚佩珍一时无词反击,憋得满脸绯红,拽着凯莉的胳膊,说:"我们回去,讨厌的怪老头!"

21 | 梦中情

辜鸿铭主仆二人到了远东饭店。

牛四对向他行注目礼的洋鬼子视若不见,洋鬼子好奇,对他的穿着装束总是打量不够。他每次拉主人到这座高级国宾馆,都享受到这份被注意的殊荣。主人下车后,他照例是安详地蹲在黄包车旁吸烟,不经意地观望路人。

饭店的门厅十分堂皇,大理石地板光泽可鉴,初到者还得捏着小心,生怕滑倒。他向门厅的堂倌打听李华庆是否还在。堂倌看了看自鸣大时钟告诉他,李华庆陪一个客人出去了,已经走了个把小时。辜鸿铭悻悻的,见堂倌倚在服务台上闲得发慌,索性往安放在大时钟下的大沙发上一坐,和堂倌聊上了。

"李先生夫人没住在饭店吗?"

"没有,就他一个人。"

"你不认识,他夫人来了你也不认识。金屋藏娇,偶尔露面。"

"辜先生爱开玩笑,李先生有没有带夫人我还能不知道?不过,倒是常有女客来访。"

"这就对了。李先生喜欢和夫人幽会谈恋爱。"

堂倌听他说得有趣,咧嘴大笑起来。堂倌又告诉他,《亚细亚报》的女记者常来找李华庆。

辜鸿铭说:"那个女记者我知道。有没有一个长着瓜子脸,像林黛玉一样的古典女子?"

"林黛玉?我可不知道。"

辜鸿铭呵呵笑了:"当然当然,林黛玉你没有见过嘛。"他眼前幻现出三十多前年在星洲只见了一面的梦琴,那嫣然一笑真是刻骨铭心,鲜嫩欲滴的樱桃小口,玉雕般的精巧鼻子,今日想起来还心旌摇曳。

辜鸿铭在新加坡市政厅供职,刻板的职员生活完全不适合他的习性。自从李华庆在华人中发起"黎明运动"后,他经常出入直落亚逸街李华庆的府邸。他渴望见到李太太,诚然只是想见一见罢了。可是这位严守闺训的太太,就是从不同客人打照面。这种精神单恋折磨着他,他写了一篇篇阐扬儒家文化的文章,发表在《海峡时报》

上,他内心承认这是一种移情,他把那"嫣然一笑"看做是儒家文化陶冶出来的结晶体。

直落亚逸街李府对过是一家茶馆,楼下兼卖小吃,楼上是雅座。他一有闲暇就来到这家茶馆品茶消闲。楼上开着一排玻璃窗。他总是找一个临窗的座位,从窗户眺望,可以看见李府院子里榕树的树冠。这茶馆能再高一层就好了。他向茶馆的堂倌打听,李太太一般什么时候会出门。堂倌手里捏着他给的小费,神秘地说:"先生打听这个干什么?平日从没见过李太太出过门,好像每年7月15日的盂兰会她才出门。"辜鸿铭泄气了。就是明年的盂兰会,她也未必会出门,因为华人的迎神活动经费取消了,转为开办教育,这是李华庆"黎明运动"的一大成绩。李华庆说得对,要提高华人的参政意识,就得发展教育,才能促进华人的政治觉醒。现在的英属海峡华人,只知道埋头赚钱,心甘情愿寄人篱下,殊不知没有政治保障,迟早要像荷属印尼华人一样,成日战战兢兢地从他人指缝里赚点钱,不知什么时候就大祸临头。他望着李府院子里的那棵大榕树,心里着实憎恨李家的丫头,一有客人到来,她就通报女主人回避。他曾经趁李华庆在医务所诊疗的时候,独自到李府拜访,均未能一睹那个绝色仕女的芳容。他不好一而再,再而三地乘虚而入,那样就显得卑鄙了。要不是知道她是被自己当年遗弃的未婚妻,他也许不会有这荒唐之举,天天跑到茶馆来看人家院子的树冠。

直落亚逸街茶馆的堂倌从思屏上隐去。北京远东饭店的堂倌逗着他讲林黛玉。

"林黛玉是个弱不禁风的美人。"

"弱不禁风有啥美的?"

"三寸金莲,一步一摇,不是比天足女子步态优美吗?这就叫病态美。"

辜鸿铭斜视着大门,想象着奇迹出现……李华庆带着梦琴一道下了马车。她也老了,也是年届半百的人。不过,像她这种不见天日的人,一定风韵如昨,颈脖的肌肤一定还是那样的细腻如脂,鼻子一定还是那样的像刀镂般地精巧,无非是眼角多了点鱼尾纹……

李华庆此时确实正同一个女子坐马车回远东饭店。上午刚用完早点,他接待了一个奇怪的来访者。这就是姚佩珍的男人王荣华。王荣华知道姚佩珍认梁士诒做了干爹,心花怒放,有这么一个干泰山,还有什么办不到的呢?他莽莽撞撞地去求见梁士诒,指望能弄个司局长干干。没料到梁士诒根本不屑于见他,还派人对他说:"别不识趣,把乌龟头缩紧一点。"他魂飞魄散,唯唯诺诺地溜走了。回到家里,他越想越不甘心。不管怎么样,从名分上说,姚佩珍现在还是他的老婆。他不答应离婚还不就是想从她身上榨点油水吗?但他也清楚,梁士诒要是同他过不去,除掉他就像摁死一只蚂蚁。胳膊拧不过大腿,不能直接在梁士诒身上打主意。他后悔自己太鲁莽,应当紧紧抓住那个臭娘们才是。母亲见他长吁短叹,以为他近来没有猎获到女人,劝他正式另娶太太。他瞪圆小眼睛,凶神恶煞般地说:"你懂什么!我这口气咽不下!那个臭娘们太可恶了,她招摇过市寻欢作乐,我却在戴绿帽子受罪。我就是不离婚,不能让她毫无顾忌,随心所欲。"他母亲也不是等闲人物,暗中早收买人盯姚佩珍的梢。她对儿子冷笑道:"你别在我面前吆三喝四!你以为不离婚她就没办法?

她已勾搭上一个南洋阔佬,就要远走高飞了。""什么?"他从大烟床上蹦起来:"你怎么知道?""你当然不知道,你就知道做好梦!"王荣华弄清了底细,于是便来远东饭店找李华庆,重演故伎。对于要挟李华床他有几分把握。

王荣华把自己的名片交给门厅的堂倌,说要见李华庆。他靠在沙发上,望着大门上方的大时钟,心想:敲那阔佬六十万怎么样?不过,开口要价应说一百万。讨价还价嘛!六十万,有了这六十万什么事不能干?要上一打美女也不难!堂倌告诉他,李先生正要会客不再见他人。王荣华知道这是大人物的托词,于是采用第二套方案,掏出一张姚佩珍的名片,说:"劳驾你再通报一声,是这位小姐叫我来请他的。马车在门外候着呢!"

李华庆刚用过早餐,堂倌就送来王荣华的名片。这个小官吏也许是来揩油水的,他已碰上不少这样的人。不想,堂倌再次送来王荣华的名片,还附上一张姚佩珍的名片。他觉得此事有点蹊跷。姚佩珍从来都是自个来饭店的,邀请他也该是派佣人来才对呀!她对他的倾慕,使他十分不安,也令他愉悦和惬意。如何安置梦琴是不成问题的。只是姚佩珍才二十多岁,又是京华地面出尽风头的时髦美女,他担心其中有什么奥妙。莫非真的是梁士诒安插在我身边的密探?要让南洋华侨为复辟帝制捐献巨款,这实在有点荒唐。他虽崇拜祖国传统文化,但这并不意味着反对共和,赞成帝制。想用美女来收买我那是打错了主意。姚佩珍那白天鹅般美丽的脖颈,化做一只嘎嘎叫着追赶行人的家鹅,他想拧住那像蛇一样的脖颈,小腿却被它狠狠地咬了几口。李华庆嘲笑自己神经过敏。她那热切的大眼睛,有没有邪恶还能骗得了他年届半百的人?他整了整黑色的领结,下楼去见王荣华。

王荣华半佝着腰,畏畏缩缩地站起来。李华庆的豁达气度、倜傥风流,像有一股气浪,使王荣华难以站稳。他很快就克服了自惭形秽的心理压力,认定面前这位阔佬是个正人君子。好对付!

"李先生,姚小姐请您到她府上一叙,我是她表哥,她特派我来接您。"

李华庆避开他那贼溜溜的眼睛,对这个獐头鼠目的家伙心生厌烦。他拄着藤杖,说声"走吧",径直朝门外走去。

王荣华暗中窃喜,赔着小心追随其后。他们上马车后行驶了一阵,王荣华小眼射出绿光。

"李先生,实话相告,来者不善,善者不来。我是姚佩珍的男人。我知道她和你正打得火热。"

李华庆吃了一惊,警觉地打量着身旁的危险人物。果然是个陷阱!他厉声说:"想讹诈?笑话!姚佩珍从哪里冒出你这么个小丈夫!"

"先生,你以为她单身独处就是个自由之身?我是个宽宏大量的人,我支持女权运动,她要分居我不干涉。但是,要解除婚姻,我想没有一百万我是不会签字的。"

像她这样年纪的女人,单身独居的确有点不正常,为什么就没想到她有丈夫呢?李华庆没有气愤,情况不像预想的那么糟,她并非梁士诒施放的钓饵。他喝令车夫停车。王荣华要扶他下车,被他狠狠地刺了一句:"你够厚颜无耻的呀!"

王荣华一点也不生气,说:"我等着你的消息。一百万,记住!"

李华庆直到王荣华的车消失不见,才从混沌中挣脱出来,他叫了一辆黄包车。

"先生,去哪里?"

"到锡拉胡同。"

锡拉胡同是姚佩珍的府邸所在。去责问她?她有什么错?你问过她有没有丈夫还是她对你说过她要嫁给你?她同你什么关系也没有!她无非是对你亲热一点,亲近一点难道有什么罪过?就算是她不检点是她挑逗你,也是你自己不设防!他冷静下来,天下本无事,庸人自扰之,天空是那样明朗,蓝得晶莹,蓝得剔透,蓝得没有一点微瑕。街上的店铺在噼噼啪啪地下门板,店伙计们一副和气生财的模样。行人一个个那样安详,那样慢条斯理,那样随地吐痰。一切正常,他任凭车夫往前拉去。这个女人虽不是一个陷阱也是个是非之人。她的父母当初怎么会把她嫁给这样的男人?真是委屈了她,这么个才貌双全的尤物。说来也真不容易,要不是中国实现了共和,女权运动在中国初露端倪,她绝无可能挣脱枷锁只身闯世界。她要同各式各样的大人物周旋而保持洁身自好,这实在得有超凡的机灵。她要对付种种声色犬马的诱惑,除了理性的张扬或许还得是个生理上的冷漠者。他是个医生。想到此,他一阵欣喜。他不只一次想过他和她在年龄上的差距,这种不安也正是阻挡他回报她的热切的原因。

黄包车拐进锡拉胡同,突然一个柿子猛地砸到车上,把他的皮鞋糊满了红黄之物。他正待发作,看见是个二流子,叼着香烟,眼角射出锥子般的目光。他马上想到可能是姚佩珍男人派来的盯梢者。一百万,他真敢要价!这个无赖很难缠。他叫车夫掉头把车拉到远东饭店去。她就那么纯洁吗?你也许把她构想得太理想化了!不能排斥她是梁士诒密探的可能性,他不寒而栗。在她的背后既有一个无赖,又有一个政治老板。他紧锁眉心,他看清自己一到北京就被人牵到铁笼子里,那不正是她的豪华马车吗?

姚佩珍看见了他。

"李先生,怎么路过我的家门也不进来看看我?"

"还好我没进去,进去岂不扑空?"

"也许真有感应的存在,路上我的眼皮跳得厉害,我猜家里一定有事,果不其然,是贵客临门。"

姚佩珍的脸蛋俊俏而充满性感。这个女人不寻常啊!他突然想起昨天辜鸿铭派人给他送信,说是今天上午要到饭店见他。都是那个该死的"獐头鼠目",他说有事必须赶回饭店。她请他上她的马车,送他到远东饭店去。她的笑脸她的殷勤,能张口拒绝吗?

辜鸿铭还在同堂倌侃大山。堂倌的头形同直落亚逸街茶馆的老板的脑袋有点相像,没错,他们的颧骨都很高,像隆起的山梁。莫非他们是父子。胡扯淡!一个在新加坡,一个在北京。前后三十年的事怎么乱套在一起。那家茶馆的卫生实在不怎么样,当时竟然天天去那里泡茶,如果被李华庆知道了,他会怎么想!他啐了好几口痰在面前的地板上,一泡泡的浓痰躺在一尘不染的光洁的大理石地面上,他一点也不觉得刺眼。堂倌熟知这位大名士的脾性,用拖把不在意地擦拭着。他挪了挪脚,让堂倌擦拭得方便些。中国人虽然卫生习惯差一点,但活得轻松自如,把痰吐在手帕里多可怕!堂倌还在饶舌,他的思维又飞到了直落亚逸街的茶馆里。

他在茶馆里消闲。李华庆赠给他一本梦琴写的书《中国四大美人》,这是一本用英文写就的著作。西施、貂蝉、王昭君、杨玉环,四个绝色红颜,显然是著者心中的偶像,甚至是著者的自诩和移情。梦琴在他心中更增添了神秘感,这种神秘感伴着失落的痛切与日俱增。他是默念着叔本华关于女人的格言从欧洲返回星洲的,叔本华说得多么精辟:"大自然用尖爪和利齿武装了狮子,用长牙武装了大象,用獠牙武装了野猪,赋予公牛以尖角,赋予墨鱼以搅浑水的物质,而赋予妇女的则是……虚伪、不忠、背叛、忘恩负义。"自从接触了中国传统文化,更使他对红颜祸水的论断坚信不疑。夏、商、周三代王朝都是败在女人的石榴裙下。妹喜、妲己和褒姒,就是让桀、纣王和幽王身败国亡的祸根。难怪中国有"倾城倾国"的话形容漂亮的女子,果然会倾城、倾国!尼采说得有理,"去找女人吗?别忘了带上你的鞭子"。对女人是没有平等可言的。自由和平等只会惯坏女人。露娜让他伤透了心。中国的文化不愧源远流长,悟到了人的真谛。"三从""四德",要而不繁,道尽了女人应有的风范。欧洲思想家也不乏清醒者,卢梭就说过:"妇女之被创造出来,就是为了听命于男子。"反之,她就要给男人带来灾难和痛苦。西施、貂蝉、杨玉环不是也让宠爱她们的男子倒霉吗?梦琴崇拜她们难道也意味着……想到此,他对她的盲目痴情被当头浇了一盆冷水。李府院里的大榕树上好像有一个鸟窝,是麻雀窝还是喜鹊窝?梦琴那嫣然一笑每天不知要折磨他多少次。每当他来到茶馆的雅座,望见李府院里大榕树的枝丫,那嫣然一笑就分外明晰。他翻阅着她写的《中国四大美人》，闻到油墨的清香，就有如嗅到她纤手的芳香。她和"四大美人"意趣迥然不同，她有她们的美色和聪慧，但没有她们的浪谲。她紧守闺训，大门不出，二门不迈。他渐渐怀疑自己在盂兰会上见到的女子，是否真的是李华庆之妻？莫非是狐鬼？那嫣然一笑多迷人，要知道那是鬼节啊！他心生一计，在茶馆附近雇了一个小孩，叫他装作慌慌张张的样子闯进李府，说是李华庆被英国人的马车撞伤，伤势严重，叫夫人快到陈笃生医院去。"能叫夫人出来，我再给你两块叻币。"他把一张钞票塞到一个脏兮兮的小孩手里。小孩是个流浪儿，不乏机灵。小孩进了李府后，他匆匆回到茶馆楼上，两眼不敢丝毫疏忽。她果然带着丫头出门了。千真万确，就是她！她那姣好的面容被忧郁笼罩着，流淌着万种情端。如云的发髻、精巧的鼻子、樱桃小口，一步一颤地上了马车。马车疾驰而去，他还双眼发直。流浪儿笑眯眯地上了茶楼，伸手站在他的面前。他给了流浪儿一张钞票，匆匆下楼而去。他憎恨自己，如此下作，如此无聊。手中的藤杖使劲地戳着街面，他决心改邪归正，斩断相思梦。这是命运，这是缘分！中国儒教文化在他心中已和梦琴融合在一起，他要去追寻失去的"梦"。

辜鸿铭脱下了西装，装上了假辫。流浪儿也许叛卖了他，也许是杞人忧天。他反正没有勇气去同李华庆当面辞别。他要悄悄地走出蕉风椰雨，他要去龙的故乡寻根问祖，他要脱胎换骨重塑自我。李华庆正在安详山俱乐部向峇峇们发表演说。峇峇们多不懂汉语，李华庆只能用英语演说。他悄悄站在人群背后，最后看一眼一起长大的老朋友。李华庆是天才演说家，他虽然缺少幽默，但富有鼓动性。

"当每个汉族子孙都正在奋发图强的时候,为什么我们这些海峡华人却对寄人篱下表示满足?为什么我们不能更进一步尽其光荣天职,接受汉族子孙所共有的传统?一个民族与另一个民族的不同特性,主要是在于生活上的三个方面,就是文化、宗教和语言。如果这个民族中的任何成员失去了这些特征,他就等于失去了民族特征,接受英语教育的华人就会迅速走向民族离心化……"

李华庆当年演说的语音,似乎还在耳边萦绕。物换星移,时光流逝,三十多个春秋弹指一挥间。辜鸿铭感慨万端,抚摩着两撇耷拉下来的胡须,眼角有点潮湿。他狠狠往地上啐了口痰,斩断了忆旧的情思,考虑着请李华庆去北大演讲的题目。

李华庆坐在马车上,心事重重,失却了往日的洒脱风度。坐在一旁的姚佩珍,却兴致勃勃地向他叙说着"女界请愿会"里女流们的逸事。她装出一副纯真的样子,是讨好他还是迷惑他?他意识到自己显得僵硬,这不是对待女士所应有的绅士风度,可是心中的阴影笼罩在心头,即使挤出点热情,对于敏感的女性来说,只会弄巧成拙。是不是,她突然戛然而止,别过脸去,盯视着车窗外。他感到内疚,确切地说,是她身上传递出来的魅力,挤垮了他新筑的心理防线。他想说点表示友好的话,可是车已到饭店门前。

辜鸿铭被驶近饭店门前的漂亮马车所吸引。是李华庆,他长吁了一口气。等候总是令人烦躁、焦灼。车上有个女子探出头同李华庆说"拜拜"。辜鸿铭不敢相信自己的眼睛,那不是姚佩珍吗?他联想到前些日子在李华庆的客房碰到姚佩珍的事,认定他们间一定有暧昧关系。他笑着迎上去:"华庆兄,去哪里罗曼蒂克啦?"

李华庆呵呵一笑，不予理会。辜鸿铭说："我还有点其他事，就不上楼了。"他俩在一楼的咖啡厅里找个位子坐下。

"华庆兄，今天来是想请你到北大做一次演讲，你看怎么样？"

"遵命就是了。讲什么呢？"

"现在的大学生，对祖先的文化一知半解就口出狂言，说传统文化是民族的累赘，要割舍掉。人心不古，冀欲趋新，很不安分。你是从海外来的，你来个现身说法，阐扬纲常和权威，鞭挞人欲横流的恶果，定能打动人心。现在的中国人，很喜欢用海外的观点来印证自己的正确性，可怜中国人已失去自信力。"

"阿鸿，你是国粹派，我却是中西合璧派。"

"这不要紧。中西合璧总不可能是一半对一半的配方。你尽可临场发挥，不过主旨是要弘扬传统文化。"

"那就试试看吧！"

"最好把梦琴也带去，也该让嫂夫人在京华露露脸。"

"她身体欠佳，一直没有好转。你也知道的，她是古典女性，从不愿抛头露面。"

"说说你近来的罗曼史吧？"

"瞎胡猜。现在身为人质，愁还愁不够，哪有闲情逸致？"

22 | 穿西服的孔孟信徒

院子里那架紫藤萝,散发出沁人心脾的幽香,从窗格子飘进室内,痒痒地钻进她的鼻孔。夜色浓得似乎可以拧出墨汁。在黑暗中,装修设备如此富丽堂皇的卧室,同静卧白骨的坟茔又有什么差别?姚佩珍身子在鸭绒被里蜷成一团。她拥有太多太多,她又消受得太少太少,同墓穴里毫无需求的骷髅有何差异?她越想越恐怖,好像自己突然掉进漂白用的碱水里,身上的肉慢慢溶进碱水,只剩下一具白晃晃的骷髅。辗转反侧了大半夜,疲倦终于强把睡意牵进她的脑里。

院子里那片绿茸茸的草地,同卧室里的地毯毫无二致,伏贴平展。露珠在卷叶上晶莹闪亮,好不逗人喜爱。她在草地上仰面八叉,躺成一个"大"字。草地蒸发出一股温湿清纯的泥土气息,令人晕乎乎的。蔚蓝幽远的天穹同她漆黑的瞳仁相接,好像产生了巨大的磁场,要把她吸往那蓝色的无底洞。蓝色天穹突然闪出女娲补天的形体。她正惊愕,天破了,五色石块朝她正正地掉下来。她正要叫喊,说时迟那时快,重石狠狠地砸向她的胸脯。这下可好,连痛感都没有,身体无疑变成了肉泥,现在的感知不过是灵魂的作用罢了。人死后果然有灵魂。怎么有热气喷到脸上。天呐,怎么是他,是李华庆。他双耳充血,鲜红鲜红,像两串熟透了的葡萄。她想咬一口送到嘴边的葡萄,可是她的嘴被温湿的嘴唇堵住。她挣扎,想甩开他的重压。为什么他也像那个獐头鼠目,也如此无礼粗鲁地蹂躏她?就不能不这样吗?我现在已是自强自立的女性,岂能再忍受这种禽兽之举!她使劲一挺,把他翻到下面。草地像一块松软的蛋糕,经不起他们双人的重压,正在一寸一寸地往下陷。她紧紧地抱住他。耳边生风,身体失重,不知道要掉到何处?地心?地狱?莫非还要到阎王爷那里签到?真好玩,他们又轻飘飘地回升上来,一股旋风把他们吸到地面。他们依偎着坐在草地上面。她仰着头,轻轻地咬着他的耳朵,款款地说:"以后不要再干那种事,好吗?"他"嗯"了一声。她搂着他的颈项快活地畅笑。

姚佩珍在咯咯的笑声中醒来。笑声的余音还在红罗帐内萦绕。她揉着惺忪的双眼,回味着梦境,两腮发烧发烫。又是一个大冷天,露在被子外面的手臂显得冰凉。室内有暖气设备,此时室外的温度大概在摄氏零下三至五度之间。她从枕边摸出夜光表,时辰尚早,还不到5点。今天下午李华庆将应邀到北大作演讲。她打算去采访,不完全是为了一睹他演说的风采。近来北大各种主义、思潮,五花八门,已渐渐汇成一股反传统文化的暗流。因此,袁氏政府对于弘扬儒家文化的活动都十分关注,要求官方"喉舌"竭力帮腔呐喊。对于李华庆,几天来她一直在内心琢磨自己是不是失策。她在情网上自我挣扎。她渴望见到他,却又强捺着这种欲望。那天路遇,送他到远东饭店,一路上他始终缄默不语,心事重重,失却了往常的洒脱。她强咽下委屈,先"冷处理"一下,以退为进,也许是上策。她自己茶饭无思,猜想他可能也同自己一样正在情网上挣扎。他有一个久病的太太,她并不企望他们离异,他还有什么可顾虑的呢?难道他对自己真的不动情?也许他太太背后有强硬的背景,也许他太太是母夜义,也许他对于我同梁士诒的干父女关系心存醋意,也许他认为年龄悬殊今后会让他戴绿帽子,也许是"獐头鼠目"在从中作梗。"也许"太折磨人了,反正我要得到他,"冷处理"是失策之举,那就换成"热处理"。我不能让命运恩赐给我的机会失之交臂!

室内的黑暗变得稀薄了,院子里传来小鸟在枝头的聒噪。小鸟自在快乐,它们大概没有烦恼。做人是最苦的啊!有追求就有烦恼。随波逐流、逆来顺受、无所用心,会不会更幸福呢?也许女人和男人生来就有不同的活法。同其他两万万在混沌中苟且人生的女同胞相比,我已经是得到太多太多,不应该再哀叹人生的苦难。上天恩赐给我的这个停泊人生的港湾,我一定势在必得。他的风度多可人,仪表堂堂,彬彬有礼,雍容豁达,谈吐文雅,学贯中西,腰缠万贯,名闻遐迩。天哪,世上有几个这样的完人？她想起梦中同他的交媾,既甜蜜又惊恐。每当看到家禽、牲畜交媾,她心里就像塞满了毛刺,实在不是个滋味。她怕之入骨髓,女人的苦难莫过于此。古往今来,文人们总是把性爱写得神魂颠倒,原来那都是男人一厢情愿的胡诌。也许不尽然,"獐头鼠目"也许是个例外,不一定天下的男人都像他那样。李华庆虽彬彬有礼,不能肯定他在床第之间就不野蛮。那怎么办呢？这种事又不像买鞋子买衣服那样,可以试一试,看看是否合意。

屋顶上积着厚厚的霜。屋檐挂满了冰凌。银白色的世界,寒冷的空气,把人的一切忧郁都冻结了。

马车夫往手里呵着热气,正缩着脖子给马套车。

太阳的光芒好像一点热量也没有。

姚佩珍穿着貂皮大衣,拎着小皮包就要上马车。彪壮的门卫向她报告说,王荣华一早就来过,已被他轰走。

"他又来干什么？"

"他说,他要发大财了,有一个姓李的南洋客,做了他的冤大头。"

姚佩珍脸煞白,嘴唇可怕地颤抖着。果然是"獐头鼠目"在从中作梗。她恨得咬牙切齿,真想把他生吞活剥才解气。她坐在马车上,仇视着街上的行人。他们中能说没有人是被"獐头鼠目"收买了来盯梢自己的？梁胖子要收拾这么一个无名鼠辈本来是易如反掌的事,可他就是不肯帮这个忙。这条疯狗什么事都干得出,得另想办法。

她先到报社要了一份当日刚出的报纸。报纸上刊登了李华庆的照片,预告了今天下午他将在北大发表演讲的消息。总编指示她,今天采访李华庆的演讲,主旨是海外华人对祖国传统文化的认同。海外的人都崇拜传统文化,国内却有人要离经叛道,岂不是太可笑了吗?报纸还发了她采写的"女界请愿会"活动的报道。袁世凯真个是"千呼万唤不出来",还要请愿多久,他才会宣布改制登基呢?帝制看来是民心所向;老百姓害怕天下一盘散沙,需要一个至高无上的权威。中国确实要重建权威啊!

本来她想先到远东饭店去同李华庆聊上半天,并在那里吃午饭,然后和他一道去北大。转念一想,这样太招摇了,反而使他误认为她是个放荡女人。况且,王荣华很可能找过他,他知道了她的身世,也需要一个缓冲冷静的时空。她猜想,王荣华不一定会在他面前说多少她的坏话,这个无赖无非是讹诈、勒索。

午后的太阳暖烘烘的。姚佩珍早早来到景山东街的北京大学。她刚下马车,一个金发女郎骑着一匹白马,就从她身边擦过,闯进校门。"凯莉!"她大叫,但凯莉没听到。凯莉的牛仔裤,在这京华地面是没有第二人的。她的一头披散的金发向后飞飘,猩红的风衣高高扬起,像一面旗帜。

辜自强昨天到女高师找凯莉,约她今天来北大听李华庆演讲。他知道她喜欢中国文化,李华庆是海外大儒,并且是用英语演说,这对她来说是个绝好的机会。辜自强还想和她多聊聊,可她只是轻描淡写地说了声"谢谢",就同他扬手告别。凯莉走远了,偷偷地侧身窥视,见他踽踽而行,步伐迟缓沉重。她耸耸肩,狡黠地暗笑。

凯莉在田径场里纵马驰骋,好不开心。在这古朴的国度里,没有汽车可开,骑马兜风的滋味也不亚于开车兜风。总统府内倒是有几辆小汽车,但她不想沾父亲的光。田径场外,陆续增添了围观的大学生。他们齐齐地向她行注目礼,转眸追踪着白马、金发、红衣。

　　林君也出现在围观的人丛中。他今天是来组织一次集会作演说的,主题是——现今中国的出路?意在与辜鸿铭邀请的南洋孔教会会长李华庆的演说唱对台戏。林君认出骑马的女子是凯莉,心头突突地狂跳起来。想起那夜在"世界语传习所"里的颠鸾倒凤,他有点头晕目眩。白马、金发、红衣,流动成一条五色彩虹,架设在他的睫毛之下。他使劲地晃动着脑袋,把赤裸的幻影甩出思屏。围观的人丛不断扩大,他们的焦点视角,交集着好奇和贪婪。林君妒火刚喷出火苗,又倏地熄灭,被一种自豪感所取代。他容光焕发,灵感奔突。何不就以这里作为集会的场地,借用她的白马为讲坛,以她作为活广告?倘若她能说几句,那今天的集会又锦上添花了。中国的出路在何方?就在于人性的解放,而她就是个活标本。林君转身游弋在人丛中,寻觅自己的党徒,进行紧急磋商。

　　凯莉勒紧缰绳,让白马放慢速度。她抬腕看了看手表。李华庆的演说时间快到了。自强辜此时说不定还在校门口等候她呢!她想象着他焦急的模样,忍俊不禁,扑哧笑了。小小的恶作剧,有时能增加不少情趣。不过,她并不想做猫玩老鼠的游戏。她明白,丘比特的金箭已射中自强辜,但她更明白自己到中国来的目的。她不能让感情的闸门开启,她需要性隔膜。这个可爱的小伙子,我只能把你当成小兄弟交朋友,千万不要有其他误会啊!她刚才专注着策马奔驰,这时才发现田径场外的围观人群。她高扬着双手,向大家致意,随后跳下马。马蹄得得有声,她牵着马轻盈地向场边走来。

　　林君的右手在空中挥舞:"密斯凯莉!"

凯莉的脸腾地红了。这个坏蛋！她在心里诅咒他，但也不由地有点迷乱。她不理睬他，把缰绳系在一棵法国梧桐树干上。人群自然地以她为圆心远远地围成一圈。

"密斯凯莉，你看，你有一种向心力。我们今天集会演说，十分欢迎你发表讲话。"

"我能讲什么？"

"说说人性的解放。我们中国青年的当务之急，就是奋起反抗专制，追求个性的解放。"

"对不起，我今天是来听李先生演说的。"

林君鄙夷地说："那有什么可听的，南洋孔教会会长，一个穿西服的孔孟之徒，无非是念念道德经。虚伪的道德滚他妈的蛋吧！"

"中国的文化传统很有魅力，我很感兴趣。你们是身在宝山不识宝。"她说着就要往外走。

人们闪开一条道，让她走出人圈。林君大出意外，气馁地目送她离去，随后猛地跳上马背，首先发表激昂的演说……

辜自强果然在校门口徜徉，望眼欲穿。虽然凯莉是完全与众不同的人，他用不着对进校的人特别专注，也不会漏过她的。但他一点也不敢怠慢，一面无聊地踱步，一面捕捉审视每一个进校的女子。随着时间一分钟一分钟地过去，他的焦灼也一点一滴地浓缩。

一辆蛤蟆状的小汽车朝校门驶来。其时京城难得见到汽车，除了总统府区区几辆外，唯余使馆区洋人有数的几辆。小汽车鸣响着喇叭。人们急速地往两旁闪开，给汽车让出一条通道。辜自强瞥见老先生正坐在汽车里。汽车里除了司机，还有另外两位先生，一位是西洋卷黄毛；另一位是西装革履的黑头发，大概这位黑头发就是老先生的老朋友李华庆。身旁有消息灵通人士在夸耀自己的多识，说他认得这是英国大使馆的小汽车。也许他说得不错，李华庆是英属殖民地新加坡的立法院华籍议员，英国使馆给他派汽车倒是顺理成章。看来她是不来了。难道她看出了什么？我已是聘定了媳妇的人，虽然尚不知那个"她"是何方人氏何种模样何等人品，反正我已背上沉重的十字架，同所有已经背上和尚未背上迟早也得背上的中国青年一样，人生的祸福取决于父母之命，媒妁之言。我对你这金发女郎会有什么非分之想吗？你多心了，真的。昨天到女高师去找她，她没有像过去那样爽朗和热情。"谢谢"，就那么两个干瘪的字眼，又不是替她干了件什么事，说什么"谢谢"。他沮丧着脸，不甘心地最后瞥了一眼来路，进校路上的行人已很稀少。他不再焦灼和困惑，一种自作多情的自嘲伴他向校园深处走去。

　　李华庆在辜鸿铭的陪同下，走进一个宽大的梯形教室。姚佩珍混迹在学生当中，欣赏着他翩翩潇洒的风度。她半欠身体，四处张望。教室里可容二百多人，已经座无虚席。没有发现凯莉。凯莉如在场，可就是今天报道的好素材……英籍华人弘扬传统文化，美国小姐热衷华夏文明……她已拟好了新闻的副标题。

　　李华庆音域宽阔，音质洪亮，抑扬顿挫铿锵有力，手势表情恰到好处，果然不愧是议员。

　　"……我虽然是英籍华人。我感到光荣的是，我也属于有着最古老文化的中华民族。我习惯于用英语表达，今天我想用汉语演说，也就是表明我对祖国传统文化的认同。大学是设教的最高学府，正所谓入德之门,从此便登堂入室而臻于至善之域。我以为大学生应有高尚理想、反省功夫、坚决意志、文雅习尚、自治能力和利他精神。学生具备这几种要素,不但可以增长见识,提高学问,而且可以养成克己的能力。大学真正的使命,不但在求很高深学问的研究,而其最重要的在于人格的陶铸……

"国内思想界中有新旧之分。已故张之洞先生有一句著名的格言'中体西用'。这一思想貌似折中,其实最合中国国情。之洞先生认为,不论新旧,要在务本,本立则人心纯正,纵使国人穿西装、吃洋餐、住洋房、用洋炮,而其精神仍为中华民族的精神。中国学术,绵延数千年不坠,自有其真善美不可磨灭之处。但是,同西方人一较量,时常捉襟见肘,这也是事实。因此必须取人之长,补我之短,调和中西,以为我自强之用……张之洞先生认为,中国之祸不在四海之外,而在九州之内。这并非耸人听闻。世人都有好奇之心,邪说异端一起,一旦汇为潮流,成为风尚,横流天下,就难以收拾。中体西用即以中学为基干,西学为枝叶。倘若强枝弱干,本末倒置,不仅西学无所寄,中学也无所凭。所以,体用之关系切不可弄错,视中华典章文物为粪土是不可取的……"

凯莉悄悄地站在教室的背后。自强辜不是说是英语演说吗?她失望地从后门退出。林君他们集会干什么呢?难道中国有这么多嬉皮士?人性解放!一旦获得个性自由后,他们也许又像我一样,追求理性和权威。民主、自由、专制、禁锢,也许是一个大拼盘,各有其味。她向田径场走去,想再策马驰骋。

李华庆继续雄辩滔滔。

"大学生在校期间应养成团体生活的兴趣,学术研究的精神,牺牲个人服务他人的习惯,以及领导民众拯救国家的能力。能够这样,才算是尽了各位的天职。对于大学生的期望,我以为诚、义、德,都是基本的东西,应当彻底明了。刚才,有同学要我给学校题字,我想了这么几句话与在座的各位共勉:'初必正义充塞乎胸中,博爱主义自必发扬光大,孝悌等等亦感应而生,由是而推及社会国家,几无处不见其忠孝信义之真诚。'听说你们学校,各种主义五花八门,我想再一次提醒各位,世界未来的文化,必定是中国文化的复兴,大家可以拭目以待……"

以梧桐树下的白马为圆心,上百名大学生,人头攒动,围成一圈。林君演讲之后,又有一位大学生迫不及待地爬上马背,扶着树枝站稳了身体,以"痛哉,四龄共和面临夭折"为题发表演说。举国都在请愿复辟帝制,这位热血青年的火烫话语,在大学生心中燃起了一盆火。也有些胆怯者悄悄离去。勿谈国是,别惹火烧身!

凯莉远远就看见自己的白马成了政治集会的讲坛,觉得挺有趣。林君发现她走来,欣喜地傍近她。她不想引起众人的注意,压低嗓门正颜厉色地说:"对不起,我不认识你。"

林君嬉皮笑脸地捉睐着眼睛:"别担心,我是个健忘症患者。我无意成为您的白马王子。"

凯莉的脸色缓和了。现在挤进去把马牵走也实在大煞风景,她问:"这位同学在演说什么?"林君把大意告诉她。她有点急躁。父亲是赞同袁世凯出任皇帝的重要人物,而她的白马却提供给反帝制者做讲坛,很有可能被人借题发挥大做文章。她告诉林君,她和父亲的观点是一致的,认为中国目前需要权威崇拜,要他把马牵出来还她。林君耸耸肩,不置可否。

辜自强在门口没有等到凯莉,也无心去听李华庆的演讲。他发现这里有人集会,懊丧阴霾的心情明朗了许多。那不是凯莉吗?她和林君正在说话。辜自强眼里喷出烈火,足以把一切焚毁。积蓄了半日的等待之懊恼,化成了怒不可遏的愤慨:原来她在这里吊膀子,却让我在门口干等了半日。林君这小子也太不够朋友。

"凯莉,让我好找,有件事要告诉你。"辜自强强压着心头的怒火,生硬地挤出一抹笑容同林君颔首示意。

凯莉知道他内心受了煎熬,有点于心不忍,白马也不要了,便与辜自强一道离开众人。冬日的斜阳,映照出他俩紧挨着的长长身影。他已把刚才翘首等候之苦抛诸脑后,占据他心胸的是一股苦涩的妒意。他想告诉她,林君是危险分子,曾参与谋杀袁世凯的行动,很有可能是想通过接近她,达到混进总统府去行刺的目的。这些话在他胸腔里翻滚,几次滚出喉头到了唇边,他又强咽了回去。说这些干什么呢?她一定会以为我爱上她,况且出卖朋友也是可耻的行为。更何况林君要借她做掩护进总统府,也是自己的想象推测。

"自强辜,出了什么事吗?你能陪我去什刹海滑冰吗?我昨天自己去了一趟,滑冰太有意思了。"

他不平静的心被她的热情熨平了。滑冰,他不会,但能说不会吗?

什刹海冰场,宛如一面大镜。冰上已有几个人在滑,雪亮冰刃,在斜阳的照射下,闪着银亮的光。有一部拖床正在飞快地滑翔。拖床像一张平面大床,床脚装有月牙形的钢条,床周围有护板,里面设有软垫。一个青年汉子在拖床前面用绳子牵引,往来如飞,还不时做各种动作,忽而金鸡独立,忽而燕子掠水。辜自强抢先提议坐拖床,她只好把拖床招呼到岸边,和他一道上了拖床。他急忙先付钱。他俩坐在拖床的软垫上。落日的绯霞,在冰面上反射出五彩缤纷的光亮。随着牵引拖床的汉子做出许多危险动作,她不时发出畅快的笑声。辜自强提心吊胆,紧挨着她。他突然意识到自己失却了男子汉的风度,努力放松自然。他也跟着笑,笑的和弦显得生硬。

23 | 嬉笑怒骂皆成文章

中南海银装素裹。树枝悬吊着冰凌,地上、屋顶白雪皑皑。呼啸的北风,不时卷起地面表层的细雪。天穹一派阴霾,美丽的雪花纷纷扬扬。

居仁堂里温暖如春,暖气使袁世凯的额头沁出了细细的汗珠。

"混蛋加三级,给他二十万,叫他把文章给我扔进马桶去!"袁世凯凶神恶煞地对杨度说。杨度离开居仁堂好一会儿了,袁世凯还余怒未息。适才,杨度给他带来了凶信,说梁启超写了一篇《异哉所谓国体问题者》的文章,就要向帝制请愿运动发难。他再也保持不住威而不怒的仪态,破口大骂了。这一阵子以来,举国上下席卷着帝制请愿的风潮,虽然是他自己一手导演的闹剧,但他心里还是很受用的。不能说他是自欺欺人,他坚信中国如此大国,失缺了一个万民崇拜的偶像,没有一个至高无上的权威,必定是一盘散沙,纷争不息,国将不国。心同此理,民众的想法和他是一致的,就是他手下的那些虎狼猛将,也不会不明白"大树底下好乘凉"的道理。但是,在一片劝进的鼓噪声中,他尽管有点飘飘然,也还不时担心有人来唱反调。让他们跳出来才好。明枪好打,暗箭难防!如今,果真有人跳了出来,他还是有点受不了。到底还是有不怕死的敢向他的权威挑战。如果是孙中山、黄兴等革命党人捣鬼还情有可原,没想到,竟然是进步党的梁启超!

他嘴里叼着大雪茄,靠在沙发上紧闭双眼,腮帮不时地弹跳几下。

"总统。"梁士诒走进办公室,小心翼翼地站在袁世凯的面前。

"什么事?"他没有睁开眼睛。

"总统,有情况。"

他猛地将嘴里的雪茄喷到半空,半睁眼睛,吐出凛凛杀气:"梁启超要发难,是不是?"

"不,是蔡锷从北京出走了。"

袁世凯重又闭上眼睛。他的心像被人剜了一刀,痛楚使他紧闭的嘴都拧歪了。文人造反不可怕,蔡锷出走可就凶多吉少。他好像看到蔡锷已回到云南。千军呐喊,旌旗挥飘。呐喊声像洪水一般涌过来,涌过来……

"总统,我已布置人在日本、香港、越南,层层堵截,务必要逮住蔡锷,不能让他潜进云南。"

袁世凯这才睁开眼睛,向他发出赞许的目光。

"总统,皙子成天和蔡锷泡在一起,怎么一点蛛丝马迹都没看出来!"

"皙子简直是蒋干!混蛋加三级!"袁世凯大吼一声,把一腔怒气全泄到杨度身上。

翌日,杨度带着梁启超文章的附本来见袁世凯。路经丰泽园的纯一斋时,他一阵伤心,几乎要掉下泪来。袁世凯骂他是"蒋干"的话,夏寿田已透露给他,他黯然神伤地说:"骂我是蒋干,倒应了蒋干的一句话,'曹营的事难办哪'!"老朋友蔡锷出走,意味着什么,他心里很明白。蔡锷深藏不露,假意坠入烟花柳巷,原来另有他图。只有我死心塌地为老袁摇旗呐喊。莫非是我错了?民主呀,共和呀,固然动听,可以哗众取宠,但是中国目前的现实,难道舍君主立宪之外,还有他途?清末以来,中国饱受动乱之苦,百姓多么盼望能够休养生息。他不敢亲自去找梁启超。梁启超反驳他的"筹安会"宗旨,反对帝制,找梁启超要他不发文章,这算什么!是要他手下留情,还是要他给老朋友留点面子?我没有错,用不着提着巨款涎着脸面去向朋友告饶。他派人带去袁世凯的口信和二十万元巨款的支票找梁启超。完全在意料之内,梁启超拒不接受这种贿赂。梁启超、蔡锷他们师生俩也许早就暗中策划好了。派去的人带回了梁启超文章的附本。梁启超没有忘掉朋友交情,在文章中攻击了君主立宪的主张后,还称他"杨氏贤者也",又声称"吾人政见不同,今后各行其是。不敢以私废公,亦不敢以公害私。"他望着老袁赠送的"旷代逸才"的匾额,心里不无酸涩。

雪霁天晴,阳光把大地映得白晃晃,反射得人眼睛酸痛。杨度穿着皮大氅。皮鞋把雪地踏得咯吱咯吱作响。梁士诒也在居仁堂袁世凯的办公室里。

"皙子,你的老朋友梁启超也太不讲交情,横打一杠子。"

梁胖子此时还有心思幸灾乐祸,真不是个玩意。杨度没有搭理他。

袁世凯坐在办公桌前的旋转椅上,嘴里正在嚼人参。

"总统,梁启超坚持要发文章。"杨度把文章的附本呈上,小心地放在袁世凯面前。

袁世凯一把抓过文稿清样,迅速地浏览着。

"盖君主之为物,原赖历史习俗上一种似魔非魔的观念,以保其尊严。此种尊严,自能于无形中发生一种效力,直接间接以镇福此国……若经一度共和之后,此种观念,遂如断者之不可复续。试观并世之共和国,其不患共和者有几?主张变更国体者最有力之论据,则谓当选总统时,易生变乱。谓共和必召乱而君主即足以致治,天下宁有此论理!波斯非君主国耶?土耳其非君主国耶?俄罗斯非君主国耶?试一翻其近数十年之历史,不乱者能有几稔?彼曾无选总统之事,而亦如此,则何说也?我国五胡十六国、五代十国时,亦曾无选举总统之事,而丧乱残酷一如墨、美,则又何说也?……自辛亥八月迄今未盈四年,忽而满洲立宪,忽而五族共和,忽而临时总统,忽而正式总统,忽而制定约法,忽而修改约法,忽而召集国会,忽而内阁制,忽而总统制,忽而任期总统,忽而终身总统,忽而约法暂代宪法,忽而催促制定宪法。大抵一制度之颁,行之平均不盈半年,旋即有反对之新制度起而推翻之,使全国民彷徨迷惑,莫知适从,政府威信,扫地尽矣……"

袁世凯没有发怒,眼睛里放射出一股令人捉摸不透的光彩。他没有叫杨度坐,只说:"梁启超可以发文章,你也可以请人写文章驳他嘛!严复是学界泰斗,他的影响力决不会在梁启超之下。文来文斗,武来武挡,天塌不下来。"

杨度一走,梁士诒急忙说:"总统,真的让梁启超把文章发出来?"

袁世凯点燃一支雪茄,问:"梁启超现在哪里?"

"住在天津的租界里。蔡锷就是先到他那里,再转道去日本的。"

"你派人去问问他,是不是还想再过流亡生活!看住他!"

杨度到大典筹备处处长朱启钤那里开了张四万元支票,就去找严复。人力车夫拉着他在中南海内吃力地前行。道上的雪虽已扫净,表面又结成一层薄冰,在微弱的阳光照射下,渐渐融化。道路湿漉难行,空气寒冷刺骨。路经纯一斋时,他的太阳穴神经质地猛弹了两下,心境晦暗透了。摇旗呐喊做马前卒的是文人,揩屁股的也还是文人。而真正视为心腹倚为股肱的,却是梁士诒那种阿谀逢迎之辈。宦海波诡难测,不可久恋啊!宰相梦看来不过是一场白日梦。他对自己的前程忧心忡忡。严几道也许是对的,老袁不是当皇帝的料。可是,能镇住虎狼者,舍他其谁呢?莫非君宪救国真的不合时宜?法治和人治真的不能合二为一吗?他想到了青岛崂山,想到道家的清静无为。梁启超从维新党进而保皇党再而进步党,他是一变再变。自己不改初衷,坚持君主立宪,是执著还是固执?这种自我审视使他心惊肉跳。他把目光投向中南海宛如明镜的冰面上,让自己身上的热血冷凝下来。梁启超的文章一发表,自己很可能成为众矢之的,别无选择,只能和老袁同舟共济了。人力车在新华门口停了下来,他出了门上了自己的马车。一群零乱的请愿队伍正从新华门前穿过,到内务部去请愿实行帝制。挥动的三角纸旗,破喉而出的口号声,使他略略得到抚慰。老百姓总是希望有个皇帝好让他们安居乐业。谁也不希望内乱,只有不安分守己的政客们指望趁乱打劫,浑水摸鱼。至于文人学子的自由思想,不过是一种不负责任的盲目趋新。秀才造反,三年不成,这不足以构成威胁。杨度如此一想,脸上重现光泽,眉眼又流淌着高傲和自信。

马车向西城刑部街严复邸宅驶去。自从"筹安会"成立之后,严复一次也没参加过"筹安会"的活动,但也没有否认是发起人之一。杨度有点心虚,怕他责怪自己擅自给他摊个理事的头衔。见面之下,严老先生还客气,他悬着的心才落回肚里。

"杨先生是无事不登三宝殿,又有需要老夫之处吗?"严复抚摩着枯瘦僵硬的手指,不冷不热地说。

"几道先生德高望重,总统多有倚重。晚辈充其量是个信使,代人传话罢了。老先生对近来国内局势有何高见?"

"老夫深居简出,不过是聊度时日,谈何高见?"

"总统要晚辈代其致老先生,总统事务缠身,不能亲自前来造访。"

"身为人君,自然得宵旰勤劳。无官一身轻,也是人生的一大实惠。杨先生,老夫近来喘咳日重,恕不能久陪。不知今日登门有何吩咐？"

杨度好不沮丧。话尚未入港，他就竖起毛刺，叫人不能近身。姜还是老的辣啊！他只得把梁启超文章的清样掏了出来，说："老先生请过目。梁启超冒天下之大不韪，逆拂民意，对帝制百般诋毁。总统说老先生是学界泰斗，切盼老先生撰文予以驳斥。这是总统亲笔签批的四万元支票，以为润笔薄酬，不成敬意。"他谦恭又不无紧张地注视着老先生的一颦一蹙。

严复接过梁文清样，慢吞吞地戴上老花眼镜，又摘下眼镜猛烈地喘咳，咳得脸红脖子粗。佣人端来痰盂、热茶和热毛巾。好一阵子，他才恢复常态。看完梁文清样，他摘下眼镜，说："学界泰斗老夫不敢当。梁先生的高论老夫自然不能苟同，无奈喘疾在身，不能握管，还望另请高明。"

杨度急得不知所措，慌忙说："老先生万勿推辞，这关系到国家存亡啊！"

严复呷了一口热茶，说："不是老夫推辞，实在是爱莫能助，还请杨先生向主座致歉。"

杨度悻悻地收起支票，说："恕晚辈失礼了。倘若总统坚请老先生鼎助，晚辈还得登门拜访。"

严复欠一欠身，没有站起来送客。他步履蹒跚，挪回书房，好像真的害了重病。书案前的高背藤椅很陈旧，靠背部位已经破损。他揣测杨度虽被支走，很可能还会重来，这真是件伤脑筋的事。书案上方墙角，有一网蛛丝，一只小蜘蛛不知是死是活，蛰伏在丝网中央，一动不动。他仰靠在藤椅上，饶有兴致地观看蜘蛛网精巧的经纬构造。

他看着看着，眼前好像幻化出蜘蛛捕食蚊虫的情景。好家伙，小蜘蛛轻捷地向它们滑溜过去，大嚼大咬……我不也像这倒霉的蚊虫？我早就看出袁世凯不是帝王材料，却当断不断，贸然上了他这只险船。我不能一错再错，否则一世盛名将毁于一旦。琴南说得对啊，年近古稀的人，何必去凑这个热闹？成则于我无补，反之身败名裂。他突然觉得身上奇痒，好像蜘蛛爬进了他的颈项。梁启超的发难如任其自然，定会像瘟疫一样蔓延不止，不谙国情、对民族文化传统一知半解的趋新之徒，必然起而效尤，唯恐天下不乱。平心而论，也只有袁世凯能镇得住局面，袖手旁观也有负他的知遇之恩。他突然想到辜鸿铭。这位福建同乡是文坛的怪杰，他向来提倡尊王大义，是闻名遐迩的国粹派、帝制派。倘若杨度再来，何不推荐辜鸿铭挥笔著文？辜鸿铭熟谙西方文化，又热衷儒学传统，有他出来说话，梁启超的文章不堪一击。辜鸿铭的确是个人物，嬉笑怒骂，皆成文章。严复当年尚在天津任北洋水师学堂总办时，就听张之洞的高级幕僚梁鼎芬同他说起过辜鸿铭。据梁鼎芬说，人人皆知的张之洞"中体西用"的思想，实际上是辜鸿铭的杰作。他说，他开头并没有把这位"南洋客"放在眼里，只知道他精通几国的语言，不过是个通译人才罢了。谁知辜鸿铭到总督府后，就订了三十余份外国报纸、五百多种外国杂志，每日拣选认真阅读，然后给张之洞讲说，时常一次课就是两三个小时。张之洞对世界大局了然于胸，完全得益于辜鸿铭。严复虽早在爱丁堡时就面识过这位福建同乡，但此后再无往来。尽管他得知张之洞的《辨辟韩书》出自辜鸿铭之手，险些使自己罹难，但对他的才华却不无佩服。

张之洞像。

他的目光停在书案正中靠里摆放着的一册精装《天演论》。时间过去还不到二十年,已宛如隔世。那时节,他在天津《直报》上一连发表了《论世变之亟》、《原强》、《救亡决论》和《辟韩》四篇论文,主张变法维新,批评程朱理学,要求创立议院和提倡西学,在全国引起多大的震动啊!《天演论》一出,风靡全国,天下谁个口中不挂着"物竞天择,适者生存"八个字?张之洞的《辩辟韩书》,指责他"溺于异学,纯任胸臆,乖戾矛盾之端,不胜枚举"。当时他是多么的愤慨。如今冷静反省,当年的确幼稚可笑,多是情绪化的思想,经不起推敲。辜鸿铭议论虽为惊俗之谈,但不无理想,不可抹杀。这个怪才生平极恨西学,认为西学专言功利,致使人类涂炭,这种看法不无道理。辜某说过,"所谓西学,不是什么东西,中国古已有之,都是不切实用的。范蠡去越耕于海畔致产数十万,齐人遂举为相,此犹西洋今日公举富人人议院秉国之政也"。辜某的考证实在独具慧眼。辜某对西方的报馆制度也有考证,他说:"战国游说之士,创立权谋之说争论时事,此则犹如今西洋士人开报馆论时事之风。西方的报馆制度不适合于中国,中国只适合尊王之义。中国尊王之义存,故自春秋至今日二千余年虽然治乱,然政体未闻有立民主之国,而士习亦未闻有开报馆之事,此殆中国之民所赖以存至于今日也。"他还诅咒开报馆、倡立议院,说任其泛滥下去,必然是异端突起,道统衰亡。认定西人之学不适合于中国。他说:"开报馆、论时事之风渐盛,其势必至无知好事之辈创立异说,以惑乱民心。甚至奸民借此诽谤朝廷、要挟官长,种种辩言乱政流弊,将不可收拾。康、梁一出,几欲使我中国数千年文物一旦扫地净尽。"当年对于辜某的这些妄语,只当做是腐儒的偏见。

不想今日一切被辜某言中。民国以来短短四年历史,议院也设立了,报馆也开了,主义纷争,党派林立,结果是国无宁日,民无宁日。独裁固然不好,集权却有好处。纵观大局,民主的确不如君主。他想起前些日子给《居仁日览》写的警句:"中国目前危险,全由人心之非,而异日一线命根,仍是数千年来先王教化之泽。回观孔孟之道,真量同天地。耐久无弊,尚是孔子之书,四书五经,固是最富矿藏,唯须改用新式机器,发掘淘炼而已……"他在内心反复玩赏着这几句话,一种深得精妙的自慰涌上心头。是啊,不到一定的年纪,就不可能达到炉火纯青的境地。遁入空门者的悻悟,大概亦是如此。

杨度垂头丧气地回到石驸马大街。大门上的"筹安会"招牌,不知什么时候被人扔了一团稀泥。"筹安会"的光华正在逐渐黯淡,杨府重又门前冷落车马稀。帝制活动的中心已转移到"全国请愿联合会"和"大典筹备处"。他的心里一阵酸楚,一踏进院子就发脾气:"老王头,你们都是睁眼瞎,门外都造反了!"

老王头和佣人们大惊失色,齐向大门奔去。

客厅上挂着梁启超书写的谭嗣同诗句对联,格外刺眼。梁启超这一发难,把举国一致劝进的局面打乱,老袁的前途实在难以预卜。严复事到如今,还想耍滑头。不能就此罢了,应当不客气地告诉他,覆巢之下无完卵,他已上"帝制六君子"的黄榜,想抹也抹不掉了,应当同舟共济才是。

老王头在门外张望了一阵,没发现什么异常,不知主子何故无端发作,赔着小心到客厅见他。主子没有再提什么"门外造反"的事,老王头也就装痴卖呆。老王头告诉杨度,有几个省的国体投票代表团已经离京,他们回籍的资遣费都要由"筹安会"支出,因当初是"筹安会"招集他们进京的。杨度振作精神,要老王头汇报一下"筹安会"的经费支出情况。不听犹可,一听愈加忐忑不安。老袁批的经费支付完各省代表团的接待费,已经所剩不到一半,各省代表团离京返籍的资遣费可是一笔庞大的开支。他挥挥手叫老王头出去。只要老袁不垮,总不会让我自己掏腰包。

杨度一连两日到总统府去求见袁世凯,都没有得到召见。他的方寸有点乱了,看来严复的驳梁文章不写,是难以交代了。他忧心如焚,只得硬着头皮再去找严复。为人做到这个地步,实在够狼狈的了!

杨度一改向来的潇洒、豁达,再度出现地严复面前时掩藏不住拘仪。他用讨好的口吻,把自己当年受到《天演论》启蒙的情形胡吹了一通。人的与生俱来的弱点就是爱听好话,就看你的好话讲得高明不高明。严老先生冷若冰霜的面容被融化了,追忆《天演论》问世后的那个辉煌时代,是他现今精神生活的重要构成,每隔数日都要涉足一遍,有如玩赏厅堂里的小摆设。他到书案上取来一叠信,约有二十多封,说:"杨先生,这两日鸿雁呈祥,一日数度飞临寒舍。这些你先看看。"

杨度情知不妙,迅速地从中抽出一封信。这是威胁信,威胁严复如不写驳梁文章将如何如何,一连看了几封都大同小异。杨度攥紧信笺,双眉微蹙。是哪个蠢货干出如此勾当!

"老前辈,请您相信晚辈不至于这般下作。我一定回去查个明白。"

"杨先生光明磊落,老夫相信与你无干。只是主座手下豢养如此败类,实堪忧虑。外面拿生死来恫吓,实在非我所介意。我年过六十,病患相逼,甘心求解脱而不得,果真能够死了,我将顿首拜谢他了。"

"老先生息怒,世间有君子必有小人,望您老以大局为重。"

"梁启超的议论,我诚然可以批驳他。不过,我想主座叫我作文章,目的在解除天下之惑而有益于事。福建有句俗话:'有让新媳妇自己说话的时候,有阿婆当自己说话的时候。'时势到现在,正当让新媳妇自己去说。我虽不过是个顾问,终究是政府中人,现在又是'筹安会'理事,说话出自我的口里,人家看来终是阿婆自己的话,不但不足解天下人之惑,或者转给人家做借口。杨先生是聪明人,该明白这篇文章我确实不能做。"

严复说得真诚恳切,杨度点头称是。他正准备鸣锣收兵时,严复又说话了:"我也不让你空手而回,推荐一个人给你。辜鸿铭可担此任。他精通西学,又深明尊王大义。他乃在野名流,不存党见,其言可正视听。"

杨度喜出望外,慌忙作揖,感谢他指点迷津。

24 | 性冷淡者

杨度感到极度的孤独。曾经高朋满座的客厅虽不像前一阵那么喧闹,不过仍有来访者不时光顾。他几乎受不了一人独处。刚刚送走袁世凯的秘书夏寿田,他又不知所措,干什么也不是,什么也不想干,只是一个人懒洋洋地靠在沙发上,眯缝着眼睛,让思绪漫无边际地游荡。

梁启超的文章到底还是发表了。举国一致推戴袁世凯称帝的虚假神话破灭了。这个缺口不修补,纵然请愿搞得轰轰烈烈,大典筹备如何加速进行,老袁不可能坦然地穿上龙袍。杨度依旧未能得到袁世凯的召见。杨度通过夏寿田,把严复的态度和意见转告老袁。老袁对于梁启超的文章恨之入骨,他认同了严复要局外人撰文反驳的看法,"筹安会六君子"自己出面反驳,的确不如没有党派色彩的人的话有力。杨度对老袁满腹委屈。这篇驳梁文章如打不响,他的失宠是在劫难逃的。现在帝制运动的中心已转到梁士诒的"全国请愿联合会",为了在新帝国的宫廷里立住脚跟,杨度已决定将"筹安会"改名为"宪政协进会",以期在制定宪法方面再立一功。君主立宪,有了君主这一绝对权威的象征后,就需要制定完善的宪法来制约君主,使之不致为所欲为。聪明反被聪明误,取得了至高无上权力者,会愿意制定法律来约束自己吗?夏寿田含蓄地对他表示,老袁不可能对立宪感兴趣。但杨度不为所动。他想,要想在老袁面前不失宠,仅仅充当摇旗呐喊的马前卒还不行,还得让老袁明白,他不是那种"君叫臣死,臣不得不死"的旧式大臣,臣子对君主也有杀手锏,那就是宪法。杨度忽而亢奋,忽而悲凉。梁士诒有何德何能?可是他总是永远顺畅吃香。他动用了巨款,收买了各式各样的人请愿,既在老袁面前卖了乖,又乘机中饱私囊,发了横财。而"筹安会"首先举起了帝制的旗幡,招惹了"请斩'六君子'之头,以谢国人"的弹劾,大功未成就淡忘了首功之人,今后还会有我的好处吗?宰相梦,真是一场白日梦。唉,天下事就是这么不公平。

不论对老袁有多少抱怨,杨度还得面对眼前的难题:找辜鸿铭写文章反驳梁启超。孙毓筠写了一篇《驳任公论国体文》,刘师培也写了一篇《国情论》,正如严复说的,自己为自己辩护,无论文章写得多么理直气壮,其力量都是有限的。辜鸿铭是骂过老袁的,他如果肯写文章,其影响力不可估量。他和辜鸿铭同为参政院参政,但没有往来,不过他们很早就相识。早年,他由张之洞保举赴京考经济特科,这与在湖广总督府里任高级幕僚的辜鸿铭的美言不无关系。不过,辜鸿铭的"怪"让他裹足不前,他筹划着如何去见这位怪杰。

老王头进来禀报,说女记者姚佩珍求见。她来干什么,看我的狼狈相?哦,定是夏寿田把"筹安会"要改名为"宪政协进会"的事传出去了。她鼻子的嗅觉好灵哇。姚佩珍生动姣好的面容,在思屏上定格了一瞬,他顿时容光焕发。听说辜鸿铭这怪老头是个"登徒子",时常出入前门外八大胡同,那么他对漂亮女子的话一定很入耳。倘若姚佩珍肯代为传话,辜鸿铭想必是不会拒绝的。他对老王头说:"快请她进来。"老王头有点不相信自己的耳朵,杨度又重复了一遍:"还不快有请。"为了这倒霉的差事,也只好暂且泯灭良知,虚情假意一番罢!

姚佩珍穿着翻领狐皮大衣,手上戴着红色毛织手套,雍容华贵,盛气凌人。她的情绪正处于最佳状态。杨度得宠时,对她曾是那般的傲慢和蔑视。如今他黔驴技穷,挂出新招牌"宪政协进会",此时不羞辱他一番更待何时?她猜想,他一定接受她的采访,他正落魄,需要报界替他鼓吹。老王头很快返回来恭谦地请她进去,她会心地笑了,笑得很甜。

姚佩珍的眼睛从未这么明亮过。这种光泽只有热恋少女的眼中才有,清澈明洁,闪闪发亮,带着迷离,带着恍惚,带着神往。这都是昨天一夜间的神奇突变。昨天傍晚她前去远东饭店时,沮丧到了极点。中午她刚从报社归来,正在用午饭时,门卫通报说,王荣华坚意要见她。她悻然变色,狠狠地把筷子撂在桌上,说:"我不是说过了吗?他来时把他轰走就是。"

门卫伫立着不动。当她翻眼看他时,他嗫嚅着说:"那个家伙说,他有好消息告诉小姐。"

姚佩珍被希望紧紧攥住,莫非他同意离婚?

她在客厅里等候他。

贼眉鼠眼的男人嬉皮笑脸地向她打躬作揖:"恭喜了,恭喜你大富大贵。"

"我没时间和你打哈哈。有话就说,有屁就放。"

"我就喜欢你这股巾帼英雄味,只可惜枉有缘分而无福分消受。这也是命中注定的。命里注定我就是这么副嘴脸,怎么能和那位仪表堂堂的南洋客相比?"他的鼠眼放射出狡黠的幽光。

姚佩珍像遭了五雷轰顶,一阵钻心的疼痛,袭遍周身。无耻的密探!她恨不得叫来门卫,活活地把他掐死。

"我找过他了。论年纪,李先生可以当你的父亲。不过他很帅,可惜不够大方。我已经忍痛割爱,他却躲躲闪闪。只要他拿出一百万,我立刻就在离婚书上签字。怎么样,你们商量着办吧!"

"你这个恶魔!"她气得声音发颤,带着哭腔。李华庆知道她的身世后会怎么样呢?难怪他变得冷淡了,想到将失去他,她的心在汩汩淌血。

"不要害怕,财能消灾。李先生是有地位有声望的人,我想他不愿让丑闻断送了自己的前程。"他得意洋洋,幸灾乐祸地朝空中喷着烟圈"怎么茶也不来一杯?"

姚佩珍拧着眉心,猛地冲向他,抢过他嘴里的香烟,狠狠地扔在地上。"快滚!三天后来等回话!你胆敢对李先生不恭,我就要叫你不得好死,像死老鼠一样躺在阴沟里。"

王荣华一走,她不假思索立即驱车找李华庆去。虽然事情迟早要曝光,但面对这突如其来的讹诈打击,她的神经几乎承受不了。一切憧憬眼看就要付之东流。她失神地盯着马车夫的后背,嘴角浸润着一抹苦涩。欲擒故纵,多可笑。现在可是鸡飞蛋打了!她不敢设想继续一个人独身生活下去。她对今后的情景描绘编织了许多,眼见都将变成子虚乌有,这种恐慌像刀子一样切割着她的心,使她的脸痛苦得变了形。

姚佩珍气鼓鼓地走进远东饭店,好似去找仇人报仇,憋着气,一步两个台阶,噔噔噔,窜到李华庆的套房门前,胸脯猛烈地起伏着。

李华庆好不惊讶:"姚小姐,怎么啦?"

姚佩珍把袖珍小提包扔到沙发上,眉棱颤动着,冲动得声音都变了调:"反正你都知道了,你说怎么办吧!我爱你,我崇拜你,我自作多情,我自作自受,你尽可以看不起我!"她的话像连珠炮,没有间歇地向他发射过去,随之蜷在长沙发上,蒙面嘤嘤哭泣。

李华庆像一尊泥塑的菩萨,半晌才明白过来,热血在他周身奔突。她是一盆烈火,可以熔化一切;她是一株牡丹,艳丽得使人目眩;她是一只小兔,柔弱而使人爱怜。一阵迷乱,他不由自主地坐到她身边,用手抚摩着她青丝缭覆的后颈项。她的身体因哭泣而搐动。他好似脚踏白云,飞临五彩霞光之中。他火烫的双唇印在她白皙秀丽的颈项,随之,扳过她柔软的身体。她便像一只羊羔偎在他的胸前,把脸埋进他的臂肘。她的脸在他胸脯前磨蹭,混沌的神志渐渐滤清。她终于有了避风的港湾,如今多么安然恬静。他想松开她,反被她紧紧地搂住。"别动。"她柔声地说。于是他们愈发拥抱得贴切。四周的一切都隐去,茫茫宇宙似乎只是为他俩而存在。

天色暗下来。李华庆拉动电灯开关,枝形宫灯放出华彩。他按响电铃,叫侍者送来酒菜。

酒酣耳热,李华庆和姚佩珍眼眸里充满爱意。

"华庆,第一眼见到你时,我就知道自己被爱神俘虏了。你知道了我的一切,你不会看不起我吧?"

"命运对你太不公平了。不要以为我只是同情你。你还不知道,命运对我也是很刻薄的。我渴望爱情,你的钟情令我激动,也使我惶惑。我本来没有这种奢望,真的,我不敢有这种奢望。你不会后悔吗?"

姚佩珍离开座位,倚在他的背上,伸手端起酒杯送到他的唇边。他的后背感受到她心脏的狂跳。他用餐巾抹了抹嘴,把她拥进里间卧室。

一盏蓝色的床头灯,流淌着迷离的光线,使卧室披覆着诱人的色调。他们互相拥着,像在蓝天上飞飘的天使。他捧着她的脸蛋,一阵猛烈胶着的接吻,几乎使她透不过气来。他笨拙地替她脱去外衣。她的脑袋僵麻,眼睛里燃烧的火苗渐渐熄灭,她闭上了眼睛,浓密的睫毛可怕地颤抖着。她的心在紧缩。獐头鼠目的男人,他们母子把她强按在床上的令人心碎的情景,像毒蛇噬咬着她的心。对人的尊严的宰割,同肉体的凌迟是没有什么两样的。那恐怖难忘的一幕,使她对房事产生了本能的厌恶,以至延续至今。最后一层内衣正被褪去,他的指头触到了她高耸的乳峰。像被烙铁烙着一样,她惊叫起来,随之蜷缩着赤裸的胴体,疲惫地呻吟着。

李华庆的冲动像化学变化一样,倏地消散。有如站在起跑线上的运动员,发令枪欲响未响之际就抢先迈出了步子。犯规后的他,重新做预备姿态。见鬼,两腿像灌满了铅,发令枪再次响起时,却怎么也跨不出步伐。他做出种种努力,一切却都是徒劳的。羞惭,沮丧!

姚佩珍像可怜的小猫,越蜷越小,瑟瑟作抖,直想从他怀里消失掉。李华庆的羞惭与沮丧消散了,一股欣慰倏然生起:她果然是个性冷淡者。阵阵窃喜涨满了他四肢。他决心娶她,并将她带往星洲。

姚佩珍咬着嘴唇,等待着受刑。但是,暴风雨没有降临。帐帷里荡漾着风和日丽的春意。她的恐惧的举动一定会令他反感。她背转身,接住他慈爱温柔的目光,一种内疚和感激之情互为交织,她呢喃道:"华庆,真对不起。"

"不,这样就很好。"

今天的姚佩珍同昨天完全判若两人。一种归宿感浸润着她,她的目光不再那样咄咄逼人,平添了许多的妩媚。她本来是想来讥嘲一番失宠的杨度,老王头那声谦恭的"请",松弛了她绷紧的神经。

"姚小姐,本来我正要到府上去拜访你,不想你却来了。"

"拜访我?不敢当。记者嘛,就是专门拜访别人的。"

"我们先不说'筹安会'改名为'宪政协进会'的事。总统交下一件差事,我想我自己去办可能会砸锅。如果能劳动姚小姐大驾出面,一定马到成功。"

姚佩珍好不快活,高傲的"旷代逸才"也有求她的一天。她说:"什么事?说一句江湖上的话,用得着本姑娘之处,一定两肋插刀。"

杨度没料到她这么爽快,连忙把请辜鸿铭写驳斥梁启超文章的事说了一遍。"姚小姐,你是总统门生,有你的大面子,那位怪杰绝不会节外生枝的。"

"小事一桩,包在我身上了。辜鸿铭是有名的'帝制派'、'国粹派',请他写这种文章他不正中下怀?何况又是总统私下授意的!"

姚佩珍办事很麻利,出了石驸马大街,就驱车往地安门大街。总算找到辜鸿铭的宅第。门前的破落残败景象,冲淡了她的兴头。她已习惯于出入富丽堂皇的场所。

辜鸿铭恰好在家。对于来访者,他都表示欢迎,因为又有人听他发表宏论。听说是女记者姚佩珍,他没有离开书房,叫牛四把来客请到书房。她几乎被书房里的霉味窒息过去。破藤椅吱吱嘎嘎,她提心吊胆,只挨着半个屁股。悬在床铺里侧的一溜书架,使她大为惊诧:果然是一位怪杰,莫非他日夜都遨游在故纸堆中?

"辜先生精通七国文字,又如此钟爱华夏文明,那些诋毁传统文化的狂徒,在先生面前定然个个汗颜,无地自容。辜先生,所说德国人非常崇拜您,还有专门的研究会。在海外享有如此殊荣的,国内绝没有第二人。"

辜鸿铭听了好受用,端起小茶壶呷了一口浓茶,跷着二郎腿,颤颤地晃动。

姚佩珍不乏乖觉,忽想起俄国大文豪托尔斯泰曾给他写过信,接着说:"辜先生,托尔斯泰给先生的信,能不能给我们报纸发表?这不仅是先生个人的荣幸,也是中国文化必将征服全世界的明证。"

辜鸿铭的目光开始发亮,从案头的一叠信函中,取出一个牛皮纸信封,说:"我常对人说,世界的出路在于中国精神的发扬光大。俄国的托氏也深有同感。"他展开信笺,瞟了她一眼,"你大概不懂俄文吧,我给你念几段。"他的声音洪亮结实,发自丹田。他虽形容枯槁,却精力充沛,她思忖道。

"中国人的生活常引起我的兴趣到最高点。我曾竭力要知道我所懂得的一切,尤其是中国人的宗教的智慧的宝藏:孔子、老子、孟子的著作,以及关于他们的评注。我也曾调查中国的佛教状况,并且我读过欧洲人关于中国的著作……我相信在我们这个时代,人类的生活要起一种重大的变化,我并且相信在这个变化中,中国将领导着东方民族扮演重要的角色……"

辜鸿铭的语调提高了些。

"从你的信里,及从别方面得来的消息,我知道一般轻率从事的人们——即所谓'改良派'者是也——相信中国应当模仿西洋国家做过的事情,换言之,拿宪法代替军人专制,创设和西方一样的军队,以及振兴实业。从表面上看起来,这个结论似乎是十分简单,而且自然的,但是实际上它不但是很轻率的,而且是愚蠢的——就我对于中国的认识说起来——对于有见识的中国人是不适宜的。如果学着欧洲民族的模样,草创一部宪法,设置军队,也许甚至厉行强迫的征兵制度,并创办实业,这就是否认中国人生活的一切的基础,否认他们的过去,他们的淡泊的、宁静的农民生活,把真生命唯一的路径——'道'——舍弃了,不但对于中国,而且对于全人类。中国人不应当模仿西方民族,这个模样宁可给他们当一种警告,使他们不致陷入同样的绝境。西方民族所做的事情应当给东方人做榜样,并不是应做的事情却是无论如何要避免的事情的榜样……"

辜鸿铭念到最有同感共鸣处,戛然而止,好像是设置悬念,吊她的胃口。她尽管很专注,还是被他逮住眼角那一缕的心不在焉。他见好就收,口锋一转,说:"中华民族五千年的文明史,文化瑰宝实在是美不胜收,西洋民族是无法望其项背的。比如说,中国女子深居闺门,大门不出,二门不迈,这对社会的稳定、道德的纯净,有着莫大的好处。对不起,像姚小姐这样的现代女性我是不赞成的,社会有分工,女人不应当从事社会职业。"

姚佩珍冷不防被横打一棒,顿时觉得耳红腮热。

辜鸿铭又自顾自地说:"我看你是放足了。可谓:三寸金莲短——横量!其实,缠小脚是中国的一大发明,是对美学的贡献。缠足可以增加女人的妩媚,改善女人的身段,使女人成为淑静节制的象征。对不起,女人一旦不裹脚,把蒲扇般的大脚各处踩,她就失去了女性生理和道德的特质了。对不起,外国女人束腰,好显出上身的曲线,但是有害于消化。裹小脚有什么害处呢?什么害处也没有,与生理的主要的功能一点也没有妨碍。对不起,我问你,你是愿腿部受枪伤呢,还是肚子上面受伤呢?而且裹脚之后,站得多么挺直呀!你见过裹了脚的女人走起来不是挺直而尊严吗?你穿的西洋式高跟鞋,其实就是受了我国缠足的启发。中国缠足是缠足尖,西洋人的高跟鞋不过是缠足跟。对不起,可见西洋文明多是中国传过去的。假如说缠足女子失去自然美,时髦女子束腰、穿高跟鞋不也是逆反自然?

外国女人束腰,强使臀部挺出来,这才是不自然。而裹小脚,由于姿态上受影响,运动中心后移到自脚到臀部一带,自然而然促进臀部发育。"

姚佩珍如坐针毡。

辜鸿铭注意到她的窘迫,呵呵一笑,说:"对不起,我不是在毁谤姚小姐。天津、上海洋行橱窗里摆放着束腰和乳罩,那才是挖苦女人。西洋文明把女人的秘密暴露无遗,女人的身体完全商业化了。对不起,我奉劝小姐还是改造你的脚,切莫改造你的肚子。肚子是生产的要地,经不起糟蹋。洋女人的脚同中国女人的脚一比,就像两艘洋船,实在煞风景。"

真是个自负而顽固的怪杰!姚佩珍不再窘迫,只当他不是对自己说话,这样一来,对他似是而非的诡辩,反而听得很开心。她逗他道:"现在民国提倡一夫一妻制,但听说先生仍主张多妻制。先生有个著名的比喻……"

"你是说茶壶和茶杯的关系吧!"辜鸿铭自鸣得意地呵呵大笑。

原来,曾有个外国人问辜鸿铭:"先生你为什么推崇多妻制?"他答得很风趣含蓄:"你看见过茶壶和茶杯吗?一只茶壶必须配有几只茶杯,难道先生你曾见过一个茶杯配有几个茶壶的吗?"对方被噎得哭笑不得,无言以对。细细品味,又不得不为他的精妙比喻而拍案叫绝。

辜鸿铭主张女子深居闺房,但又特别喜欢同漂亮女人说话。他自个呷了口浓茶,也不叫人给她端茶来,又兴致勃勃地对她发挥多妻制的理论:"古人造字是很有讲究的。妾者,立女也。"他用毛笔在纸上写了个"妾"字,"当男子疲倦时,有女立在他的旁边,当做扶手用。因此,男子不可无立女,尤其不可无做扶手之用的立女。这就是'妾'字的来源。"

姚佩珍打趣道:"那么女子疲倦时,亦可以将男子做扶手之用。如此说来,男人可多妻,女子也可以多夫啰!"

辜鸿铭吃了一惊,连连摇头:"那不行,那不行!请问,小姐是步行还是乘车?"

"乘马车。"她见他猛丁改转话题发问,定然另有深意,只好怵怵然地如实回答道。

"好。马车有四个轮胎,府上大概只备有一个打气筒,而绝不是一个轮胎备有几个打气筒的吧?"

好一个从"一壶四杯"衍生出的"四轮一筒"论!姚佩珍两腮麻麻生辣,好似已被他窥破她有两个"打气筒"的隐私。

辜鸿铭意犹未尽,话锋转到父母包办婚姻的好处,说:"中国女子的地位就是比西洋女子地位高。中国女子婚姻遵从父母之命,注重了女子廉耻名节,也就是西洋所称的人格。女子不必要因求偶尔到社交场合抛头露面。对不起,西洋女子就不一样,女子长成,为了求偶婚嫁,父母就要逼迫她学习音乐、舞蹈,然后到社交场合与男子周旋。凡美貌者,或取悦男人有术者,便很快可以找到好郎君。而那些容貌平平,更兼木讷者,不会卖弄娇媚,则只好沦为老处女,永远找不到丈夫。对不起,西洋的自由恋爱是极其不道德的,它损害了女子的人格,驱使女子献身钓取男子的欢心。因此说,所谓女权运动,其实质是伤风败俗。中国女子之所以能娴静高雅,就是因为她们不必受婚姻自由之罪。"

姚佩珍简直目瞪口呆,照此推论,女权运动反成女子自找苦吃、自辱人格的行为了!她尽管难堪,也只得忍气吞声。初时她还显得超脱,他的奇谈怪调可喷一笑。直至听到他盛赞父母包办婚姻时,她认定是有意影射自己,想起过去他对自己的羞辱和蔑视,什么"伤风败俗"云云决不是信口开河。她顿时敛起谦恭的笑容。

辜鸿铭差不多过够了议论瘾,又正襟危坐地说:"姚小姐,你今天大概不是专程来索要托翁给我的信吧?"

姚佩珍转换笑脸,说:"您说对了一半,还有一件大事。总统让我来请您写一篇驳斥梁启超的文章。辜先生不仅拥护帝制,还极富幽默,词锋犀利。您的文章一定痛快淋漓!这是四千元支票,不成敬意,以资润笔。"

辜鸿铭略感吃惊,旋即露出玩世不恭的神态:"这真是阴阳差错。对不起,我拥护帝制,留着辫子,乃是忠于中国之政教,即忠于中国之文明。他袁世凯算什么!袁世凯的行为,连盗跖贼徒都不如。袁世凯原奉命出山扶助清室,出山之后就背忠弃义,投降革命党,百般狡计,使士兵失了忠君之心,然后拥兵自重,成为民国总统。袁世凯不但毁弃了中国民族之忠义观念,且毁弃了中国之政教,即中国之文明。对不起,我还没学会拍马屁,更不会拍袁世凯这号贱种的马屁!"说着,他毫不客气地向她索回了托尔斯泰给他的信件。

25 | 女儿国里尽朝晖

白马驮着凯莉,懒散的步点,笃笃地敲击着东交民巷的青石板。近来她和这匹白马的关系日趋亲昵,不时骑着它遛街串巷,一面兜风,一面观赏市井民情。就是土生土长的老北京,又有几个能像她这样踏遍京华地面?骑马自由自在,比乘坐马车惬意多了,她乐此不疲。

从身旁驶过的一辆人力车,上面坐的人很像自强辛。她回首瞻望,人力车的车篷挡住了视线,未能捕捉到那人的身影。她想勒马停下,握缰绳的手终于没有动作。她是过来人,小伙子的一举手一投足,其中的意味她会无动于衷吗？诚然，东方人的含蓄让人颇费神思，她还是明白无误地窥见自强辜心灵的躁动。这一发现使她很不安，她不想让纯洁的友情向岔道发展，且不说她不愿自我禁锢的高墙坍塌，就是为他计也不能让他空耗情感，因为她不久就要回美国了。

"凯利小姐。"姚佩珍伸出头来向凯莉招呼，她的马车从白马身旁驶过，在不远处的一座青砖古屋前停住。

凯莉跳下马来。她俩都是前来参加"女界请愿会"理事会议的。

"密斯姚。"凯莉拴好马，亲热地搂着姚佩珍。

姚佩珍是离开辜鸿铭家之后，从地安门大街赶来的。她身着狐皮大氅，显得格外雍容华贵。凯莉外套一件黑色蝙蝠式毛衣，下着牛仔裤，蹬一双高筒马靴。姚佩珍对凯莉的装束很不以为然：现代洋女人莫非不讲究穿着打扮才算时髦？不伦不类！

已有好几位理事先到了。她俩一进门又引起了一阵骚动。一片叽叽喳喳声，女人们互相点评衣着的款式、色彩，好像是群集到妇女服装商店。会长安静生女士穿一件深紫色棉旗袍，招呼大家就座开会。与会者有女中校长、教师、女记者、女学生，还有一些高官大员新娶的姨太太，可谓花团锦簇、争奇斗艳。他们正值豆蔻年华，都是知识女性，大都还没有做母亲的经历，都有抛头露面的欲望。

"各位女士小姐，现在开会了。本星期日，'全国请愿联合会'要举行一次各界总请愿，请愿取消共和制，变更国体，拥戴袁大总统当皇帝。我们'女界请愿会'已发表了声明，今天主要讨论议决，要不要参加总请愿大游行。请大家发表……"

安静生会长的话音未落，一个装扮妖冶的女子闯了进来，一进客厅就大声咋呼："安小姐，我们的要求怎么样啦？"

安静生富有杀伐决断的眼睛，透出冰冷的目光。她斥责那女子说："我们在开会。你先出去，明天再来听消息。"

"哟，摆什么架子！算啦算啦，你们清白，我们不干净，河水不犯井水。"来者也不是好吃的果子，嘴巴一撇，气鼓鼓地把腰肢一扭，掉转屁股走了。

大家面对这半路杀出的"程咬金"，不知所以然，诧异地互相探问。安静生被那女人闹了个倒憋气，愤恨得脸上能刮下一层霜。她告诉大家，来者是"妓女请愿团"的，要求集体加入"女界请愿会"，她们说妓女理所当然属于女界。

淑女贵妇们听了，霎时个个傻了眼：妓女们竟胆敢与她们为伍！接着，乱成一团，有的出言不逊破口大骂，有的深感蒙羞泪水夺眶，有的愤恨不已摩拳擦掌。姚佩珍亦深感蒙羞，但她的眼圈没有发潮，更多的是感到恶心。怎么连妓女也参与请愿，这都是干爹干的好事。如今社会上，什么"人力车夫请愿团"，什么"乞丐请愿团"，不一而足。取消共和改变国体她是赞成的，但是如此乌七八糟闹哄哄，也太不成体统。如此这般制造民意，岂不是心虚的表现？她作为一名政治新闻记者，深知政治中的奥妙，她禁不住为她的靠山梁士诒担心。梁启超的讨袁檄文，蔡锷的秘密出走，这都是罩在帝制运动头上的阴影啊！

凯莉的汉语虽有长进，简单的对话还能对付，可是面对七嘴八舌，她耳边只是一片哄闹声而已。姚佩珍用英语向她介绍了情况，她大为感动，说："这了不起啊！连色情行业都行动起来，中国的确是需要皇帝。"

安静生接过她的话说:"她们居然也有参政愿望,这的确出乎我的意料,充分显示了我们女权运动的成绩。不过,她们毕竟,怎么说呢?毕竟是非正常社会的人。"

"不能让她们玷污了我们。"

"气煞人了,她们也配参加请愿?"

"她们都是不可救药的烂货,不在我们女权运动的范围。"

"赶快发表声明,她们和我们毫无关联。"

"啧啧,什么怪事都冒出来了。"

"妓女请愿团"的头儿,是前门外陕西巷醉琼林的名妓,艳名远播,深得袁大公子袁克定的宠幸,日渐傲气凛凛。她在"女界请愿会"里碰了软钉子,纵然气急败坏,但也不无酸感。即使得到未来太子的眷顾,名媛淑女们依然不把你放在眼里。她娇嫩白皙的杏仁脸,由红转白,变得死灰。她闷着头闯出大门,不料和辜自强撞了个满怀。她正待发作,面前这衣冠楚楚的青年男子,惶恐地向她作揖道歉,她的气消了大半。

"这是'女界请愿会',你往这里闯什么?"

她的美貌使他发生了好感,他大着胆子问:"凯莉小姐在不在?"

"凯莉?"

"对,金发女郎。"

她蹙眉思索了一瞬,说:"有洋妞儿。你们吊膀子?"

他听了浑身麻颤,脸上一副尴尬状。

女人发出一串好听的脆笑,上了停在门口的豪华马车。

吊膀子？他裹足不前了。是啊，迫不及待地来找她干什么呢？他适才去找了林君。那天，他请她到北大听李华庆的演说，她却在田径场的树下和林君谈得很入港，而让他在校门口无谓地翘首企盼。那股愤懑和嫉妒，虽然被什刹海冰场的嬉玩洗涤了，但他每想起那一幕，就有一股气横梗在胸。林君他们这些社会党徒是什么东西！"瑶池乐园"疯狂的刺激场面，像刀一样剜着他的心。林君一定对她不怀好意，她如果到了"瑶池乐园"……他不敢往下想。他理直气壮地去找林君。他要告诉林君，不要诱惑凯莉，因为她是他的朋友。朋友？朋友，友谊，这些能独占的吗？当他在"世界语传习所"面对林君时，却像泄了气的瘪皮球，弹不起来了。他的两唇好似千斤闸门，一肚子的怨气怒火都被闸在喉头。

"自强老弟，太巧了。你如果昨天来这里可找不到我。不知是谁告了密，我们设在这里的总部被军警抄了，印刷设备和宣传品都被抄走。我怀疑是那个美国小姐，听说她是袁世凯美国顾问的女儿。她来过这里。"

自强不假思索，说："这不可能，不可能。她绝不会是密探。"

"你凭什么可以肯定？"

"我，我和她很熟。"

"老弟，告诉你，我们准备把她抓起来做人质，要老袁承认我们社会党是合法的。"

天哪！他的眼睛蒙上一层云翳，紧张得舌头打结："老兄，你，你疯啦？她是我的……"

林君愣了一霎，若有所悟地笑了，猛地在辜自强肩上揍了一拳：

"妙极了！如此一来，我的计划只好泡汤了。好吧，看在老弟的分上，就饶了她。"

"真的？真的我不骗你。她有那么点玩世不恭，但不可能是什么政治暗探，这我可以担保。"他被意外的收获激动不已。林君对自己是这样的信任，可是那天自己却在她面前出卖了林君。他很惭愧，为了一个女人背叛了自己的良知。嘻！为了一个女人？真是笑话！你是定了亲的人，倘若没有定亲，也是不可能的啊！人家是逢场作戏，你也不过是逢场凑趣。不，他其实是很珍视这份友谊的。

辜自强来找凯莉。他要叫她小心。其实没有必要这么紧张，林君不会欺骗他的。他来找她的动机，不能说不是报功邀宠。吊膀子，他才没往这方面想过。真的没有吗？他有点心虚，躲闪着自我的盘问。

"女界请愿会"的牌子沉甸甸地压迫着辜自强的神经末梢：里面是"女儿国"。他踟蹰不前，心脏怦怦狂跳。迈进门槛后，那股游弋在心头的畏怯竟逃脱而去，他坦然了许多。

"凯莉小姐。"他站在院子里，看到客厅里"女儿国"的"大臣们"正在七嘴八舌。一双双审视的眼睛，毫无顾忌地逮住他。这里是她们的领地，平素深藏在她们心底的自我意识，像不驯的小鹿，从篱笆里探出了脑袋。他手足无措，进退失据，期待凯莉快点过来，打破这胶着窒闷的空气。

凯莉离开座位，对大家介绍道："这是北大的学生辜自强。"

他姓辜？姚佩珍眼前映出辜鸿铭的模样，脱口而出："莫非他是辜鸿铭先生的公子？"

"你猜对了。"凯莉接住姚佩珍的目光说。

凯莉看见他的窘状心里很乐。他请她出去,说有要事相告。她却倚在客厅门边不愿出去,说:"我们用英语交谈。发生了什么事吗?"

"女儿国"的"大臣们"已经决定广泛发动京城的知识女性,参加星期天的帝制请愿大游行。现在,她们正在亲自动手糊三角纸旗。辜自强不再僵硬直立,开始四面顾盼。可是,一腔激情也倏地泯灭了。她是这样的不以为然,白白地替她操心焦急。

"你知道吗?你有危险!"

"噢,上帝,什么危险?你怎么不说?"

"现在危险已经过去。你最好不要参加政治活动。有个政治团体要绑架你做人质。"

"上帝,原来是这样。这是为什么呢?莫非是由于我父亲的原因?但我看见的是,中国人都希望过太平生活,都希望有个好皇帝。你知道吗?色情行业的人都要参加请愿,这特别叫我感动。"

"那是假的,是花钱雇佣的。"

她微感惊异,说:"假的?不,你的父亲也是赞成帝制的。"

他心里来了气,说:"那不一样,不能相提并论。"

姚佩珍专注地听着他俩的对话,打趣地说:"怎么他们吵架啦?真是不是冤家不聚头。姐妹们,让他们公开一下悄悄话,好吗?"

淑女们雀跃叫好。有人请闯进"女儿国"的男子汉给小旗写标语。凯莉耸耸肩,不知她们为什么突然激动。辜自强已无窘意,开始习惯这种气氛,在这阴性的圈子里,他生成出一股阳刚的豪爽。他随凯莉走过去,想看看她们小旗上写什么。小旗有红、绿、黄三色。安静生把拟好的标语口号和墨砚推到他面前。"取消共和!"第一条标语口号好不刺目。他说:"非常奇怪!你们是女权运动分子,一方面呼唤民主自由,一方面又拥戴专制,这实在令人费解。'筹安'不过是专制的代名词,帝制一复辟,一切社会变革又要恢复原状。那时,你们又得重新缠足,女权运动也得偃旗息鼓。"

大家霎时噤若寒蝉。安静生打破沉静,说:"我们莫谈国事!"

"这就奇怪了。莫谈国事?帝制请愿可是最大的国事。"他不由得生出鄙视之意。女流之辈,一批糊涂虫!

姚佩珍把他的话镂刻在记忆中,鼻翼使劲地翕动了两下。

有个姨太太,离座走到他身后,说:"别说了,我们想看看你的字写得怎么样,是不是个冒牌大学生。"她身上的脂粉香水味,浓郁袭人。他有点不自在。他取过一面糊好的三角旗,龙飞凤舞,笔酣墨满,写了"自由神圣"几个字,说:"怎么样?"

"你在家里敢不敢讲'自由'?"姚佩珍揶揄他。

"怎么不敢!"他放下毛笔,瞅了凯莉一眼。

凯莉装作没看见。

他和她们扬扬手,昂首挺胸地走出去。

辜自强一走,姚佩珍也随后离开众位"巾帼英雄",她得去向杨度报告。原想露一手给杨度看看,没料到玩砸了,在杨度面前不知如何启齿交代。好个辜鸿铭,反骨铮铮,口出狂言,辱骂总统,叫他吃不了兜着走。

杨度对于她碰壁的愤慨,一副心不在焉的样子。看不出他对辜鸿铭有什么恶感,他只是焦急地来回踱步。他只想到自己不好向总统交差,对于她所受的委屈一点抚慰的表示都没有。离开石驸马大街杨府后,她没有回家,便去找梁士诒。这一腔委屈不倾倒掉,今天就心神难定,茶饭无心。

马车在新华门前停下。大门的卫兵都认识这位"总统门生",讨好地向她咧咧笑嘴。那位怪物的儿子,身上虽没有他老子的怪味道,却也是反骨毕露。恢复帝制之后,女权运动果真得偃旗息鼓?她是从旧牢笼里斗胆冲杀出来的,倘若旧礼教把这微弱的女权运动扼杀掉,对此她是不能接受的。她不愿去设想回到黑匣子的惨痛。"獐头鼠目"和他凶残成性的母亲令她不寒而栗。她暗自庆幸自己要扬帆远航了。帝制也好,共和也好,反正同她没关系。如此一想,在辜鸿铭那里碰壁受到的委屈,渐渐郁结成一种报复的念头,直想把整个寰宇都焚毁掉:这个世界对女人太不公了!

"干爹,女儿今天又遭人白眼,您可得给我撑腰。"她撅着嘴,脱掉狐皮大氅。屋里装有暖气。干爹色迷迷地盯着她高高隆起的胸脯。辜鸿铭不肯赏她的脸写驳斥梁启超的文章,干爹对此照例是呵呵一笑。他那弥勒佛似的圆团脸,看来就是叙说他娘老子被人宰杀也不会变颜作色。

"书生议论成不了气候,不驳自败。"

"总统可不这么看。总统亲自敦促严复老夫子写文章。严老夫子推荐辜鸿铭,说是让没有干系的第三者说话,不至于被人视为自卖自夸,我向杨度揽了这份差事,以为笃定马到成功,不想那怪物一点面子也不给。"

"别太认真了。他怪名远播,不会是专门给你难堪的。杨度的事,你何必去兜揽!他不是口若悬河吗?他是天才的说客嘛。"

她心里的郁结散解不开,气恼地说:"我看那怪物有点装疯卖傻。他儿子今天闯到'女界请愿会',煽动女界同胞反对帝制,好像是某个反政府的团体派来的。"

"煽动反对帝制?"他神情专注,像猎犬嗅到了猎物的气味。

"我不会胡诌。'女界请愿会'的理事们都在场。他父子俩唱的是一个调,这绝不是偶然的。"

"他儿子是干什么的?"

"大学生。他和古德诺博士的女儿关系密切,其中会不会有什么阴谋?"

"你说的情况很重要。"

她释去了心头的重荷,感到通体舒畅。梁士诒会不会立案调查,这对她无所谓。她同怪教授又没有宿仇,用不着非置他于死地不可。重要的是,她被他多次奚落,今天又使她在杨度面前失去面子,她必须得到抚慰和补偿。她像一个得胜将军,满面春风地走出新华门。高跟皮鞋咯咯作响,地面好像在她脚下呻吟,步点急促而干脆。

李华庆在她豪华客厅里等她。他笑脸相迎,但掩饰不住重重心事,怎么啦?莫非他和夫人未能达成谅解?他夫人到底得了什么病,他矢口不提,也未见她露过面。真是个神秘兮兮的女人。从照片上看,夫人像古典仕女般柔弱贤淑。他既然从未提起她,可能她习惯于逆来顺受,不至于成为障碍。姚佩珍抛去一个媚眼,径直朝卧室走去,说:"来,你还要当客人吗?"

李华庆一进门,她就反扣上房门,拉上窗帷,转身搂着他的颈项。她的脚跟渐渐离开地面,火热的深吻,难舍难分。电灯发出悠悠蓝光,卧室好像坐落在静谧的水底世界。他的胳膊轻轻地拥着她柔软的腰肢,生怕弄痛了她。不知不觉中,他把她的腰越搂越紧,两个人紧紧贴黏在一起了。

　　这是一种什么境界啊,她还从未经历过。他们的唇舌急促、忙乱。她那浓密的睫毛紧紧地盖住眼瞳,幽熙的眼窝里幻化出迷人的景象……海浪拍击着孤岛四周的悬崖。一只海鹭在茫茫大洋中奋力翱翔,它很疲累,终于攀附在悬崖峭壁上。突然,在它的身旁,放射出绚烂的光华。它迎着五彩光芒,飞进悬崖上的一个洞口。那只海鹭怎么变成了她自己?洞内红绿宝石交相辉映。那不是凯莉小姐的白马吗?白马对她打了个喷嚏,变成了英俊的白马王子。他笑盈盈地向她吹了口气,说:"多美的胴体啊!"她发现自己的衣饰离体飘去,扑落在他的脚下。天哪!她最恐怖和厌恶的事又要发生了。洞内的五彩光芒慢慢隐去,唯有绿宝石闪烁着淡蓝色,好似给她披上了一层薄纱。白马王子百般柔情,把她送到崩溃、虚空、失落和醉迷的境地。这就是一向被她视为肮脏、恐怖的交媾?……心在她胸脯下怦怦狂跳。她感到自己像是被抽去了筋骨,柔弱得一丝力气都没有,任凭他紧紧地搂抱着。长久的接吻结束了。他眼中的火苗似乎在熄灭。一种从未有过的渴望在噬咬着她的神经。蓝幽幽的电灯光,把卧室映照得像一泓平静的湖水。他万分的沮丧。适才接吻时的那股激情之火熄灭后,实难死灰复燃。他拥着她温馨柔滑的躯体,一种无可奈何的内疚夹带着男子汉无能的羞惭,使他鼻尖沁出了焦灼的细汗。

她柔声地问:"怎么回事?"

"自我压抑过久了。已有几年没有过夫妻生活……"

她把头埋在他的胸前,喃喃说:"我不在乎。"

她的身体在微微颤动,体内像着了火,搂着他颈项的手臂越箍越紧。他有点恐慌。

幽蓝的湖水平静得不见一丝涟漪,她恢复了常态。

"华庆,你知道吗?辜鸿铭有一句脍炙人口的话。他说:一只茶壶必须配有几只茶杯。他主张一个男人可以拥有许多女人。"

"我不赞成他的话。我只需要你,夫人我会妥善安排的。"

"我要你知道,你不是我的茶壶,而是我的牙刷。茶壶可以公用,牙刷是不能公用的。"她在他腮上猛亲一口。

他们一起到饭厅吃晚饭。刚刚坐定,门卫就来通报说,王荣华在门外等着要见李华庆。

姚佩珍眉毛挑起,正要怒喝门卫把他轰走,李华庆说:"我们有'君子协定',定好今天给他答复。我去见他。"

她说:"不要让他进来。"

夜色垂落,凛冽的北风在街巷里横冲直撞。王荣华站在门楼下,缩着脖子,双手互插在衣袖里。大门开了一条缝,他正要推门进去,李华庆已侧身出来,说:"跟我到远东饭店去。"

王荣华把人力车打发掉,同李华庆一道坐上马车。

"她已在离婚书上签了字,就等你今天签字。"

"条件?"

"给你二十万。"

"二十万？不够吧！"

"什么？"李华庆愤怒地揪住王荣华的衣领，真想给他两个耳光。

"这样时髦漂亮的女子去哪里找？倾国倾城，我只开价一百万。你不仅是南洋阔佬，还是大总统的顾问。二十万就二十万，但要给我弄一张司局长的委任状，不然，一百万少一文也不行。"

李华庆冷笑道："不要人心不足，贪得无厌，到头来竹篮打水一场空。"

"那我们就走着瞧。"他说着就要跳下马车。

李华庆扯住他，说："司局长的委任状不是举手之劳的事，给我一个月的时间。"

他挣脱着，说："我一言既出，驷马难追，反正豁出去了。除非你把名望和地位视如粪土。不然，对我耍滑头，吃亏的将是你！好吧，一个月后见！"

26 | 老夫少妻出了毛病

辜鸿铭的生物时钟通常都是走时很准的。每当他到点醒来不久,儿子就会推门进来,伫立在床前垂手请安。然后他又继续躺着,胡思乱想一阵。今天出了意外,儿子居然没有按时前来请安,他又迷迷糊糊地睡去。

朦胧中,辜鸿铭回到武昌,长江水滔滔东去,黄鹤楼巍然屹立。江面上大雾弥漫,一团浓雾上下翻腾着向黄鹤楼涌来。他轻轻地吹了口气,妙哉,那团浓雾竟急急逃遁而去。张大帅,他的老上司湖广总督张之洞端坐着,侍者正从食盒里取出酒菜,摆放在大理石面的圆桌上。大帅对他总是一副礼贤下士的模样,招呼他一道小酌。他习惯于大帅的恩礼有加。"中体西用"的首创权天下人尽知属于张之洞,可有谁知道却是他把发明专利转让给了主子。以中国政教为本,以西洋的技术为末,这就是中国重振雄风的必由之路。制军大人啊,如今人心不古,冀欲趋新,欧风美雨,吸之不遗余力,异日之争必烈,天下危乱指日可见。大帅老了,只能摇头不语。突然,江面的浓雾重又弥漫而来。他再次轻轻地嘘了口气。活见鬼,浓雾散去,大帅也不见了踪影。一阵毛骨悚然的笑声中现出袁世凯,他大大咧咧地坐在大帅原先的位置上,桌面中央摆放着一具骷髅头。老袁在食用人肉筵席! 辜鸿铭,你辛辛苦苦地弘扬祖先文明,赏你与朕一道进餐。天下危乱不了,杨度不是弄了个"筹安会"吗?"筹安筹安",筹一国之安。龙袍是镇国之宝,朕龙袍加身,世道就可太平。"中体西用"是安邦良方,龙的传人不会忘记你的功德。不过,你我的个人恩怨不能一笔勾销。你不肯写文章驳斥梁启超,你知道该当何罪? 骷髅头从桌面向他飞来,他惊恐地向后退去。糟啦,一脚踩空,他像石块一般向江面掉落下去。

　　辜鸿铭猛蹬一脚醒来,儿子还没有来请安。他侧身朝床前的地板猛啐了两口痰。一不顺心,他就接二连三地啐口水。家里到处痰迹斑斑,佣人擦不胜擦。牛四和女佣好像在说儿子什么事,他侧耳细听。

　　"阿强一夜都没回来。"

　　"会不会出什么事?"

　　"大活人能出什么事。说不定去寻花问柳了,嘻嘻。"

"他是个规矩的孩子,不会的。"

"谁像你,像是被阉了的公鸡。"

"……"

辜鸿铭翻身起床,心想,这小子莫非同那金发女郎野合去了。看来该给这小子把亲事办了,否则夜长梦多,什么事都会发生。别看他在家里闷声不响,在外面并不循规蹈矩。世风日下,一旦跌进情网,陷入迷津,他就可能置"父为子纲"的礼教不顾,一意孤行。痴顽不悟是很可怕的。莫非这是命运,自己在英国的遭际又要在儿子身上重现?想到他的权威在家里正受到挑战,他又恶狠狠地啐了一口。家里竟会出现叛逆,他还从未想过。

餐桌上大家都沉默不语,气氛凝重。油饼不脆,小米粥太烫。他气呼呼地把半块吃剩的油饼摔在桌上,好像同油饼过不去。

院里的老槐树,掉光了叶子,光秃秃的。枝头上跳跃着几只叫喳喳的麻雀,屋瓦上落了一层薄薄的霜,天气不算太冷。他推开儿子的房门,毫无目的地巡视一番,冲房内啐了一口。邮差送来了报纸和信件,一封没有下署邮处的信封格外刺眼。

"父亲大人:儿身陷囹圄。案归城防司令部办理。"

这封没头没脑的短笺来得蹊跷,不是阿强的笔迹。袁世凯!他立刻想到这是袁世凯的报复。他拒绝四千大洋的润笔费,不肯写驳梁文章,于是袁世凯恼羞成怒,在他儿子身上发难。一定是这样,否则用不着由宪兵秘密逮捕。他的手颤抖着,气急败坏地叫道:"阿强被抓了!被城防司令部的宪兵抓走了!"

全家上下都傻了眼,惊愕地在院子里站着。

"出了什么事?"

"被宪兵抓走可糟啦!要是犯在警察手里还好办。"

"老爷,快拿主意救人啊!"

大家七嘴八舌,只有碧云霞缄默不语。

"袁世凯这个贱种!"辜鸿铭心里咒骂道。救人,怎么救啊?求情?他一辈子就没求过人。他狂傲不羁,刚直耿介,还没学会低头俯首。就是他愿意出卖老脸,又有谁愿给他搭桥?他急得搔耳抓腮,想不出有什么门路可走。他没有相知者,得罪的人却有一大串。他挖空心思,好不容易想出几个人,也只是泛泛之交,就是他们肯出面斡旋,其地位声望远够不上同袁世凯打交道。何况犯的是钦案,当此非常时期,不是肝胆相照的朋友,谁肯出面担这个风险?"不该,不该……"不该什么,他没有说出口。

辜鸿铭的脸拧得下苦水,他不由自主地走进儿子的房间。壁上挂着他和自强母子的合影,他的目光只在合影上一掠而过。处变不惊!他强压自己镇定。他一向自命不凡,玩世不恭,从来没有什么大烦恼。这一刻,他才感到当自己真正直面人生时,是如此的软弱无力。逃避。他在思想的象牙塔里自视甚高,原来不过是对现实的逃避。

"自强在家吗?"辜自强的一个同学找上门来。

辜鸿铭怔怔地,眼睛显得很可怕:"他昨晚没回来。他被宪兵抓走了。"

"被抓走?他又不是头目,怎么会抓他呢?昨天军警把我们的集会冲散了,好像没抓人。"

"集会,什么集会？"

原来,昨天下午北大的一些学生,受到在上海出版的《新青年》创刊号的影响,在校园集会,发出"打倒孔家店"的激烈口号,大胆地对两千多年来的正统思想"孔孟之道"发难。辜自强从"女界请愿会"出来后,就到学校去了,正巧碰上了这次集会演说。辜自强听了心里暗叫快哉,快哉！袁世凯祭孔显见是为了当皇帝,学生们反孔莫非意在反袁？人丛中有人在小声传播消息,说是蔡锷已在云南树起反袁护国的大旗。君主立宪和民主共和看来有一番较量。神圣的孔孟儒教也有今天的厄运。辜自强心想,家里的老先生要是听了不知有何感触？一位同学对旧礼教进行了严厉的抨击。是啊,中国人活得太压抑了。一股强力推动着他,脑子一阵发热,当这位同学结束演说后,他随之跳上桌子,也发表了一通讲话：

"诸位同学,孔孟儒家最大的弊病,我以为就是蔑视法律,不讲法治,只讲人治,强调君子治国。一国之中,真正可称为君子者能有多少？可是有那么多的总长、省长、县长、院长、所长、校长的职位,真君子不够分配,只好以小人混充,统以君子待之。其实,真君子未必就能得到职位。如此,国家哪有不乱之理？既然在位者便是君子,君子自然是不必受监督的。君子是否横征暴敛,又不必得到百姓的认可,只是凭他良心罢了。君子如营私舞弊,也不能查其账簿,唯有听其逍遥。君子如勾结外敌,也没有立法院督查,只能任其为所欲为。历代政治向来就是一笔糊涂君子账。君子有德政,则为之竖牌坊；君子犯法,则刑不上大夫,不必拘之下狱。这有如一家商业公司,以君子之道对待经理,不用查账,也不用报告,卷款贪污也不追究。这种公司谁还敢投资？我们北大有一位名教授说过：'中国所以不需宪法，一则因中国人民有廉耻观念，有极高的道德标准；二则因中国政府创立于道德的基础，而非创立于商业的基础。'这不过是掩耳盗铃罢了。道德的自我完善真的可以使世界尽善尽美？看看当今军阀们的所作所为吧！人治之弊，就是源于儒家的君子治国论。"

一阵杂乱的马蹄声，向这里席卷而来。一群军警，飞舞着鞭子，鞭梢在空中呼啸。大家先是好奇地张望，后见马队直冲他们而来，有人叫了声"不好，快跑"！于是，众人急急星散奔逃。

辜自强和一位同学先后跑至一间教室，气喘咻咻，狂跳的心几乎要从喉咙蹦出来。那位同学的布鞋也掉了一只，现在才感到脚底生痛，捂着脚板"哎哟哎哟"叫唤。他梳得油光发亮的分头，乱发披散在脑门。自强看着他的狼狈相，忍俊不禁。北大学生集会演讲是家常便饭，今天军警突然降临，他俩对此十分纳闷不解。也许是因为蔡锷在云南造反，政府误以为学生们也图谋不轨与云南呼应，也许今天集会公然呐喊"打倒圣人孔夫子"，这种过激言论似乎有卖国之嫌。反正局势变得有点令人捉摸不定。

"没有鞋，可怎么走回去？"

"去拣就是了，你还怕有辱斯文？"

"不是，谁知道军警会不会抓人？"

"我去帮你拣。"辜自强比他胆子还大些，说着就走出教室。他循着刚才奔逃的路线往回找，很快找到了那同学的布鞋。军警正徐徐策马向外而去，没看见抓人。被冲散的同学，又三三两两从各个角落钻出来，有的还朝军警打呼哨。

"走了,没事,都走了。"他回到刚才的教室,把鞋扔给那同学。那同学住在学生公寓里,为掩饰自己的怯懦,他请自强去宿舍喝两杯,压压惊。

"阿强什么时候和你分手?"辜鸿铭问。

全家上下都围拢来。碧云霞请那同学到客厅坐下。

"不迟,大概是晚上7点左右。"

"你们同学真的没有人被抓走吗?"碧云霞蹙着月牙似的弯眉问。

"没有,肯定没有。"

辜鸿铭烦躁地说:"别说了,我心中有数。"

辜自强出了学生公寓,叫了一辆人力车。他有三分醉意,晕晕乎乎惬意地哼着小曲。到家门口时,当他正付钱给人力车夫时,突然从暗处窜出两名便衣,利索地堵上他的嘴,将他五花大绑。车夫吓得脚底抹油般拉着车跑掉。便衣把他推搡到停在附近的一辆马车上,车上坐着一位军人。他依稀认出是城防司令部的王副官,就是曾经救了碧云霞并打算收她为姨太太的王副官。车到城防司令部,在灯光下他已完全确认,这人正是王副官。他想叫喊,无奈嘴被堵住,只能把眼睛睁得大大的。他被看守士兵扔进一间号子,地上铺着麦秆,没有先来者,待遇还不算坏。奶奶的,公报私仇,这下算完了。我同他有什么仇?是他太太暗中把碧云霞卖掉,偶尔被我撞上救了下来,他如果真心爱碧云霞,本该感激我才是。不对,不对,也许是真的爱碧云霞,因碧云霞如今落在老先生手里,便迁怒于我。这事能怪我吗?我也很不安啊!他对碧云霞的内疚已被时间抹平,现在沉渣泛起,重被羞愧噬咬着。不过,现在迫在眉睫的是生与死。那天撞上她,冥冥之中大概就确定了我的死期。女人,红颜祸水,真他妈的一点不假。他嘴里从未吐露过骂人的脏话,现在嘴被堵住,他在心里放肆地痛骂。半夜时分,看守领着王副官前来。号门打开后,王副官把看守支开。王副官打着手电,把堵在他嘴里的毛巾拉掉,说:"我绝非挟私报复,我是奉命行事!"

"奉什么命?"

"这无可奉告。你自己想想,有什么把柄抓在人家手里?"

自强从对方口气中听出,此人并不太坏。"把柄,什么把柄?"

"你也许永远猜不到,唉!"王副官恻隐之心溢于言表。

"活见鬼,有什么必要秘密逮捕我,我不过是一个普普通通的学生。"自强寒透了心,他猜想是林君干的,林君对凯莉……他怎么也想不到,是因为他白天在"女界请愿会"的那一通议论惹火烧身,是姚佩珍把在他老子那里碰壁所受的气转泄到他身上,是总统府秘书长梁士诒亲自下的逮捕令。

"王副官,我想请求你,把我的事通知我家里。"

"这不行。这是秘密逮捕。"

辜自强的眼泪刷地流下来:"莫非要处死我?"

"这倒不一定。"

"一定要让我父亲知道,他可以设法营救我,你就做做好事。"

王副官沉吟了一会儿,说:"我可以设法告诉你父亲,不过,你不能表现出认识我。碧云霞过得怎么样?"他用压得低低的声音说。

"她很好。真的,她很好。"辜自强声音哽咽。

那位同学得知辜自强被宪兵抓到城防司令部,就说要回校传播消息,向政府施加舆论压力。辜鸿铭制止他说:"千万不可轻举妄动,舆论一张扬,反而会把他推向绝路。"

像出了毛病的钟表,时针、分针、秒针全错乱了。一家上下原本各司其职,按部就班地生活,如今一个个惶惶不可终日,心神不定。牛四在院子里擦拭人力车,刚擦了两下又扔掉抹布,点燃起旱烟斗。女佣在晾晒衣服,不慎摘了两滴水在他头上,从不发脾气的牛四勃然大怒,发作了一通。女佣嘟哝着:"你是喝了牛血还是怎的!"

辜鸿铭窝在书房的藤椅上翻看当天的报纸,颠来倒去地浏览,似乎要从字缝里看出字来。

碧云霞穿一件红绸绣花偏襟紧身丝棉袄,系着过膝的浅蓝绣花裙,头上高高地绾着个髻子,娇小玲珑,像是当日登台唱大鼓,水灵活跳的。她在房内失神地盯着金鱼缸。金鱼优哉游哉,摇头摆尾。恶有恶报!辜自强罹难,她最初的反应好不快慰,天网恢恢,不疏不漏,上苍有眼,终于为她出了这口恶气。整座四合院是这样的静寂,像是荒野中的坟茔墓地。他会死吗?她的心裂开了。难道他再也不会出现在这个院落?他就要从饭桌上永远消失?一对大眼泡金鱼正在亲昵。一阵酸楚涌上她的眼眶,这个冤家。她想起当初在辜自强干娘家里的种种情状。那一切曾在她心底咀嚼了多少次,一次比一次更清晰,一次比一次使她清楚地看穿了他——辜自强是个恶棍,可恶的骗子,父子沆瀣一气,诓骗她这个落难女。适才涌起的那阵酸楚,却在她眼前扇开了新的天地。他父子俩关系疙疙瘩瘩,实在看不出会串通作孽。这其中莫非有什么蹊跷?莫不是他老爹强迫他将我出让?这个老不正经的,会做出这种事!阿强见到他老爹就像老鼠见到猫,他太可怜太老实太听话。一种爱怜搓揉着她,她的眼睛潮红了。她不得不承认,她尽管恨他,但始终没有忘怀过去他对她的那份情意。他老爹也真怪,一点父子情分都没有,还在书房躺得住。她在这个家里是花瓶,是摆设,是以一双三寸金莲换取衣食。怪老头只需要她的三寸金莲,她时常怀疑自己的说话能力会不会丧失掉。怪老头同她无话可说,阿强对她视若不见,车夫牛四连正眼也不敢看她,只有女佣用笑脸同她打招呼。家政全由女佣掌管,她不用操心,更不用调度指挥。怪老头像防贼一样防她,担心她和阿强有什么瓜葛。他依旧每天夜里给她的房门上锁。对于这种屈辱,她已麻木了,似乎生活就该这样,这是命中注定的。她能去催促怪老头设法营救他儿子吗?不闹个鸡犬不宁才怪!她早饭后照例是打扫院子。但今天实在没心没绪,于是到厨房去,想同女佣聊聊天。女佣是个白白净净、徐娘半老的寡妇,年轻时丧偶,自辜家从武昌迁到北京后,她就在这座四合院里干活。虽然年近四十,但风韵犹存,手脚也十分麻利。女佣正要把刚炖好的白木耳给老爷送去,碧云霞连忙说:"你放着,我来端!"

辜鸿铭此时已扫除了焦虑。他相信儿子出不了大事,受几天苦,迟早要放出来的。老袁想当皇帝又要装模作样,让民众千呼万唤。都传说新年一到,他就登基改元"洪宪",到时少不了大赦天下,还能念念不忘他辜鸿铭不肯写一篇文章的小事?儿子为老子吃几天苦也是人伦大道、天经地义的事。他不再为无门路可托而烦恼。

碧云霞给他端来冰糖白木耳。她站在一旁看着他一匙一匙地吃,终于忍不住怯怯地说:"老爷,阿强的事怎么办?"

他马上拉长脸,目光像锥子一样:"你着什么急?你怎么这样关心他?"

她对他的态度不感意外,沉静地说:"他是你儿子,是这个家的人。我问问都不行?"

"问问?我自有主张,用不着妇道人家越俎代庖。"

她接过盛白木耳的碗,临走时又说:"老爷是大名士,自然是有办法的。"

他的脸色这才阴转晴。

碧云霞刚从书房出来,就看到同辜自强一起来过家里的金发女郎。

凯莉用生硬的汉语说:"夫人好。辜教授在家吗?"她盯着牛四,显然对自己的眼睛有点怀疑。车夫牛四正在院子里无聊地晒太阳,宽衣大袖,也拖着条辫发。

碧云霞引她到客厅坐下,两人的视线相撞了一霎,凯莉一副探究秘密的神态,而她却冷若冰霜。一缕妒意缭绕在碧云霞微蹙的秀眉间。

"老爷,有个外国女人找你,就是前次你不在家时,和阿强一道来的那个女人。"

辜鸿铭心里划过一道弧光:是她,古德诺的女儿!让我儿子同家庭权威暗中离心的女人!欧风美雨竟然冲刷到圣贤之家来,好不可恶。

"密斯特辜,我想您还记得我吧。"她恭敬地站起来,用英语招呼。

"请坐请坐。我们在什么'女界请愿会'门口交谈过。你的眼睛很美,你使我想起我青年时代的……"

"恋人。"她接续他的话尾。

"对,情人。"

两人相对哈哈大笑。

"教授,您很风趣、幽默。"

"我对你说过,我是个贩卖国货的不合时宜的人,我们有什么可谈的呢?我想起来了,你说你很热爱中国的传统文化。"

"是的,我父亲也是。"

"请原谅我的直率,你父亲帮助袁世凯称帝,实在是个大错误。"

"为什么?您不是热爱中国旧有的秩序吗?"

"但是,袁世凯不是个杰出人物,甚至可以说,是个伪君子!伪君子,懂吗?"

"我不懂政治。我到中国来,就是来寻找东方文明的。我发现东方文明很重视人与人之间的和谐和感情。我们西方,人与人之间太冷酷,互相封闭,界限太清,缺少东方人际间的温情。"

"你的发现很了不起,简直可以当社会学家。你的发现,是对我的论点的最好证明。这就是:世界未来的文化,就是中国文化的复兴。很好很好!"他激动得擂着自己的双膝,这是他得意时的习惯性动作。

"自强辜不在家吗?"

"出事了,被宪兵抓走了。"

"他遭逮捕?为什么?"她惊愕得透不过气来。儿子出了事,他居然如此坦然!

"昨天晚上出的事。为什么我也弄不清,可能是言论过失。"

"言论过失？他说什么是他的自由嘛。"

"小姐，你说过你不懂政治。他出事也许和我有关，是我不想说什么造成的。"

"您不想说什么同他也有关系？"

"你太纯真了。你的心像你的眼睛一样，过于坦诚。"

凯莉本是前来同他交谈东方文明的，获悉这意外的突发事件，还有心绪谈什么呢？她必须去弄清事情的原委，为了朋友，也出于良知。

碧云霞在房内听到老爷和洋小姐一道发出的那串畅笑，心里像被钉扎着。他这当老子的也太绝情了，都什么时候，还笑得出。说什么"男女授受不亲"，哼，见了"野花"，他的话匣子就像开了闸门的水渠，还欢眉笑眼，乐不可支的。

辜家在"平静"中度过了一天。晚上，辜鸿铭曾出去了一趟，回来后便不声不响钻进自己的书房，也忘了来给碧云霞的卧房上锁。碧云霞辗转反侧了一夜，忽儿想着，老爷是大名士，既然去跑了一趟，事情一定有门儿；忽儿想着，他闷声不响，一定事情很棘手，听他回来时的啐痰声，声声惊人。后来，她迷迷糊糊地睡去，金发女郎一次次出现在梦境中，是那样的真切。似醒非醒中，她嘲讽自己对那洋女人吃醋了，不然为何整夜都在同金发女郎过不去。快天亮时，她梦到了王副官。醒来时她反复地回味着适才的梦幻，她从未梦见过他。突然，一阵激奋穿心而过，她禁不住战栗不止。阿强的案子不是犯在城防司令部吗？王副官不就是城防司令的副官吗？一个大胆的念头钳住了她。

翌日用早餐时，碧云霞提着小心问："老爷，阿强的事有眉目吗？"

"没有。"

"今天你有课。"

"忘不了。"他照例吃得很快。

当他离开餐厅后，碧云霞壮着胆子对女佣说："我有点事要出去找干娘，一会儿就回来。"

女佣愣住了。碧云霞嫁来好几个月，还从未出过大门。这是老爷定的规矩。

碧云霞又说："老爷如问起，你就说我乡里来了乡亲，我带他们上街去。"说着，她塞了个金戒指给女佣。她知道，在他下课之前如赶不回来，他一定会起疑心。她不想权衡再三，否则就会丧失迈出门去的勇气。

27 | 世人皆醉我独醒

居仁堂楼上袁世凯的卧室,黎明的熹微还被挡在厚厚的金丝绒窗帷之外,一盏淡蓝色的壁灯,把袁世凯的脸映得铁青。他圆睁着眼睛,眸子一动不动。值宿的九姨太翻了个身,把一只手臂搁在他的胸脯上,被他粗鲁地撇开。她猛地惊醒,嘟哝道:"干什么呢!"接着又发出匀细的呼吸,沉入梦乡。他的眸子转动了一下。倘若是五姨太一定会惊异他为何这么早醒来,一定会百般温存宽慰。可是,九姨太没有这么乖巧,只会娇滴滴地撒娇。他适才做了一场怪梦,梦中的事虽然荒唐,却引起他的焦虑和不安。他梦见自己被段祺瑞、冯国璋扣押在西山的寺庙里。虎落平阳被犬欺,他暴跳如雷。那两个叛将的身旁,站立着几名荷枪实弹的卫兵,枪口直指他的胸口。他没料到还有比他更心狠手辣的。

"你两个要干什么?忘恩负义、为人不齿的家伙!"

"总统息怒,是你逼我们这样做的。我们也是出于无奈。"

"说什么屁话!"

"我们把脑袋掖在裤腰带上,跟随你出生入死,拥戴你登上大总统宝座,没想到你贪得无厌,忘了弟兄们。"

"这话怎么说?"

"我们本指望大总统百年之后,我们也能过一过大总统的瘾。你现在要当皇帝,我们的总统瘾就泡汤了。将来皇位传给太子袁克定,我们还得对你的儿子俯首称臣,这不太憋气了吗?"

"混蛋加三级,要不是你们全都送来了推戴书,我肯当皇帝?"

"别人写了推戴书,我们怎敢不写?现在别无他法,我们只好兵变。"

"总统只能有一个,你们俩之间还得兵戎相见。"

他俩语塞了。

"现在你们该明白了吧!不是我要当皇帝。中国没有皇帝成什么天下!我不是为我自己,是为了天下黎民百姓能安居乐业。'筹安会'就是要筹一国之安。"

卫兵的枪口已从他胸口挪开。他大喝一声:"混蛋加三级,还不快滚!"

他俩抱头鼠窜而去……

这场噩梦不是无来由的。昨天传来蔡锷在云南反叛的事，令他好不焦躁。以北洋军的雄厚实力，一举荡平云南的叛军是轻而易举之事。可是，蔡锷貌似忠诚，却含而不露，内藏机锋，怎能保证北洋军其他巨头没有怀二心之徒？段祺瑞、冯国璋都是不愿久屈人下之辈，他们拥兵自重，一旦有异，事情就棘手了。

曙光冲破窗帷透进室内。小鸟的啁啾聒噪烦人。他按响床头的电铃。两个扬州籍侍女，端着面盆、牙缸等盥洗用具，蹑手蹑脚地推门进来。九姨太揉揉惺忪睡眼，笨拙地替他穿衣服，他气恼地搿开她的手："去把五姨太叫来。"一个侍女忙不迭地去叫五姨太。九姨太委屈地嘤嘤哭泣。

早饭后，袁世凯一进楼下的办公室，秘书夏寿田就递给他几份大典筹备处的报告。帝制的各项筹备工作正在加紧进行，龙袍皇冠已制好，皇子、皇女、皇后、贵妃、贵人的服饰正在制作。夏寿田说："朱启钤问，是不是定个时间试穿一下龙袍？"

袁世凯猛抽雪茄，没有吭声，在案上胡乱翻动，终于找出那叠各省将军送来的推戴书，上面千篇一律地写着："谨以国民公意，推戴今大总统袁世凯为中华帝国皇帝，并以国家最上完全主权奉之于皇帝，承天建极，传之万世。"

混蛋加三级！不知他是骂"筹安会"的人搞这种笨拙的舆论一律，还是骂各路诸侯言不由衷的虚情假意。他把这叠"推戴书"扔进炭盆，问夏寿田："有什么急件吗？"

夏寿田报告说，云南护国军正向四川挺进。又说："严复先生派人送来一封信。"

袁世凯伸手接过严复的信,原来是严复为辜鸿铭的儿子求情的信。辜鸿铭?袁世凯牛角胡抖动了一下,一抹刻毒的微笑凝固了好一会儿。

严复的亲笔信是由辜鸿铭送来总统府的。此时,辜鸿铭正在新华门内的接待室里等候回音。宽大的接待室里不时有人进出,几部通向总统府各部门的专线电话机好不忙碌。辜鸿铭取了一份报纸的报夹,把手杖靠在沙发扶手旁,翻阅着报纸,耐心地等待。电话铃一响,他的眼睛就骨碌碌转动着侧耳细听。每响一次铃,他的心都被希冀揪了一下。有两个熟人的声音,透过报纸,震颤着他的耳膜。他把报纸向脸部更靠近些,倘若他们不识趣,问他找谁干什么,岂不是双方都难堪?袁世凯会不会记仇呢?过去无非是对他没有谄媚阿谀、奴颜婢膝罢了。无欲则刚。如今有所欲求,才有这种种烦恼。唉,一个人精神上失去独立和自由是多么可怕的事!求人拜客,是他一向所鄙夷的。从武昌到北京后不久,有一次在外务部衙门遇到早年在湖广总督府共事过的同僚。故人说:"京城达官显贵辐辏,要求得保举上达,比起地方上身家性命只系于一个主子,京城路子要宽得多。鸿铭兄,你进京已有些时日,都拜了些什么门子?""敝人是那种狗苟蝇营之徒吗?我从不拜客。"故人面带诧异,说:"原来如此。兄才学之名冠于侪辈,我私揣老兄早已飞黄腾达,没料到至今还屈抑在下。今闻兄言,不解之疑顿释。兄如此清高,竟不拜客,难怪,难怪。"彼此相视而笑。

今日,辜鸿铭从不拜客的人生准则终于瓦解,出门后先找姚佩珍,后见严复,现在又来面谨袁世凯。为了儿子把老脸卖了!

等待的焦灼和失落的惶惑,一扫辜鸿铭平日的洒脱不羁。他眼睛虽在报纸的字行里浏览,其实一个字也没装进脑壳。什么时候活得这么憋气!他咬着牙根耐着性子等候着。袁世凯这个贱种,我连老佛爷慈禧都没放在眼里,你这个只配倒马桶的家伙,对我摆什么臭架子!

壬寅年,武昌举行慈禧太后六十寿辰庆典,不论是军营或是学校,到处飞扬着《新编爱国歌》的歌声,对朝廷和慈禧极尽颂扬之能事。那日,在总督府内举行的慈禧万寿庆典筵席上,总督张之洞致辞之后,一队小学生手执鲜花,高唱起《新编爱国歌》。辜鸿铭面露不悦,席间突然说:"可惜,可惜。"

同席的人都停箸望他。

他说:"满城都是唱爱国歌,只可惜没有人唱爱民歌。"

同席的张之洞另一高级幕僚梁鼎芬逗趣道:"既然如此,辜君为什么不试一首以助酒兴?"

大家鼓噪激将。辜鸿铭沉思片刻,呷了一口酒,站起来说:"鄙人已有十六字的佳句,不知诸位想不想听?"

"快快说来。"

"洗耳恭听。"

大家凑趣着撺掇他。

辜鸿铭摇头晃脑地朗诵出十六个字:"天子万年,百姓花钱;万寿无疆,百姓遭殃。"

慈禧太后像。

举座皆惊。默然了一霎,梁鼎芬连忙打哈哈说:"辜君醉了,醉语不为怪。"

"对对,他醉了。"

辜鸿铭却执拗地说:"醉?世人皆醉我独醒。"

有人溜出去禀告张之洞。好在这位大帅深知他的禀性,故意装聋作哑,否则不引来杀身之祸,也得锒铛入狱。

辜鸿铭对老佛爷尚且如此不敬,对地方上的专横跋扈之徒,更是冷眼相向。一次,他在汉阳一条新筑的柏油马路上行走。马路两旁未筑有人行道。湖北巡抚的大公子,纵马奔驰,路人纷纷躲闪。一位老妪躲闪不及被马撞倒。路人愤然作色,纷纷斥责。那位公子反而破口大骂:"大帅筑此路,本要给马走,因此不叫做'人路',而叫做'马路',你们混账百姓,胆敢在马路行走!我不送你们到警察局惩办,已算你们的造化,还敢同我理论!"

辜鸿铭好不愤慨,走上前去,说:"哎呀,大少爷!如此说来,如今中国唯有官和马有路可走,我们百姓都没路走了!"

巡抚公子认出是总督府的怪人辜某,恶狠狠地说:"好,你诬蔑官府,鼓动百姓造反,我告你去!"

辜鸿铭又揶揄道:"百姓不仅没路走,连嘴也得钳住。对不起,莫非连屁也不能放?"

到北京后,辜鸿铭对王公大臣们依旧是有气便出,一骂为快。他初到京时在外务部任员外郎,一次与同僚谈起新近回国的出洋考察宪政的五大臣,他发挥想象力,登时杜撰了一篇故事来讥讽五大臣出洋考察:"诸位,鄙人说一则亲历见闻以供解闷。当年,我出生的南洋槟榔屿,有一个土财主,家资巨万,其富无比。遗憾的是土财主膝下只有一及笄女儿,暮年已至,没有儿子接续香火。因此,土财主急欲觅一快婿入赘,聊以自慰。他因自己目不识丁,便扬言入赘者必得貌似宋玉,且饱读诗书。恰好,福建有一位风姿绰约的美少年,因家计窘迫,到南洋去谋生。初到槟榔屿时,借居在一位开杂货店的同乡家中。土财主路经杂货店,见店里来了个美少年,终日在店内端坐不动地看书。他向店主打听后,知道是刚从唐山初到者,于是心内大喜,托店主执柯做媒。美少年入赘后成为土财主家的娇客。不久,土财主对东床快婿说:'我打算把管账先生辞掉,往后家中一切账目交给你来管理。'美少年赧然良久,说:'我不识字。'土财主骇得面如土色,说:'不会吧!我见你过去在店里,终日看书,手不释卷。'美少年解释说:'我并非在看字,我在看书中的图画。'"

这意外的揭底,令听者捧腹大笑。辜鸿铭却正色道:"对不起,诸位请别笑。今日五大臣出洋考察宪政,也可以说是出洋看画,看西洋景罢了。同那土财主的傻女婿毫无二致。"

同僚们顿时屏声敛息,一个个搭讪着"今天天气,哈哈哈",悄悄溜开了,生怕惹一身臊……

接待室的电话铃又响了。辜鸿铭屏住呼吸,心头怦怦狂跳,希冀掺和着窘迫。他带来严复给袁世凯的信,不就是来求见的吗?可是一旦面见"天子",他就得"叩头"求情,向被他骂为"贱种"的人俯首称臣。为了儿子,他必须丧失人格,忍痛扭曲他一向拥有的精神上的独立与自由。每响一次电话铃,他既希望是招见他的电话,又害怕听到呼叫他的名字。多年来,他不畏权贵,刚直不阿,活得洒脱,活得自在,在隔膜中孤芳自赏,在幽默中自得其乐,其内心的强大从不迎战外界的挑衅。这一次,他不得不接受世俗的审视,不得不面对现实的懊恼。

在来总统府之前,辜鸿铭已去找过姚佩珍。解铃还需系铃人。他认定是自己拒绝了袁世凯的"圣命",没有写文章驳斥梁启超之故,才使得儿子身陷囹圄。这位神通广大的"总统门生",只要她肯帮忙从中斡旋,就咬着牙让灵魂扭曲一次吧!

姚佩珍对于他的登门造访,大为惊异。

"稀客,稀客,辜先生,什么风把您吹来?实在不敢当。有什么盼咐,派人送信招呼一声就可以了,何劳大驾亲临?"

"姚小姐,我辜某人是从不为私事拜客的,这是破天荒第一遭。"

"哎哟,这就更不敢当。区区小女,何德何能,怎么担当得起?"

"今天不论德也不论能,就认'总统门生'这四个字。"

"这不过是外界以讹传讹,我怎么敢妄称'总统门生'?"

"不必过谦。我,我有一事相求,不知小姐肯不肯帮忙?"

"哎呀,辜先生!你如此赏脸,实在折杀我了。我能帮什么忙?"

"请你向袁世凯求个情。"

"您是大名士,大总统是个只配当倒马桶的老妈子的人,您何须向他求情?"姚佩珍乘机报复他一枪。

"说得不错。也许是我得罪了你,我一向得罪了人都不知道,先得向你赔个不是。"

"辜先生,您今天一定是喝醉了。"

"我的儿子被城防司令部抓去。请你向袁世凯求个情,高抬贵手。"

"这实在不妥。女子不能抛头露面,这是圣贤古训。"她把他在祭孔大典时挖苦她的话,原封不动掷回给他。

辜鸿铭面红耳赤,慌忙告辞。一腔愤懑无处发泄,只能频频地朝马路啐口水。他叫牛四把车拉到西城刑部街严复的宅邸去,今日反正是求人了,若不成功岂不白白受折磨一场?

辜鸿铭和严复虽同为福建人,但严复是福州人,而他祖籍在厦门,两地方言迥异,还得用北京话交谈。严复听了他的叙说,没有责怪他拒绝著文的事。严复现在已是鼓吹帝制的"筹安会六君子"之一,即将成为"开国元勋",但他并无半丝踌躇满志之状,反倒消沉得很。他们当年各执一端,一者倡言西学,一者痛斥西学,如今殊途同归,认定只有中国的传统文化才能拯救中国、拯救世界。这是一个永恒的磁力场,所有的炎黄子孙都挣不脱这个磁场的引力。

严复听说辜鸿铭的儿子身陷囹圄,他感到很内疚,是自己给辜鸿铭带来了麻烦。他不待辜鸿铭开口请求,立时提笔给袁世凯写了一封信,请求不要怪罪辜鸿铭,请求释放辜鸿铭的儿子。

辜鸿铭从严复枯瘦的手中接过信,产生了一种从未有过的无功受禄的感觉。他内心有点战战兢兢,他从来无须启齿感谢。他既不负他人,也不令人负他,清清白白地做人。什么感谢,什么道歉,历来不与他沾边。有严几道老先生的亲笔信,袁世凯这点面子还是会给的。严复是民国后的首任北大校长,虽然任职只有半年多,但辜鸿铭一次也未去拜访过这位顶头上司。这次贸然登门请托,严老先生竟是这般爽快,他不能不感动:仁以爱人,实乃中国固有之文明啊!

袁世凯看了严复的信,只是轻蔑地把信掷往纸篓里。辜鸿铭不肯著文的事他倒不很在意。为称帝正名之事已退为次要,当务之急是军事:消灭蔡锷的护国军,杀一儆百。提起辜鸿铭,不由勾起了他被这位狂人奚落的事。

"庚子事变"后,张之洞被任命为军机大臣。辜鸿铭随主子离开武昌入京上任,途经保定,曾在袁世凯的官邸小住。其时,袁世凯为北洋练兵大臣。他在衙门内举行盛大宴会,为张之洞洗尘。张之洞可能是年事已高和旅途劳顿,几盅酒下怀后,竟在宴会上伏案酣睡。袁世凯忙亲自送张之洞回下榻处歇息,同时派了一队卫兵前往住所周围警戒。辜鸿铭对袁世凯背叛光绪帝的事早已知晓,如今见了更是横竖看不顺眼,直想找个机会给他点难堪。袁世凯亦知张之洞对辜鸿铭很器重,曾有八个字的评价:经纶满腹,杰出之才。他为讨好张之洞,对辜鸿铭亦做出礼贤下士的模样,指了指卫兵,向辜鸿铭请教练兵要旨。辜鸿铭毫不谦让,登时大发议论:"我以为练兵最重要的是尊王,使士兵忠于国家忠于皇上。今天,张香帅奉旨赴京,途经袁宫保地面,宫保竟派兵保卫香帅邸寓,以示友好。这岂不是用国家的军队来讨上司的欢心?如此办理,士兵心中只知有宫保而无国家。即使步伐整齐、器械娴熟,将来疆场一旦有事,将士各为其主,临阵彼此不相救顾,国家势必要吃败仗。现在许多人把军队据为己有,中国虽未被外人瓜分,但实际上早已被内人瓜分了。"袁世凯遭到这一顿抢白,气得胡子发颤。张之洞是袁世凯的前辈,现在地位又在其之上,而辜鸿铭又是他的亲信,投鼠忌器,身为赫赫威仪北洋大臣的袁世凯,虽憋着一肚子火气,对这位狂生也不好发作,只得自认倒霉。

这件事从尘封中被剥离出来,袁世凯还清楚地记得自己当时的尴尬相,不禁恼怒地骂道:"混蛋加三级!"

秘书夏寿田不知他为何事发怒,小心翼翼地退到一边。

袁世凯猛地抽了一口雪茄,心想,张之洞够有雅量,居然能容得下这个狂狷之士,真可谓宰相肚里能撑船。不过,自己贵为天子,如果也像张之洞那样宽容,天下人将各行其是,国将不国了。当年,张之洞常被辜鸿铭抢白的传闻,浮上他的心头,相形之下,他在保定自讨没趣的那件事,根本就算不了什么。如此一想,袁世凯的怒气消散了许多。

辜鸿铭在接待室里,随意浏览着一份报纸。看见报上有人攻击"中体西用",主张全盘西化,不由思念起过去的主子张之洞。如果香帅还在世,自己也就不会如此落魄。

张之洞同辜鸿铭能够相悦二十多年,确是奇迹但又实非偶然。张之洞认为对方知"经"而不知权,辜鸿铭则认为对方知"术"而不知权。或许正是这"不知权"的共通处,使他俩一道得到升华而欢洽无虞。有一次,张之洞在湖广总督府的花厅里会见德国领事,这种外事场合历来是由辜鸿铭担任翻译。张之洞头戴一品朝冠,红顶花翎,身穿黄马褂,麒麟补服,乌油油一嘴胡模。在座的除了辜鸿铭,还有其他总督府高级幕僚。会见结束时,张之洞不卑不亢地端茶送客,并与德国领事并肩走下督辕内厅。其他人正要随总督送客,辜鸿铭拦住大家:"诸君止步。"又对张之洞大声嚷道:"大帅请回,由我送吧!"他认为,张之洞乃两省封疆大吏,对方仅是一名领事,送到阶下已够规格了。可是,张之洞像是没听见,一直送出二门。他同张之洞保持几步距离,声色俱厉地说:"大帅请回步,不必再送了。"张之洞这才与领事拱手告别。辜鸿铭把领事送出大门回到督辕花厅,嗅到气氛不对,猜想适才同僚们定在张之洞面前嚼舌根诋毁他。张之洞正往后院邸宅走去。他对刚才张之洞有失身份的举止还耿耿于怀,冲着张之洞的背影大声说:"望之不似人君。"同僚们各各变色,张之洞却装聋作哑,慢悠悠地踱入后院。总督的幕僚们原本在署内用午餐,近来张之洞为节约经费,要求在署幕僚自备伙食。同僚们正要散去用餐,有的发牢骚说,为总督干活还得"自带干粮"。辜鸿铭说:"我们大帅可谓节用而不爱人。人说大帅学问贯古今,我说大帅学问即一章《论语》也仅通得一半。"这么明目张胆地攻击当朝最负盛名的封疆大臣,就连刚才发牢骚者也瞠目结舌。同僚中各色人等均有,少不得有人把这话吹进张之洞的耳朵。果然,饭后不久张之洞就派当差的把辜鸿铭叫进内衙邸宅。

穿过倒厅小院和一条垂花走廊,进入一处幽静院落。朝东的那间正房是张之洞退衙后私人见客的地方。沿窗横放着一只香楠木马鞍式书桌,一把花梨木加官椅;北面窗下排列着全堂影木嵌云石的如意靠椅和镂花茶几,东墙下并列着四座书架,陈列着各种古本和京版图书;西壁是两架文杏十景橱,橱中陈列着各式古奇珍玩。张之洞请辜鸿铭在如意椅上坐下,自己坐在花梨加官椅上。

辜鸿铭很坦然,天下之大,不一定非得在一棵树上吊死。合则留,不合则去。

张之洞笑笑地说:"有人说我是学问大家,也有人说我只通半章《论语》。这些还是留与后人评说。我中国立国数千年,圣贤教训,纪纲人伦,已深入人心,与美法等国。情况各异,岂能盲从他国,白紊纲常?鉴于此,敝人想写一篇《劝学篇》,劝世人毋忘自己的祖宗,把五千年的文化传统发扬光大。"

辜鸿铭见香帅并无怪罪之意,而是要与他商讨撰文之事,高兴地说:"卑职对此早已琢磨再三,《劝学篇》的主旨似可为:'今欲强中国存中学,则不得不讲西学;然不先以中学固其根底,则强者为乱首,弱者为人奴,其祸更烈于不通西学者。'制军大人以为如何?"

张之洞大为赞赏,说:"妙哉!好个至理恒言。"

心有灵犀一点通。两人会意地相视而笑,他们间似乎根本没发生过介蒂。"中学为体,西学为用"的共识使他们成为莫逆之交……

电话铃又响了,辜鸿铭的神经蓦地绷紧。是给他的电话,总统办公室打来电话说,总统已看了严复的信,叫他先回去。辜鸿铭知道事情不妙,茫然失措。他拎起手杖,恶狠狠地啐了一口,派头十足地走出新华门。

28 | "三寸金莲"出门来

碧云霞像猫一般溜出家门。进辜家半年来,她还从未迈出大门槛。外面的世界令她头晕目眩。她嘲笑自己像个藏地鼠,久未见天日快发霉了。她回望了一眼被风雨剥蚀得龇牙咧嘴的院墙和锈迹斑斑的大门铁扣环,没有特别的感触。虽然她当新娘时是蒙着头巾坐轿进门的,对这座四合院院外的情形一无所知,可是她想象过,这种破败凋敝之状似乎在她的意想之中。街对过四合院走出一个少妇,惊异地打量着她。她正彷徨不定,一辆空黄包车正从门前的胡同经过。她压低嗓门,急促地召唤车夫。

　　黄包车出了胡同来到地安门大街,她一颗悬着的心才稍稍落下。对于老先生发现她擅自出门后会有什么报复,她一概不去想,反正豁出去了。只要能救出阿强,纵然是只有那么一线希望,她也愿为此赴汤蹈火。这种压抑许久的爱的火山,终于爆发出来,是如此的强烈,如此的不顾一切。也许发现自己是爱阿强的,这本身就是自欺欺人。她曾是那样的憎恶他,憎恶这个毁了她的青年男子。莫非是四合院里的天地太狭窄了,只有巴掌那么大,她的爱的需要无所附着,别无选择,才把他编进自己爱的花环中？莫非是她已看出端倪,父子易娶,其中必有蹊跷？

　　碧云霞虽是乡下妹出身,但登台唱过大鼓,见过世面。她的胆量又回到了她的身上。她没有忘记王副官的住处。付过车费后,她望着那高大门楼,一直裹足不前。会不会太冒昧太唐突了？王太太会怎么想呢？是她对不起我,要把我卖进窑子,见不得人的是她！可是,这是她的家呀,她会把我当坏女人赶出来的。刚下车时的那股锐气,从脚底慢慢溜走了。

　　碧云霞在街上慢慢徘徊。各家店铺刚刚下门板,屋檐向下滴着霜水。生意还没开张,站柜台的向她投来注目礼,她有点不自在。她装束打扮显得俏丽而高稚。玲珑细耳上的碧玉环佩,一摇一晃荡；紧身偏襟短袄和紫色拖地长裙,衬出她苗条匀称的身材；戴着玉镯的双手,不停地摆弄着一个精致的铜制暖壶。也许王副官已经搬家了呢？应当到城防司令部去见他才是。想到此,她毫不犹豫地叫了一部人力车。说实在的,她害怕见王太太,而且当着王太太的面,王副官怎能答应她的请求？

城防司令部戒备森严。大门口左右各站立着一名背枪的大兵，像木头一般一动不动。她见了觉得挺好玩，径直朝里走去。

"太太，请留步。您有什么事？"

"木头人"活了，还向她举手敬礼。她报了王副官的姓名。

"您是王副官的什么人？我们问清了好报告。"

她不假思索地说："我是她表妹。"

王副官穿着有绶带的军服，腰间挂着长长的东洋刀，蹙着眉头在办公室里踱步，每走一步，那长筒皮靴就发出神气的响声。他刚看了报上连篇累牍的拥护帝制的通电，对这场闹剧啼笑皆非。他是在宋教仁将同盟会改组为国民党后，秘密加入国民党的。孙中山、黄兴"二次革命"失败后流亡海外，他对前途已心灰意冷。虽然蔡锷在云南反袁，他不相信以西南一旅之师，能敌过强大的北洋军。"辫子将军"张勋今天也在报上发出通电，拥护袁世凯称帝。他从办公桌上抓过报纸，重新读了一遍张勋的通电："中国数千年历史，向无民主共和字样。辛亥革命，骤改共和，勋期期以为不可。"

凡历史上没有过的，就是不合国情，这是什么逻辑？孙文先生的民主共和理想，莫非真的无法实行？中国还是要皇帝，老百姓大多希望有个好皇帝，这就是国情。

电话铃响了。门口值班室打来电话，他的表妹找他。表妹？他弄不清是哪个表妹，阴霾的心境透进一缕温馨的阳光。

碧云霞看见他全身戎装、气宇轩昂地走出来，她的舌头突然变得又粗又短，难以转动。

"是你?"他略感吃惊,但不是特别意外,好像她的出现是理所当然的。这使她的窘迫不安稍稍消融。

"请进。"他颇为优雅地傍着她向里走去。她闻到了他身上散发出来的强烈的男子汉气息,血液涌上她的脸颊。时隔半年,她和他好像只是吵了一次嘴又和好似的,看去自然融洽。她想,她本该是他的姨太太。纵然是姨太太,纵然受气,也比现在这样在"古董店"里当摆设强得多。现在这样算是活着吗?她饶有兴致地打量着来去匆匆的军人,他们那野性的目光不客气地向她扫描,她泯灭了许久的虚荣心复苏了。过去在台上唱大鼓时的感受宛如隔世,她心底暗暗地叹息。

碧云霞随他进了司令部的值班宿舍,里面只有一架单人床、一张写字桌,还有两把木椅、一个脸盆架。他咔嗒一声把门反锁上。她局促不安,把暖壶放到写字桌上。他的脸庞是正人君子型的,可是眼神却火辣辣有点不安分。

"你过得还好吗?"他的声音有点颤抖,没有正眼看她。

碧云霞胸中流过一股暖流:他还在爱她,他没有忘记她。她无力地坐到木椅上。滴水之恩当涌泉相报。他对自己有救命之恩,他应当得到报偿。他太太的罪恶同他有什么关系呢?她问自己:决定来找他,难道仅仅是为了阿强,就没有想到他会……她心惊肉跳。

王副官当屋站着,真是个武夫,和阿强就是不一样,他像一堵坚实的高墙。他向她逼近。一种受虐的期待在她身上弥漫,期待他把她碾个粉碎。她的坐椅在腾空。他干咳了一声,闷声闷气地说:"你是为他来的?"这还用问吗?她脸上的热血往身上退回去。"你为了营救他居然闯到城防司令部来,我真佩服你的勇气,也,也……"他的嘴唇哆嗦着,好像胸中填塞着嫉妒之火,又好像被犯罪感折磨得很厉害。

"我求你来了,求你放了他。"她双手扭着手绢。

"放了他?释放辜自强只要我一句话就行。不过,不过你得陪我睡一觉。"他说最后这句话时,快得含糊不清,同时伸手抓住她的削肩。

碧云霞本能地后缩,欲挣脱他的巨掌。这是交换条件?她明亮的眸子黯然失色,浑身像散了架,绷得紧紧的各个关节,顿时松松垮垮了。只要能救出阿强,行啊!只是太乏味了。嘻嘻,陪他睡一觉。她冷漠地瞥了他一眼。他眉眼里流淌着报复的渴望。她有点后悔:他能信守诺言吗?不待她多想,他已粗暴地把她紧紧地压在床上,热烘烘的嘴巴犁遍了她俏丽的脸庞。他腰上的军刀压在她的腿上,她负痛"哎哟"叫出声来。他站起来,手忙脚乱地解下军刀,脱下靴子。她像是看见家里的女佣在剥冬笋,笋壳纷纷落地,露出白生生的笋肉。他脱完上衣开始解皮裤带。她猛地坐起来,眼里噙着泪花,说:"王副官,你说话得守信用。我虽是个弱女子,但我来找你是为救人而来的。"

"我知道,救老公嘛!"

"什么话,我是他后娘。"

"后娘?"他的手攥住裤皮带,"你是和辜鸿铭那个怪老头结婚?"

碧云霞扭身伏在桌上嘤嘤啼哭,一腔委屈滔滔而泻。他一面听着她的哭诉,一面慢吞吞地穿衣服。奶奶的,原来还有一幕父子易娶的丑剧。别说我没权放辜自强,就是有权放,他也休想从我手中溜走。他瓮声瓮气地说:"你走,快走。你真傻,真傻!"

碧云霞抹干眼泪,抽泣着说:"要不是阿强,我就被你太太卖进了窑子。你和他都是我的救命恩人。他家里的事,一时也说不清。阿强一定有他的苦处。"

"是这样……可是,放他我办不到。照顾一点,不让他吃皮肉苦,我只能做到这一步。"

"你骗人!"

"是真的。"他背过身去,点燃香烟,猛吸一口,打开房门,叫来勤务兵,命令道,"把这位太太送出去。"

碧云霞下了楼梯,蓦然回首,看到他失神地伫立在楼梯口。

碧云霞走后不久,他跨上一匹高头大马,向前门外驰去。大街上的一切都没有进入他的眼帘。他只觉得脑子一片僵麻,一派混沌。送到口的鲜桃突然丢到灰堆里,奶奶的。他的胸口窒闷,似乎有一只小鹿在体内东奔西突,直要破膛而出。

前门外八大胡同的脂粉堆里,他有几个相好的。他的坐骑很通人性,熟门熟路,在"郁金香"所在的醉春堂门前自行停下。王副官跳下马来,亲昵地拍拍马的脑门。鸨母赔着笑脸叫人送上茶水点心。

"'郁金香'呢?"王副官问。

楼上传来嘻嘻哈哈的嬉闹声。

"王副官,实在对不起。你瞧。"她指了指大门上贴的纸条。纸条上写着:"今日参加请愿大游行,关门谢客。"

"请愿?妓女也参加请愿帝制?"

"是啊,有什么办法?警察局来通知,今日如有接客,一经发现就要重罚。"

"莫名其妙。"

"就是,就是。"

几个花枝招展的女子,个个手持三角小纸旗,推推搡搡地走下楼来。她们看到了王副官,便对"郁金香"挤眉弄眼。"郁金香"向王副官道了个万福,说:"先生,恕奴家不能奉陪。"他直想大喊:"你给我留下。"但他没有喊出口。门外,已汇集了胡同内其他堂子的妓女,一片嘈杂,"妓女请愿团"的横幅也展开了。"郁金香"已兴高采烈地汇入脂粉队伍。今天是什么日子,这么晦气!王副官懊恼地站起来。鸨母赔着小心,左一声"慢走",右一声"请包涵",唯恐诣媚不周。

前门大街在沸腾,参差不齐的口号声此起彼伏。各色纸旗与胳膊,随着口号的节拍,向空中张扬舞动,富有节律美。王副官事先知道今天有请愿游行,但没有料到请愿队伍是如此的壮观。举目望去,人如潮涌,莫非民心真的向往皇帝?他牵着马小心翼翼地前行。街道两旁观者如潮,情绪亢奋。

走在最前面的是"孔社请愿团"。斯文之辈,一色长衫。科举为学堂所代替之后,他们这些饱读诗书的圣贤之徒,失去了八股取士的晋身之阶,着实可怜得很。孔夫子的在天之灵,看来也不庇佑。当今天下,有枪就是草头王,帝制复辟后,孔门圣徒也难分到一杯羹。

紧随斯文们的是"商会请愿团"。他们脑满肠肥,大腹便便,同斯文之辈的神削骨立形成强烈反差。他们身上的膘太厚,举旗的手扬起时好不艰难。不过,他们元气很足,呼喊口号时,声音很有厚度。"取消共和!""拥护帝制!"天下太平,生意好做。他们喊得真心,诚心。

随后的是"女界请愿会"。女学生、女教师、太太小姐,她们也凑趣赶时髦。有的花枝招展,有的典雅娴静。呼口号时微启丹唇,挥小旗时还有点羞羞答答。她们都是共和的受惠者,还反什么"共和"!帝制能有她们的好处?或许是为了过过抛头露面的瘾。母鸡司晨,是大祸临头的征兆啊!

真叫过瘾,居然还有"乞丐请愿团"。蓬头垢面,衣裳褴褛。莫非复辟帝制他们就不必讨饭?王副官同警方人员常打交道,知道乞丐帮头的权势不亚于称霸一方的地头蛇,乞丐帮俨然是"地下王国"的国君。围观者被一个拖着膝盖行进的乞丐所吸引。那乞丐左膝跪地,膝头的裤管渗出鲜血,叫人好不忍心。他嘴里不住地叫着:"行行好,可怜可怜我,取消共和、拥护帝制,皇帝万万岁!"不少人向他抛掷铜钱铜板。一个地痞模样的泼皮,从后面赶上来,把那乞丐从地上揪起,恶狠狠地瞪了他一眼:"想当乱党吗?找死!"怪事,那乞丐居然可以直立,只是还有点瘸。

"人力车夫请愿团"过来了。车夫们拉着空车,保持一定距离,排着整齐的队形前进。"奶奶的,还从来没有这样悠闲过,哪天不是像牛马一样,拉着车猛跑?""谁闲得起,一天不跑车,家里就揭不开锅!""还是划算的,车行老板今天不收车租,下午拉客就是净赚的。"车夫们雄赳赳,气昂昂。车篷上插着的纸旗,迎风飘扬。牛四拉着辜鸿铭,因请愿队伍堵塞了道路过不去,只好把车停在街旁围观的人丛中。认识牛四的车夫向他招呼:"牛大哥,下来凑热闹。"牛四憨厚地摆摆手。王副官打量着他们主仆二人,猛地意识到,坐在车里的拖辫老头就是大名鼎鼎的辜鸿铭。他有点嫌恶,不愿再看第二眼。

街道两旁围观的人群有点乱,有的发出嘘声,有的吹起尖利的口哨。原来是"妓女请愿团"过来了。妓院的老板们好不紧张,在两侧穿梭往返,对付观众中那些想占便宜的泼皮。警察对这一段请愿队伍特别加以保护。王副官看到了"郁金香",还有几个他时有光顾的姐儿,也都在游行队伍里搔首弄姿,一路香艳,一路秋波。警署溜须拍马,拍到马脚上了。妓女也弄上街来请愿,帝制运动岂不是已穷途末路?

游行请愿队伍终于过完,他们正向内务部进发。

王副官进了一家酒楼,上到楼上的雅座。壁上贴着"勿谈政事,致干严究"的字样。他叫了一壶酒,一碟牛肉干,一碟茴香豆。伙计见来了军官,格外小心趋奉。半壶酒下肚,他禁不住长嘘一声。辜自强父子和碧云霞,他们三人的面容在他脑中叠印,几度挥之不去。他只好尽力去想蔡锷护国军的事,他想过到云南去投奔蔡锷。但是,政治风云变幻莫测,还是明哲保身为上策。一旦护国军占了上风,到时再倒戈亦不迟。不过,如此虽保险,却成不了气候。政治是赌博,很冒险!做人好没意思,要处处设防,时时揣摩。

"你看,'勿谈政事,致干严究',少说话,少惹麻烦。"有人大声说。

猜拳行令者有之,窃窃私语者有之,借酒浇愁者有之。

王副官喝了一壶又要了一壶。他想去掏手帕,却摸到自来水笔和笔记本。他拧开笔帽,无聊地在本子上乱写乱画一通,然后撕下,揉成一团扔到桌下。随后又在新的一页上歪歪扭扭地写着:"匹夫创共和,孙中山不愧中华先觉;总统做皇帝,袁项城真乃民国罪人。"

他又哗地撕下,揉成一团,扔到远处。酒,酒真是好东西。人真聪明,发明了酒。他用手指蘸了蘸酒,在桌面上写了个龙飞凤舞的"酒"字。

"兄弟,请出示你的身份证。"一个便衣站到他面前。

王副官酒醒了一半,情知不妙,还是自我壮胆地喝道:"混蛋!"

便衣亮出证件,说:"我是军政执法处的。白纸黑字,我亲眼看见是你扔的。"便衣摊出王副官刚才扔掉的纸团,同时掏出手枪对准他的脑袋。酒楼上的客人见势不妙,一个个脚底抹油,悄悄地溜走……

碧云霞在混沌中走出城坊司令部。大门的哨兵向她"啪"地立正行军礼,她才惊觉过来。王副官说他帮不了忙,这么说阿强不就算完了?在干娘家里浓情缱绻的情景,撞击着她的心扉,她的视线有点模糊了。她四处张望,怪事,竟然见不到人力车的影子。她只好踽踽而行。陆续见到几辆人力车夫从身边驶来,但都载着人。她方寸有点乱,要靠她的小脚走回去要走到猴年马月!她只好硬着头皮上前拦住一辆载人的人力车,请车夫碰到空车帮忙叫一辆来拉她。车夫给了她当头一瓢凉水,说是除了私车,其他拉客的人力车夫都去游行请愿了。她狼狈至极,踯躅街头,在无奈中突然想起铜暖壶忘在城防司令部,不免有点心虚:它可能成为祸根。

天无绝人之路,一辆人力车从后面撵上来,老态龙钟的车夫问:"太太,要坐车吗?"

"要,要。"她慌忙上车坐好,问了到地安门大街的车费,居然比来时高出三倍,她掏出荷包袋,不敢讨价还价。

碧云霞忐忑不安的心刚平静下来,偶一回头,从车篷的破洞看见了她家的车,牛四拉着老爷在后面离她的座车不远。她本能地蜷缩成一团。难道老先生一直在跟踪我?反正回去有一场热闹的好戏,看他能把我怎么样?她想叫车夫快点,看着他那伛偻的腰背,她不忍心催他,何况他即便再使劲,也会被牛四赶上的。老先生敢当街羞辱我吗?谅他不敢。过了一会儿,还不见牛四拉车赶上来,她转身朝车篷后的破洞窥视,牛四已拉车朝前门方向而去。她漾出一丝笑容:阿弥陀佛!

四合院里阒无声息。挂在老槐树树枝上的鸟笼,跳跃着几只金丝雀。女佣在院子里晾晒刚洗好的衣服。

"哎呀呀,我的菩萨,你总算回来了。"

"怎么,出事啦?"

"事倒没出,也够怕人的。老爷要出门的时候,问你在干什么。我说你在厨房里帮助拾掇。他咕噜了一声,没说什么就走了。"

碧云霞千恩万谢,给了她两块光洋。初时,女佣对她怀有敌意,后见她不理家政,没有夺"权"的欲望,还帮助做家务,因此打消了防范心理。碧云霞寂寞难耐,也只有事事迁就,与她相安为伴。

"太太,你嫁过来半年多了,还是第一次出门,一定很新鲜吧!我们做女人的就是这么苦。哪像他们男人,在外面吃喝嫖赌,不这样人家还说他没有男子气。可是我们女人,半点纰漏都不能出。像你长得这么俊,穿的是绫罗绸缎,吃的是山珍海味,算是人上人了。可是,连大门槛都不让迈出去,这还不就像这笼中的鸟?"她双手抖着湿漉漉的衣服,嘴巴朝槐树枝上的鸟笼呶了呶,又神秘兮兮地说:"老爷天天晚上给你上房门锁,难道他一次都没有和你睡过?太太,说了你别生气。一次老爷把你叫到他书房,我偷偷戳破窗纸瞧了瞧,见老爷在啃你的香金莲,还忘不了握笔写字。他要的只是你这双三寸金莲。说来,你和我也差不了多少,也是活守寡。"女佣朝她捉睎着眼睛。

碧云霞两颊绯红,给金丝雀喂了些鸟食。她回味着刚才在城防司令部里的每个细节。他粗鲁地把她按在床上,他那热烘烘的嘴巴真吓人……

辜鸿铭中午才回到家。女佣准时开饭。碧云霞一颗悬着的心落下了,老先生并非跟踪她。女佣没有说假话,他真的没发现她出过门。吃饭时他主动说,阿强的事可能凶多吉少,袁世凯连严复的面子都不给。她不知该如何表示,只好闷声不响。

饭毕,辜鸿铭又钻进了他的书斋。他一面剔牙齿,一面发愣。呆坐了许久,他长叹一声,来到碧云霞的卧房。她正和衣横躺在床上。他坐在她身边,抓住她笋尖般的"金莲",没料到她猛地把脚抽走。他陡然变色,喝问:"怎么啦?"

"我不舒服,你过去吧!"

辜鸿铭腾地站起来,五官气得挪了位,将她当胸抓起,定定地逼视了一霎,又猛地将她惯在床上:"不识抬举的东西!"他愤愤地离去,顺手将房门砰地关上。

碧云霞的泪水濡湿了被头。老先生也太无情,儿子身陷牢狱,还有心思过"莲瘾"! 刚才自己的举动一定会引起他的猜忌。说不定他压根儿就没去设法救儿子。他害怕娇妻和他儿子闹出什么风流事,暗中早把儿子当成眼中钉。不会的,不会的。我把人心想得太坏了,我是个坏女人。老先生和女佣在院子里嘀咕什么。她的心又悬空了。

从下午到晚上,老先生的脸色都很难看。

翌日,辜鸿铭出门后,碧云霞打算随后出去。既然迈出了第一步,第二步就没有太多的顾虑。

女佣好不吃惊:"你又去找干娘?"

"是。我的暖壶忘了带回来。"

"下午叫牛四去取就是了。被老爷知道了,我吃罪不起。"

碧云霞心里踏实了:女佣还没告发她。但是,她房里的用品,老先生一向很留心,不将那把暖壶取回来,迟早有一场好闹。

29 | 南洋大亨被"宰"

郊外的原野,一片萧瑟,风沙漫卷,彤云密布。铃铎叮当作响,蹄声清脆悦耳,在官道上撒下一串串欢快的奏鸣。李华庆靠在软座上,昏昏欲睡,嘴角流泻着一抹微笑,好像在做什么美梦。御河里一群白鹅,漂浮在绿水上,悠闲自在,其中一对离开群体,曲颈仰天歌唱,亲昵地互相啄吻羽毛。他眯缝着眼睛,透过睫毛,有意将眼前的田园风光变得朦胧。

李华庆刚从西山回来。夫人梦琴在西山一位气功大师那里接受治疗。尽管他自己是一位颇负声望的医生,但他不得不承认,许多疑难病症西医无能为力。他夫人就得了一种怪病:阵发性的痴呆症。每凡发作时,双眼呆滞,喃喃自语,荒诞地神化着她的家谱。李华庆诊断为是"恋父情结"。他虽是西医,并不像其他同行把中医视为骗子,骂得一钱不值。对祖国的传统医学那玄乎其玄的医理,他不乏兴趣。气功大师说他夫人是经络堵塞,这看不见摸不着的经络,真有点神秘莫测。他本想对夫人说出姚佩珍的事,但见了她又觉得完全没有说的必要。她温柔、善良、娴静,对一切现存的东西,从来都是无条件地接受;对于命运的安排,都认为是天经地义的。正因为这样,他不愿做出伤害她的事。现在,他无法自已地坠入姚佩珍的情网,也曾经出现了一丝不安,但他很快就疏通了自己的"经络"。为了不做出伤害她的事,他曾拼命地压抑自己。这实在是愚蠢,她本无所谓受伤害,而受伤害的恰恰是他自己。这次来探望她,他本想努力给她一点温存,可是见了面实在提不起精神。他给了气功师足够的钱,决定把夫人留在此地继续治疗,自己准备潜出北京,摆脱目前这种被扣为"人质"的窘境。离开西山时,一种解脱感款款地与他结伴而行,他好像自己又焕发了青春。他相信自己充满男人的魅力,人生的黄金时期还仅仅开始。五十多岁,对于有些人早已拉开了衰老的帷幕,而对于有些人真正的青春才刚刚到来。

李华庆闭上眼睛,在冥冥之中勾勒着姚佩珍的面容。他们已经两天没见面了。为使出走顺利,不致引起当局的注意,他们决定不再往来。仅仅才两天,他已尝到了恋爱的苦涩,这是他从未体验过的情感。他成天价不知所措,忽而担心她出什么意外,忽而又莫名其妙地吃醋,忽而被孤寂噬咬得心中发慌。年轻女郎的爱慕,反证了他的风度和魅力,使他充满自豪感,使他的心灵变得年轻。但是,爱情也增添了他的烦恼。他是医生,不能不从生理学上去考虑问题。她正在苏醒的欲求,使她愈益鲜艳和妩媚,却令他惴惴不安。不过,倘若现在失去她,他相信自己会发疯,他宁愿去死。壮年人的爱的火山一旦喷发,也是惊心动魄的。他暗自嘲笑自己,年过半百才尝到恋爱的滋味。

马车路经颐和园附近时,一个冷若冰霜的大汉,骑着一匹枣红色的高头大马,从后面撵上来,紧随在马车后面。他探头向后张望。去西山时这匹马不也跟在我后面?莫不是跟踪的密探?是梁士诒的,还是王荣华的?王荣华,一想到那个丑陋的前清举人,曾经是姚佩珍的男人,李华庆就有点忿忿然,酸溜溜。王荣华还没在离婚协议上签字,他也尚未兑现王荣华的离婚条件:付款二十万,再加一个司长的职位。这号无耻贪婪之徒,欲壑难填!一百万,他真敢开口。姚佩珍倒是若无其事,说:"别理他!"她的镇定不能不说有点反常。李华庆不愿采取阴谋手段来解决,因为这同他光明磊落的胸襟格格不入。他也想到过带她一走了之,不必拘泥于她是否办好离婚手续。可是,这样做必定后患无穷,那个小男人什么事都会干出来的。

上个周末,李华庆最后下了决心,接受王荣华的条件。这就意味着,他将从百万富翁变为一贫如洗的穷光蛋。当然,他不会一文不名,他还有医务所,还有医名在身,还有英国海峡殖民地立法议会议员的薪金。只要他把精力放在医务所上,不用多少时日,他又将腰缠万贯。他来到锡拉胡同,她正躺在卧室的摇椅上编织着小玩意。她的客厅已经结束了作为高官大员们消遣作乐场所的历史。她过去习惯于社交场合热闹，猛地一下安静下来，心里很不是滋味。但是，她必须从此习惯于家庭生活。好在李华庆是个公众人物，今后她的社交活动一定不会少。她憧憬着新加坡的寓所。李华庆说他还住在祖宗传下来的老屋里，但内部装修却是仿照西洋，够考究的。她说要购置新的别墅，将使他们的豪华别墅成为星洲最引人注目的高层人物社交中心，她要帮助他成为最富魅力的海外华人领袖。他好不惊讶，一个在小吏家中受尽凌辱的小媳妇，居然有这等勃勃野心，倘若不是实现了共和，女权运动得以滥觞，天赋予她的才干不就湮没在尘埃中了吗？她穿着法国进口的紧身紫色毛衣，衬出曲线分明的姣好身材。她躺在摇椅上，一把钩针在她手中灵巧地一挑一拨。他进来时，她依旧保持原有姿势，只是甜甜地向他飞了个媚眼，秋波闪闪发亮。他用火热的吻，烫熨着她的眉眼。

"没想到你还会做女红。"

"我不仅仅是一盆火，也是一弯新月，是吗？本姑娘出身小家碧玉，待字闺中，琴棋书画，女红烹饪，哪样没学过？这几年，疯疯癫癫地过来，想来真是一场梦，实在活得太累了。庆，到海外后，我会好好服侍你、成全你。"

李华庆把她的手，拉到自己脸颊摩挲，说："我也是。每当回到家，紧绷的神经松弛下来，心里就寂寞得慌。她像雕塑一样美，像冰一样纯净，像水一样柔和。但是……"

"但是什么？"

"但是，她不理解我。我不能去另外寻求理解和慰藉，她是那样善良那样纯真，我怎么能背叛她呢？我只能压抑自己。"

她撇起嘴巴，说："你现在还可以收回你对她的'背叛'。"

"你不懂。"

"这话你说了好几次。既然我不懂，你为什么不说个明白？"

"过几天，我想去一趟西山，你跟我一起去。"

"我不去。"

"不去也好。我想在回南洋之前，和那个家伙把事情弄清楚。你通知他到这里来，我们三人当面把事情敲定。"

"你答应他的条件？给他一百万？"

"那有什么办法，为了我们的爱情。"

"好吧。"她眼里闪动着狡黠。

隔天，她告诉他说，王荣华出差到南方去了。

枣红大马从他马车旁擦过，又奔到前面去。他想，倘若这是王荣华派来盯梢的，那么她就是在骗我。她不止一次说，她自有办法。他猜得出那是什么办法，他实在不愿出现那种局面，那样他心灵永远不安宁的。

李华庆没有迳回远东饭店，叫马车夫拉他到地安门大街，去看望辜鸿铭。他得知阿强被逮捕的事后，曾为此向梁士诒交涉，梁某只是表示爱莫能助。这个笑面虎！他下了马车，一眼就望见那匹枣红大马正停在不远处。此人在盯他的梢已经可以确定无疑。他拎着手杖，威风凛凛地走过去。那大汉亦从马鞍上跳下，向李华庆颔首致意。

"你为什么一直跟着我？"

"李先生，我是总统府的特工，奉命保护您的安全。"

"具体说,是谁派你来的?"

"李先生,不必知道的事就别打听。"

辜鸿铭对他的突然造访很感意外。

"阿鸿,孩子的事有消息吗?"

"老袁打定主意要整我,谁也帮不上忙。"

辜鸿铭把他请到客厅坐下。

李华庆透过厅门,打量着院子。老友应当带他在院内参观浏览一番才是。看来辜鸿铭并无此意,已在他对面坐下,叫女佣送上茶水点心。

"阿鸿,你不是金屋藏娇吗,怎么不请出来,让我一睹芳容?"

辜鸿铭显得烦躁不安,说:"贱内有点不适,我叫人扶她出来。"

李华庆听了刚要劝阻,辜鸿铭已发出命令。

"阿鸿,既然事情的症结在袁世凯身上,你何不遵命把那篇文章应付了事,总不能眼睁睁见死不救。"

"我这号人天生就少一块媚骨,溜须拍马的事从来就和我绝缘。何况对袁世凯这样的贱种,抽了我的筋,也不会向他下跪。"

"阿鸿,你和年轻时完全判若两人。"

"是吗? 我倒没发现,我总以为自己生来就是这样。"

"我们都在变。"

"你倒没什么变,连容貌也没有大变,看去至多四十岁的模样。谁能看出我比你还小两岁? 老了,像个干皱的柚子。"

"阿鸿,你太言过其实。"

说话间,女佣搀扶着碧云霞来到院子里。辜鸿铭说:"这就是新娶不久的太太。"碧云霞面容略显苍白，举止有些僵硬，但还是礼仪周到，言谈得体。

碧云霞走后，李华庆说："阿鸿，果然是金屋藏娇，怎么都不带她出去参加社交活动？"

辜鸿铭眼睛睁得好大，大概他还从来没想过此事，说："瞧你说的，我是个国粹派，她也不是现代女郎。还是看牢点好。哈哈。"

李华庆尴尬地"噢噢"支吾过去。他本想把姚佩珍的事告诉辜鸿铭，连忙改变主意，把话咽回去，话锋一转，说："阿鸿，我准备回南洋去。我不想成为这场闹剧的丑角。他们把我当人质，想得到南洋华侨的捐款，我不会让他们的如意算盘得逞。现在大门外就有探子，盯着我的一举一动……"

辜鸿铭揩着双膝，眼神失散，心里嘀咕：说什么金屋藏娇，他的梦琴才是金屋藏娇。他到北京如许之久，竟然一次也不让她露面。当年在星洲的那场差点不能自拔的单相思，如今依然不时梦魂萦绕。他要走了，她总得露面了吧！上苍也真是残忍，仅仅是想面对面见一次，居然付出半辈子的神思而不得。樱桃小口那嫣然一笑，像烙印一样烙在他的心坎上，成了他二三十年来，慰藉无聊时光的一杯品味不完的甜酒。

"阿鸿，要想摆脱盯梢，我得悄悄溜掉，不能带梦琴一起走。"

"什么，她不能一起走？"

"只好把她留在北京，反正她还在接受气功治疗。"

辜鸿铭激动得朝地上猛啐一口，说："你放心走，我会照顾她。她现住在哪里？"

"不给你增添麻烦了。"

"我们弟兄间说什么这种见外的话。"辜鸿铭装作若无其事的样子,努力掩饰急切的心情。李华庆不像是虚情假意,是真的不肯把梦琴托付给他。难道他当年已窥破自己心底的秘密?不可能,这绝无可能。他好失望,好失望。命中注定,她是他的水中花、镜中月,不,只是纯粹的梦中情。他的太太以至现在的碧云霞,其实都是他的梦中情的现实写照和模拟罢了。李华庆同他商量如何摆脱盯梢潜出北京的办法,他只是一味地哼哼,表示他在听,其实一句也没听进去。

"阿鸿,有一件事要你去办一下。你去告诉姚小姐——姚佩珍,叫她马上动身秘密前往天津等我。我不能再去找她了。"

"什么,什么,姚佩珍?"辜鸿铭如梦惊醒。

"我要把她带去南洋。"李华庆决定不理会她的小男人。

辜鸿铭明白了怎么回事,大叫大嚷:"好家伙,还有这么一幕风流剧。真能保密啊!说说看,你用了什么手段叫她迷上你的。这可是个性感女郎啊!"

李华庆有点发窘,也不无自豪,说:"有缘千里来相会嘛。"

辜鸿铭点着他的鼻子,说:"小心哪,嘻嘻。"色是刮骨的毒刀。但他没有把这话说出来。正人君子的阿庆,也想换换口味。这倒应了自己的名言,男人是茶壶,需要几只茶杯。李华庆纵然风度翩翩,毕竟是年过半百的人,老夫少妻本来就险相丛生,何况是在社交界出尽风头的艳妇。他迟早要戴绿帽子的。辜鸿铭想起了露娜,那段折磨人的风流史,现在想起来还叫人脊背发凉。阿庆大概没尝过那种滋味,他的情感历程过于平坦。梦琴。是啰,他腻了。总有一天他会懊悔的。女人的事是不可认真的,逢场作戏是一回事,娶到家里又是另一回事啊!

他们商量了避开坐探的出走计划,李华庆就告辞走了。

碧云霞的卧房里传出哼叽哼叽的呻吟声。辜鸿铭在院子里焦躁不安地来回踱着,忽而反剪双手,忽而捶擂双胯。她的呻吟声,像是从地心发出的电波,使他双脚酸软发麻。他已习惯了家里阒寂平静的气氛,习惯了家庭的小天地里只存在他一人的叫嚷声。可是,昨天家里的这场风波,比阿强入狱还叫他心神不宁。李华庆居然要把一个现代女郎娶到家里,日后够他受的,除非他有超脱妒海的本领。我辜某算是个游戏人生的角色,尚且挣脱不了,他未必就能超然物外。

昨天,辜鸿铭从学校上课回来,感到女佣的神色有点异样。女佣把莲子羹送到他房间时,冷丁问了一句:"老爷还要出去吗?"

"出去干什么?"

"哦,随便问问。阿强的事怎么样了?"

"天塌不下来。"辜鸿铭有点反感,他刚上课回来,却问他还要不要出去。他的老命就这样不值钱,阿强就那么重要?

"把太太叫来!"他要叫碧云霞来给他按摩。

女佣吓得魂不附体。碧云霞说去干娘家取暖壶,到现在还没回来。

"你怎么啦?"他声色俱厉。

女佣只得硬着头皮说:"早饭后,太太到她干娘家去了。我说过,我担不了这干系。她说没我的事。"

辜鸿铭半晌说不出话来。就是阿强的母亲也从未敢迈出家门一步：活着进来,死着出去。他紧紧地揪住自己的胸口。天旋地转,山崩海啸,熔岩喷发。他几疑自己要自燃焚毁。反了,反了,造反了。他逼视着女佣,神情变得狰狞恐怖,怒吼道:"娼妇,快说,她是不是常常偷溜出去?你不知道我家的规矩?好哇,你这个娼妇,是你给那臭婊子拉皮条,吃里爬外,我送你到警察局去。"

女佣哇地大哭。她还从来没见过老爷发这么大的脾气,也没见过他如此恶语秽言地出言不逊。这哪里是平日道貌岸然的老爷,这和巷里的悍妇有什么不同!她只得照实招出,碧云霞连续两天上午都出去,说是去干娘家。她发誓赌咒,碧云霞只有这两次出门。

接连两天出门还能有好事?他不知如何发泄是好,冲到院子,揪下鸟笼,踩扁,踩死,嘴里含混地嘟哝,使劲地朝地下啐着。

碧云霞正巧回来了。两人四目相对。她一付豁出去的模样,坦然迎战他那两道锥子似的寒光。画眉鸟还在踩扁的笼中,做垂死前的抽搐。

"回来啦?"辜鸿铭出奇的平静,声调有点颤颤的。

她"哼"了一声,穿过院子回房间去了。

哀伤之情正在碧云霞胸中荡漾。她早上出门时,期望王副官能网开一面,偷偷释放阿强。他那样威风凛凛,偷放个把人还不是易如反掌,只要他愿意的话。她责怪自己,昨天没有把话说清楚,王副官一定憎恨阿强,恨阿强把她骗了。王副官是爱自己的,这实在难得,难得的好人,不然昨天……她坐人力车路径大栅栏时,街上行人纷纷往两旁挤攒。

"刑车来了,刑车来了。"

"要枪毙犯人。"

街头有人乱哄哄地叫着。昨天刚看了"请愿"大游行,今天又看枪毙人,好不够刺激。

一辆刑车在军警的前呼后拥下,缓缓地驶来。人如潮涌,无不以一睹为快。碧云霞也看见了,看见了:那不是王副官吗?她双眼失神,一时反应不过来。这是怎么啦?莫非他是为了偷放阿强而受累?她下了人力车,使劲分开人众,挤到前排。她想叫,但叫不出声。他没有看过来。他背上插着木牌,上面写着"乱党分子"字样。

刑车过去了,观者有的向前追逐,有的伫立在原地发议论。她想到再也见不到他了,一条英俊汉子就这样变成一堆枯骨,泪水再也忍不住地奔涌出来。

"听说这人是孙、黄革命党。"

"孙大炮孙逸仙,闹什么共和,就是唯恐天下不乱嘛。"

"这个乱党也真不怕死,大总统就要升上去当皇帝了,他还敢乱写乱骂。"

"兄弟,是非多从口出,还是少说为好。"

"言之有理。看来还是不必多读书识字,能够写信看账就行了。"

在碧云霞身旁小声对话的两位店掌柜返身回店去了。她把车夫打发掉,悻悻地走回家。她朦胧地觉得自己说不定是个灾星,自己的命太硬,昨天刚找了王副官,今天他就送了命。她为自己悲哀,对阿强命运的事也就不敢再多想。她害怕自己的好心非但于事无补,说不定反误了他的性命。一切都是命中注定的,人拗不过天!

女佣怨怒地乜斜了一眼碧云霞,周身犹自瑟瑟作抖。还好,一场雷电暴雨竟没有落下，院子里出奇的平静。碧云霞是那样地若无其事，老爷是这样地不动声色。

辜鸿铭把女佣招到面前，压低嗓门问："你说她去找谁？"

"找她干娘。"

辜鸿铭阴沉地叫唤牛四出车。

在证实了她并未找过她干娘后，辜鸿铭郁积的炉火更猛烈地燃烧着。一回到家，就径直闯进碧云霞的房间。她蜷在床上，两泓清泉汨汨地淌着。他用藤杖戳着她丰腴的臀部，恶狠狠地问："他是谁？"

碧云霞已经想好了，不能说出是为救阿强而去找人，否则，只要阿强还活着，今后这屋檐下就没有她的安生日子。反正今后不再跨出门槛一步，他还能怎样？

"他是谁？"他的声调提高到吓人的地步。

"我的一个救命恩人死了，人死了，去看看还不行？"

辜鸿铭残酷地冷笑了一声，举起手杖朝她身上猛揍。"我叫你去看，我叫你去看，我叫你去看……"话出杖落，连连揍了十几杖。他的手剧烈地颤抖，终于无力地跌坐在椅子上，一腔怒火熄灭了大半，痛苦随之紧紧地扼住他的喉咙，一句话也说不出，只是大口大口地喘气。

碧云霞披散着头发，一面嚎哭叫唤，一面在床上翻滚。许久许久，她的哭声才为抽泣和呻吟所替代。他像菩萨一般纹丝不动。她的心软了：他为人虽怪，却也很可怜。她呜咽着说："老爷，我没有对不起你。你可以检查，我，我还是处女……"

辜鸿铭没有找到姚佩珍，便在锡拉胡同姚宅留下一张字条，要她迅即前往天津与李华庆会合。姚宅那个彪壮的门卫大汉，冷峻憨诚，辜鸿铭对他很放心。辜鸿铭叮嘱他说："一定要亲自交给姚小姐，谁也不能告诉。"

按照商定的时间，辜鸿铭来到一家文物古董店。李华庆已在后院等候他。他把去天津的车票交给李华庆说，姚佩珍被袁世凯的五姨太请到总统府去，说是协助五姨太筹备生日庆宴。李华庆面有难色。辜鸿铭安慰他："她这号人，你用不着替她担心。我进店时观察了一下，门外有不少鬼鬼祟祟的家伙。"事不宜迟，店老板带他们出了后门，有一辆马车在那里等候着。

他俩刚踏进火车站的候车室，一群密探就围了过来。

李华庆气馁地说："人质是当定了。"

辜鸿铭愤愤地说："奸细！会不会是她？"

"你说谁？"

"他的干女儿。"辜鸿铭指了指向他俩走来的梁士诒。

梁士诒被亲信簇拥着向他们走来。他笑容满面地和李华庆握手："李先生，你叫我好找哇。大总统请您搬进总统府去，说早晚好向您请教。是我照顾不周，让您久住外面，罪过罪过。"

30 偷吃"禁果"

姚佩珍从来没有像现在这样舒心惬意,成天价日喜挂眉梢。

"姚小姐,你用的是什么美容术?瞧你愈来愈年轻、漂亮。"

袁世凯五姨太的夸赞,乐得她浑身毛孔舒张,嗞嗞地直冒喜气。她近来的确感到双颊火烫火烫,两腮像出水的芙蓉,粉嫩鲜艳。报馆里的事她已不太热心,暗里准备着赴南洋的事。她把自己同五姨太相比较,对方是帝王的宠妃,固然尊贵无比,但自己比她过得实惠。历尽大风大浪的刺激后,如今又驶进坚实可靠且极富魅力的人生港湾,为人一世还能有更多的企求吗?她向五姨太告辞,说是要去找古德诺博士的女儿凯莉小姐。五姨太派人带她前去。她走出居仁堂后楼五姨太的住处,一路观赏中南海的胜景,想象着星洲的蔚蓝大海、蕉风椰雨。

"密斯姚。"凯莉骑着白马刚回到住所,翻身下马,亲热地搂住姚佩珍。

"凯莉小姐,我是来找你玩儿的。"

"非常高兴,快请进。"她把马拴好,挽着姚佩珍的胳膊。

"爸爸,让我来介绍一下,这是密斯姚,我的朋友。"

"认识,我们接触过几次。姚小姐,来采访吗?"

"博士先生,不敢打扰。我是来找凯莉小姐玩儿的。"

凯莉的房间实在杂乱,被子没有叠,桌上横七竖八地堆着书本、化妆品和脏袜子。沙发上胡乱搭着几件衣服,扶手上还搁着几条苹果皮。这就是洋人的浪漫吗?凯莉问她需要喝点什么。她摇摇头。凯莉便自个倒了半杯白兰地,一仰脖子喝了个精光,然后把沙发上的衣服扔到床上,请她坐下。姚佩珍告诉凯莉,她是来帮助袁世凯的五姨太筹办生日和训练宫廷礼仪的。

"宫廷的礼仪太繁琐,做皇后、皇妃的,繁文缛节那么多,活得太不自在了。"

凯莉耸耸肩,说:"难道你不羡慕她们吗?"

"不,一点儿也不。"

"果然是女权分子。"

"中国的老百姓,历来害怕自己的女儿被选进宫去。我不很通历史,但是舞台上的戏曲都是这样表演的。"

"为什么?中国人不是从来都提倡忠君高于一切吗?"

"我也搞不清。这和忠君有关系吗?历史上许多帝王,他们根本弄不清自己占有多少女人。被选进宫的女子,要想得到皇帝的恩宠,同样需要优胜劣败的争斗。"

"你如果被选进宫,一定是个得宠的优胜者。"

两人哈哈大笑。

凯莉把几本书扔到姚佩珍面前,说要找父亲谈谈辜自强的事。

"辜自强,就是那天到'女界请愿会'找我的那个大学生,他被秘密逮捕了。你知道这事吗?你最好在你的报上把这事披露出去。"她说着向姚佩珍打了个响指,带上了房门。

姚佩珍默然了。衣橱后有什么响动。她神经质地跳起来。一只漂亮的小花猫从衣橱下蹿出来,跳到桌上,虎视眈眈地望着她。辜自强倘若有个三长两短,他的魂灵说不定会找她算账。她觉得自己当时太冲动了,只因为那怪名士屡屡对自己不恭,就把气撒在他儿子身上。也不能怪她心狠手辣,谁叫他辜鸿铭那般刻薄、古怪。辜自强口出狂言,他老子又抗命犯上,也是罪有应得。她自我安慰:俗话说,好人不长寿,恶人活万年。魂灵之类的话,只不过供给憨诚忠厚者聊以自慰罢了。她向小花猫做鬼脸,它不仅不退却,反而咻地跳到沙发上。她吓得双手蒙面,差点憋过气去。小花猫又"喵"的一声跳到床上。她抓起一本书朝它掷去。随之扑到床上,想掐它个半死。小猫从她手边溜走,枕边一本英文书吸引了她。她的心猛烈地狂跳,像咚咚进军的鼓点。天呐,凯莉枕边竟然有这种书:《性爱过程心理》。她飞快地翻开封面,目录下的章、节名,好不触目惊心。这些东西也能堂而皇之地印成书?西洋人大概压根儿就不知什么叫廉耻。她把书扔回原处,双手好像沾染了脏兮兮的秽物,直想找湿毛巾擦一擦。她下意识地走到房门侧耳倾听。客厅里父女俩正发生争论,凯莉的声调很激动。凯莉和辜自强只是一般认识关系?她的眼睛又投射到床上,幻现出一幕狎邪场景。她做了个鬼脸,笑得很有深意。一阵骚动在她体内膨胀开,她贴着门缝听了听,父女俩的谈话似乎不会很快结束。她快步朝床前奔去,捞起那本书,一目十行地浏览。她的英文水平,只够她把书的内容看懂三四成。男女间还有那么多门道!她像偷吃了禁果,紧张、激动。她疲惫酸软,栽在沙发上,紧闭沉重的眼皮把书合上,"欲仙欲死的满足"会是一种什么样的感觉呢?她竭力地想象。倘若华庆看到这本书,一定不会那般不中用。

凯莉还在向父亲软磨硬缠。

"爸爸,您无论如何要设法救出他;他是个青年,青年,你懂吗?"

"徇私枉法的事,爸爸不能做。何况这是中国人自己的事。"

"我的上帝,他犯了什么法?无非不赞同帝制。"

"你不是对'请愿帝制'也很热心,他怎么会同你交朋友?"古德诺若有所思说。

"爸爸是中国帝制运动的智囊人物,我爱爸爸,自然要和爸爸唱一个调。就冲这一点,爸爸也得帮我这个忙。"她摇撼着爸爸,撒娇撒痴。

古德诺拍拍女儿的脑袋:"凯莉,我们就要回国了。我们在这里不过是匆匆过客,最好不要在这里留下什么感情上的债务。"

"上帝啊,爸爸你说得太对了。不救出他,回国后我永远也不会快乐。"

古德诺愣住了。他的本意是要女儿勿重蹈覆辙,放纵感情。听她的话音,她同这个大学生的关系已经不浅,这可就棘手了。"凯莉,别说得这么可怕。我不相信,你在中国过得很愉快,是这个大学生给你带来的。"

"那当然不是。"

"这就对了,我的宝贝!我们不好干预中国人的事。"

古德诺惬意地点燃香烟。

凯莉也点燃了一支香烟,"砰"地推开自己的房门。姚佩珍慌乱地把"禁果"塞到沙发上散乱的书堆中。

"对不起,密斯姚!让你一个人待这么久。"

"不要紧,我很喜欢看书的。"她想向凯莉借走那本书,将"禁果"带回去给李华庆品尝,但又不好启齿,尽管知道金发女郎绝不会嘲笑她。

凯莉靠着她坐下,说:"密斯姚,求你办件事,把自强辜被秘密逮捕的事,在报上发表出来,通过舆论的压力,使政府放人。"

"我自然愿意效劳,可是报馆老板不会同意的。"

"为什么?"

"我也说不清。除非老板想让报馆被查封,他想去蹲监牢。"

凯莉似乎明白了,不再提此事。她俩闲谈了一阵了,一道用了晚餐,然后辞别了古德诺,一同出了中南海。

古德诺亦前往居仁堂总统办公室开会。古德诺和袁世凯的其他智囊团成员,开会研讨了中国恢复帝制一事在各国政府中引起的反响。有种种迹象表明,许多原先赞同袁世凯称帝的外国政府,正在悄悄地改变态度。如今箭在弦上,不得不发,1916年元旦正式结束为期四年的共和制,这个时间表不能变更。各国政府纯粹是根据中国各政治集团力量的变化和本国在华利益而选择态度的,说到底是唯利是图。古德诺对此既表示理解,也深表遗憾。只有他自己才是光明磊落的,他作为一个政治学者,经过多年研究,认定共和制不合中国国情。清王朝覆灭后,中国现今的弊端是无政府状态和传统道德的沦丧,加以国民文化水准很低,是一个文盲大国。如果不恢复帝制,国家就要变形,就要分崩离析。去掉一个大一统,会产生许多小一统。

深夜,古德诺才回到住处。临睡前,他照例要吻一下女儿的额头,为她祝福一声。可是,女儿的房间空空如也。他的心揪了起来。到中国后,凯莉只有一夜没有回来睡觉,难道……想起傍晚女儿和他的交谈,他不无忧虑。她和辜鸿铭公子的关系可能不一般,否则不会为一个泛泛之交那般的焦急。辜鸿铭怪名远扬,如此玩世不恭的人,其儿子可想而知。上帝,千万别让她再堕落,她好不容易刚修复好破碎的心灵,经不起再度放纵。古德诺长吁短叹。中国父母包办儿女的婚姻,看来不无道理。年长者的理性对青年人是引导的光芒。可是,在美国的家庭中,理性的权威已丧失殆尽,青年人太自由了,凯莉为自由付出了多大的苦痛!一个从未有过的念头,萦绕在他的胸中。凯莉倘若能找一个中国青年做伴侣,倒不失为一件幸事。只是辜鸿铭的儿子绝对不行,有其父必有其子,他一定也是个莫名其妙的家伙。他发现了沙发上那本《性爱过程心理》的书,眼里蒙上一层云翳。

夜里没睡好,第二天很迟他才醒。凯莉还没有回来。他喝了一杯咖啡,正要去见袁世凯,袁世凯办公室转来了一封信,他万万没料到,凯莉出事了,她被绑架了。无政府主义党徒在信中声称是他们干的,是针对政府逮捕辜自强而采取的报复行动。信中没有说将如何处置凯莉。

古德诺持着袁世凯的亲笔手令,来到城防司令部秘密看守所。

"我是古德诺,我来接你出狱。"

记者拍下古德诺与辜自强相对而立的镜头。

"你就是古德诺博士?"辜自强略感意外。这位鼓吹中国只能实行集权帝制而别无选择的洋博士,在他的想象中,倘若不是青面獠牙凶神恶煞,就是大腹便便冷若冰霜,这才和独夫民贼袁世凯相般配。不能以貌取人啊!况且外国佬的相貌特征他也不懂,只是按中国人认同的通常相面准则揣测而已。凯莉来救他了,他心里淌过一股暖流。但她为什么没有同她父亲一道来呢?辜自强蓬头垢面,目光无神,饥肠辘辘。现在最大的愿望就是到馆店大吃一顿。监狱真是一所学校,进过这所学校的人,对于"民以食为天"的道理一定融化到血液中。

古德诺把他带上总统府的小汽车。古德诺友善地问:"你对无政府主义党的领袖有影响力吗?"

辜自强懒洋洋地靠在座位上。还以为洋博士是来保释我的,原来是来提审我!古德诺又问了一句。他没好声气说:"车上有没有可吃的东西？"

"对不起，什么也没有。我们很快就可以到家。"

"到家？"

"到我的住处。"

辜自强没坐过小汽车。这场官司没白吃，多少高官大员也没坐过小汽车啊，够本！洋博士刚才问什么？无政府主义党？他们把我当成社会党党徒啦？

"凯莉被人绑架了。"古德诺不动声色地说。

"凯莉？"他的倦意，他的饥饿，全部跑到九霄云外去，"是因为我而被绑架吗？"无政府主义党林君。他明白了，这是人质交换，绝不是洋博士发什么善心。林君够朋友的，这一手干得太漂亮了。不过，林君对她会不会……他有点酸溜溜。

"你能把你被释放的信息通知他们吗？"

"他们行踪不定，我又不是他们一伙的。不过，我可以肯定，他们不会伤害凯莉。"

古德诺略略放下心来。记者拍摄的照片很快就会配上辜自强悔过被释的消息，在报上发表出来。绑架者一定在密切注意着。

小汽车鸣着喇叭驶进总统府。辜自强额头贴着玻璃窗，视野宏阔，景致很美。一时间他觉得自己变得十分高大，意识到他现在置身于万里河山的神经中枢。难怪权力对人有那么大的诱惑力。是不是可以说，权力是社会前进的杠杆？不是吗，一个"权"字，引多少英雄竟折腰。

"你是先洗澡，还是先吃东西？"古德诺把他带到自己的住所，关切地问。

"当然是吃。我每天想象的就是出去之后吃什么。你不会笑话我吧!"

古德诺摊开双手,耸耸肩膀:"我能理解,虽然我没有这种经历和体验。"他叫厨师把现成能吃的东西都端出来。他仰靠在沙发上,看着小伙子狼吞虎咽,直到辜自强开始打饱嗝,才问:"现在最重要的是什么?"

辜自强说:"如果我确实已获得自由,现在最重要的是恢复自我形象——洗澡,换衣服。"

古德诺饶有兴致地问:"这之后呢?"

"希望得到凯莉的消息。"

"再之后呢?"

辜自强笑了。洋博士挺逗的,他说:"您如果不反对的话,我想在沙发上睡一觉。但愿做一个好梦,把十天来的事忘得一干二净。"

"我不反对,只要你愿意。不过,我觉得你忘了一件十分重要的事。"古德诺说。

"什么事?"

"应当把你获得自由的消息,立即通知家里,通知你的父母。"

辜自强有点不自在,说:"这自然很重要。不过,家对我并不是那么重要。实话相告,我对那个'家'没有感情。"

古德诺大为惊讶:"这怎么可能。中国人最重人伦,最重家庭的亲情关系。对不起,我差点忘了,你是个无政府主义者,主张无国家、无宗教、无家庭。我们美国叫嬉皮士。"

"我已经说过,我不是社会党的。"辜自强抗议了,"博士先生,我不清楚中国人其他家庭怎么样,也许我家是个例外。"

古德诺意味深长地"噢"了一声。两人都沉默了。

辜自强顺手捞起茶几上的一份报纸。头版上赫然登着王副官被枪毙的消息和临刑前游街示众的照片。他死啦?一个活生生的人就这样离开了世界?他的鼻尖发酸,从未像现在这样感到死的恐怖。如此说来,自己是死里逃生!林君够朋友的!他不无揶揄地说:"博士先生,我想我家里一定很焦急,我是不是可以走了呢!"

"我会把消息告诉辜教授。听凯莉说,你是她的朋友。我想,你一定想尽快见到她。你先洗个澡,也许她就要回来了。"

果然,自强刚洗完澡,凯莉就一阵风地卷进来。

"辜,太好了!"她拉着他的手,在原地转个圈。"爸爸。"她又扑向爸爸。

古德诺紧紧地抱着女儿,摩挲着她的柔发,然后扳着她的双肩,上下打量着,说:"凯莉,他们没有伤害你吧!"

"没有,没有。感谢上帝,一切都好好的。爸爸,实在对不起,让你为我操心。瞧,你的眼睛布满血丝,昨天夜里一定没睡好。"

"一场噩梦总算过去了。凯莉,我以为你一定沮丧极了,想不到你的情绪这么好。"他瞥了一眼呆立在一旁的辜自强。辜自强不像刚才同古德诺在一起时那样自如。在身陷囹圄的这段枯寂忧思的日子里,凯莉是他寄情的载体之一,是他挨过饥饿折磨的精神食粮。那种种的荒唐念头和神游,面对活脱脱的她,他觉得自己是那样的卑琐和龌龊。

凯莉拉辜自强坐下,古德诺借故走了。她关切地说:"辜,怎么样,他们拷打你了吗?"

"挨过几次揍,还好,没事。糊里糊涂被他们抓去。后来说我是乱党,有反对帝制的言论。你怎么样?是林君他们干的吗?"

凯莉把嘴靠近他的耳边,嘀咕了几句,两人快活地大笑着。

古德诺在书房里听到他们畅笑,心里咯噔了一下。凯莉到中国后果然判若两人,又恢复了她过去快乐舒展的本色。女儿明亮的心境,折射到父亲的身上,长者的慈爱和宽慰在他眸子里闪烁。这个大学生显然是她快乐的源泉。这个小伙子虽在东方文明的滋养中长大,但无疑是新一代的叛逆之辈。古德诺想起辜自强一再声称自己不是中国的嬉皮士,这扫除了他的疑虑。凯莉绝对不能再同放浪形骸者为伍。只要女儿能得到正常的幸福,而不是寻求逢场作戏的刺激,他就心满意足。他不想,其实也不可能替女儿做出选择。凯莉遭到绑架当了人质,这场惊吓她好像一点不在乎。辜自强是凯莉的朋友,绑架者又是辜自强的朋友,这……古德诺悟到了什么,蓦地站起来弹了弹烟灰,自语道:"好一幕活剧。"

古德诺算猜对了。昨日傍晚,凯莉骑着白马,强把姚佩珍拽到马背上。两人出新华门后,她先把姚佩珍送到锡拉胡同,姚佩珍请她进去小坐,她推辞了。她本想到一家最大的报馆去,要求披露辜自强遭秘密逮捕的消息,途中瞥见了"世界语传习所"的招牌,一个大胆新奇的念头掠过她的脑海。她跳下马来,在马屁股上猛拍一下,让它自个前行。

林君对她的出现大感意外,激动得一时话语不清:"太,太高兴了,见到您太令人高兴。"他想同她握手,可是双手沾满油墨的油污,他显然正在油印传单。

凯莉用马鞭抽了一下自己的长筒马靴,说:"又在进行地下活动?"

林君笑了笑,说:"为无政府主义理想而斗争。"说着忙去洗手。

凯莉在原地站着,目光热辣辣地盯着床铺。那夜荒唐的情景,一时像湍急的流水,拍击着她的胸口,又闷又痛;一时像淙淙的清泉,淌过她的心田,叮咚悦耳。是诱惑,是恐惧?她奔至窗口,探头寻觅白马。白马已消逝在街道的拐弯处。

林君从卫生间里出来,零乱的头发用水抹过,嬉皮笑脸地说:"我如果没猜错的话,旧地重访,您一定感触很多。"

"我犯有健忘症。"

"这本该遗憾了。如果我能治疗您的健忘症,我一定效劳。但我想我不会有这份荣幸。"

"我知道你对我有兴趣。我自己自动送上门来当人质。你不是要扣我做人质,向袁世凯索取合法性吗?"林君脸色大变,心理发狠:阿强这小子,把什么都告诉她了。

凯莉见他这副紧张的模样,忍俊不禁地说:"楼下军警密布,你已经插翅难逃啦!"

林君从她的神色中读出她的恶作剧,潇洒地做了个吻手礼,说:"为什么要逃?能和我所爱的人埋葬在一起,这是上帝对我的恩宠。"

她用手指使劲地戳开他的额头,说:"自强幸被秘密逮捕了,知道吗?"

"真的？我不知道。"

"你必须救出他。"

"怎么救？"

"我被你们'绑架'了,我来当人质。"

林君明白了,猛地一甩长发,栽进沙发:"妙极了！我马上写信,直接写给袁世凯。"

她又朝靴子抽了一鞭子:"这个地点不安全,我们必须转移。"

"到我们的'瑶池乐园'去,怎么样？"

"你想吃鞭子吗？"她瞪了他一眼。

他伸伸舌头做了个鬼脸……

厨子做好了丰盛的午餐。凯莉和自强还在交谈。

古德诺从书房出来,说:"小伙子,你的英语讲得很好。"

凯莉说:"他爸爸精通七国语言。"

"你认识他爸爸？"

"是个非常风趣的老人。我们不是曾听过他的演讲？"

古德诺没有吱声。

凯莉利索地摆放酒杯和刀、叉、筷子,问自强:"你会做菜吗？"

"做菜？不会不会,中国男人是不下厨房的。"

"我想你一定叫不出这些菜肴的名称,这桌菜全是鲁菜菜谱中的名菜,中国'八大菜系'之一。"

"没想到你还是个美食家。"

"中国八大菜系的名菜,我几乎全部尝遍。"

辜自强盯着她修长灵巧的手指:"是吗？难怪你对中国的传统

文化如此神往。中国传统文化看来是专门给你们欧美人欣赏的奢侈品。中国老百姓数千年来都在饥饿线上挣扎，能有几人消费这'菜文化'？"他站在桌旁，口水直往唇边涌，"也许有朝一日，中国人都能认识和享用自己创造的'菜文化'。博士先生认为中国目前不能享有共和，只有帝制才是中国的唯一选择，这也许和刚才说的'菜文化'是同一道理。"他把目光从她手上移到古德诺身上，"我在监狱里，每天两餐，一餐一个窝窝头。每天想象的是有热气腾腾的大馒头、大肉包，绝没有向往品尝什么'八大菜系'。中国人目前也许真的不是需要什么自由的时候。"

古德诺先坐下："小伙子，我非常荣幸，我的观点能得到你的赞赏。"

"辜，你是奉承还是挖苦爸爸？你坐了十天牢，我们俩的看法，像是迎面接力赛，调换了位置。"

古德诺打断女儿的话，说："我们进餐吧！小伙子现在第一愿望是'吃'。"

辜自强不好意思地笑了，偷偷地咽下口水。

31 | 美国人就是喜欢人家骂

酒足饭饱,古德诺父女各自回房去午睡。辜自强躺在客厅的长沙发上,他翻阅着这些天来的报纸。酒意恰到好处,混混沌沌,飘飘欲仙。他又翻到了登有王副官被游街示众照片的那份报纸。王副官到底有没有把消息送到家里呢?老先生平日得罪的人太多,更不会钻门道,知道我的下落也是枉然,奈何不得。王副官奉命抓了我,我却安然无恙,他反倒命丧黄泉。可见,吉人自有天佑。他张开左手手掌,想研究一下掌上的纹路。纵横交错的手纹,像地图一样,他相信其中有无穷的奥秘,是一部研究不完的人生天书……

　　一股什么味道？这么熟悉，叫人直想回忆点什么。清纯、霉腐，还有点湿漉漉、热乎乎。对了，是腐叶的香味。树下积满厚厚的落叶。凯莉粉红色的衬衫。树上不住地筛下豆大的水滴，打在软绒绒的腐叶上，噗噗有声。凯莉躲在树干后面，粉红色的旗帜在她头顶张扬。她刚才说什么来着，好像问我去不去留学。这是什么意思？我太迟钝了，为什么不告诉她，我想和她永远在一起。不对不对，她应当留在中国才是。这有一个以谁为轴心的问题。她既然对中国的文化那么赞赏，那她就应当留在北京。可是，老先生并不喜欢我，其原因之一就是我没有成为他臆想中的标本。妈妈倒是个活标本，"三从""四德"，"三纲""五常"，那是一点也不含糊的。也许不是这样，老先生喜欢谁？牛四，除了牛四就没有谁合他的口味。粉红的旗帜被一阵风刮飞起来，飞起来，挂在树梢上。"自强辜，把衣服给我扔过来。"她的命令口吻，就像公主命令白马王子一样，娇媚、骄横。衣服有一股特殊的香味，他觉得嗅不够。扔过去？没那么便宜。他向粗大的树干逼近。他与她只一木之隔，他把衣服攥在手里，向外伸出去晃了晃。她在那边惊叫起来。"坏蛋，快把衣服给我。""实在抱歉，我不是执行命令的仆人。""看在上帝的分上，求求你了。"求我？这还差不多。"不过，你要回答我一个问题。""我愿意回答一百个。""太客气了。我只有一个问题，你认为我怎么样？""你还感觉不到吗？好个笨伯。"他的心甜蜜地紧缩，把粉红衬衫揉成一团，猛烈地狂吻、撕咬……

"哎哟！"他倚在沙发扶手上的脑袋，差点掉下去。他紧紧地拽住沙发布。舌头好疼，他伸出舌头，在手心上舔了舔。血丝与口水搅和在一起。哦，他记起来了，这个梦并非毫无来由的。凯莉曾告诉过他，说她梦见和他一道去香山游玩，说她在梦中被淋得像落汤鸡，真狼狈。她曾问他，什么时候一起去西山玩一次。这次厄运过后，应该痛快地玩个够！

辜自强瞅着凯莉卧室的房门。房内传出"啪"的一声响，好像是书本掉到地上的声音。他揉揉惺忪的眼睛，脑子微微胀痛，这是酒精作用使然。他使劲地翻了个身，把沙发的弹簧压得吱吱作响。他竖耳聆听，希冀听到什么。房内又传出拖鞋走近房门的声音。他的心一下提到嗓子眼，心律之快，使他手指尖产生了颤麻感。房门好像在微微开启。啊！她一定是穿着睡衣，白色的还是紫色？睡衣的领口很低，敞露着雪白的酥胸。一对硕大的乳房在微微颤抖，好像在激动地呼唤。他紧张地坐起来，弹簧的吱吱声，好像在向房内做出某种传递。房门丝纹未动，拖鞋声向深处消逝。他的脑袋耷拉下来。她想方设法救你，未必就是爱你。好个自作多情的傻瓜。也许刚才那"啪"的声响，是开门锁的声音。他重新燃起希望之火，他目不转睛地盯着房门。他想迈开双脚，冲进她的房间。他不会非礼，只想同她拥抱一下，接吻一下，然后听她说声"辜，我爱你"，他就心满意足了。但是，他的腿像灌满了铅，更要命的是，心脏的狂跳，快使他窒息。他转而愤愤然。这是她的家，我推门进去和她开门出来，后果是完全不同的，她就没有想到吗？

古德诺的房门打开了。一切期待、不安、激动和愤慨,全都烟消云散。他没有失望,反倒感激博士先生的出现。

"小伙子,睡得好吗?"

"精神松弛后,睡得很香。阶下因突变为座上客。想想昨夜像狗一样蜷在稻草堆里,真是可怕极了。"话说过后,他觉得很不妥,怎么能自称是"座上客"呢?

古德诺说:"向你父亲问好,请他来做客。"

"谢谢博士先生。我一定转告您的盛情邀请。"他很高兴古德诺主动要求见见老先生,这是一个好兆头啊!

凯莉开门出来,说:"爸爸,要一辆小汽车吧!我把他送回家,再为您把辜教授接来。"

古德诺耸耸肩,说:"你说得真妙。可惜那是总统阁下的车。"

"不,是皇帝陛下的。"她调皮地纠正着,伴着得意的笑。

凯莉出门后问辜自强:"你会不会骑马?"

"我不会。"

"太遗憾了,你当不成骑士。我们雇马车去。"

他沉下脸,"遗憾"二字应该由自己说才是。他有点嗔怪她的率直。一缕烟云掠过他的心坎,中西合璧不失为美妙的想象,但是内涵完全迥异的异域文化,绝非如水乳般可以和谐交融的。

她雇来一辆四匹骏马牵引的豪华马车。一色枣红的高头大马,伟岸,剽悍。他聆听着清脆的马蹄声,急促的节奏如鼓点,如狂风,似乎要将他卷到马背上。蹬着马鞍,拉着缰绳,挥舞着马鞭,那情景多帅。她拦腰抱着他,热烘烘的身体,紧贴着他的后脊背,叫人好不自在,却又好受用。她的一头金发,向后飞飘,飞飘。

"辜,你为什么不说话?"

他冷丁惊觉过来,没听清她说什么,含糊地说道:"这马车又快又稳,比骑马安全多了。"他一阵懊恼,后面这半截话实在是多余的,她一定嘲笑自己。当不了骑士也就罢了,何必耿耿于怀,自我安慰。她双手撑在坐垫上,伸长脖颈朝前探望。他嘘了口气,她并没有在意他说的话,否则定会嘲讽挖苦。美国人的坦率有时叫人受不了。她的手指细长,白腻,好像是象牙雕琢的。他很想吻吻她的手。

"凯莉,你的手纹怎么样?"

"你会看手相?这太有趣了,帮我看看。"她摊开两个手掌。

他鼓足勇气,用左手轻轻地托着她的右手掌,装模作样地端详着,然后一面用右手的食指,在她手掌上缓缓运行,一面信口开河地说:"这条是生命线,粗大有力,说明你的身心健康,充满活力;这条,是爱情线。"他显得有点口吃,"瞧,它呈网络状,说明你爱情的道路很不平坦,可能要通过一些误区,最后才能走出迷阵。"

"真的?"她的眼睛荡漾着纯真与虔诚。

他忍住笑,想说:你现在的年龄,已经到了走出迷阵,临近爱情宫殿的时候。但他到底没有这么洒脱,说不出口。她的手冰凉,柔滑。他恋恋不舍地把它放掉。

她吻了吻自己的手掌心,说:"愿上帝保佑,这是真的。"

"前面就是我家。"他提醒她。

"你爸爸一定会喜出望外,他绝对想不到你会突然出狱。"

他俩悄悄地推开大门,走进院子。女佣发现了他俩,惊喜地喊叫:"少爷回来了。老爷,老爷!少爷回来了。"

车夫牛四正低头修补一个簸箕,慌忙站起来,傻乎乎地咧嘴笑着:"少爷命大,我说过,少爷命大福大。"

辜鸿铭迈出书房,略感吃惊地说:"回来啦?"

其语气平静得像儿子下课回来一般,只是那双大眼较平素熠熠闪光。不用说,他看出是这位洋小姐把儿子弄出牢狱的。"是凯莉小姐吗?我没记错吧,古德诺先生的公主。"他向客厅迈去。

辜自强眼睛里的兴奋光束黯淡消逝了。他的死活同这个院子有什么关系呢?他感到好伤心,好伤心。

碧云霞在房内听到了女佣的叫喊。这太意外了。她已认定他成为枪下鬼。王副官尚且被枪毙掉,阿强还能逃脱得掉?她自怨自艾,哀叹自己的命太硬,凡是施恩于她的人,都不得好死。她躺在床上,泪水无尽地流淌。对于老爷那顿手杖的猛揍,尽管皮肉火烧火燎,心里并不痛楚。她违犯了家规,该当受罚。她的泪水是为阿强的"死"流,也是悲悼自己难以逆料的命运。她曾那样地仇视阿强,现在才发现自己仍在爱着这个"冤家"。昨天夜里,她和女佣为阿强的"死",偷偷烧了纸钱,以超度亡灵。女佣把当初父子易娶的内情告诉了她。她一点也不惊讶,对阿强的懦弱给了谅解,这并非对"死人"的宽容,在这座四合院里半年多来的生活,她体会到阿强的苦楚。这都是命运的拨弄。"连老爷自己都不知道是这么回事。可能后来猜到了一些,老爷是那么聪明的人,不会一点看不出。太太,你对我不见外,我也把心掏给你。我早就看出来,你对阿强的不理不睬,有点不近情理。"女佣的话点醒了她,老爷对阿强的死活不能说是处之泰然,也是一副听天由命的样子,全无一点父子情分,根由说不定就在自己身上。

"太太,阿强回来了,放回来了。"女佣颠着小脚,一进房就要把碧云霞从床上拉起来。她的心绪结成一团,方寸大乱。一阵惊喜漫过全身后,她茫然失措,面对现实的突变,不知该戴一副什么样的面具。自从知道了父子易娶的内情后,她不可能继续简单地憎恨阿强,憎恶老爷。今后四合院里的一举一动愈发微妙了,反倒不如原先浑浑噩噩地更好做人。

女佣要把她扶起来。她说:"我起不来,全身骨头像散了架。我真害怕,不知道伤了筋骨没有?"她紧蹙眉心,一副痛苦不堪的模样。她几天来都没有迈出房门,现在突然挣扎而起,老爷心里会怎么想?

在南房客厅里,辜鸿铭和凯莉谈得很入港。老先生只要有人恭敬地听他发议论,他就滔滔不绝一发不可收拾,面对年轻女性,他更加谈兴勃发。凯莉说起他在北大的演讲,说起东方古老文明的伟大。他厚厚的下眼睑仿佛充血一般,闪耀着红光。

"……小姐,今天我本来应当感激你,是你们父子搭救了自强。我们中国人讲究人情,来而无往非礼也。可是,你们西方人讲究法律。你们在法网之外救下了自强,我如果感激你们,岂不是让你们感到自己游戏了法律?反而让你们深感不安。因此,这笔人情债,我还是交付给上帝……"他不容她插话,意识流像泛滥的洪水,忽而赞誉孔子,忽而大骂袁世凯,忽而评说德国威廉皇帝,忽而抨击达尔文。辜自强几乎无法插空告诉老先生这些天来的遭际。老先生只是随便问了一句,还不待他回答,又向凯莉大谈中国的酒文化。凯莉由于对中国的烹调文化颇有研究,对中国的酒文化亦大感兴趣。突然,老先生戛然而止,说:"阿强,你应当去向翠姨请安。她,身体不适,几天没下床了。"

凯莉也说要去探望病人。辜自强正中下怀,俩人亲热地穿过院子。

辜鸿铭还沉浸在自己的意识流中。酒,这是人类的一大发明。倘若没有酒,世界不是太清醒了吗?水至清则无鱼,人至察则无徒。西方人际之间那般隔膜,那般清楚,好在还有酒。酒能把世界模糊起来。模糊,凯莉的面容在他幻影世界中模糊、幻化。她的手指很美。他心底一阵战栗。她很像一个人,没错,她的手指像露娜的一样美。他端起精致的小茶壶,对着壶嘴呷了一口浓茶,随之使劲啐了口浓痰。这个金发女郎对阿强好像真有那么点意思。爱丁堡大学留学时的那段罗曼史,酸溜溜地沉渣泛起。他眉宇间聚拢一团阴云:真是活见鬼。

"您好,太太,听说您生病啦?"凯莉用生硬的中国话问碧云霞。

碧云霞只用眼角瞥了一下站在房中央的辜自强。凯莉坐在床沿,亲热地握着碧云霞的双手,打量着她的头饰,目光最后落在碧玉耳环上:"美,真美。"又转向自强问:"辜,是不是?"

碧云霞羞红了双颊,辜自强支吾着,像木桩一样钉在原地。他发现她憔悴了许多,愈发显出一种柔弱美。相形之下,凯莉充满了性感。一个是清澈的湖水,一个是汹涌的大海。

碧云霞前后见过凯莉三次,三次都见她穿着条毛拉拉旧得发白的牛仔裤,浑圆的屁股蛋都快崩出来,洋女人脸皮好厚。现在她虽然知道阿强并非因这洋女人的缘故而不惜将她推入火坑,但这个洋女人是他的相好则是无疑的。她轻柔地说:"你这条裤子这么旧,还舍不得扔掉?"话音怯怯地,话里却藏着刀锋。

凯莉惊奇地扬起睫毛,随之纵声大笑,说:"绸缎很美,这粗布也很美。"

辜自强浑身不自在,又不好走掉。碧云霞会怎么想,带着女朋友来看她,这不是有点残忍吗?

"太太,裹小脚的时候,是不是很痛苦?"凯莉转而询问辜自强,"中国女子的小脚,叫三寸什么?"

"三寸金莲。"他嘟哝着。

"对,三寸金莲,很动听。一步三摇,很美。"她转用英语对辜自强说,"中国女子的自我奉献精神太可贵了,只是完全以男子为中心,缺乏人格的平等。"

"我们走吧。"他也用英语回答她,"她生病需要休息。"

碧云霞猜想他俩在议论女人的小脚,有点愤愤然,把女佣叫进来,说:"地上这么脏,给我扫一扫。"

辜自强急忙上前把凯莉拽了一把。

凯莉告辞时,向辜鸿铭转达了她父亲的邀请:"辜教授,我父亲很想见见您。我们看到您在《纽约时报》星期杂志上发表的文章,上面还有您的漫画像。您把美国攻击得体无完肤,嘻嘻,爸爸说您的骂人水平够世界级的。"

辜鸿铭得意洋洋,说:"所有中英文的'名言汇编'之类书中,都收进了我那条骂银行家的话,这条名言是:'银行家是在天晴时硬把雨伞借给你,而在下雨时收回的人。'"

"妙极了。"凯莉拍手叫好。

"你们美国人就喜欢人家骂,我也就骂个痛快。英国人就不一样了。"辜鸿铭想去书房取一本《名言汇编》,辜自强已同她并肩走出客厅。

辜鸿铭待辜自强一返回,就厉声问:"她爱上你啦?"

辜自强猛遭一击,一时张口结舌,说:"怎,怎么会呢?"

"你要记住,我已给你聘定了媳妇。我们是诗礼人家,洋玩意给我少沾惹。"

辜自强的心底在流血。死里逃生,没有得到一句慰藉的话,反倒被当头浇了一瓢凉水。真没劲!

辜鸿铭亲自挑选了一套十分破旧的宽袖袍褂,前去拜会古德诺。

古德诺觉得杂志上辜鸿铭的漫画像,其实还不够夸张。他高挑枯瘦,简直是堂·吉诃德的复活。那条细长弯曲黄中夹黑的发辫,早已闻名遐迩。

"我想,初见到我的人,一定对我的辫子感兴趣。古德诺先生,我可以告诉你,这是我个人独有的审美观念,与政治思想无关。中国的存亡,在德不在辫,辫之除与不除,原无多大出入。"他的牙齿残缺不全,而且发黑。他的烟瘾很大,右手食指和中指被烤得焦黄。

"凯莉小姐没在家吗?"

"她去上课了,她在女师大兼了几个小时的口语课。"

"我同她交谈过两次,她对中国文化十分崇拜。你一定不会不知道,我向来对西方人没有好感,凯莉小姐则是一个例外。"

果然是个怪老头,也不给人留点面子。他的坦率其实同他所维护的中国传统完全格格不入。古德诺试探着问:"我们很快就要回美国去。您的儿子大学毕业后,是不是计划到美国留学?"

"去美国留学?不,雄鹰是用不着向鸡学习飞行的。"他不拒绝喝咖啡,"咖啡煮得不错,可惜,糖放多了。"

雄鹰?他像是在幻觉中生活似的,他的自我感觉过好了。如果说中国是一只未醒的雄狮还差不多。古德诺暗自下了决心:应当尽快带凯莉回美国去。

辜鸿铭发现了沙发上的一本《纽约时报》的星期杂志,凯莉提到的就是这本杂志,他连忙取来翻阅。他的大作《没有文化的美国》赫然登在第一页,中间还有一幅他的漫画像插图。他在文中批评美国文学,说美国没有一首好诗。

古德诺对于辜鸿铭的诡辩术很欣赏,认为他善于运用中国的观点批评西方的社会和文化,往往使西方人耳目一新。

"辜先生,这本英国杂志上也有您的大作。"古德诺从茶几下的杂志堆中,找出一本,递给辜鸿铭。这篇文章用的是欧洲中世纪基督教常用的问答传习体,用字和句式令人拍案叫绝,深刻又巧妙:

"……什么是天堂?天堂是在上海静安寺路最舒适的洋房里!谁是傻瓜?傻瓜是任何一个人在上海不能发财的外国人!什么是侮辱上帝?侮辱上帝是说赫德总税务司为中国定下的海关制度并非至善至美……"辜鸿铭得意地朗诵着。

古德诺同他谈了许久，发现他身上毫无圣贤的那种憩静闲适，而更像个雄辩家，像个斗士。辜鸿铭厌恶现代个人主义，在他看来社会是唯一的单位。当他提及那些刚从西方留学回来的青年，用亵渎神明的手撕下最古老的中国文明时，他不禁怒火中烧，竟把古德诺当成出气筒，而忘记了自己是来登门道谢的。

"……你可知道你们西方人在干什么？你们自以为胜我们一筹，理由何在？你们在艺术上还是在文学上比我们高明呢？我们的思想家不及你们的典雅吗？咳，还在你们住山洞、裹兽皮的时候，我们就是个有教养的民族了。我们的哲学家以为世界可以用道德和秩序的力量来治理，你们打破了这个理想。而现在你们正在把你们的竞争哲学教给我们的年轻人，破坏了世界的宁静秩序。你们曾经诉诸机关枪，你们也必将受机关枪的审判。"他啐了一口唾沫，话锋一转，"你邀请我来访，我感到荣幸。你的同胞专跟苦力打交道，他们以为，中国人不是苦力就是买办，二者必居其一。"他用嘲弄的神情看着古德诺。

古德诺发出微弱的抗议："对中国人民，我一向十分敬佩，他们充满了智慧。"

"西方人不了解中国，就是中国人也大多不了解自己的国家。中国向来是一个自由的国家，没有欧洲的宗教战争，如'三十年战争'、'耶路撒冷之争'、'新旧教之争'。中国儒释道，各有各的自由，不相侵犯，信教自由，不相干涉。中国人行动可以自由，不像外国人居留要有证，来往又要护照，种种束缚。自孔子以来，中国就有自己的国际法，那就是：以礼让为国。反观欧洲这次空前惨祸，其原因就在于讲求竞争,先利而后义。德国人尚武迷信权力。英国人好言民主,议会政府为群盲所把持。基督的博爱已约束不了人心,残暴不仁,互相吞噬。如今只有弘扬孔子学说,才能挽救欧洲危局。中国的前途也在于弘扬民族传统。现在的中华民族简直像个梦魇。中国人学不得外国人的好处,只学人家的坏处,现在不是进化,而是退化,人民的痛苦,比君主国还厉害。"他额头的血管鼓暴,随着他的激愤在起伏搏动。

"因此,我主张中国废除共和制,实行君主制。共和制不合中国的国情。"古德诺终于找到了共同语言。

辜鸿铭顿时噎住了。本来还要发许多议论,舌头好似突然变粗变短。狗屁!你是袁世凯的狗头军师,我则是袁世凯的眼中钉,肉中刺,岂可一锅煮?

古德诺邀请的几位客人到了。内中一位是袁世凯的日本顾问有贺长雄,一位是北大的美国教授,还有一位不明国籍的青年。

古德诺吩咐厨子开筵。各人推让不肯坐首座,最后还是辜鸿铭在首座就位。辜鸿铭端起酒杯向大家敬酒,说:"刚才大家互相推让,不肯居首位,这就是实践孔子的学说。如果实行今日盛行的竞争学说,大家厮打一番,待优胜劣败后再来落座,恐怕今日这桌酒宴,大家都吃不到口。"

众人哗然,古德诺举着刀叉笑得前俯后仰。

座中那位外籍青年没领教过辜鸿铭的厉害,见他装束奇特,有意嘲弄他一番,便用英语问辜鸿铭道:"Sir, what n-e-s-e do you have? Chinese or Japanese?"土耳其青年是说,"先生,你有什么 n-e-s-e('中国人'和'日本人'的英语词尾),中国人的还是日本人的?"嘲笑辜鸿铭长袍马褂,不伦不类。辜鸿铭从口音中听出此人是土耳其人,便反唇相讥:"I am a Chinese, Sir. But tell me, what k-e-y do you have, monkey or turkey?"他的意思是说我是中国人。但是请告诉我,你有什么 k-e-y("猴子"和"火鸡"的英语词尾),猴子的还是火鸡的? 英语"火鸡"一词恰又为"土耳其",暗嘲土耳其与猴子、火鸡同类。

土耳其青年尴尬地干咳了几声,以此掩饰自己的窘迫。

一语既出,举座皆惊,无不为他的急智和博学而折服称奇。

32 西洋女人是蛇

"总统下楼啦——"听差站在楼梯口,拉长声叫着。明天就得改口叫"皇上下楼啦——"听差一遍遍提醒自己:别叫顺口了,万一出了差错,龙颜大怒,就得脑袋搬家。他的脖子显得僵硬,像刚来当差时那样拘谨,转动不灵。

袁世凯穿着大元帅服,拎着手杖,在楼梯口驻足了一晏,没有即刻下楼去,却朝楼上西侧二小姐和三小姐的房间走去。三小驵叔祯考试果然得了第一,他已履行了自己的诺言,满足了她的要求:送她一架法国新式铜床。

二小姐正在大镜前欣赏皇女服。

"爸爸。"二小姐大感意外,爸爸向来早饭后就下楼去办公的。

"向父皇请安。"三小姐伶俐地行了刚学会的皇宫礼仪。

袁世凯牛角胡往上翘了翘,乐呵呵地问:"当公主啦,高兴吗?"

三小姐偎在父亲的胳膊时,撅着嘴说:"父皇当了万岁,送给我们什么礼物呢?"

袁世凯走近光亮可鉴的铜床,捏着三小姐的鼻子:"礼物不是已经送给你了吗?"

"不对,不对,不是一回事。"三小姐的脑袋在父亲腋窝下挤攒。袁世凯扯了扯二小姐身上的皇女服,说:"这就是最好的礼物。当了公主可不一样啦,凡事要讲规矩。"

皇女服上身是对襟、宽袖的黄缎褂子,上面绣着凤凰、牡丹、云彩、潮水和红色的太阳,这些都在缎子上凸现出来。衣裳上镶着的领子,同样也绣着精细的凤凰和牡丹。下身是黄缎裙子,里面有水红色绸子的衬衣,衬衣上面镶着白色绸子的和尚领。

"父皇,皇子服是仿照英国宫廷式样,为何我们皇女服却仿照清宫式样?"二小姐拿来两张前几天皇子、皇女的分别合影照片。

袁世凯端详着皇子们的合影,皇子服的确显得潇洒、威风。皇子服用黑色呢子缝制,上身采用西洋大礼服的样式,下身是西装裤,两侧各绣有一条金线。帽子和土耳其式帽子相仿,上面饰有一大溜黄色的绒毛。身上佩着金色的绶带,绶带下端悬着佩刀。袁世凯把照片递给三小姐,说:"女孩子如果也像西洋女人那样,敞胸露背,成什么体统?"

袁世凯复辟帝制。

三小姐仄着脑袋说:"男孩子不穿袍褂,不也是不成体统吗?"

袁世凯变了脸,转身就走。两位公主顿时吓得像泥塑一般,半晌作声不得。她们隐隐觉得:做了公主和当小姐是有点不同,不好随便乱说了。

袁世凯昨天夜里梦见在紫禁城举行了登基预演,但他一点儿都不开心。蔡锷的护国军从云南北进四川、湖南,军事形势实在不能令人乐观。举国一致拥戴帝制的局面已不复存在。他明知"举国一致"的虚假性,这层虚假的面纱一旦被撩开,还是叫他难堪和愤恨。

"总统下楼啦——"听差僵直挺立,目不斜视。

空中布满阴霾,黄沙弥天,朔风凛冽。这算什么兆头?袁世凯想到昨夜梦中的登基预演,太和殿的幽幽灯光,笙磬琴箫的古乐……还有这遮天蔽日的阴霾。大典筹备处为何选在夜里进行登极预演?自己昨夜怎么就听从了他们的安排?他一早醒来就对梦中的一切很气恼。

昨夜他梦见自己正要离开办公室上楼,大公子袁克定和大典筹备处的朱启钤,突然来说,一切准备就绪,夜里要举行登基预演。他弄不清自己怎么换上了龙袍,怎么上了华丽的銮舆。几对宫灯作为前导,侍从武官长、大礼官、军事参议处长都穿着礼服、佩参谋带,走在銮舆之前。太和殿在夜幕下,像一座巍峨森然的高山。汉白玉阶陛上已聚集了不少人。文官都穿燕尾服,军官都穿钻蓝色军礼服,头戴鸡毛掸帚的圆顶将军帽。北风呼啸。阶陛周围几十面"洪宪"帝国国旗,忽拉拉地响着。洪宪帝国国旗仿英国双十字国旗式样,加斜叠双色条于五色旗之上。殿檐上张挂着无数宫灯,但周围却是黑魆魆地。銮舆一停,接驾的乐队顿时奏响雷鼓、九音锣、笙磬琴箫等古乐器。殿内,高脚烛台上点燃了几百支银烛。殿正中安放着御座,其扶手、靠背一律雕龙,上披绣龙黄缎。御座后有九折雕龙嵌宝屏,宝屏左右各设明宝扇一对。他在御座两旁来回踱着,正要在御座落座,古乐突然停止,御座腾地冒出一股黑烟……

包铁头的藤杖狠狠地戳着楼梯。袁世凯做出决定:不举行登基大典,只在居仁堂的大厅内举行朝贺典礼。他一到办公室,就签发了接受帝位的申令。

大典筹备处处长朱启钤,宵旰勤劳,亲临督察,紫禁城里的三大殿已油漆整饰一新。根据新皇帝的旨意,太和殿改叫承运殿,中和殿改叫体元殿,保和殿改叫建极殿。一切登基大典准备均已就绪。如今取消登基大典,空忙一场,朱启钤好不沮丧。他刚要离去,袁世凯怒容满面说:"把梁士诒叫来。"

袁世凯刚才信手从案头取了一份《上海时报》,报上一张照片使他大动肝火。照片的画面是:姚佩珍怡然自得地把脚搁在椅子上,一些政府要员输了牌,仿效对教皇的吻脚仪式,正俯身嗅她的脚。照片的说明是:"总统门生"姚佩珍的罗曼蒂克。这帧照片是姚佩珍的男人王荣华提供给报界的。他得知李华庆"获罪",自己的讹诈竹篮打水一场空,就想出这一招来激怒当今皇上,要看姚佩珍的倒霉。袁世凯御笔在报纸的空白处批了圣旨:姚佩珍败坏女风,着即严办。

梁士诒捧着圣旨心里一阵发憷。断送了姚佩珍固然有点于心不忍,但更叫人忧虑的是政敌会以此发难,揪住不放。因他也嗅过她的脚丫。他还是她的干爹,此事尽人皆知。

"总统,姚佩珍行为不端,是该教训教训她,但念她拥护帝制有功,又是……"

袁世凯知道梁士诒要端出五姨太来挡驾。他这时不容任何人来改变他的主意,虎着脸说:"姚佩珍私闯后宫,罪上加罪。"

梁士诒再不敢为她说情,唯唯诺诺地退了出来。

临近中午,天空愈益阴暗。电灯泡发出昏暗的光线。当差的点燃了烛台的蜡烛。袁世凯想起"天象示警"的话,心里愈发烦躁。

袁世凯走出办公室。外面正在刮大风,北风挟着黄沙遮蔽了北京的天空。他走进餐厅时,显得有气无力。五姨太见他阴沉着脸,故意找话逗他开心。尽管她使出浑身解数,他依旧心不在焉。

午饭已经准备好了。他落座不久,突然电灯灭了。中午几同夜晚。"混蛋加三级!"袁世凯的牛角胡须可怕地颤抖。五姨太连忙叫人点蜡烛:"快,换上红蜡烛。"

十几支粗大的红蜡烛,把饭厅照得明晃晃。五姨太笑盈盈地说:"这才是喜气洋洋呀。我祝洪宪万万年。"

一位丫头过来问五姨太:"午后的点心是不是吃元宵?"

袁世凯猛地一拍桌子:"不许叫'元宵'!"

桌上盛清蒸鸭子的钵头,溅出了许多鸭汤。乖觉的五姨太没了主意,不知触犯了皇上哪根神经。袁世凯半晌才伸出筷子。平日挑鸭皮极熟练,今日筷子却不听他使唤,五姨太连忙举箸帮助。他嚼着鸭皮,两腮的肌肉松弛了些,说:"叫'汤圆'吧!"

五姨太明眸骨碌转动,露出珠玑般的皓齿。她揣摩到了他的心事:"元宵"和"袁消"谐音。她连忙吩咐:皇上有令,城内所有卖元宵的小贩，一律改称"元宵"为"汤圆"。她代下了这道奇怪的圣旨后，袁世凯情绪稳定了，午饭吃得津津有味。

梁士诒一回到自己的办公室，就把北京警察局局长通知来。

"报告，秘书长有什么吩咐？"局长当屋站着。

梁士诒窝在沙发上，也没有请他坐下，小眼珠在他身上滴溜溜地转动。局长诚惶诚恐，以为自己大祸临头。

"把《亚细亚报》记者姚佩珍拘留起来。"梁士诒有气无力地说。

"这……"局长大感意外，他知姚佩珍是梁士诒的干女儿，与总统眷属素有交往。

梁士诒把袁世凯的"谕旨"递给局长，说："先扣起来。要好生照顾。"他怀疑是杨度暗中捣鬼。杨度为帝制摇旗呐喊，一度红得发紫，如今帝制告成，只得了一个"下大夫"的封号。杨度一定对失宠怀恨在心，泄愤于他梁士诒的身上。板子打在姚佩珍身上，痛在梁士诒的心上。他叮咛警察局局长："务必访察出提供照片的人。"

"砰"的一声，姚佩珍旋风般卷进来。她眼睛红肿，把精致的袖珍皮包甩在梁士诒的身旁。

"干爹，这是这么回事？"她一屁股坐在沙发上，扳着梁士诒的肩头推搡着。

梁士诒尴尬地干咳着。

"我没说错吧！李先生被你带到哪里去了？你把他还给我，还给我。"她是来向梁士诒要李华庆的，还不知自己就要锒铛入狱。

梁士诒一反常态地把她的手拨开，冷霜罩满了他浑圆的两腮："李华庆用不着你来操心，还是先顾你自己吧！"

姚佩珍听话音不对，心想：梁胖子下了狠心，他得不到自己的便宜，绝不可能成全自己和李华庆的事。她好后悔，没有同李华庆尽早飞走。梁士诒从警察局局长手中要回报纸，展开那幅照片和袁世凯的批示。她傻了眼，捧着报纸的双手像筛糠般，突然尖声叫喊："不，不许动我。我要找皇后、皇妃去！"

梁士诒冷冷地说："你不会不知道，'奉旨出朝，地动山摇'。皇宫里可以随便撒泼的吗？"

姚佩珍绝望了：祸不单行！自己为何如此不幸。这一切都是命中注定的，只是连累了李华庆叫人心痛。都是那个"獐头鼠目"，他是她永世逃脱不了的灾星。她的直觉告诉她：这是她的"灾星"暗中做了手脚，因为他的贪婪没得到满足。她泪水汪汪可怜巴巴地哭诉："干爹，人家这是给你颜色看，你就这样认啦？我姚佩珍为帝制出了力，就是不论功行赏，也不至于要去坐牢。"

梁士诒凑近她，压低嗓门问："会是谁干的？"

姚佩珍不乏机灵，脱口说："能有谁呢？当然是忌恨干爹的人。"

梁士诒鼻孔重重地"哼"了一声，对警察局局长说："先把她监护起来。皇妃不会撒手不管的，明白吗？"

洪宪皇帝终于粉墨登场。一夜之间，满城插上了"洪宪"帝国的国旗。

居仁堂大厅上首，安放着龙案龙座。袁世凯只穿平日的大元帅戎装。大典筹备处用八十万元定做了两套龙袍，用了二十万元定做了一顶天平冠，袁世凯只看了一眼，没有试穿试戴。龙袍固然尊严无比，给人至高无上的感觉，但没有大元帅戎装威风。西南尚在硝烟弥漫之中,远不是歌舞升平的时候。原总统府、政事堂、大元帅统率办事处及各部司长、局长以上官员、军队师长以上军官,依次分批前来朝贺。大家行跪拜礼,三跪九叩首,三呼"万岁"。袁世凯没有就座受礼,只是站在龙座旁,左手扶着龙座,不断地对朝贺者点头致意。他的目光忽而惘然失色,忽而诡谲尖刻。这些匍匐在他脚下的新朝股肱,很难保证个个都能供驱马前,只要他们在皇权的威慑下,有一颗忠君之心,中华的大一统江山,就可保无虞。想当年,两次"童了试"都名落孙山,埧城乡党中有谁能料到他是真龙天子,是新朝的开国皇帝呢?他暗中嘲笑孙中山替他火中取栗。孙中山人称"孙大炮",手无寸铁,单靠摇唇鼓舌便想坐江山,太过书生气了。他瞥了一眼龙案上新铸的五颗金印,牛角胡须得意地翘了翘。

朝贺一结束,袁世凯就到中南海后门参加中下级军官的庆贺。从中南海后门福华门至宝光门之间,马路两边的林荫下,扎着各色绢花,悬挂着各式花灯。两边树荫下排着数百张餐桌,桌上摆满了美酒佳肴,餐桌间还安放着几台西洋留声机,播放着唱片。袁世凯端着酒杯,笑容可掬地一桌桌轮着敬酒。"皇帝万岁",军人整齐划一的吼声,燃烧着他的血液。秦皇汉武,唐宗宋祖。他在心里历数着各朝的开国君主……

千呼万唤的"洪宪"新朝,终于在一片劝进声中诞生了。总算有了皇帝,虽然是"只配倒马桶"的贱种袁世凯。辜鸿铭对帝制的喜悦还是胜过对袁世凯的恶感。袁世凯固然丑陋,但这无关紧要,皇权和神权,会对他加以美化和神秘化。历代帝王有几个能称得上是贤明的?明朝万历皇帝几十年不上朝,不照样太平无事。只要狮子在,狼就不会翻天。有了崇拜敬畏的权力偶像,中国就不会变成一盘散沙,陷进内乱纷争。牛四拉着他在景山东街缓缓而行。

今天学校的气氛有点异常。下完课,他到文科教员休息室喝茶。平素空空荡荡的休息室,今天却人影幢幢。早来者在喝茶、抽烟、看报,新到的拍打着身上的粉笔灰。谁也不说话。大家好像有一种失落感,不约而同地会集到一起,寻求相互的感应和慰藉。常有新来者"发布"一两句消息,大家只是专注地竖起耳朵,而一概不加评论。

"据传,皇帝要封校长为'中大夫',教授为'下大夫'。"

"听说胡仁源校长已拒受爵位。"

"有可靠消息,'中华帝国'的国号未通知外国,对外仍称民国。"

又一位新来者,一进门就嚷着:"先生们,我刚得到消息,马叙伦教授已辞职。"

大家的目光在室内搜寻,果然未见马叙伦先生。又有爆炸新闻:"曹锟的军队已被护国军击败,贵州省已宣布独立。"

室内飞起一片嗡嗡嘤嘤声。

辜鸿铭默默地退出休息室。要是过去,他一定会发表几句不咸不淡的评论。标新立异、与众不同是他的特长和快乐。他今天却意外地保持缄默。这种气氛实在不宜幽默。

"牛四,去买份报纸。"

一个报童在大叫:"号外,号外,风流女记者下狱。"

辜鸿铭推想定是姚佩珍出事。果然是她!辜鸿铭替老友李华庆沮丧:遇上艳星非艳福啊!他慢慢地把报纸揉成一团,一股强烈的恐惧袭遍了他的全身。按历史的惯例,新帝登基,向来是大赦天下,以示普天同庆。袁世凯龙袍一加身,却大设冤狱。为他摇旗呐喊的"总统门生",只是行为浪漫,令他有点难堪,就被身系牢狱。他辜鸿铭曾百般讥嘲讽喻袁世凯,还不被打入十八层地狱?他刚才得到一枚纪念金币:正面是袁世凯身着海陆军大元帅服的头像图案;背面是龙的图案,上书"中华帝国"、"洪宪纪元"八个字。他翻来覆去地观赏,张牙舞爪的龙,好像活动飞腾起来。他枯瘦的手紧紧攥住金币。他突见街旁有一行乞的老妪,他刻毒地冷笑一声,把纪念金币向老妪手中的破碗抛去。他下了决心:三十六计,走为上计。立即动身前往欧洲,暂避风头。

回到家,辜鸿铭径奔碧云霞的房间。她正在专注地绣花,绣一对交颈亲昵的鸳鸯。她本能地缩起脖子,身上的杖痛还没有完全消失。

"帮我收拾一下行囊,我要出一趟远门。"辜鸿铭抓起她的绣物,下意识地啐了一口。

碧云霞浑身隆起鸡皮疙瘩:"去哪里?我也一道去吗?"

"去德国。你不必随我去。袁世凯一定会加害于我,我是逃亡,不好带你去。"辜鸿铭在椅子上坐下,那一对绣鸳鸯似乎很刺眼,他一把将它扔进竹簸箕。

碧云霞的睫毛欣喜地眨动,可是眸子却漾起一层泪光。

"老爷,事情真有这么可怕吗?干吗平白无故要逃亡?"

"你不知道,袁世凯当了皇帝,君叫臣死,臣不得不死。他一定会新账老账一起算的,绝不会轻饶过我。"

"漂洋过海,真叫人放心不下。"

碧云霞的柔情款语，消融了他心中的恐怖。想当年，慈禧太后六十寿诞，他当众赋诗嘲讽，一首《爱民歌》举座皆惊，何等潇洒！如今怎么成了惊弓之鸟？他一把将她揽进膝头，说："观望一阵也好。"

碧云霞眼里的秋波干枯了，小心翼翼地挣扎他的搂抱，说："老爷，天有不测风云，还是小心点好。"

他静默了一霎，抓起手杖，狠狠地戳了一下地板："说得对！宜早不宜迟。"

一向粗枝大叶的辜自强，突然发现碧云霞判若两人，一改平素的静默无语，变得神气活现。她颐指气使，不断地向女佣和牛四发布命令，喝令他俩干这干那，为老先生的远行做准备。辜自强不时偷觑她几眼，生起一阵阵莫名其妙的惶恐。老先生走后，她是一家之长。自然得拿出一点架势，这有什么奇怪！他出去雇马车，望着阴暗的大门，似乎有一股森森寒气直冲出来。老先生走了，他能支撑起这个家吗？老先生走后他就是这院落里的男主人。又用不着他挣钱养家，他有什么好愁的呢？这份恼人的惶惑，慢慢清晰起来，他分明是担忧瓜田李下之嫌。

老先生没有让碧云霞到车站送行。他只让她在院子里告别："你别去了，好好在家待着。"

辜鸿铭为什么不把她带走呢？辜自强有点恼火。父子俩在车上默默无语。辜自强几度想说，他要搬到学校去住。可是，他又害怕引起误解，弄巧成拙，老先生反而会认为他心中有鬼。为人不做亏心事，不怕半夜鬼敲门。瓜田李下，未必就偷瓜摘李。辜鸿铭发现儿子愣愣地注视自己，好像要说什么。辜自强受不了他询问的目光，只得说点什么。

"爸爸,既然是出走,你的衣服最好换一换,不然目标太大。"

"我的长袍、马褂、辫子,名气太大了是不是?不要紧,名气也是个保护神。"老先生闭目养神,双拳不住地捶着膝头和胯部。他正焦躁不安。儿子又想发表声明:他要搬到学校去住。潜台词是:你放心好了,你的姨太太不会出差错的。父亲开腔了:"阿强,你万不可再和凯莉小姐来往。记住我的警告。爸爸是过来人,什么事没经历过?我在英国爱丁堡大学念书时,曾经爱上一个法国女郎,我疯狂地爱她。结果很惨,她甩掉了我,我被伤害得很厉害,真的,很厉害。有很长一阵,我消沉到极点。你懂我的话吗?西洋女人是蛇,我们中国女子才是世界的最尤物。"

辜自强大为惊诧。他惊异老先生的罗曼史,更惊异老先生会将自己的秘密对他坦诚相告。老先生对他要么冷若冰霜,要么把他当做听讲的木头人,作为他发牢骚的倾泻物。他已习惯于把老先生的话,从左耳进去右耳出来,不让他的话在自己的脑细胞中停留片刻。老先生这番发出肺腑的临别赠言,使他为他的父爱深深感动。

辜自强送走父亲,拖着沉重的双腿迈进门槛。碧云霞正和女佣高声谈笑。她的确是变得快乐了,难道你不希望她快乐吗?他一头栽在被子上,双手枕着后脑勺。西洋女人是蛇!西洋女人是蛇!老先生的话,认认真真地在他脑际回荡。他自己一朝被蛇咬,十年怕井绳,莫非要他儿子也见绳远之?笑话。"凯莉,凯莉。"他喃喃自语。

"他走啦?"碧云霞不声不响地进来,站在他的床前。

辜自强倏地撑起,勾着头,正襟危坐。

"阿强,你知道前些天我生什么病吗?"

"不知道。"辜自强不敢抬头。

"我为了救你,偷着出门去找王副官,被你爹打得起不了床。你这个冤家,是你毁了我,你害得我好苦哇……"碧云霞掩面呜咽,泪水渗出她的指缝。

33 | 德国人的座上宾

从香港开往伦敦的"皇后"号轮船,穿过马六甲海峡,进入印度洋。它刚刚经受了一场飓风的考验,平稳地犁开黑森森的海水,在茫无边际的大洋上孤寂地行驶。

夜的羽翼罩住了苍穹。辜鸿铭倚在船舷的栏杆上,俯望着船舷翻卷着的白浪,浪花像龙王吐出万斛银珠,把人带进一个童话的世界。他这次欧洲之行,固然是担心袁世凯同他过不去,但不是纯粹的逃亡,因为德国"辜鸿铭研究会"早就屡次向他发出邀请,可以说是堂而皇之的应邀出访。时下的中国文化人中,有谁能受到西洋的推崇呢?德国人说,可以代表东方文化的只有两个人,除了辜鸿铭外,便是印度的泰戈尔。泰戈尔只是一个诗人,而他辜鸿铭除了是哲学家、文学家之外,还是一个政治家。他的心绪很好,在船上交了一个德国青年朋友,每天海阔天空,三皇五帝,诸子百家,唐诗宋词,直把那个德国青年迪特逗得目瞪口呆,说:"中国古代'战国七雄'时期,同现在卷入大战的欧洲太相像了。西方文化不可逆转要走下坡路。"这青年妒忌英国,鄙视法国,对辜鸿铭预言东方文明必将支配全世界的话,很对胃口。

那是离开香港的第二天,辜鸿铭和同舱室的两个英国人怄了气,独自在甲板上漫步。尽管他英语地道流利,尽管他的大名应当在西洋人中如雷贯耳,这两个英国佬依旧摆出一副不屑一顾的绅士模样。他一张口,要不是对西方人极尽挖苦嘲讽之能事,就是对华夏文明百般颂扬。于是,英国绅士愈益绅士,中国怪杰愈加怪杰。英国人、法国人都不是东西,只有德国人才是华夏文明的知音。德皇威廉二世不就认为中国不宜实行共和,而要恢复帝制吗?真是阴错阳差,世人公认的帝制余孽,在帝制复辟之际,却不得不逃之夭夭。袁老儿,我诅咒你!他把一肚子不快,从英国人身上转泄到袁世凯那里。

甲板上有一个高大的青年正倚着栏杆看书。他的脸部显露出明显的日耳曼人的特征。德国人是有点帅。辜鸿铭用英语同他打了招呼。对方只用眼角瞥了辜鸿铭一眼,好像闻到什么陈腐味,扭头就走。辜鸿铭徒然添了不快:我要让你认识认识中国人。他的眼睛很尖,刚才只一瞥,就看清德国青年看的正是他的英文著作《春秋大义》。

老年辜鸿铭像。

待那青年重新站定,倚栏阅读,他又跟随过去,说道:"先生,实在佩服你的勤奋精神。请问你在看什么书?"

"我读的是中国的名人著作,你问这干什么?"青年态度傲慢,对这个长袍马褂、拖长辫的土老儿很反感。

辜鸿铭内心温暖如春,瞧,他承认自己是"名人"。德国人就是有眼力啊!他凑了过去,说:"你看的书好像是在下的著作《春秋大义》。"

"你是……"

"在下就是辜鸿铭。"

德国青年惊喜而惶恐地握住他的手,热烈地握了又握,久久不放,连声说:"请原谅,请原谅!我叫迪特。您的著作给了我太多的启发。当中国人已经掌握高度文化的时代,我们欧洲还是野蛮民族。"

"你知道吗?你们德国法兰克福,有一个'辜鸿铭研究会',我正是应邀前往的。"

"我家就在法兰克福。我经常在报上看到您的文章。"

这之后,迪特每天都去一趟辜鸿铭的船舱,与他交谈。同舱的两个英国人一见到迪特进来,就矜持地离去。辜鸿铭总是冲着他俩的背影,恶作剧地眨着一只眼。

"辜先生,今晚餐厅举行舞会。"迪特找到他,搀着他就往餐厅去。

辜鸿铭的脚步有点犹豫。他虽然是个舞棍,无奈女士们一见到他像蛇样的发辫就皱起眉头。被女士们拒绝了几次后,他不仅扫兴,而且装了一肚子的愤恨。迪特曾经劝他换上一套西装,被他一口拒绝了。在北京远东饭店,洋女士们都以能同他跳舞为荣,莫非这条轮船的乘客神经都错位了?后来,每举行一次舞会,他都借机发表一通卓识谠论,渐渐引起洋人的刮目相看。

舞会尚未开始,乘客们散在座位上喝饮料。辜鸿铭同迪特一进大厅,就领受了好几束注目礼。辜鸿铭大摇大摆地在那些行注目礼的人们中间寻找位子坐下。他俩一人要了一杯白兰地。

辜鸿铭摩挲着后脑勺开腔了:"迪特,当我还在爱丁堡大学念书时,这条辫子就给我争得了荣誉。那年,学校举行田径运动会,我报名参加了一百米赛跑,我虽然瘦削,但阻力小,是当年的短跑能手。在冲刺的时候,离终点线只有两步的地方,万没料到一跤跌倒,明星梦告吹了。"

"太遗憾了。"迪特耸耸肩。

"不,对不起,我跌倒的时候,辫梢刚好甩到了终点线。裁判们吵开了。有的说,冠军应当归我。因辫子不能说不是身体的部位,身体部位一碰线就算胜利。"

周围的人听了哄堂大笑。

迪特问:"结果如何呢?"

"当场吵得不可开交。最后裁判们还是把冠军判给我,不过,同时要求国际奥委会对比赛规则做出更明确的规定。迪特,你说我这条辫子有没有保留的价值?"

"太妙了,简直妙不可言!"一位太太笑得捂着肚子伏在丈夫身上扭来扭去。

乐队奏响舞曲。辜鸿铭向那位说"太妙了"的太太走去。他向她的先生颔首致意,谦恭地说:"我能请您的太太跳舞吗?"

辜鸿铭又过了一个愉快的夜晚。

时隔二十多年,他再次来到了英国。本想在伦敦逗留数日后,就径往德国去,最终还是按捺不住到爱丁堡怀旧的念头。爱丁堡大学校园及其附近的每一栋建筑,每一寸空地,都在他的梦境中游历过无数次。奇怪的是露娜很少走进他的梦乡,而当时仅仅只有点头之交的那些人,却常常清晰地在梦中与他纠缠不清。最经常出现的梦的结局,是他和露娜同居时的公寓的看门人,两手像变戏法一样,凭空抖出一条蛇,吓得他惊恐奔突。每逢夜里梦到爱丁堡,早晨醒来时,他会久久地不能从惆怅中挣脱。苦涩的记忆,像山涧的云雾,不定位地缥缈流荡。他不想认真地回忆露娜的面容,更不想回想当时的细节,好像只是要让那股妒火死灰复燃。品味过时妒忌的些微苦痛,有如嚼生橄榄一般,虽然不如嗅"三寸金莲"那样过瘾,却也味道好极了。怪!

在前往爱丁堡的列车上,露娜的面容愈来愈清晰地在他脑际映现。迪特已同他分手前往德国。迪特说,届时将会到法兰克福车站去接他。迪特那双凹陷的眼睛,好像似曾相识。他的心瓣忽地迸溅出一星火花,他惊愕得差点叫出声来。荒唐!火花像流星倏地熄灭。他讥嘲自己胡思乱想。迪特对他的崇拜,不仅冲淡了旅途的寂寞枯燥,更满足了他的自尊。一缕温馨的阳光,映射到一个不为他自己察觉的自尊角落。

对面铺位坐着一对中年夫妇,带着一个八九岁的小孩。小孩在专注地看书,夫妇俩在呢喃低语。辜鸿铭的装束最初引来了好奇的目光,对面的小孩恐惧地对他张望着。他想同对面的夫妇俩聊聊天,他们对他流利的英语,既不惊讶也激不起谈兴,英国人就是这么个劲头。他干脆闭目养神,他想起从北京到天津的列车上的情形……坐在他对面的也是一对男女,不过是一对赶新潮的青年男女。这对男女不停嘴地吃东西,瓜子壳、花生壳、糖果纸、苹果皮、香烟蒂,堆了一茶几,真叫人恶心。他平素就常啐口水,这时啐得更频繁了。那对男女把他视为"乡下土财主",现出一副鄙夷的面容。他们看出"土财主"的反感,干脆表演得更浪漫。男子把头枕在女的大腿上横躺着,穿着锃亮的皮鞋的脚,搁在茶几上;女的则不住地摩挲男的头发和面颊。世风日下啊,这就是四年共和的进步?如今帝制复辟了,老袁也举行过祭孔大典,但愿能从此扭转日渐衰颓的社会风尚,弘扬我汉唐古风……列车驶进纽卡斯尔车站,一阵哐当声,打断了辜鸿铭的遐想。对面的小孩正滴溜溜地转动着好奇的蓝眼睛,好像在研究他的长袍马褂。他不想辜负小孩对他的关注,想同小孩说点什么。无奈他一向对小孩不感兴趣,不知道该如何逗小孩。露娜和他分手时,说她已怀孕。不知她后来有没有把孩子生下来。她那么年轻那样爱寻欢作乐,会生下孩子平添累赘?绝对不会!他把头伸出车窗外。站台同列车上一样整洁,旅客上车井然有序。西洋人把礼仪之邦中国的文明偷来了,我们中国自己反倒丢弃了温良恭俭让。

辜鸿铭向车窗外啐了一口,警察赶过来罚款。他愣了一下,只好掏出一英镑。警察没零钱找他,他又啐了一口,说:"别找钱了,干脆两口一起算。"警察无可奈何地耸了耸肩。

爱丁堡的风姿重又展现在他眼前,可是当年的旧行迹却难以寻觅,旧建筑所剩无几。他真切地感到世界在变,越变越糟。物质文明的进步如果是以内心的苦痛为代价,那么这种物质文明绝不应受到称赞。英国青年一个个是那般的无聊、空虚和焦躁。他们热衷于在足球场闹事,在斗牛场鼓噪,在酒吧里酗酒。相形之下,中国田园牧歌式的恬静、闲适,才是真正的人生享受啊!

露娜当家庭教师的那座楼房,依旧老态龙钟地临街卧伏着。他看到那熟悉的百叶窗,想起了同露娜分手之后,他在窗下徘徊的情形。就是那扇百叶窗,琴房就在楼上那一间;一个须发斑白的老者,拄着手杖站在大门口,好像拿不定主意要上哪儿。像,很像,很像老房东威尔士先生。辜鸿铭倒吸了一口气,一阵激动猛烈地撞击着心房。威尔士老先生也注意到这个穿中国清朝服饰的人。

辜鸿铭迎上前去,说:"对不起,请问威尔士先生还住在这里吗?"他看到老先生浑浊的眸子放出光彩。

"我就是威尔士,你过去是中国的留学生吗?"

"是的是的,不过我没住先生家里。您还记得您儿子的钢琴女教师吗?"

"记得,过去的事都记得,倒是近来的事在脑子里留不住。进去坐一坐吧!"

辜鸿铭很愿意进去看看。房子内部似乎翻修过,但格局没有丝毫改变。厅堂上很冷,没有生炉子。威尔士老先生说,战争爆发后,煤成了稀罕之物。他陪着叹息,欧洲这场大战像是一场倾家荡产的大官司,输家德国不用说是绞尽膏脂,便是赢家的英法,也变成了枯腊。据说直接间接死伤了三千六百万人。这就是西方文明竞争的结果。他如此一想,心里觉得很畅快。

"威尔士先生,我就是您的钢琴家庭教师露娜小姐的朋友。"

"哦,露娜小姐,从伦敦来的,长得很漂亮,琴弹得很好。"他说话有点吃力。

"露娜小姐是法国人。"

"我想起来了,对,法国小姐。她搬出去住了一阵,后来又搬回来。"

辜鸿铭透了口气,他算是真的记起来。

"露娜小姐,后来到德国去了。"

"对,她一定是上德国去。"

"好像去德国后,还来过一封信,说是生了个女孩。"

"真的吗?没记错吧!"

"说不准,好像是这样。"

辜鸿铭半信半疑。威尔士先生太老了,老得说话都颤颤巍巍地。他上楼去看了看,天哪,钢琴还在老位置! 他仿佛看见了露娜秀美的十指在琴键上跳跃着。他下意识地展开自己的手掌,枯瘦干涩的指掌爆出一条条蚯蚓般的血管。他几乎怆然涕下。

是德国人给了辜鸿铭极高的赞誉,同样也是德国人曾使他蒙羞受辱,夺走了他的露娜。篱笆扎得严,野狗钻不进。可恨的当然还是她。一踏上德国的土地,他几次想换装,改穿西服。茫茫人海之中,不能说没有巧遇。万一撞上露娜,这身装扮会给她留下什么印象呢?

她弄不清自己要给她什么印象,因此踌躇不定,直到到了法兰克福,他依旧没有拿出结论。

辜鸿铭的长袍马褂,像醒目的广告牌,刚走下站台,迪特远远地就看见了他。迪特亲热地接过他的手提箱,说他是代表"辜氏研究会"来接辜鸿铭的,他一回到家就参加了这一民间团体。他把一本《怒吼之声》周刊塞到辜鸿铭手里,说杂志上登了他刚写的文章《辜先生遇见记》,记叙他俩在轮船上的巧遇。自己这么快就成了此地的新闻人物,辜鸿铭不禁喜形于色。

迪特的汽车停在站前的广场上。下车的旅客大多朝有轨电车涌去。迪特一面发动汽车,一面把一只手伸出车窗外,向一个熟人扬手致意。辜鸿铭顺着他的视线望去,像被电击中,他嘴巴猛地一咧,心里惊叫起来。一个那么熟悉的面孔,会是米切尔吗?迪特驾驶着汽车冲出广场,驶上进城的马路。辜鸿铭无意浏览市容,皱着眉头,努力勾勒着米切尔年轻时的形象。这些天尽想着露娜,弄得心烦意乱,神经过敏。刚才那个似曾相识的面孔,一定是幻觉。更何况日耳曼人好像都长得差不多!

这座城市因为有个"辜氏研究会"的缘故,市民们对辜鸿铭的大名都充满了敬意。迪特把他带到一家高级饭店,逢人就介绍这是中国的辜鸿铭先生,人们无不惊异地"噢"出声,流露出荣幸之至的神态。

"迪特,你家里还有谁呢?"

"爸爸、妈妈和我,不过,我很快就要结婚搬出去了。辜先生,你先洗个澡,研究会马上会派人来接你去参加欢迎宴会。我事先有个约会,实在抱歉,不能陪你了。"迪特匆匆告辞。

辜鸿铭揣摩比较着迪特和米切尔的面容,其实,他在轮船上就对迪特似曾相识的相貌发生了兴趣。

"辜氏研究会"的同人,为辜鸿铭举办了简单的欢迎宴会。汉堡牛排很有名,辜鸿铭吃得津津有味,但也没忘记赞美中国菜。在宴会之前,他发表了题为《中国对于欧洲思想的反抗》的简短演说。他说,这次大战是竞争哲学的恶果,科学带来的灾难。世界需要返璞归真,只有中国文明才能拯救世界。

"……诚然,物质生活的程度,可以作为衡量一个民族文化的前提,但是,不能认为物质生活本身就已经是文化。一个民族的生活水平由于经济的原因,可能在下降,但是不能就因此证明,他们的文化也在下降。比如说,经过这次大战,德国的物质比英法来说,自然匮乏。但不能说,根底深厚的德国文化不如浅薄的英法。同样,中国的文化并不因经济的原因而失去它的光辉。中国的《四书》《五经》保存了中国数千年的文化,中国文明的正义精神,可以把欧洲从战争的困境中拯救出来。世界上许多人认为德国民族是现在世界最危险的敌人,其实,现在世界最大的仇敌就是自私和怯懦。因为自私和怯懦便造成了现代的拜金主义——商业主义……"

对于正经受战败痛苦的德国人来说,这番话恰好说到了他们的心坎上。辜鸿铭大喝鸡尾酒,大嚼汉堡牛排,喝得很痛快,吃得很坦然,但也有些微不满。欢迎东方两大文化名人之一的他,宴会是如此的简朴,自取自用,随随便便,这些洋人实在是该学点中国的礼仪。

辜鸿铭拒绝他人陪同，独自上街游览。人们脚步匆匆，神情严峻，就像中国的贩夫走卒。西洋人活得很累。高速旋转的面包机器，面包造出来了，机器也耗损散架。科学发达的结果就是人类自我摧残！中国人是多么怡然悠闲。他迈着方步，在一家中国人开办的洗衣店门口伫立了片刻。店主是广东人，邀请同胞进去小叙，被他谢绝——尊卑有别嘛。

辜鸿铭看见了迪特，迪特正和一位少女当街吻别。他正要赶上前去，那个在车站广场上瞥见的熟面孔闪现出来，同迪特招呼一下，两人并肩拐进一条小街。辜鸿铭一改悠闲步态，快步跟踪前进。迪特和那个似曾相识的面孔进入一幢公寓。

"请问，刚才和迪特一道进去的是他父亲吗？"他向守门人打听。

守门人为他的服饰所吸引，原谅了他的唐突，说："你既然认识迪特，怎么不认识他父亲米切尔先生？"

果然是米切尔！他们果然是父子！辜鸿铭眼睛放出异彩，心里一阵颤动。

辜鸿铭不知不觉走回下榻的高级饭店。一股说不清的兴奋搓揉着他的神经。真有趣，米切尔和她生的儿子居然成了我的崇拜者。按年龄推算，迪特不可能是自己同露娜的种子，何况他那么像米切尔。爱丁堡的威尔士，一个脑血管硬化的老先生，什么也记不清。客房里没有备开水，很想泡一壶茶，无奈，他唤来侍者，要了一杯热咖啡。留声机播放着叫人热血沸腾的爵士乐。他抖动着二郎腿，细细地品着咖啡……明天一早就去登门拜访。他们一家三口都在场才有趣。这是宿命，下一辈的人来偿还上一代的怨恨。米切尔会怎么样呢？他一定从儿子口中知道，法兰克福有个"辜氏研究会"。该轮到他来妒忌。露娜呢？她的目光一定暗示着她在乞求原谅……他思忖着明天带什么礼物去。一定得带点礼物，否则像是兴师问罪而来。他站在穿衣镜前端详着自己的尊容。想当年，毅然剪下乌黑粗大的辫子，作为爱情的馈赠。她还保存着那条辫发吗？或是早已付之一炬，让它尘封在内心的一个角落？

这一夜辜鸿铭睡得很香，许久都没有睡过这么香的觉，什么梦也没有，酣沉醉迷，似乎刚眨眼晨曦就涌进窗户。

辜鸿铭匆匆吃了些早点，就到花市去买了一大束鲜花。朝阳映照着他颀长的缓缓移动的身影，城市又开始了一天的烦嚣和忙碌。他在公寓的四楼摁响了门铃。

"找谁呀？"里面传出浑厚略带嘶哑的声音，没错，是米切尔的声音。

"我找迪特。"他的德语虽然没有英语那么地道，却也韵味十足。

"迪特一早就出去了。"里面啪地旋开弹簧锁。

辜鸿铭有点遗憾。房门开了，米切尔迷惘地盯视着来者。

"米切尔，你想想看，我是谁？"辜鸿铭不请自进，在客厅的单人沙发上坐下。

"你是中国人？"

辜鸿铭大为扫兴。米切尔居然把他忘得一干二净，迪特也不向老子说起他。他咬住米切尔迷惘的目光："想想看，爱丁堡大学。"

辜鸿铭注意地聆听着其他房间的动静，她为什么不出来见客人？

"噢，我的上帝，你是辜？"

"一点没错,辜鸿铭。"他重新站起,把鲜花递给米切尔。

两人无话可说,辜鸿铭好不泄气。莫非露娜已经找上帝报到去了?不会吧!

"夫人呢?"

"她和迪特一道出去的,去见迪特的女朋友。"

"哦!露娜好吗?"

"什么,露娜?不清楚。我们没有联系,她去美国后就没有联系。"

辜鸿铭脑袋耷拉下来,真可怕,这一切到底是怎么回事!米切尔眨动眼睛,努力挖掘记忆的仓库,过去的往事慢慢走进他的思屏。他好像在叙述一件完全与己无关的事。青年时代的逢场作戏,并非一幕幕都会激动人心。他说,辜鸿铭离开爱丁堡来到德国的莱比锡后,他和露娜也一起到了柏林,随之就分手了。不久,她生下一个女孩。

"她生了个女孩?"

米切尔翻了翻白眼,若有所思,随之肯定地说:"没错,是生了个女孩。她还说要到莱比锡去找你,不过终于没去。"

辜鸿铭五官凝固不动。老威尔士先生没有糊涂呀!

"她一个人带着小孩,我不知道她是怎么过的。后来,一个柏林大学的美国留学生爱上了她,名叫古德诺。"

"你说什么?古德诺?"辜鸿铭跳了起来,五官可怕地挪动了位置。

"是叫古德诺。她带上女孩随古德诺到美国去了。"

天哪,难道是古德诺博士,凯莉的父亲古德诺?难道凯莉是我的女儿？辜鸿铭颓然地重新坐下。

米切尔窥见他的异常，好像明白了这位不速之客的造访用意，耸耸肩呵呵笑出声："辜先生，当时你大概是吃醋了吧？其实，露娜并没有和我怎么样。她是个爱玩爱乐的漂亮女郎，很性感。"

辜鸿铭尴尬地跟着嘿嘿笑着，思维却飘到了北京：阿强会听自己的话吗？他对凯莉好像是着了迷啊！阴差阳错，未免太可怕了。

34 | 爱在险峰

夏天又临北京古都。门楼顶上新长出的狗尾巴草,在夕阳余晖的映衬下,随风摇头晃脑,好像在得意洋洋地指挥鸣蝉的歌唱。院里的古槐树上,几只知了在齐声聒噪,更增添了暑热的烦闷。碧云霞摇着蒲扇,逗弄着鸟笼里的两只鹦鹉。这是老先生赴欧洲后,她亲自到鸟市上买来的。近四五个月来,她每天都到菜市场上去采买食物,既不理会不准迈出大门一步的家规,更不听从女佣的劝阻。牛四无事可做,成天价在院子里伺候盆栽、花草和擦拭人力车。少爷阿强不坐人力车,他有了自行车,风风火火,骑得可欢畅了。自行车刚刚在西洋发明不久,在北京还是稀罕之物。美国友人给凯莉运来两辆,她把一辆送给辜自强。庭院里各色花卉红肥绿瘦,分外妖娆。今春,碧云霞下令广添盆花,牛四拉车的粗手,对伺花弄草也颇在行,把院子装扮得花团锦簇,生机盎然。

辜自强推着自行车进来,取下夹在后架上的篮球,恶作剧地抛在牛四的屁股下。牛四正蹲在地上边抽烟边品赏着盆栽,一时惊吓得仰面八叉翻倒在地。辜自强放声大笑,碧云霞也抿嘴乐了。

"阿强,瞧你!"她嗔怪地瞟了他一眼。

"不要紧,牛伯的背驼了,这是治驼背的健身运动。"辜自强说着,脱去长裤、衬衣,只留一条短裤衩,拎起吊桶,在井台上哗哗地冲凉水。他把头潜进吊桶的水中,呼噜呼噜地洗头。

碧云霞不时把目光投向他身上隆起的块块肌肉。她取来一条干毛巾,走到他身边,说:"小心受凉!"

辜自强闭着眼睛,甩着头上的水,伸手接过毛巾。她的手指触到了他的手掌,一股电流袭遍她的周身。男子汉的气息朝她阵阵扑来,她急忙颠着小脚后退,裙摆和绣鞋已被井台的水沾湿。

"太太,开饭吗?"女佣的神色似笑非笑,诡谲莫测。

"阿强,快点!要吃晚饭了。"碧云霞的脚步有点不稳,胸脯急促地起伏着。

晚饭后,大家都坐在庭院的天棚里纳凉,一阵急骤的铃声在大门外乱响。辜自强跳将起来,冲了出去。

自行车的铃声。

凯莉穿着一件粉红色连衣裙,噔噔噔地推车进来。辜自强接过她的自行车,傍着她一道走进院子。碧云霞撇着嘴,面带愠怒地回到自己房间。牛四瞥见露着白皙小腿的洋小姐,不住地干咳着,惶恐地逃之夭夭。

"辜,我爸爸已经决定,这个学期一结束,我们就回美国去。"她大声嚷嚷着。

"那只有一个多月时间了?"辜自强请她进客厅。

凯莉指着天棚下的竹椅子,说:"坐这里就很好。教授夫人呢?"

"她刚才还在,大概进房间去了。"

"是不是女眷对客人都要回避?"

"也许是吧!我不想知道这些。"辜自强很烦躁。父亲临走时告诫他不要同凯莉来往,他并没有把老先生的话当一回事。他已克制不住地想她,要见到她。他几次到女高师去,借故找她要一本书或是还一本书,有一次还请她一道去游长城。但是,她总是保持着适度的热情。他曾写了一封漂亮的情书,夹在还她的书内,最终还是在交给她之前,把情书从书本中取出,偷偷地揉成一团塞进裤兜。理智告诉他,这场爱情的游戏不会有结果。父亲已经给自己聘定了妻子,他从欧洲一回来就要把他先定的儿媳娶过来。他知道自己无权决定自己的命运,他也没有足够的勇气反抗命运的安排,对自己安排自己他还缺乏自信。虽然被相思所折磨,但他不像《少年维特的烦恼》中的主人公那样神魂颠倒,寻死觅活。他只是被体内一种发酵的膨胀,痛苦地困扰着,他体内的那具怪兽过迟才苏醒。他知道这场艳史迟早要画上句号,却又希望不要这么快。

"教授什么时候回来?"

"可能很快就会到了。按航程推算,他乘的轮船应当到了新加坡。"

袁世凯仅做了八十三天皇帝,就在一片反袁浪潮中取消了帝制,"复位"为大总统。

"最近袁世凯病得很重,如果他去世,中国的情形可能变得更坏。"她说,"我爸爸还是认定,中国不宜实行共和制。他说,帝制虽被迫取消了,但今后必须在共和的国体下,实行贤人政治、实行开明专制,否则中国要陷入军阀割据的境地。他是个严肃的学者,他从未想到要在中国的政治变动中得到什么好处。我想,对他的看法现在做出定论还为时过早。有人说这是一出闹剧,那么我也成了一名客串的演员。真有趣。"

"凯莉,你在中国快一年了,有什么值得你留恋吗?"

"我没有认真想过。"月光映照着她严峻的神情。在这座四合院里,她感受到了人性的压抑。可是,西方的人性自由释放,又造成了人欲横流。近来,她并不开心,对人类几乎失去了希望。早先的一腔浪漫情愫已经消失。她神情显得黯然,"世界上没有一块净土,我讨厌"。

辜自强万没料到她竟然会厌世!原来在她热情洋溢、充满活力的外表下,是一颗烦躁不安的心。微风吹拂着她的裙摆。他窥见到她雪白丰腴的大腿,怦怦狂跳的心几乎要从喉头蹦出,一股男子汉的气概油然而生。

"凯莉,到我房间去,我给你看一件东西。"他立起身,差点带翻了竹椅子。

凯莉伏在书案上,翻阅着他的常用书。他拉开了左边的抽屉,取出一个精致的信封,摊在她的面前。信封上写着漂亮的英语:凯莉小姐亲启。她有点装模作样地把信封凑近眼前反复端详,说:"怎么回事?在哪儿捡到的?"

辜自强后退了一步,说:"你看看就知道了。"说着顺手把门掩上。

凯莉剪开信封封口,里面只有一片香山的枫叶,一定是在书里夹了不少时日,平展熨帖,叶脉清晰。上面写着三个中文字:我爱你。他紧张地盯着她的脸的侧面。她的睫毛、颧骨、下巴,凝然不动。难道她觉得突然?他热血在沸腾,在奔涌,几乎要把血管胀破。他无力地倚靠在门后。她转过脸来,朝他甩了甩一头披散的金发。

月光在地面撒下一层白霜。从各个角落飞扬出的蝈蝈声,在寂静的院落里,显得格外神秘和动听。碧云霞像幽灵一般,飘至辜自强房间的窗下。她舔破窗纸,窥视着室内的男女。那个冤家,单膝跪在洋女人的裙下,紧紧地抱着她的大腿。碧云霞一只眼睛睁得像铜钱般大,眼睛发痛发酸,终于慢慢地闭上,滚出晶莹的泪珠,一串串的。她蹑手蹑脚地退回。她恨,恨这个洋女人,是她摘去了他的心。老先生出走的当夜的情形,像学童念《三字经》一般,熟而又熟地再三呈现在眼前……

"……是你毁了我,你害得我好苦哇。"她掩面呜咽。她的眼睛透过泪水,从指缝间注视着他。

辜自强像一个囚徒,双手插在发际,两肘支在桌上,一言不发。

这件事他的确太不光彩。面对现实,不可改变的现实,只能让时间去冲淡命运小人的恶作剧所带来的困扰和难堪。他不想做什么解释,让她对他深恶痛绝,总比让她知道真相而鄙视他,更适合保持四合院里的安宁。不对,不对!她刚才说什么?她说是为了营救我,去找了王副官而被老先生痛杖一顿!他把头发揪得更紧,她还在爱我。这太恐怖了,好个痴情的女子。

煤油灯盏只照亮桌子,房间的四周昏暗不明。北风如虎啸猿啼,在屋顶上扫荡着,静夜里听来叫人毛骨悚然。寒气从地板往上蹿,透彻骨髓。她感觉到脚板有点被冻麻了,不由向前靠了靠,身体半倚着桌沿,胸脯触到了他的肩臂。她停止了呜咽,放下蒙面的双手,搁在桌面,扭绞着手绢。

"谁叫我的命运这么不好,碰上你这个冤家……反正,反正我是这个院子里的人了。我要,要……"她把一只手搁在他的头发上。

他傻乎乎地仰起头,她的手脱落了。

"你要什么?我一定办到。我对不起你,你说!"

"我——你真的不懂?"她别过身去,许久才说,"我要和你暗中好。"她再也自持不住,转身跌落在他的膝上,紧紧地把头贴着他的胸脯。

他吓得魂飞魄散,不知怎么两人就调换了位置:她坐在椅子上,他却站立在她的身旁。她把头深深地埋在臂肘,伏案啜泣,全身可怕地抽搐着。

"我不敢。"他的话音像飘絮一般的轻,却有如重槌猛击她的心。

她绝望了,这家的男人都不是人!

从这以后,碧云霞好像变了一个人。她一扫愁眉不展,像模像样地当起了女主人。她不停地向女佣、牛四发号施令,她开始无视不让她迈出大门的家规而自由自在地出入。她对自强则摆出个"后娘"的架势,百般挑剔。一架失常的钟表,被猛击一拳后,反而时针、分针、秒针又正常地运行。当主子的像主子,做下人的像下人;当长辈的像长辈,为人子的像人子。自强松了一口气,家庭的气氛总算正常化。只有女佣多长了个心眼,老先生临走前曾赋予她特殊使命。

碧云霞斩断遐思,被眼前的这一幕刺得鲜血淋漓:他拜倒在洋女人的裙下。她眼里燃烧着火苗,直要把窗纸点着。她悄悄去通知牛四,叫他送一盆水到自强房间去,说是少爷要用。

凯莉认得枫叶上的三个中文字:我爱你。她小心地吻了吻枫叶。自强倏地单膝跪下,扯住她的裙摆。她伸手搅乱他的头发,说:"辜,我也爱你,我把你当成小弟,你懂吗?"他的心在往下沉,血则继续往上涌,像喝了过量的酒,双耳呈酱紫色,似乎要滴下血来。"不,不,不。"他含混不清,意思不明地重复着一个"不"字。她被他的纯情感动,轻柔地抚摩着他的头顶。她憧憬的不就是这种无邪的纯情吗?她不愿亵渎这份友情。她很快就要回国,不能让他水中捞月空耗情愫。她硬着心肠,挣脱了他的双手,说:"辜,你别表演了。我们像是演小品。我回国的那一天,希望你能来送我。"

一阵狂风吹破了被碧云霞刚才舔破的那片窗纸,把洞口撑大,纸片在风中以快速的频率摆动,发出刺耳的飒飒声。他的冲动已经不可扼制,一种势在必得的征服欲,将他猛地从地上提起。他紧紧地拥住她,好像要将她生吞活剥似的。天地在旋转,煤油灯火变成了一堆熊熊的烈焰。他好像看到凤凰在火中挣扎之后,又获得了新生。这种新生感压进他的胸膛,他觉得自己正在脱胎换骨,正在突变为成人。他在混乱中寻找她的丹唇。凯莉的矜持被意外的袭击,打得稀里哗啦,他的炽烈情愫焚毁了她的理智防线。四片嘴唇合拢了,发出啧啧响声。他的喘息愈来愈粗重,双臂紧紧地箍着她的腰肢,将她提离地面。

"少爷,洗脸水来了。"牛四肩上搭着毛巾,双手端着铜面盆把门顶开。

两人猛地放开,牛四失手将一盆水打翻在门槛上。

"少爷,我,我不知道。"牛四好不狼狈,木讷地呆立不动。

"还不快走!"他怒吼起来。

牛四这才缓过神来,慌忙捡起了地上的铜盆。凯莉说了声"拜拜",急急逃遁而去。

"凯莉!"他大叫一声,但没有追出去。

从窗棂破洞挤进来的晚风,把煤油灯吹得摇摇晃晃。辜自强像打完一场球,浑身汗涔涔的,疲惫无力,仰面八叉横躺在床上。遗憾和恼怒宰割着他。这一切肯定都是她在作怪!他把碧云霞恨得咬牙切齿,拼出全力对床铺猛擂一拳。

铜盆掉地的哐当声,擂床板的砰炸声,熨平了碧云霞疯狂的仇恨。她在房间里得意地哼起京东大鼓。

四合院又失去了往日的生气。辜自强不像往日那样开心地拨响自行车铃,旋风般地卷进院子。他又变得像瘟鸡一样,总是有气无力地耷拉着脑袋。他依旧在井台冲凉,当碧云霞给他递来毛巾时,他佯装不见,她也就知趣地不予"关切"。女佣的眼睛瞪得更大,注视着女主人的一举一动。牛四对女主人的命令总是装作听不清,他的耳朵好像被铜盆掉地的哐当声震聋了。但是,碧云霞却容光焕发,时常自个在房里唱京东大鼓,并且外出耽搁的时间愈来愈长。一天,临近中午,碧云霞还没有买菜回来。女佣破口骂出声:"野到哪里去!"午饭做好了,碧云霞依旧没有回来。辜自强下课回来,女佣焦急地告诉他:"少爷,太太早上出去,到现在还没有回来?怎么办?"

辜自强"哼"了一声,说:"大活人还能丢掉?"

"会不会出事?"

"能出什么事?"

女佣欲言又止。

天黑了,碧云霞依旧没有回来。女佣把自己的怀疑告诉辜自强:"少爷,也许是我乱嚼舌根。太太会不会跟人走了?"

"是吗?"辜自强半信半疑,如果是这样才谢天谢地哩。他叫女佣把碧云霞房间的灯点上,床上放一封信,金鱼缸里的金鱼全都僵直地浮在水面上。自强不寒而栗,急忙把信抽出来。

碧云霞真的走了,没有说去哪里,只是给自强留下一封信。

"少爷,我走了,不再回来。我给老爷也留了封信,他回来的时候,会有人交给他。你不是怕老爷吗?有你怕的。"

辜自强双手颤抖得很厉害。她留给老先生的信会胡乱写些什么呢?那封信她交给了谁呢?他陷进了无边的烦恼。

辜鸿铭回到北京时已是6月初,前后整整离家五个月。袁世凯虽被迫取消帝制复位总统,但反袁的呼声仍甚嚣尘上。他弄不清是喜悦还是悲哀。袁世凯被人唾骂为窃国大盗、民国罪人,北洋军将领纷纷倒戈,袁世凯已是众叛离亲。他对此很解气,可是,帝制昙花一现,共和卷土重来,这又使他若有所失。狮子一走,群狼翻天,中国将陷进无边的内乱,生灵涂炭,百姓遭殃啊!他现在只指望袁世凯之后,梁启超的"贤人政治"、"开明专制"能成为新的政治格局。倘若孙中山的革命党死灰复燃,欧风美雨就要席卷中国,标新立异之徒必趁乱粉墨登场,中国固有文明将荡然无存。

四合院里的情形让辜鸿铭好不惊异。满院子的盆景花木,争奇斗艳,异彩纷呈。他的脸色霎时阴沉下来,他不希望看见他所熟悉的环境发生变化。他不在家时,家里人似乎过得很快活,这尤其叫他不能容忍。他在外面避难,家里人不仅不愁眉苦脸,反倒开心臭美,都是一窝无君无父的礼教败类。他威严地使劲啐一口,女佣首先发现了他。

"老爷回来了。少爷,牛四,老爷回来了!"她接过车夫手中的皮箱。

"家里没事吧!"辜鸿铭的手杖笃笃地戳着地面。

女佣不敢看他,嗫嚅着:"还好,还好。"

辜自强的脊梁好像突然少了一节脊椎,恭谨地向父亲问安。

"阿强,没有忘记我走时的交代吧!"

辜自强不知老先生指的是哪方面的训示。

"有没有再去找凯莉小姐?"辜鸿铭提高了嗓门。

"没有。月底她就要和古德诺先生一道回美国去。"

辜鸿铭舒了口气,说:"没有就好。"他还不能告诉儿子,她是你的亲姐姐。因为还没有得到最后证实,还仅仅是一种揣测。

"太太呢?"辜鸿铭厉声问道。

牛四、女佣和自强都垂下头,不敢吱声。辜鸿铭预感不妙,用手杖敲着一盆月季花花盆。

"她走掉了,不知去哪里。"自强说。

"走掉了?走掉了?"辜鸿铭眼神好可怕,像锥子一样刺向儿子。

老先生连续三天没出门,只一个人躺在书房里。知道他回国,陆续有些人来访,他只是无精打采地支应几句,不像过去那样,滔滔不绝,不容他人插话。每当有人来访,辜白强都把心提到嗓子眼,担心是替碧云霞送信给老先生的。她不是说给老先生留下了一封信,一封足以让他害怕的信吗?老先生似乎还没有收到那封信,三天来他都是用看贼一样的目光扫描着儿子。到了第四天,辜鸿铭才向牛四吆喝:"备车,我要出门!"

三天来,辜鸿铭终于穿过了心理上的幽黑隧道。诗礼人家居然发生了这等事,叫他如何不悲凉?对其中的隐情,他猜想过种种,但不愿认定是哪一种,更不愿加以证实。他把这件事放在心底慢慢碾碎,碾成粉末,让五脏六腑慢慢吸收掉。女佣、牛四和辜自强,战战兢兢地挨过了这三天,总算云开雾散,谢天谢地。

辜鸿铭前往拜访古德诺博士。凯莉接到门卫挂来的电话,即叫放行。她又怕门卫有所留难,亲自到新华门去迎接他。

"辜教授,我父亲在等您。您是什么时候回到北京的?"凯莉戴着墨晶太阳镜,骑着自行车,在总统府内撒下一路的铃声。她在丰泽园登岸处遇到走下画舫的辜鸿铭。

辜鸿铭一手撑阳伞，一手挂手杖，审视着风姿绰约的凯莉。他想起在"女界请愿会"门口第一次遇上她，当时自己就有一种似曾相识的异样感觉。她的一颦一笑，的确隐藏着露娜的影子。她们的脸形和五官的搭配虽然没有相似之处，但是如果把她的额头、嘴巴和鼻子单独分离出来，就分明同露娜是一个模子刻出来的。

"辜教授，您不认识我啦？"凯莉把嘴一撇，做了个怪模样。

"你好像变得更漂亮了。"他眯缝着眼睛，"听说你们就要离开中国，我来看看你们父女俩。"

"谢谢。爸爸近来情绪不好。"

古德诺博士被袁世凯称帝的流产弄得十分沮丧。

"辜先生，我也许要被中国人宣布为不受欢迎的人。你刚回来就来看我，这真叫我很感动。听说你访问欧洲，特别是访问德国获得了巨大的成功。"

"这何从说起呢？"辜鸿铭没有看古德诺，他的目光随着凯莉的移动而移动。

"我从德国的报纸上读到关于你的评论。"

"说起德国，这让我想起一件事。听说你是在柏林大学学习的时候，认识凯莉的母亲。"他把目光转向古德诺。

"什么年代的事！是谁向你提起这事？"

"你显赫的名声和地位，自然会引起人们对你各方面的兴趣。"

古德诺轻微地叹息了一声，点燃了一支雪茄，陷入青年时代的美好回忆中。凯莉饶有兴味地等待父亲叙说他的罗曼史。

"柏林大学附近有一家酒吧，每到周末就挤满了大学生。那年夏天,酒吧突然换了一位钢琴师,是一位漂亮的法国女郎。她纯真、快活,琴也弹得好,大学生们都被她迷住了。我也是被她的魅力所征服的人之一。"古德诺惬意地喷出一串烟圈,"上帝做出了拣选,在众多的追求者中,只有我受到她的青睐。我们就这样相爱了。"

"如果我没弄错的话,她的芳名叫露娜。"

"没错,母亲叫露娜。"凯莉说。

辜鸿铭太阳穴附近的血管鼓暴出来。

"我们相爱之后——"古德诺招手叫凯莉坐到自己身边,搂着她的肩臂,"后来露娜才告诉我,她已经有了一个两岁的女孩,寄养在人家家里。我没问女孩的父亲是谁,她直到临终也没说。女孩长得很可爱,我们把她视如掌上明珠。"

凯莉紧紧地靠着父亲,眼睛潮红:"爸爸,那女孩就是我吗?"

古德诺只是把她搂得更紧。

辜鸿铭默然无语,拄着手杖站起来准备告辞。电话铃响了,佣人接了电话,是新华门值班室打来的,说是辜自强要找凯莉。凯莉快速地奔到电话机旁。辜鸿铭大为惊愕,冲着手持话筒的凯莉,他突然发出异常的喊叫:"凯莉,别理他!我是你的生身父亲!"

35 | 无处不相逢

6月6日,一代枭雄袁世凯命归黄泉。6月28日举行了盛大的出殡仪式。出殡队列由新华门始发,经天安门,过中华门、正阳门,向前门车站进发。袁柩将由专列运往彰德洹上村下葬。北京城万人空巷,出殡路线街道两旁人山人海,军警密布。沿路新铺了黄土,并泼清水净街。

辜鸿铭也挤在人丛中看热闹。

袁世凯逝世的讣闻公布后,继任大总统黎元洪随之发布文告:全国禁止一切娱乐三天,停止宴会二十七天,以示哀悼。辜鸿铭平日不宴客,这时却借口过生日,遍请熟人,大摆宴席,还请来一个戏班助兴。那些官职在身者自然不敢赴宴,但也有不少文人前来凑趣,反正责任有主人担待着。这座冷寂的四合院从未这么热闹过。正当酒酣歌热之际,一队警察找上门来,呵斥他违犯禁令,要驱散酒宴和演出。辜鸿铭摇头晃脑地说:"且慢。总统为公仆,国民为主人。公仆死了,关主人什么事?今天是鄙人生日,这酒一定要喝,这戏一定要演。"警察们被他一顿抢白,无言以对,居然乖乖地退走。在全国禁止娱乐的三天里,他欢宴了三天。

出殡队伍过来了,人群开始向前挤攒。最前为向导旗,继之为警察厅总监吴炳湘率领的武装警察、保安队,次为陆军仪仗队一个团、海军仪仗队一个连。北京城内撒纸钱的能手"一撮毛",能把一把纸钱拧成一团,撒到四五丈高的空中才散落下来。今天他撒的不是常人出殡的白纸钱,而是黄金色的,有好几辆轿车运载。随后依次是催押锣五对,每对四人,二人扛锣,二人敲锣;香幡二十四把;金执事四十八名,手持金立瓜、三尖刀、金轮枪等木制金漆仪仗;花圈五十对;大车一乘,内放过去皇帝应用的各式器皿;"独坐马"十二对,执事穿青绒红边衣,头戴大绒帽,手执长枪,身背弓箭,骑在马上;各色绣花大纛旗十二对,绣花片幅二十四把;各色扎彩配亭四对,内供袁世凯生前的衣冠、勋章等物;幡伞六十柄,由执事穿绿色銮驾衣抬走;和尚、喇嘛、道士各十五名,手执引幡或经幢及各种吹奏法器;十三人组成的大"清音"队,七十人组成的军乐队;八人抬的大黄色彩亭一座,亭内供"洪宪"皇帝的金印、金牌各一;黄、红、绿各色彩亭十二座;松亭、松鹤等冥器四十八件,由执事抬送;八人抬大香亭一座;纸糊冥器

"金山"、"银山"十二对；虎头金牌十二对；金牌、银牌各十二对，上漆"肃静"字样；三抬绿色魂轿一乘，内供袁世凯魂牌，卫队百人护送；雪柳四十八名，"小拿"四十八名；总统府"华乐队"八十名；蓝白色扎彩绸的大影亭一座，内设袁世凯的大照片；"洪宪"皇帝宝座，后随曲柄"影伞"；几十对挽联之后，便是国务总理段祺瑞以下文武官吏；武官穿军服，文官穿黑纱马褂和蓝色长袍。

辜鸿铭看着文官们的长袍、马褂，鼻翼翕动了一下，好像在说，世人不是嘲笑我的长袍、马褂和辫子，现在做何感想呢？八十个扛夫抬着灵柩过来了。辜鸿铭只瞥了一眼灵柩，就从人丛中退出来。

牛四在一个僻静处等他。他上车后，叫牛四拉到刑部街严复宅邸。他得到消息，很快就要通缉"帝制"祸首，"筹安会六君子"名列榜首。他要去知会严复一声，叫他赶快离京。群龙无首，天下要大乱了。辜鸿铭对袁世凯的死，心情十分复杂。

当袁柩在新华门起灵时，北京满城钟声大作，各庙宇同时撞钟一百零八下。钟声袅袅地飘进严复的宅邸。严复穿一件竹布长衫，手持水烟壶，在厅堂上徐徐兜圈漫步。刚才福建同乡林琴南前来告诉他，就要通缉帝制祸首，严复可能榜上有名。

"又陵，你要离开北京呀！"

"不离京也罢。"

林琴南见他这副无所谓的样子，急得直搓手："不离京就得坐牢，老朋友要救也救不了。"

国学骑士辜鸿铭
>> >

林琴南像。

严复自认名声显赫,段祺瑞不敢对他怎么样,沉着地说:"老朋友,你莫急!是祸跑不了,跑得了不算祸。我老了,已不怕什么了。是非终可大白,不妨听之任之。"

林琴南走后,家人也一同劝他出京暂避风头。他只是不吭声。满城的钟声,撞击着他的心坎。他似乎看到自己送的挽幛也在出殡的队列里迎风飘荡,上面写着挽诗:"近代求才杰,如公亦大难!六州悲铸错,末路困筹安。四海犹群盗,弥天戢一棺。人间存信史,好为辨贤奸。"

这首诗是严复于袁世凯死后翌日写的,他自然没有将它写在挽幛上。不幸被他言中啊,袁世凯虽是一代枭雄,但绝不是当皇帝的人选!他悲哀自己的一世盛名,如今毁于一旦。但他又坚信,千秋功罪,后人自有评说。异日一线命根,仍是数千年先王教化之泽。或许还是梁启超明智,共和既然已成现实,又何妨再披着这张皮呢?百姓固然希冀有个好皇帝,但是,民心可用不可欺。骤改共和,又复辟帝制,民心难以承受这种剧变。

辜鸿铭到达的时候,严宅已是一片乱哄哄。严复的儿子指挥家人在整理细软,预备逃往天津租界。严复没有制止,只是冷眼旁观。

"又陵先生,您都知道啦?"

"刚才琴南来说了。我不想走。当断不断,虚与委蛇,名登黑榜。有愧古贤啊!"

"先生何必自责?你我弘扬古训,为的是永保太平治世,凛然正气,苍天可鉴。先生虽与那帮'摧眉折腰事权贵'之辈同登黑榜,但世人自有公论,不必介意。如今暂避其锋,静观待变,实为上策。"辜鸿铭知道严复与袁世凯个人交谊极深,为营救儿子出囹圄,他曾登门向严复求得一纸致老袁的短笺,他没有忘记这份人情。因此,他向来刻薄的舌头,今天一改常态,吐出一串推心置腹的话。

严复只是欷歔自叹,他亲自把辜鸿铭送出大门。杨度恰好从此经过,见了辜鸿铭,叫车夫停下。

辜鸿铭打量着杨度的黑纱马褂和蓝色长袍,知道他参加出殡执绋归来,讥讽了一句:"噢,远东的俾斯麦先生,找又陵先生吗?"他知道杨度做过不少"宰相梦"。

杨度不与之纠缠,矜持地看着辜鸿铭大摇大摆地坐上人力车。他本没想去见严复,经辜鸿铭提醒,倒注意到面前就是严复的宅邸。京城里已沸沸扬扬,黎元洪就要公布帝制祸首名单,"筹安会六君子"肯定在劫难逃。他想,严复不会没有人通知消息。这老先生是被他强拉上船的,如今逆风刮来,船要倾覆,他有何颜面见老先生呢?听说老袁临死前只留下一句含糊不清的话:"他们害了我。""他们"是指谁呢?杨度心想,"他们"大概是指他杨度,还有袁克定。老袁自己不争气,反倒把历史的责任推给别人,不愧是个奸雄。严老先生到底有先见之明,他比我更了解老袁,早就断言老袁不是当皇帝的料。

杨度写的那幅挽联显然是在为自己辩白:

共和误中国?中国误共和?百世而后,再平是狱;
君宪负明公?明公负君宪?九泉之下,三复斯言!

老袁不是个真狮子,他压不住狼群。杨度为自己的君宪理想破灭而悲哀。说什么卧龙志业，不过是无事寻烦恼！"帝制余孽"的臭名何时能洗刷掉？谭嗣同"戊戌六君子"可以名扬千古，他杨度"筹安会六君子"就不易被人理解了！他懊丧至极，没有走进严宅。

大街小巷都是观看袁世凯出殡盛况归来的人众。七年前，光绪帝和老佛爷归天，大行皇帝的殡仪排场，比起老袁似乎还稍逊一筹。辜鸿铭坐在人力车上，神情昂奋。宣统皇帝还在紫禁城里，枭雄袁世凯一死，宣统皇帝势必还有君临天下的日子。百姓服膺的是真命天子。

辜家的四合院旧观复现。繁盛的盆栽花卉，日渐枯败、凋零。

李华庆已在客厅等候多时，辜鸿铭一见就问："华庆兄，姚小姐的事怎么样了？"

"很糟。"

"她是老袁下令关押的。老袁死了，自然该放她出来才是。"

"现在又说她是帝制活动的圈内人物。"

"原来如此。"辜鸿铭也觉得姚佩珍这种人咎由自取，活该。

"华庆兄，此事也只好静观待变。"

李华庆叹息了一声，说："我是来告诉你，我明天就走。"

"明天就走？回南洋去？"辜鸿铭的眼角袒露出一抹喜悦。

"明天就走。这次回国就像做了一场梦。"

"老袁的皇帝梦虽破灭了，但我不信共和能在中国生根。我中国立国数千年，圣贤教训，纪纲人伦，已深入人心，与美法等国情况不同，岂能盲从他国，自紊纲常？"

李华庆对他的话不能苟同，虽然他们对孔孟仁义圣教同样的虔诚膜拜。李华庆无心同老友争执,说:"我们就此告别,后会有期。"

辜鸿铭问明了车次,说明天一定前往车站送行。

明天就可以见到梦琴了,他本来应当十分激动。一场纯粹"柏拉图式"的精神恋,曾经把他折磨得那般失魂落魄。当年星洲孟兰会上的那嫣然一笑,多少年来都萦绕在他的胸廓而不能剔除,仅仅为了再觑一眼她的倩影,他机关算尽而不得。如今,当他确切无误地知道将面对她的时候,反倒格外地平静。这些日子,横亘在他心坎上的是另外一张面孔,那张他过去一想起来就恨得咬牙切齿的面孔。露娜的绰约风姿,不再邪恶和刺眼。他尽管不愿细想,但自从在法兰克福拜访过米切尔之后,一种内疚不时地噬咬着他。他时常对着镜子久久地端详自己的眼睛,想象着凯莉的褐色眼瞳。女儿从天而降所带来的激奋,冲淡了碧云霞出走对他的意外打击。他不无幻想:凯莉会留在中国,留在他的身边。她虽然嘴里不承认,虽然不肯再见他,但她内心一定不得不承认这是事实:他是她的生身父亲。她崇拜他,她崇拜东方文化,留下来的可能性不是没有。他常常在幻想中有滋有味地生活。幻想总是绚丽多彩的,它根本不在乎四合院的黯淡冷寂。

这一夜辜鸿铭还是失眠了。他在黑暗中把梦琴的芳容描摹了千百次。帐外蚊子的嗡嗡声,院里虫鸣的啾啾声,好像今夜响得格外起劲。一首协奏曲,一首没有休止符的咏叹调。心中那些微的激动,激不起波澜,只有不断扩散的涟漪。

翌日,辜鸿铭早早来到车站。他掏出怀表,瞄了一眼车站的大时钟。还好,老怀表没有同他开玩笑。他挂着手杖慢腾腾地在候车室前徘徊。一辆小汽车驶来。他的呼吸突然变粗,胸口像一个风箱。李华庆钻出车门,同他扬了扬手,然后搀扶着随后下车的她。辜鸿铭脚步零乱地迎上前去。是她,真是她。樱桃小口,精巧的鼻子,秀美的颈脖。虽然年届半百,依然风韵犹存。看来岁月的风霜对她格外留情,格外眷顾。他想同她招呼,但沉淀了数十年的情愫,有如块垒扼住了他的喉头。

天穹不知何时聚拢了一大片乌云,一场突如其来的阵雨,劈哩啪啦地击打着干燥的地面,蒸腾出一股泥土的气息。北京夏日的阵雨,总是骤然而来,倏然而去。辜鸿铭站在车站站台上,目送远去的列车,神情恍惚。走了,都走了。他喃喃自语,一时显得老态龙钟。

凯莉在行李托运处办好了托运手续,看见走出候车大厅的辜鸿铭。他真的是我的父亲?这些天她无数次地问自己。他好像失去了往常的矜持和高傲,本是直板板的腰背,突然变得伛偻。她有点酸楚。明天就要启程回国,要不要向他道别?

那天,辜鸿铭到中南海去认女儿,当他叫出"凯莉!我是你生身父亲"时,凯莉惊得手里的电话筒滑落到了地毯上。

"不,不,你胡说!"她恶狠狠地直视着辜鸿铭,"辜教授,我知道你很幽默,但请你不要开这种玩笑。"

辜鸿铭急得满面通红,有点结巴地说:"这是真的,真的!"

凯莉心乱如麻,把目光移向父亲。古德诺博士窝在沙发里一动不动,像一尊石雕。

"爸爸,你说,这是怎么回事?"她猛力地摇撼着父亲。

古德诺点燃一支雪茄,潇洒地捏了捏女儿的鼻子,说:"这是天方夜谭,你相信?"

辜鸿铭吃力地咧了咧嘴,默默地拎起手杖:"对不起,的确是天方夜谭。"说着,勾下了他倔强的脑袋,脑后那条辫发,贴着后脊梁,像一条僵蛇。他默默地走了。

"爸爸。"她不愿承认这突如其来的事,可是辜教授为什么要硬充当那个负心汉的角色呢?"爸爸,我怎么会不是你的女儿呢?"她伏在父亲肩上嘤嘤哭泣。

"凯莉,谁说你不是我的女儿?"

父亲颤抖的声音使她心碎,她紧紧地搂着父亲的胳膊:"你是我真正的父亲。爸爸,我爱你!"

在这之后的几天中,他们父女忙着整理行装,交托事务,告别熟人,对那场突降的风波谁也不再提起。但是,凯莉体会得到父亲内心的悲凉。他的政治理想破灭了,本来就够他难受的,如今又加上对她的不放心。她常常在忙中偷闲,对着镜子端详自己的眼睛。她长着一对似黑非黑的眼睛,儿时就有同学说她是混血儿。"妈妈,什么是混血儿?"她还清楚地记得,当时母亲突然变脸,呵斥她:"小小年纪,问这种混账话,要下地狱的。"她执拗地说:"人家说我是混血儿。"母亲脸色慢慢缓和了,说:"我是法国人,你爸爸是美国人。"她似懂非懂地"噢"了一声。不错,我千真万确是混血儿。辜教授真的是我的父亲,还是害怕我同他儿子交往?她从近日父亲不时躲闪自己眼睛的神态中,读出了真情。爸爸害怕我留下,他的担忧逃不出我的直觉。如此,自强辜果真是我的弟弟,上帝有时也爱捉弄人。她没想过要去认辜鸿铭这个生身父亲,但一直踌躇着要不要向自强辜告别。自强辜再也没有来找她,他父亲一定对他说了。他是那么腼腆,少不了要难受一阵。

"您好,辜教授!"凯莉迎了过去。

辜鸿铭舒展眉宇,大为振奋:"凯莉,你来干什么?"

"我明天就要走了,来托运行李。辜教授,您能叫自强来送我吗?"

辜鸿铭慈爱地望着她,说:"我会把你的话转告他。凯莉,那是真的,真的!"

凯莉莞尔一笑,说:"辜教授,别提那件事了。无论是真是假,都没有任何意义,您说呢?"她后退几步,向他扬扬手,探头坐进总统府的汽车,牛仔裤紧紧包着的臀部高高撅起。

非男非女阴阳人。辜鸿铭的鼻翼翕动了一下,刚升起的一缕温情化为轻烟。

走了,都走了。辜鸿铭拄着手杖,在街上踽踽独行。

牛四拉着黄包车缓缓地跟在主人的后面。

辜自强刚回到家,正在擦拭自行车。知道老先生回来,他头也没抬。老先生站在他的背后一声不吭,他有点奇怪,预感到有什么事,扔下抹布站起来。

"阿强,凯莉明天就要走了。她叫你去送她。"

"叫我去送她?"自强机械地嘟哝了一句,随之赌气似的说,"明天我有事。"

老先生狠狠地啐了一口,说:"那随你的便。"他也弄不清是希望儿子去还是不去,也许不去更好。

辜自强心事重重地呆立在原地。那天,老先生到中南海拜访古德诺博士回来,神秘兮兮地对儿子说:"阿强,我告诉你一件事,一件你意想不到的事。"老先生很少到儿子的房里来,这使自强受宠若惊,平素从他口中生硬吐出的"爸爸"两个字,今天格外流利顺畅。

"爸爸,什么事使你这么高兴?"

"你还记得吧,我前次离京时告诉过你,我年轻时有一段罗曼史。我爱过一个法国女郎,金发碧眼的女郎。"

辜自强大感兴趣:"爸爸这次到欧洲,你们又相逢了,是吗?"

老先生突然神色黯然,说:"她已经到上帝那里去了。不过,我们留下了一个女儿,她也有一头漂亮的金发。"

"她在哪里?"

"世界就是这么小,无处不相逢。"

"什么?"自强眦裂着眼睛,不祥的预感像一把钢针刺向他的心窝,"不可能,不可能。"

"就是她,就是凯莉小姐。"

五雷轰顶,大地裂陷。辜自强蹦了起来,五官挪移了位置,发出刺耳的喊叫:"不,不,不可能!"他像一只受伤的猛兽冲了出去。他在大街小巷盲无目的地疾走。最初他感到恶心,五脏六腑往上翻,混沌的脑海被羞耻搅成一盆糨糊。当他的神志逐渐清醒后,他臊得无地自容,满街都是讥嘲的目光。谢天谢地,他感谢碧云霞冲散了他的"好事",不然那天……碧云霞也不知到哪里去了,是浪迹天涯,或是早赴黄泉?

蔡元培像。

两天后，辜自强回家了。老先生只是轻描淡写地说了一句"回来啦"，既没有问他到哪里去了，也没有忧虑他为何如此失态。老先生再没有提到凯莉，他也把过去从心里抹掉。就像爆发后的火山，壮烈地喷薄之后，就是死一般的沉寂。他的无所谓性格帮了他的大忙，使他很快就排遣了心中的块垒。如果换一个人，还不知要在痛苦中煎熬多久！

现在，凯莉请他明天去送行，他不假思索就加以拒绝。过去的难堪还是让它牢牢地尘封着。他没有那么洒脱，那么豁达，也没有那份多情。

老先生还站在原地，若有所思。

他想起刚才在学校里听到的消息，说："爸爸，听说蔡元培先生就要来执长北大，已聘请陈独秀先生来当文科学长。"

辜鸿铭略感吃惊："真有此事？"他知道陈独秀、胡适那批人办了份《新青年》，大声疾呼要"打倒孔家店"，攻击贞操，攻击寡妇守节，介绍"民主"和"平民文学"，鼓吹自由恋爱、男女同校，攻击纳妾制度，宣扬杜威的哲学……凡此种种，无不是诋毁中国的固有文明。他向书房走去，自语道："严几道说得有理啊，世上的事，全属天演。陈独秀也好，胡适也好，不过是春鸟秋虫。我辜某笑听其自鸣自止。"

尾声

辫子,辫子,辫子!满街都是辫子。

袁世凯归天一年之后,"共和"舞台上又演出了一幕滑稽小品。辫子将军张勋率军入京,拥戴清室复辟,把末代皇帝溥仪请上龙椅,改民国六年为宣统九年。大清龙旗从尘封的箱笼里抖搂出来,又高悬在皇都京城的大街小巷。

遗老遗少们弹冠相庆,一面扬眉吐气,一面愤愤然说:早就知道会有这么一天。辜鸿铭的明星辫子,成了摄影镜头的抢手货。他被复辟王朝任为外务部次长。

他鄙夷洪宪皇帝袁世凯,对"真龙天子"的复辟则义无反顾地持合作态度。

牛四变得神气活现。他拉着主人离开远东饭店,无数的照相机镁光追踪着他闪亮。

辜鸿铭刚在远东饭店举行了中外记者招待会。他还沉浸在舌战群儒的美景之中。当他回答了有关复辟政权的外交政策后,英国记者向他发问:"辜先生,据我所知,您对这次世界大战后的欧洲的出路,发表了许多与众不同的言论,认为孔子的学说将支配全人类。是否可以这样认为,孔子的学说即儒教将成为拯救世界的宗教?"

"记者先生,中国人没有欧洲人的所谓宗教。中国人不真正重视宗教。道观佛庙的礼式仪节,不过是中国人生活中的点缀小玩,并非为了所谓有灵性的启迪。中国人不感觉宗教之迫切需要,因为中国人向来不去推敲来世,亦不去打破宇宙来源之谜。如果一定要说中国人有什么宗教,那就是孔子的学说。政治在欧洲是一种科学,在中国是一种宗教。欧洲赖以维持社会国家秩序的有两样:敬神与畏法。孔教则不同,它教人做好百姓,教人做孝子顺民。孔教,教人做好百姓的教,已被历史证明在二千五百年中,能不靠教士军警统驭一个比欧洲更大的民族,而秩序井然。"

辜鸿铭容光焕发,改用英语洋洋自得地说:"欧洲文明同中国文明,可以用钢笔和毛笔来比喻。毛笔自然没有钢笔尖利清楚,运用也较难,但是学会了之后,倒反轻重如意,浓淡得中,写来比钢笔字美观动人。"

有记者接着他的话尾,说:"辜先生,据我所知,钢笔出现在贵国之后,人们似乎更愿意用钢笔。"

"在这世界上,面包和果酱比烤火鸡消耗得多。然而,我们能够仅仅因为后者比较稀少,就说它没有前者那么美味可口富有营养价值,就认为我们都该'只'吃面包和果酱吗?"

辜鸿铭的机智和幽默的回答,博得记者们友善的笑声。

牛四刚把他拉回家,就隐约传来密集的枪声。

段祺瑞攻进北京,张勋逃跑了。昙花一现的复辟,仅生存了十二天就天亡了。消息传来,辜鸿铭陡然变色,随之发出一串又一串的怪笑。牛四和使妈惊恐地大呼小叫,强拉硬扯,把他按到床上。

辜鸿铭迷茫的目光,呆滞地仰望着床里侧的书架。《四书味根录》、《诗韵合璧》、《四书典林》、《五经汇解》、《纲鉴易知录》……最后,目光触到那本《诸世纪》。

去年他从德国回来途经法国时,曾去拜谒大预言家诺查丹斯的墓螺。

墓地苍凉,大理石的墓碑爬满了青苔。他刮去碑文上的苔泥,现出了三百多年前雕刻的字迹:

> 诺查丹斯。来自遥远星际的使者。曾展正义之笔预告过毫无虚饰的未来。他终生关注着人类不祥的命运。现在长眠于此。

想到诺查丹斯屡被应验的恐惧预言,辜鸿铭不寒而栗,他从未忘记20世纪的第一个凌晨,露娜在武昌蛇山的梦境中向他昭示的未来世界的秘密。他站在诺查丹斯墓前,冥冥中好像自己是个天外来客、星际使者。

牛四和使妈的面容渐渐模糊。他看见露娜,不对,像是凯莉,乘着黄鹤在武昌蛇山上空向他频频招手。

当年,辜鸿铭破译了诺查丹斯的预言,清末民初的乱世以及欧洲的这场大战,都应证了他的破译正确无误……"阴阳人骤增将使天为之哀叹"——男不像男,女不像女的现象变得时髦,男女的界限正在被混淆。世风日下,人欲横流,上天怎不震怒哀叹。"久盼的救星来得太晚"——世界不经过大混乱、大恐怖,就不能认同中国的文明。"蒙古大王会重新醒来"——显然是中国当重新崛起,中国固有文明将重新发扬光大,拯救世界于末日……他努力追溯着诺查丹斯的种种预言。

辜鸿铭觉得自己轻若飘絮,慢慢腾空飞飘,向凯莉乘坐的黄鹤飘忽而去……